改革开放是决定当代中国命运的关键一招，也是决定实现『两个一百年』奋斗目标、实现中华民族伟大复兴的关键一招。

——习近平

改革是中国的第二次革命。这是一件很重要的必须做的事，尽管是有风险的事。

——邓小平

改革开放关键词

——中国改革开放历史通览

李忠杰 / 著

人民出版社

图书在版编目（CIP）数据

改革开放关键词：中国改革开放历史通览 / 李忠杰著 .—北京：人民
　出版社，2018.12（2021.9 重印）
ISBN 978-7-01-020123-8

Ⅰ.①改… Ⅱ.①李… Ⅲ.①改革开放—概况—中国 Ⅳ.① D61

中国版本图书馆 CIP 数据核字（2018）第 272102 号

改革开放关键词——中国改革开放历史通览
GAIGE KAIFANG GUANJIANCI——ZHONGGUO GAIGE KAIFANG
LISHI TONGLAN

李忠杰　著

人民出版社 出版发行

（100706　北京市东城区隆福寺街 99 号）

环球东方（北京）印务有限公司印刷　新华书店经销

2018 年 12 月第 1 版　2021 年 9 月北京第 2 次印刷

开本：710 毫米 ×1000 毫米 1/16　印张：27.5

字数：465 千字

ISBN 978-7-01-020123-8　定价：79.00 元

邮购地址　100706　北京市东城区隆福寺街 99 号

人民东方图书销售中心　电话（010）65250042　65289539

重印说明

在改革开放 40 周年之际，我撰写并由人民出版社出版了《改革开放关键词——中国改革开放历史通览》一书。这是专门研究和介绍改革开放历史的书籍。该书的副标题是"中国改革开放历史通览"，一句话就把全书的内容说清楚了。

那么，为什么用"改革开放关键词"作主标题呢？因为这本书的写法别具一格，即将改革开放中的每一个重要事件、重要思想、重要战略、重要方法等，都集中在一个个关键词里，逐个加以研究、撰写和介绍。一个关键词，就是改革开放的一项内容、一个专题、一个事件、一项决策。每一个关键词都是一个专题史。每一个专题的来龙去脉，都集中在一起进行系统的梳理和交代。读者看了一个关键词，就可以完整地知道一个专项改革的前因后果、来龙去脉。

这种写法，其实比写改革开放的通史还要难。但为什么这样写？主要是为读者着想。读者每看一个关键词，就可以把这一方面的改革开放历史理清楚、搞明白。把所有的关键词都看了，也就把改革开放史的全部内容和过程搞清楚了。这是本书的一个特点和优点。

正因为如此，本书出版以来，受到了广大读者特别是领导干部和党政机关工作人员的欢迎。谁想了解改革开放某一方面的情况，想知道某一项政策措施的来龙去脉，翻开本书一查就清清楚楚了。所以，本书受到了各方面的好评，还获得了北京市第十六届哲学社会科学优秀成果奖，反映了读者和哲学社会科学界对本书的认可。

　　2021年5月，中共中央办公厅印发《关于在全社会开展党史、新中国史、改革开放史、社会主义发展史宣传教育的通知》，对开展"四史"宣传教育作出了安排部署。人民出版社决定重印《改革开放关键词——中国改革开放历史通览》一书。我因此写了上面这段文字，作为向读者的一个说明。

　　需要说明的是，2018年之后，改革开放又有很多发展和变化，不少新举措相继出台。如果对本书进行补充修订，需要走很复杂的程序。所以，本次只是重印，暂不补充。将来在适当的时机，本书再作一次集中修订，补充最新内容，以飨读者。

　　谢谢读者，谢谢大家！

目 录

CONTENTS

第八章　**各个领域的专项和协同改革**

第九章　**稳步有序的政治体制改革**

前　言

PREFACE

改革开放，是中国共产党和中华人民共和国历史上的辉煌篇章，也是中华民族历史上的辉煌篇章。

到 2018 年，改革开放已经走过了 40 年的历程。这 40 年，充满着解放思想的勇敢探索，充满着实事求是的丰富实践，充满着与时俱进的创造创新，充满着求真务实的苦干实干。在这 40 年中，改革开放取得了历史性的成就，中国面貌发生了根本性的变化。这一开创性的伟大实践，当然也积累了非常丰富的经验。

在改革开放 40 年之际，我们有必要，有责任把这样一段波澜壮阔的历史真实地记录下来，立此存照，永载史册，告慰先驱者，启迪后来人，激励我们在改革开放的道路上继续奋进。

当然，写史，可以有各种写法。年谱、通史、专题史、断代史，等等，都有。

但是，在多年党史工作的实践中，我也发现，我们按通常习惯所写的历史书籍，虽然有助于掌握历史发展的基本脉络，但其中的很多事件、故事、线索，都是不完整的，更是不连贯的。常常是在这里写一段，在那里带一点。反映不了它们的完整面貌和来龙去脉。用一个形象的词来比喻，就是"断头路"。虽说是"路"，但却不通畅，有的有头无尾，有的有尾无头，有的腰斩三截，有的一带而过，不能形成一个连贯的整体。

比如说，如果写一本完整的改革开放史，虽然可以反映改革开放的整体进程，但是，其中的价格体制改革、金融体制改革、住房制度改革、医

1

药卫生体制改革、户籍制度改革等这样一些专题性的改革,没办法把它们连贯起来写,结果,很可能都是"断头路"。如果要了解和查阅某个专门问题、某个专项改革的完整过程,必须翻遍全书,一点一点去找,有的还根本找不全。这对读者很不方便,对研究者其实也不方便。

为了解决这个问题,本书采取了另外一种写法,即列出 150 多个关键词。一个关键词,就是一个方面的改革开放,或者是改革开放中的一个重要事件、重要思想、重要战略、重要方法。按照关键词,一个一个来写。有关的内容,都集中在一个关键词里写。一个关键词写一篇文章。一个关键词,就是改革开放的一项内容、一个专题、一个事件、一项决策。每一个关键词、每一篇小文章,都是一个专题史。每一个专题的来龙去脉,都在一篇文章里完整地加以梳理和交代。读者看了一个关键词、一篇文章,就可以完整地知道一件事、一个专项改革的前因后果、来龙去脉。为了体现它们的内在联系,又把这些关键词和相关内容作了分类,分别集中在 11 章即 11 个部分里面。点与面、线与块相结合,查阅起来很方便。

这种写法,不是不要写整体性的历史,而是考虑到当今中国的广大读者对改革开放的历史基本上是了解的,但多数读者不会对每一项改革、每一个领域的改革、每一项改革的内容都有完整的了解。所以,我做的,就是一个打通"断头路"的工作,用一个个不算很长的篇幅,让读者了解一项项专门的改革、决策或事件。这种写法,对于多数读者来说,可能更实用,也更需要。

这种写法,与写辞典有类似之处,但也不完全一样。辞典,很严谨,但也很枯燥。我这本书,则希望写得活一点,写得具体一点,适当穿插一点小故事,至少要比辞典多一点可读性。

这种写法,其实比写改革开放的通史还难。因为对于每一个专项改革,我都要首先理清楚它们的来龙去脉,既要搞清楚每一项改革的内容,还要梳理出它们的发展过程,作出准确的阶段划分和分析评价,然后还要在简略的文字中作出清晰的描述和介绍。因此,对于每一个专项改革、每一个重要事件，我都要进行深入的研究，成为它们的专家。这对我来说，当然是一个挑战。

　　还好，我没有在这个挑战面前却步，而是硬着头皮把这件事干成了。当书稿完成之后，还是有一种成功的愉悦。在写作过程中，我研读了很多文件，查阅了很多关于改革开放的书籍、资料，吸收了很多研究者的成果。没有这些成果和资料作基础，我也是很难把一个个改革举措都完全搞清楚的。所以在此一并致以衷心的感谢。

　　改革开放的内容非常之多。我最初列出的关键词，有几百个。但为了方便读者，不使篇幅太长，只能从中精选了一部分。到最后，由于字数超出计划，又把打算要写的成就、经验两部分砍掉了，保留了150多个关键词。这实在有点于心不忍，但也无可奈何。

　　我在工作岗位上组织撰写重要文稿时，往往都会送请有关部门审阅并提出修改意见，这对提高文稿的准确性和科学性大有好处。但现在已经是个人写书，不可能这样做了。书中所写的内容，涉及很多部门的工作，由于没法请他们审阅，很可能会有一些不太准确的地方，某些改革怎么分期、重点是什么、成绩有哪些，也不一定与他们的看法完全吻合，他们认为应该写的，我也可能没写上。所以，本书出版后，欢迎有关部门、专业人士、广大读者帮助审阅，提出修改意见，以便本书在今后再版时不断完善。

　　本书最后定名为《改革开放关键词——中国改革开放历史通览》。其意就是：以关键词为线索，书写中国改革开放的整个历史；希望读者能通过一个个关键词，通览中国改革开放的全部过程。

第 一 章

决定中国命运的
关键抉择

一、粉碎"四人帮"

中国的改革开放是从何时开始的？标准的答案是：以 1978 年十一届三中全会为标志，中国进入了改革开放和社会主义现代化建设的新时期。

但这场伟大革命的到来，是以 1976 年粉碎"四人帮"为前提和基础的。

持续 10 年的"文化大革命"给中国社会带来巨大的灾难，也引起老一辈革命家的强烈不满。"四人帮"的倒行逆施，不断激化党内和社会的矛盾。毛泽东 1976 年 9 月去世后，党心民心都要求尽快结束"文化大革命"。

面对"四人帮"的阴谋活动，身为党中央第一副主席、主持中央工作的华国锋，经过慎重考虑并与叶剑英、李先念、汪东兴等人反复商量，并征得中央政治局多数同志的同意，决定对"四人帮"采取隔离审查措施。

1976 年 10 月 6 日晚 8 时，华国锋、叶剑英在中南海怀仁堂召集中央政治局常委会议，通知姚文元列席。在张春桥、王洪文、姚文元先后到达会议室时，分别宣布对他们实行隔离审查；同时，派人到中南海江青的住所宣布执行同样的决定。"四人帮"被一举粉碎。同时，党中央派人接管了被"四人帮"控制的新华社、中央人民广播电台和人民日报社等中央宣传机构。

当晚 10 时，中共中央召开政治局紧急会议，一致通过由华国锋任中共中央主席、中央军委主席（待党的十届三中全会予以追认）的决议。

10 月 7 日—14 日，中央政治局在北京分批召开中央党、政、军机关，各省、自治区、直辖市，各大军区负责人参加的打招呼会议，通报对"四人帮"采取的断然措施和党中央关于华国锋任中共中央主席、中央军委主席的决议，部署粉碎"四人帮"后党和国家的重要工作，确定了既要解决问题，又要稳定局势的方针。

10 月 18 日，中共中央将《关于王洪文、张春桥、江青、姚文元反党集团事件的通知》下发到县团级党组织，通报了"四人帮"的罪行和毛泽东 1974 年 2 月以来对他们的批评。

粉碎"四人帮"的消息一经公开，全国各族人民一片欢腾。从 10 月 21 日到 30 日，全国 29 个省、市、自治区和人民解放军各部队举行盛大集会和游行，拥护党中央的果断措施，庆祝粉碎"四人帮"的重大胜利。21 日，首都北京 150 万军民举行声势浩大的庆祝游行。一队又一队各界群众高举红旗，敲锣打鼓，从四面八方涌向天安门广场。歌声、锣鼓声、鞭炮声、口号声响成一片。人们载歌载舞，开怀畅饮，很多大中城市的烟花爆竹销售一空，大小商店的酒柜前排起了长队。有 30 多个国家和地区的电视台收录并播放了首都百万群众在天安门广场举行庆祝大会的实况。

12 月 10 日，中共中央向全党全国下发"四人帮"罪证材料。全国掀起揭批"四人帮"的群众运动。

"四人帮"后来定名为"江青反革命集团"。1980 年 11 月 20 日—1981 年 1 月 25 日，最高人民法院特别法庭开庭公审林彪、江青反革命集团的 10 名主犯。判处江青、张春桥死刑，缓期二年执行，剥夺政治权利终身；判处王洪文无期徒刑，剥夺政治权利终身；判处其他 7 名罪犯有期徒刑。绝大多数人都有辩护和质证过程，这次审判通过电视向全国转播。第一审判庭开庭 20 次，第二审判庭开庭 22 次。两个审判庭共出示证据 873 件，出庭作证的证人有 49 人，共有 6 万多人次参加了旁听。

1982 年 12 月 30 日，中共中央发出《关于清理领导班子中"三种人"问题的通知》。所谓"三种人"，是指追随林彪、江青反革命集团造反起家的人、帮派思想严重的人、打砸抢分子，这"三种人"不可重用。对清理出领导班子的"三种人"，应加强对他们的思想教育工作，给以改正错误、弃旧图新的机会。

粉碎"四人帮"实现了党和人民的共同意愿，从危难中挽救了党，挽救了国家，挽救了中国的社会主义事业，是中国共产党在非常形势下以特殊方式进行的一场重大斗争，它标志延续 10 年的"文化大革命"终于结束，为实现党的历史的伟大转折创造了前提。在此基础之上，才有了拨乱反正的进程，才有了改革开放的提出和起步，也才有了中国社会 40 年来的新的伟大篇章。

二、恢复高考

1966 年，由于"文化大革命"的发生，全国统一高考被推迟、废止，随后大学停办。到 1970 年，北京大学、清华大学才开始招生试点，但不进行文化考试，主要招收工农兵学员。高考制度废止 11 年，成为人类文明史上的奇观。

11 年间，高等教育和中专学校少培养几百万专业人才，我国知识分子队伍建设出现了长期空白，科学技术水平同世界先进国家的差距拉得更大。据 1982 年人口普查统计，全国文盲和半文盲为 2.3 亿多人，占当时全国人口总数的近 1/4。这种状况严重影响了整个中华民族科学文化素质的提高和社会主义现代化事业的发展。

"文化大革命"结束后，党中央立即着手恢复党和国家的正常秩序，开始拨乱反正。人民群众最关心的问题，除了平反冤假错案、解决温饱问题，就是教育和科技了。所以，邓小平复出后，主动要求分管教育科学工作。拨乱反正首先在科教领域取得突破。

1977 年 8 月 4 日—8 日，邓小平主持召开科学和教育工作座谈会，邀请 33 位科学家和教育工作者一起座谈，当面听取他们对科学和教育工作的意见。与会者一致要求：澄清对教育战线"两个估计"的是非；重新树立起全民族尊重知识、尊重文明的风尚；改善科技人员的生活和工作待遇；解决科技人员后继乏人的问题；改革高等学校现行招生制度，立即恢复文化考试。

此前，教育部刚在山西太原开过全国高等学校招生工作会议。由于受"两个凡是"的影响，会议仍决定继续维持"文化大革命"中自愿报名、群众推荐、领导批准、学校复审的招生办法。"文化大革命"前行之有效的大学招生文化考试制度仍未恢复。

座谈会上，邓小平就这个问题问道：今年是不是来不及改了？大家说：今年改还来得及，最多招考时间推迟一点。邓小平当即表示：既然今年还有时间，那就坚决改！今年就要下决心恢复从高中毕业生中直接招考学生，恢复高等教育入学考试。

在充分听取与会同志的意见后，8 月 8 日，邓小平发表讲话，明确肯定：新中国成立后 17 年的教育战线"主导方面是红线"，17 年中，"绝大多数知识分子"，"辛勤劳动，努力工作，取得了很大成绩"，"如果对十七年不作这样的估计，就无法解释我们所取得的一切成就了"。[①] 他还指出："无论是从事科研工作的，还是从事教育工作的，都是劳动者。"因此，"要尊重劳动，尊

---

① 《邓小平文选》第 2 卷，人民出版社 1994 年版，第 49 页。

重人才","知识分子的名誉要恢复"①。

1977 年 8 月 13 日，根据邓小平的指示，教育部再次召开全国高等学校招生工作会议。由于这时正在召开的十一大对"文化大革命"仍作了肯定的评价，能否突破"两个估计"的禁区，再度成为会议争论的焦点，结果使招生方案迟迟定不下来。

在此情况下，邓小平再次发力推动。9 月 6 日，他就高校招生问题专门致信华国锋、叶剑英、李先念、汪东兴，提出"至少百分之八十的大学生，须在社会上招考，才能保证质量"②。9 月 19 日，他找教育部负责同志谈话，严肃指出："'两个估计'是不符合实际的。怎么能把几百万、上千万知识分子一棍子打死呢？""教育部要思想解放，争取主动。过去讲错了的，再讲一下，改过来。拨乱反正，语言要明确，含糊其词不行"③。（1971 年，由"四人帮"修改定稿通过的《全国教育工作会议纪要》，指称"文化大革命"前 17 年的教育战线是资产阶级专了无产阶级的政，是"黑线专政"；知识分子的大多数世界观基本上是资产阶级的，是资产阶级知识分子。这就是所谓两个"估计"。）

在邓小平的推动下，全国高校招生工作会议到 9 月 25 日终于有了结果，通过了《关于一九七七年高等学校招生工作的意见》。10 月 5 日，中央政治局讨论并通过了这一意见。10 月 12 日，国务院批转教育部文件，正式决定从当年起，恢复"文化大革命"中被废弃的高考制度，采取自愿报名、统一考试、择优录取的办法。

这一重大措施，受到社会各界特别是广大知识青年的热烈拥护。历经岁月蹉跎的有志青年，就像在暗夜里看见了光明。

1977 年 11 月 28 日，570 万年龄参差不齐的青年走进了高考考场。这次考试规模之大，不仅创造了中国教育史上的最高纪录，亦堪称世界之最。由于没有足够的纸张印刷考卷，中央决定，暂时搁置印刷《毛泽东选集》第五卷的计划，调用纸张先行印刷高考试卷。高等学校倾尽全力，共招收新生 27.3 万人（包括 1978 年第一季度增招的新生 6.2 万多人）。

①《邓小平文选》第 2 卷，人民出版社 1994 年版，第 50、51 页。
②《邓小平年谱（1975—1997）》上，中央文献出版社 2004 年版，第 195 页。
③《邓小平文选》第 2 卷，人民出版社 1994 年版，第 67、71 页。

1978 年春天, 27.3 万名恢复高考后的第一届大学生, 意气风发走进了大学校园。中国的高考之门终于重新开启。

到 1978 年夏季, 又有 610 万考生参加考试。尽管所有高校尽了最大努力, 挖掘了一切潜力, 两级的录取率也不过是 4.76% 和 6.58%。

高考制度的恢复, 不仅使大批被"文化大革命"耽误的青年通过公平竞争获得了接受高等教育的机会, 更重要的在于使尊重知识、尊重人才的价值观和社会风尚重新在社会上形成, 国家现代化建设所需的大批人才开始得到有计划的培养。

高考制度的恢复和"两个估计"的被否定, 使教育领域的拨乱反正迈出了关键的一步。

为早出人才、快出人才, 带动整个教育质量的提高, 国务院于 1978 年 2 月批准恢复全国重点高等学校 88 所; 12 月, 又批准恢复和增设普通高等学校 169 所。

1978 年 1 月 10 日, 经国务院批准, 教育部发出《关于高等学校 1978 年研究生招生工作的安排意见》, 决定将 1977 年和 1978 年的招生工作合并进行, 同时报考, 统称为 1978 年研究生。当年, 全国共有 6.35 余万人报考, 10708 人被录取。

另外, 教育部还根据邓小平的指示, 增加 1978 年派出留学人员的名额。教育部从参加全国外语统考的 13383 人中择优录取了出国预备留学人员 3348 人, 派出国的留学生人数为 860 人。

1978 年 4 月 22 日—5 月 16 日, 全国教育工作会议在北京召开, 教育工作开始走上正轨。

中国的改革开放, 某种意义上, 是从恢复高考开始的。

三、科学的春天

古老的中华民族曾经是一个具有巨大创新精神与能力的民族。但也因为没落封建制度对创新精神的禁锢, 才使我们这个民族日渐衰落。

中华人民共和国成立后, 在各项建设事业中, 科学技术和广大知识分子发挥了巨大作用。但后来由于"左"的错误的发展, 一项"臭老九"和"资产阶级知识分子"的帽子，把中国的科学压得喘不过气来。

"文化大革命"结束后，春回大地，万物复苏。为了动员全国科技界向科学技术现代化进军，1977年5月30日，中央政治局会议决定召开一次全国科学大会，对"文化大革命"前17年的科学工作和知识分子工作作一个正确估计，统一思想认识；对对人民有贡献的科学家给予奖励，把知识分子的积极性调动起来。

9月18日，中共中央发出关于在1978年春召开全国科学大会的通知，要求各级党委抓紧落实党的知识分子政策，抓紧搞好各级领导班子的整顿，迅速恢复被撤掉的科研机构，恢复科研人员的技术职称，建立考核制度，实行技术岗位责任制。

同一天，根据邓小平的建议，中央决定成立由方毅任主任的国家科学技术委员会，恢复了这一统管科研工作的领导机构。之后，中国科学院破格晋升对"哥德巴赫猜想"研究取得世界领先成就的陈景润为研究员。

1978年3月18日—31日，就在恢复高考后的第一届大学生跨进校园之际，全国科学大会在北京隆重举行了。

出席大会的代表共5586名。邓小平在开幕式上宣布：党中央决定召开这次大会的目的，就是动员全党全国重视科学技术，加速我国科学技术的发展。他强调指出："四个现代化，关键是科学技术的现代化。没有现代科学技术，就不可能建设现代农业、现代工业、现代国防。没有科学技术的高速度发展，也就不可能有国民经济的高速度发展。"[①]

他针对长期没有弄清楚、在"反击右倾翻案风"中又被搞得混乱不堪的几个重要问题，提出了对中国科技事业具有划时代意义的两个著名论断：一是"科学技术是生产力"，二是中国知识分子"已经是工人阶级的一部分"，从而澄清了长期以来束缚科学技术发展的重大理论是非问题，扭转了多年来对知识分子的"左"的政策。

为了推动科学技术的发展，邓小平深情地向与会的科技工作者表示："我愿意当大家的后勤部长。"

华国锋在会上作了《提高整个中华民族的科学文化水平》的报告。方毅作

---

① 《邓小平文选》第2卷，人民出版社1994年版，第86页。

了关于发展科学技术的规划和措施的报告。大会讨论并制定了《一九七八—一九八五年全国科学技术发展规划纲要（草案）》，确定了今后一个时期科技战线的工作任务；表彰了 826 个先进集体、1192 名先进科技工作者和 7657 项优秀科技成果的完成单位和个人。陈景润，这位摘取"数学皇冠上明珠"的著名数学家，向大会作了题为《科学有险阻，苦战能过关》的发言。

目睹大会盛况，中国科学院院长郭沫若在 3 月 31 日的闭幕式上，以《科学的春天》为题作了书面发言。他饱含激情地写道："科学的春天到来了！"他在用诗一般的语言赞美科学大会的同时，向广大科学工作者表达了期望中华民族创造"一部巨著"的心愿，"这部伟大的历史巨著……它不是写在有限的纸上，而是写在无限的宇宙之间"。

这次科学大会，是中国人五千年来第一次直接将科学技术事业推举到应有的地位，是中国科技事业的一座丰碑，标志着中国科技事业由乱到治、由衰到兴，开始进入一个崭新的发展阶段。

这次大会不但有力地推动了科技领域的拨乱反正，而且对社会主义现代化建设事业产生了深远影响。此后，广大科技工作者受到前所未有的重视，科学技术事业的发展受到全社会的关注。

到 1978 年年底，中国科学院的独立研究机构由 1976 年的 64 个增加到 110 个。国家加大了对中国科学院的基本建设投资。党中央发出的向科学技术现代化进军的号召，逐步变为实实在在的行动。中国的科学事业，开始重新展现出春天的景象。

1981 年 4 月 16 日，中共中央、国务院在转发国家科委党组《关于我国科学技术发展方针的汇报提纲》的通知中提出：科学技术是生产力，要建设现代化的国家，必须依靠科学技术。

四、真理标准问题讨论

真理标准问题的讨论，是在党和国家处于重大历史性转折的背景下，在邓小平等老一辈无产阶级革命家的领导和支持下开展起来的思想解放运动。

"文化大革命"结束后，党面临着思想、政治、组织等各个领域全面拨乱反正的任务。但是这一进程受到"两个凡是"错误方针的严重阻碍。1977 年

2月7日，《人民日报》、《红旗》杂志、《解放军报》发表社论，提出："凡是毛主席作出的决策，我们都坚决维护，凡是毛主席的指示，我们都始终不渝地遵循。"这句话后被称为"两个凡是"。

针对思想上的障碍，邓小平提出，"两个凡是"不符合马克思主义。党内外不少同志也从不同角度提出，要恢复和发扬党的实事求是的优良作风。

1977年10月5日，中共中央作出《关于办好各级党校的决定》。中央党校复校后，组织800多名高中级干部和理论骨干集中讨论"文化大革命"以来党的历史。讨论中遇到的一个突出问题，就是究竟以什么为标准来认识和判定历史是非。在胡耀邦指导下，党校内部形成一份研究党史的文件，明确提出两条指导原则：一是应当完整地准确地运用马列主义、毛泽东思想的基本原理，二是应当以实践为检验真理、辨别路线是非的标准。

1978年3月26日，《人民日报》发表一篇题为《标准只有一个》的思想评论，明确提出："真理的标准，只有一个，就是社会实践。"文章发表后，收到一批读者来信，大部分对文章观点持有异议，认为马列主义、毛泽东思想才是检验真理的标准。为此，报社编辑部决定继续组织文章，进一步讲清这个问题。

1978年4月，《光明日报》编辑部准备将他们收到、几经修改、由南京大学胡福明撰写的文章《实践是检验真理的标准》，在哲学专刊上发表。该报负责人意识到这一论题的现实意义，决定委托中央党校理论研究室的同志帮助作进一步修改。

为增强现实针对性，中央党校有关人员在文章修改过程中将标题改为《实践是检验真理的唯一标准》，最后由胡耀邦审阅定稿。文章运用马克思主义的基本理论，抨击了"两个凡是"的思想，认为检验真理的标准只能是社会实践，实践是检验真理的唯一标准。

1978年5月10日，文章首先在中央党校内部刊物《理论动态》上刊发。5月11日，以"本报特约评论员"名义在《光明日报》头版发表，新华社当天发了通稿。12日，《人民日报》《解放军报》以及《解放日报》等全文转载。随后，又有多家省报转载。

这篇文章在广大干部群众中引起强烈反响。但有人认为，《实践是检验真理的唯一标准》这篇文章，是在实际上提倡怀疑一切，是要检验和修改马列主义、毛泽东思想，在理论上是错误的。有领导指示中宣部对真理标准问题的讨论"不表态、不加入"。理论界的某些权威人士指责这篇文章犯了"方向性"错误。他们不让《红旗》杂志发表支持性的文章，并授意一些省市和中央部门对讨论不予表态，甚至对表示赞成的人进行责难。

但邓小平、叶剑英、李先念、陈云、胡耀邦、聂荣臻、徐向前、罗瑞卿、谭震林等一批老同志纷纷表明态度，公开支持这一讨论的开展。

由此，这场关于真理标准问题的大讨论，最终冲破了压制，在全国广泛展开。1978 年下半年，除中央单位外，各地就这一主题召开的讨论会达 70 余次，报刊上发表的讨论这一问题的文章达 650 多篇。

关于真理标准问题的讨论，冲破了"两个凡是"的严重束缚，推动了全国性的马克思主义思想解放运动，为十一届三中全会的召开作了重要的思想准备，是十一届三中全会实现新中国成立以来党的历史上具有深远意义的伟大转折的思想先导。

这场大讨论为党中央重新确立马克思主义的思想路线、政治路线和组织路线奠定了理论基础，为中国共产党在改革开放伟大实践中坚持解放思想，坚持和发展中国特色社会主义道路，形成中国特色社会主义理论体系提供了强大的精神动力。

1978 年 12 月 22 日的十一届三中全会公报指出："会议高度评价了关于实践是检验真理的唯一标准问题的讨论，认为这对于促进全党同志和全国人民解放思想，端正思想路线，具有深远的历史意义。一个党，一个国家，一个民族，如果一切从本本出发，思想僵化，那它就不能前进，它的生机就停止了，就要亡党亡国。"

1998 年 5 月 8 日，有关部门联合召开纪念真理标准讨论 20 周年座谈会。时任中央政治局常委胡锦涛发表讲话，充分肯定真理标准问题讨论的重大意义，要求更加自觉地坚持党的解放思想、实事求是的思想路线，以科学的态度对待马克思主义，尊重亿万人民群众的实践，不断加深对中国国情的认识，把握历史发展的潮流，走在时代前列。

2008 年 5 月 8 日，有关部门联合召开纪念真理标准问题讨论 30 周年座谈会。李长春出席并讲话。

2018 年 5 月 31 日，中宣部、中央党校（国家行政学院）、光明日报社在京联合召开纪念真理标准问题讨论 40 周年座谈会。中央有关单位负责同志、当年参与真理标准问题讨论的同志、社科理论界专家学者等参加了座谈会。

五、伟大的历史转折（十一届三中全会）

十一届三中全会是在"文化大革命"结束以后，中国面临向何处去的重大历史关头召开的一次历史性会议，标志着新中国成立以来党的历史实现了一次具有深远意义的伟大转折。

1976 年，"文化大革命"结束后，党和国家开始拨乱反正，平反冤假错案，消除"文化大革命"造成的严重后果，逐步推进现代化建设；但另一方面，党的思想路线、政治路线、组织路线还没有转过来，"两个凡是"严重束缚人们的思想，各方面工作仍遇到不少障碍。因此，从 1976 年 10 月开始的两年内，总体上是"在徘徊中前进的两年"。

1978 年 11 月 10 日，中共中央工作会议在北京京西宾馆召开。参会的中央和地方负责同志一共 212 人。

会议一开始，时任中共中央主席华国锋宣布，会议议题为：一、讨论如何尽快把农业搞上去；二、商定 1979、1980 两年的国民经济计划安排；三、学习讨论李先念在国务院务虚会议上的讲话。

鉴于邓小平等同志在会前建议，在会上讨论自 1979 年 1 月 1 日起实现党的工作重点转移问题，同时对"两个凡是"和真理标准讨论问题作出结论，华国锋宣布，根据中央政治局的决定，在讨论这些议题之前，先用两三天时间，讨论从 1979 年起把全党的工作重点转移到社会主义现代化建设上来的问题。

工作重点转移的话题一提出，立即引起了与会者的极大兴趣和广泛讨论。会议很快脱离了事先设置的轨道，变成了向"文化大革命"及其以前的"左"倾错误发起全面进攻的会议。而在会上发挥关键作用的，是两位年逾 70 的老一辈革命家：邓小平、陈云。

陈云首先开了第一炮。11 月 12 日，陈云在东北组发言，提出有 6 个重大的历史遗留问题需要解决，包括所谓 61 人叛徒集团问题，天安门事件问题，彭德怀、陶铸问题，康生问题，等等。陈云的发言，引起强烈的反响和共鸣。会议很快形成了全面纠"左"的态势。

华国锋接受了大家的意见。11 月 25 日，中央政治局作出为"天安门事件""薄一波等 61 人叛徒集团"等错案平反的决定，解决了一大批重大的历史遗留问题。

12 月 13 日，邓小平在会上发表了题为《解放思想，实事求是，团结一致向前看》的重要讲话。讲话共分四个部分：（一）解放思想是当前的一个重大政治问题；（二）民主是解放思想的重要条件；（三）处理遗留问题为的是向前看；（四）研究新情况，解决新问题。

邓小平在讲话中指出，要实现四个现代化，必须靠实事求是。"不打破思想僵化，不大大解放干部和群众的思想，四个现代化就没有希望。"[①]邓小平还提出改革经济体制的任务，振聋发聩地告诫全党："再不实行改革，我们的现代化事业和社会主义事业就会被葬送。"[②]

这篇讲话，成了开辟新时期新道路的宣言书。《邓小平文选》专门为这篇讲话加了一个题注，说明这个讲话实际上是三中全会的主题报告。

中央工作会议到 12 月 15 日结束，实际开了 36 天。随即，十一届三中全会于 1978 年 12 月 18 日—22 日在北京举行。全会中心议题是讨论把全党工作重点转移到社会主义现代化建设上来。由于中央工作会议开得很深入、很成功，所以，三中全会开得很顺利，只用短短几天时间就完成了全部议程。

全会重新确立了正确的政治路线，果断停止使用"以阶级斗争为纲"的口号，作出了把全党工作重点转移到社会主义现代化建设上来的战略决策。否定了十一大沿袭的所谓"无产阶级专政下继续革命"的理论，以及"文化大革命"今后还要进行多次等"左"倾错误观点。

全会重新确定了正确的思想路线，批判了"两个凡是"的错误方针，充分肯定了必须完整、准确地掌握和运用毛泽东思想的科学体系，高度评价了关于真理标准问题的讨论，确定了解放思想，开动脑筋，实事求是，团结一致向前看的指导方针。

全会重新确立了正确的组织路线，决定在组织上健全党规党纪，健全党的民主集中制，加强集体领导，反对接受和制造个人崇拜，少宣传个人。党

①《邓小平文选》第 2 卷，人民出版社 1994 年版，第 143 页。
② 同上书，第 150 页。

内一律互称同志，不要叫官衔；任何负责党员包括中央领导同志的个人意见，不要叫"指示"。

全会对过分集中的经济管理体制进行了分析，作出了改革开放的历史性决策。强调，实现四个现代化，要求大幅度地提高生产力，也就必然要求多方面地改变同生产力发展不适应的生产关系和上层建筑，改变一切不适应的管理方式、活动方式和思想方式，因而是一场广泛、深刻的革命。

全会审查和解决了党的历史上一批重大冤假错案和一些重要领导人的功过是非问题，包括 1959 年庐山会议对彭德怀等人的错误批判和错误结论、薄一波等 61 人案件、"反击右倾翻案风"和天安门事件的错误文件，以及对邓小平 1975 年工作的评价。全会认为，过去那种脱离党和群众的监督，设立专案机构审查干部的方式，弊病极大，必须永远废止。

全会提出了要注意解决好国民经济重大比例严重失调的要求，制订了加快农业发展的决定，同意将《中共中央关于加快农业发展若干问题的决定（草案）》和《农村人民公社工作条例（试行草案）》发到省、自治区、直辖市讨论和试行。为把农业搞上去，必须首先在农村实行改革，推行联产计酬责任制。

全会提出了健全社会主义民主和加强社会主义法制的任务。强调为了保障人民民主，必须加强社会主义法制，使民主制度化、法律化，使这种制度和法律具有稳定性、连续性和极大的权威，做到有法可依，有法必依，执法必严，违法必究。

全会增选陈云为政治局委员、政治局常务委员会委员、副主席，邓颖超（女）、胡耀邦、王震为政治局委员；增补黄克诚、宋任穷、胡乔木、习仲勋、王任重、黄火青、陈再道、韩光、周惠为中央委员（1982 年 8 月 30 日中共十二大预备会议予以通过）。

为了维护党规党法，切实搞好党风，全会决定建立中央纪律检查委员会。全会选举产生了中纪委书记、常务书记、副书记、常委和委员。

十一届三中全会，是在中国面临向何处去的重大历史关头召开的一次极其重要的会议。《关于建国以来党的若干历史问题的决议》指出："一九七八年十二月召开的十一届三中全会是建国以来我党历史上具有深远意义的伟大转折。全会结束了一九七六年十月以来党的工作在徘徊中前进的局面，开始全面地认真地纠正'文化大革命'中及其以前的'左'倾错误。""从此，党掌握了拨乱反正的主动权，有步骤地解决了建国以来的许多历史遗留问题和实际生活中出现的新问题，进行了繁重的建设和改革工作，使我们的国家在经济上和政治上都出现了很好的形势。"[①]

十一届三中全会，标志着中国共产党重新确立了马克思主义的思想路线、政治路线、组织路线，标志着中国共产党人在新的时代条件下的伟大觉醒，显示了党顺应时代潮流和人民愿望、勇敢开辟建设社会主义新路的坚强决心，从此开启了我国改革开放和社会主义现代化建设的历史新时期。

党的十八大以来，习近平总书记指出："1978年12月召开的党的十一届三中全会，重新确立了解放思想、实事求是的思想路线，停止使用'以阶级斗争为纲'的错误提法，确定把全党工作的着重点转移到社会主义现代化建设上来，作出实行改革开放的重大决策，实现了党的历史上具有深远意义的伟大转折。"[②] 这是最新的、也是一如既往的评价。

六、平反冤假错案

"文化大革命"使党、国家和人民遭受了新中国成立以来最严重的挫折和损失。党组织和国家政权受到极大削弱，民主和法制被肆意践踏，全国陷入严重的政治和社会危机。经济建设受到严重冲击，拉大了同世界先进国家的差距。教育、科技、文化事业遭到空前的大破坏。其中整个社会最痛切的，是制造了大量冤假错案。

据对林彪、江青两个反革命集团起诉书所列举的受诬陷名单统计，"文化大革命"中，党和国家领导人受诬陷的有38人，其他中央党政军领导干部、民主党派负责人、各界知名人士受诬陷的有382人。

另据中央组织部统计，"文化大革命"中全国被立案"审查"的干部共230万人，占"文化大革命"前1200万干部的19.2%。虽未立案"审查"，但被错误批斗关押的干部和受株连的人为数更多。其中，中央、国家机关副部长和地方副省长以上的干部，被立案"审查"的约占同级干部总数的75%；

① 《三中全会以来重要文献选编》下，人民出版社1982年版，第821页。
② 《在纪念邓小平同志诞辰110周年座谈会上的讲话》，人民出版社2014年版，第5页。

有 6 万多名干部被迫害致死；集团性的冤假错案近两万件，涉及干部达几十万人。因大量冤假错案受到诬陷、迫害和株连的难以计数。①

其他知识分子、一般群众受迫害的范围更广。有的材料表明，全国受打击迫害的干部、群众达 1 亿人，占全国总人口的 1/9。

因此，粉碎"四人帮"后一项极为迫切的任务，也是人民群众最强烈的要求，就是平反冤假错案，为大批无辜遭受迫害的人恢复名誉、落实政策。

顺应这一要求，党中央逐步把平反冤假错案问题提上了日程。

1976 年 12 月 5 日，中共中央发出通知，宣布："凡纯属反对'四人帮'的人，已拘捕的，应予释放；已立案的，应予销案；正在审查的，解除审查；已判刑的，取消刑期予以释放；给予党籍团籍处分的，应予撤销。"②

12 月 10 日，党中央对中央组织部的领导成员作出调整，任命胡耀邦为中央组织部部长。胡耀邦到任后，遵照党的实事求是、有错必纠的原则，立即大力推动平反冤假错案、落实干部政策工作。

1978 年 2 月—4 月间，中央组织部先后分六批同 28 个省、自治区、直辖市和 22 个中央、国家机关部委主管干部工作的负责人召开研究疑难案例座谈会，讨论案例近 200 件。胡耀邦在讨论中指出：积案这么多，不解决对我们的事业不利。平反冤假错案、落实干部政策，是组织部门义不容辞的责任和责无旁贷的首要任务。

面对来自"两个凡是"的阻力和干扰，胡耀邦多次强调：要恢复党的优良传统，坚持实事求是、有错必纠；对每一个人的审查，不能从条条出发，从哪一个首长讲的出发，而要从事实出发。总的方针是实事求是，方法是群众路线。

中央组织部的工作得到邓小平、陈云等人的有力支持。邓小平在恢复工作后，多次在一些要求平反和落实政策的申诉信上作出批示。1978 年 1 月和 4 月，陈云两次致信中央政治局常委，建议对陶铸、王鹤寿等一批党的高级干部的历史问题再审查一次，并对一些尚未结束审查的老同志解除监护，接回北京。

---

① 中共中央党史研究室：《中国共产党历史》第 2 卷下册，中共党史出版社 2011 年版，第 966—967 页。
② 同上书，第 1009—1010 页。

在中央组织部的主持下,一大批长期受迫害、被关押或被下放劳动的老同志,陆续被解除监禁或接回北京治病;一些重大冤假错案开始重新进行复查。

11月12日,在中央工作会议上,陈云在东北组发言,首先提出了6个重大历史遗留问题。这个发言受到与会同志的热烈响应。别的同志还提出其他一些重大错案,如"二月逆流""反击右倾翻案风"等错案的平反问题。

在大家的强烈要求下,中央政治局常委讨论了上述意见,并作出决定。11月25日,华国锋代表中央政治局在会上宣布:(一)天安门事件完全是革命的群众运动,应该为天安门事件公开彻底平反。(二)为因所谓"二月逆流"受到冤屈的所有同志一律恢复名誉,受到牵连和处分的所有同志一律平反。(三)现已查明"薄一波等61人案件"问题是一起重大错案,应为这一重大错案平反。(四)彭德怀曾担任过党政军的重要领导职务,对党和人民作出过重大贡献,怀疑彭德怀里通外国是没有根据的,应予否定。(五)陶铸在几十年的工作中对党对人民是有贡献的,经过复查,过去将他定为叛徒是不对的,应予平反。(六)将杨尚昆定为阴谋反党、里通外国是不对的,应予平反。(七)康生、谢富治有很大的民愤,对他们进行揭发批判是合情合理的。(八)一些地方性的重大事件,一律由各省、市、自治区党委根据情况实事求是地予以处理。中央还决定,中央专案组结束工作,全部案件移交中央组织部。

1978年12月29日,中共中央批转中共最高人民法院党组《关于抓紧复查纠正冤、假、错案,认真落实党的政策的请示报告》。此后,平反冤假错案的工作全面展开。

1980年2月,十一届五中全会通过决议,为刘少奇平反。5月17日,刘少奇追悼大会在北京隆重举行,邓小平致悼词。

到1982年年底,涉及300万干部的冤假错案得到平反纠正,47万多名共产党员恢复了党籍,数以千万计的受到株连的干部群众得到解脱。据不完全统计,经中共中央批准平反的影响较大的冤假错案有30多件。

党和政府还采取一系列果断措施妥善解决历史遗留问题,调整各方面的社会政治关系,调动一切积极因素:给50多万错划的右派分子、400多万地主和富农分子、1600多万"反革命分子"和"坏分子"改错或摘帽;为原国民党起义、投诚人员落实政策；把原为劳动者的小商、小贩、小手工业者从原工商业者中区别出来；调整、落实知识分子政策、民族政策、宗教政策、侨务政策、台胞台属政策。

七、拨乱反正

拨乱反正，本意是消除混乱局面，恢复正常秩序，亦即归于正道、消除乱象的意思。十一届三中全会之后，党和国家的一项重要工作，就是全面开展拨乱反正，有步骤地解决历史遗留问题，使党和国家的工作走上正轨。

长期"左"的错误，特别是"文化大革命"期间，在政治、经济、文化、社会、思想等各个领域都造成了相当程度的混乱局面。"文化大革命"结束后，党和国家首先面临着拨乱反正的任务，在思想理论上，也迫切需要把被"四人帮"搞乱了的是非重新端正过来。

"四人帮"被粉碎后，局部的拨乱反正便已开始。揭发批判"四人帮"工作取得了很大成绩。党和国家组织的整顿，冤假错案的平反，开始部分地进行。工农业生产得到比较快的恢复。教育、科学、文化工作也开始走向正常。但是，这一进程受到"两个凡是"的影响和阻碍。党和国家的各项工作在徘徊中前进。

十一届三中全会后，党和国家开始了全面的拨乱反正的进程。

按照解放思想、实事求是的要求，深入开展真理标准问题的大讨论，广大干部和群众从过去盛行的个人崇拜和教条主义的精神枷锁中解脱出来，党内外思想活跃，出现了努力研究新情况解决新问题的生动景象。

提出对整个国民经济实行"调整、改革、整顿、提高"的方针，坚决纠正前两年经济工作中的失误，认真清理过去在这方面长期存在的"左"倾错误影响。

为刘少奇以及遭受冤屈的其他党和国家领导人、各族各界的领袖人物恢复名誉，肯定了他们在长期革命斗争中为党和人民建树的历史功勋。

在全国复查和平反了大量的冤假错案，改正了错划右派分子的案件。宣布原工商业者已改造成为劳动者；把原为劳动者的小商小贩、手工业者从原资产阶级工商业者中区别出来；为现已改造成为劳动者的绝大多数原地主、富农分子改定为农村人民公社社员的成份。

加强各级人民代表大会的工作，增设了省、县两级人代会常设机构，普遍实行县级和县级以下人民代表由选民直接选举的制度。逐步健全党和国家的集体领导和民主集中制，逐步扩大地方和基层组织的权力。恢复、制定和施行了一系列重要的法律、法令和条例。

大力调整和加强各级领导班子。成立中央书记处，建立中央和各级纪律检查委员会，制定《关于党内政治生活的若干准则》（以下简称《准则》）和其他有关党内法规，纠正不正之风，决定废除干部领导职务实际上存在的终身制，改变权力过分集中的状况，在坚持革命化的前提下逐步实现各级领导干部的年轻化、知识化和专业化。

在教育、科学、文化、卫生、体育、民族、统战、侨务、军事和外交工作等方面，认真落实党的各项政策，取得了重要成就。

拨乱反正包括思想路线、政治路线和组织路线等方面的内容。

通过思想路线的拨乱反正，坚决冲破长期存在的教条主义和个人崇拜的严重束缚，重新确立了马克思主义实事求是的思想路线；

通过政治路线的拨乱反正，坚决抛弃了"以阶级斗争为纲"的"左"倾错误方针，把党和国家的工作中心转移到经济建设上来，作出实行改革开放的历史性决策；

通过组织路线的拨乱反正，按照实事求是、有错必纠的方针，平反冤假错案，落实干部政策，同时加强干部队伍建设，成功地实施了干部队伍的新老交替。

在经济工作中，通过认真贯彻执行"调整、改革、整顿、提高"的八字方针，逐步纠正经济工作中长期存在的"左"倾错误。

1981 年 6 月，十一届六中全会通过了《关于建国以来党的若干历史问题的决议》，对新中国成立 32 年来的历史经验教训作了科学的总结，对新中国成立以来的一系列重大历史问题作出正确的结论，彻底否定了"文化大革命"；同时实事求是地评价了毛泽东的历史地位，充分论述了毛泽东思想作为党的指导思想的伟大意义。《决议》的通过，标志着党在指导思想上拨乱反正任务的胜利完成。

通过拨乱反正，党在各方面的正确政策得到恢复和落实，"文化大革命"

时期及其以前被严重搞乱的社会关系得到调整，大量历史遗留问题得到妥善解决。这些工作的完成，对于调动一切积极因素，动员全党全国各族人民同心同德进行社会主义现代化建设，起到了巨大作用。

拨乱反正的推行和完成，为改革开放奠定了重要基础。改革开放正是在拨乱反正的基础上才得以进行和展开的。

八、生活方式变化

"春江水暖鸭先知。"改革开放的起步，中国社会的变化，在人民群众生活方式的变化中最先表现了出来。随后，伴随着改革开放的进程，中国人民的生活方式不断发生着深刻的变化。

所谓生活方式，就是在一定社会历史条件下形成的人类社会生活的内容、特征和形式的总和。其实，最简单的解释，就是这个词本身表明的——生活的方式。

生活方式这个词，在中国，是直到改革开放以后才开始流行起来的。

当然，生活方式是一种客观的存在。改革开放后，人们的生活方式很快就出现了许多新变化。而这种变化，很多都是冲破种种严重的思想禁锢才得以出现或取得合法地位的。

1978年1月1日，中央电视台《新闻联播》正式开播，随后成为中国收视率最高、影响力最大的电视新闻栏目，也成为中国人获取新闻信息的最重要方式。一直到今天，虽然收视率已发生变化，但中国最重要的新闻还是首先从《新闻联播》中传播开来。

几十年来，中国大陆的报纸、杂志、广播、电视上是看不到任何广告的，因为广告都被贴上了"资产阶级"的标签。到1978年2月28日，《解放日报》刊登了第一条商业广告——"瑞士雷登表"，从而打破了报纸不登广告的禁忌。1979年1月28日，上海电视台播出参桂补酒广告，这则只有1分35秒的广告，成为中国大陆电视史上第一条商业电视广告。1979年3月5日，上海人民广播电台第一个恢复电台系统的广告业务。

"文化大革命"中，青年人最时髦的服装是草绿色军装，最好还要套上一只红袖标。到改革开放之前，大街上主要的服装，还是灰色的中山装。但

1978年6月8日，美国《基督教科学箴言报》注意到：虽然单调的灰色和蓝色衣服仍然是标准的服装，但是妇女开始涌向百货商店，从有限的供应品种中选购衣料。在城市，新时兴的是卷发和电烫发型。北京排队最长的地方是理发店。

1978年，街头出现了喇叭裤。虽然起初主流社会并不接受，但它顽强地生存了下来，并得到一些青年的喜欢。现在，社会对于人们的衣着已经不再用政治眼光加以审视和挑剔了。

1978年，在城市里，可以看见恋人们手拉着手逛公园、轧马路了。而此前整整10年，谈恋爱是与阶级斗争挂钩的。年轻人公开的约会被视为可耻和堕落，他们只能以"谈工作"为借口进行地下活动。随着改革开放的到来，谈恋爱已是正常现象，不再被贴上政治的标签了。

从20世纪70年代起，就兴起结婚家具必须有多少条"腿"或几大件的习俗，"几条腿"即有多少件家具。但"腿"和大件的内容和数量是不断升级的。改革开放初期要求的"四大件"是自行车、手表、半导体收音机和缝纫机。后来逐步提升为电视机、洗衣机、立体声收录机和电冰箱。再后来，又升格为手机、电脑、汽车等。现在则要看是否有房有车了。虽然即使现在也要倡导节俭，但这些需求的变化确实反映了生活水平的提高。

1983年2月12日，中央电视台开始举办一年一度的春节联欢晚会。到现在，春节电视联欢晚会已经连续举办了30多届。"春晚"已成为中国的一个特有名词，也成为能够把十几亿人口聚集起来的最有效方式。热烈欢快的"春晚"节目，给中国人民带来了巨大的欢乐，成为当代中国人民欢度春节的最重要生活方式。

1984年4月6日，国务院发布《中华人民共和国居民身份证试行条例》，规定居民身份证具有证明公民身份的法律效力。今日中国，身份证已经与中国人须臾不可分离。没带身份证，火车、飞机肯定就坐不了啦。

1991年流行的是呼啦圈、卡拉OK。14部金庸小说在迷倒了海外华人和港台同胞后，正式进入内地。

1992年8月31日，王朔编剧的第一部国产轻喜剧《编辑部的故事》，笑倒了大半个中国。一年后，英达与梁左又推出了120集《我爱我家》，成为国内第一部情景喜剧。

1994 年 3 月，马来西亚零售商百盛进入中国，超市出现了。第二年，家乐福和普尔斯马特等蜂拥而至，将超市演变成国人最喜欢的购物场所，先是柜台式超市，然后仓库式的大超市也来了。

1994 年 4 月 1 日，中央电视台《焦点访谈》开播，20 多年来，播出几乎雷打不动，每天 19 时 38 分播出，成为对中国社会有重要影响的舆论监督节目。

90 年代初，开始出现手机。但当时的手机就像一块砖头，而且只有"有点身份"的人才能使用。但此后，手机越变越小，功能越变越多。2002 年开始，手机短信拜年火爆。据说当年春节期间，共有 70 万条短信从手机发出。

2005 年，"超级女声"成为年度最热门的词汇之一。超女现象虽然颇有争议，但它实质上反映了广大青年主体意识和参与意识的增强。

2008 年春节前夕，时任广东省委书记汪洋和省长黄华华联合署名给广东网友发了一封拜年信，引起了广泛关注。

拜年信称赞网友"有知识、有思想、有热情、有锐气"，"成为推动广东现代化建设的不可或缺的重要力量"。"许多网民的意见和建议成为支持我们决策的重要基础。""对于共同关心的问题，我们愿意和大家一起'灌水'；对于我们工作和决策中的不完善之处，我们也欢迎大家'拍砖'。"

网友评价："信中体现出的平等意识和谦卑品格，让网友既刮目相看又倍感亲切。"拜年信是"向网民发出明确信息，承认网民集体智慧，承认一种新的社会力量的存在；体现了领导亲民亲政的精神"。

九、《乡恋》

1983 年，中央电视台举办了第一届春节联欢晚会。

当时，晚会现场设置了 4 部观众点播电话。晚会刚开始不久，就接到如潮的电话，要求李谷一演唱《乡恋》。报送点播要求的小女孩端着一个盘子走到编导面前，上面放着的条子都写着：《乡恋》。

但这时，《乡恋》这首歌，正处在争论的旋涡中。

《乡恋》是电视风光片《三峡传说》的插曲，写的是王昭君离开家乡秭归，踏上漫漫和亲路时，一步一回头，对于家乡的深情眷恋。歌词把秭归的山水幻化成王昭君心目中的亲人：

"你的身影，你的歌声，永远映在我的心中。昨天虽已消逝，分别难重逢，怎能忘记你的一片深情……"

旋律深沉舒缓，歌词细腻感人，歌曲如泣如诉。尤其是著名音乐家李谷一首次运用了"气声"唱法，演唱效果绝佳。影片一播出，《乡恋》便风靡大江南北，受到广大群众的欢迎。

但在当时改革开放刚刚起步的特殊环境下，这首歌却受到了严厉的批评，甚至不许再唱。

由于"春晚"影响巨大，如果把这首歌播出去，就等于捅破了天。编导不敢作主，示意报送给现场坐镇的广播电影电视部部长吴冷西。

吴冷西看了之后，摇摇头。几分钟后，小女孩又端来一盘，还是《乡恋》，吴冷西还是摇摇头。又过了一会儿，又端来一盘。连续递了五六盘后，吴冷西有点坐不住了，汗也下来了，站起来，在编导的面前走来走去。

最后，吴冷西一跺脚，对编导说："播！"

编导赶紧准备，现场找来伴奏带。

舞台上的李谷一，已经多次听到台下观众的大声呼唤："乡恋！乡恋！"但她无法开唱，也不知道幕后发生的事情。

直到唱了8首歌后，突然听到主持人姜昆、刘晓庆拉长了声音报幕："乡——恋——"

惊讶之余，李谷一几乎不敢相信自己的耳朵，心里只涌现出三个字："解禁了。"

围绕《乡恋》的一场争论，终于画上了圆满的句号。

《乡恋》不是简单的一首歌曲，而是改革开放初期文艺界的一颗信号弹，它昭示着中国文艺告别千人一面、千曲一调的僵化模式，迎来了百花齐放的春天。

围绕《乡恋》的争论，实际上是当时围绕改革开放和解放思想而展开的一种政治和思想博弈在文艺领域的反映。《乡恋》的演唱和开禁，是思想解放的一个成果和标志，反过来，也进一步推动了文艺领域思想解放的发展，在某种意义上成为文艺领域改革开放的先声。

首唱《乡恋》的人民音乐家李谷一，也是改革先驱者。其艺术实践与改革开放紧紧联系在一起，并以其特殊的方式折射了 40 年改革开放的进程。

李谷一先后为 100 多部电影、电视片配唱主题歌曲和插曲 218 首，展示了改革开放的美好景象。李谷一一共唱过近 800 首歌曲。《边疆泉水清又纯》《妹妹找哥泪花流》《知音》《乡恋》《难忘今宵》《故乡是北京》《前门情思大碗茶》《我和我的祖国》《刘海砍樵》这些歌曲，都从特定角度反映了改革开放中的社会变迁。它们在海内外被广泛传唱，不仅传输了主流价值观，而且美化了人们的生活，陶冶了人们的思想和心灵。

李谷一演唱的《难忘今宵》，在中央电视台连续 35 届"春晚"上，32 次作为压轴的结束曲，将晚会推向高潮。其中有一年，曾试图换一首歌曲，但一试不行，第二年又重新换上了《难忘今宵》。可见这首歌曲与其时其地、其景其情的高度契合，以及受到人民群众欢迎的程度。

李谷一在国内国外完成了近两千场次的演出任务，参加过很多特殊的重大演出，如赴云南老山前线慰问演出，大型音乐舞蹈史诗《中国革命之歌》的演出和电影拍摄、"心连心艺术团"、"京九铁路慰问演出团"、"香港回归晚会"、"澳门回归晚会"、"祖国颂"、"七一晚会"、"南昆铁路文化列车"。为此，她多次受到毛泽东、周恩来、邓小平、江泽民、胡锦涛、习近平等党和国家领导人的接见，多次受到文化部和地方政府、部队的表彰。这些重要的演出活动，都从不同侧面展示了改革开放的历程和成就。

李谷一于 1986 年亲自创立中国轻音乐团，在文艺领域的改革中进行了大胆的探索。她筹划演出了几套轻音乐曲目，为我国音乐园地增添了新的品种，并培养了一批优秀的歌手和演奏员。创建中国轻音乐团的实践，不仅是在推广一种为群众所欢迎的文艺表演形式，也是在探索一条文艺更好地与群众、与市场结合起来的新路子，为新时期的中国文化体制改革发挥了先驱性作用。

从 1984 年开始的青年歌手大奖赛，为一大批青年歌手的出现和走上更大舞台创造了条件，也鼓励和培育了改革开放后中国社会的主体意识和竞争意识。正是因为有了这样一种机制和舞台，许多青年歌手脱颖而出，成长为著名的歌唱家，为社会和广大人民群众带来了更多的艺术享受。李谷一作为唯一的一个连续 13 届的资深评委和 2 届监审，对此发挥了重要的作用。

90 年代，李谷一第一次提出"戏歌"的概念，大力倡导把戏曲与歌曲演唱结合起来，形成了一种新的音乐形式。

李谷一在改革开放后还比较早地走向世界，为声乐艺术的对外开放起了推动作用。早在 1978 年，她就随团出访美国，受到美国总统卡特的接见。1981 年—1982 年，她两次与美国纽约交响乐指挥家戴维·吉尔伯合作，演唱交响乐组曲。世界著名的声乐大师基诺·贝基赞扬李谷一的演唱，主动提议给她上课指导。她曾多次担任日本、德国、南斯拉夫、哈萨克斯坦等国家和地区各类音乐比赛的评委工作。

她以中国艺术家的身份，数十次出访美国、法国、荷兰、日本、新西兰、澳大利亚以及中国香港、澳门地区举行演出，受到欢迎和好评。特别是 1985 年，她分别在法国巴黎和荷兰阿姆斯特丹、鹿特丹等地举办了 4 场独唱音乐会，获得极大成功，是中国大陆第一位在这些国家举办独唱音乐会的歌唱家。法国《欧洲时报》称赞："李谷一打通了中法文化交流之路。"

一首《乡恋》，迎来了歌唱艺术的百花盛开。一路歌声，为改革开放唱响美妙的乐曲。改革开放以来的中国音乐，成为改革开放历史进程的重要组成部分，既是改革开放的一个侧影，也对改革开放起了重要的推动作用。

十、第一个《党内政治生活准则》

改革开放以来，中国共产党先后制定了两个关于党内政治生活的准则。第一个制定于 1980 年 2 月。

在拨乱反正、改革开放的进程中，党和国家认真思考和总结历史的经验教训。尤其是老一辈革命家，在痛定思痛中都深感，党和国家在"左"倾错误泛滥期间出现的问题，很多都与党内政治生活不正常有关。为了全面恢复和进一步发扬党的优良传统和作风，健全党的民主生活，维护党的集中统一，防止"文化大革命"这样的悲剧重演，必须改进和完善党和国家各方面的制度，包括恢复党的优良传统和作风，整顿和规范党内政治生活。

所以，在十一大之后，党中央就着手考虑制定一部《准则》，以此对党内政治生活加以规范。

在中央纪委恢复之前，中组部根据中央指示，起草了一份《关于党内政治生活的十二条准则》（以下简称《准则》）的草稿。

1979 年 1 月 4 日，十一届中央纪委第一次全体会议讨论通过了《准则》

（草稿），主要内容仍是 12 条。2 月 18 日，中央政治局讨论并原则通过了这一草稿。3 月 19 日，中央向全党公布了《准则》（草稿），并要求全党开展学习讨论，提出修改意见。

与此同时，中央纪委专门成立了《准则》修改组，在近一年的时间里，吸收全国各级党组织提出的 1800 多条意见，对《准则》作了 7 次修改。然后又由中央政治局讨论通过，提交十一届五中全会讨论。

1980 年 2 月 23 日—29 日，十一届五中全会在北京举行。会议的主要议题是加强和完善党的领导。一是讨论通过了《关于党内政治生活的若干准则》；二是讨论通过了准备提交十二大的《中国共产党章程》（修改草案）；三是通过了《关于召开党的第十二次全国代表大会的决议》；四是人事，增选中央政治局常委，决定重新设立中央书记处，选举胡耀邦为中央委员会总书记，批准汪东兴等人的辞职请求并免除其职务；五是决定向全国人大建议修改宪法，取消“大鸣大放大字报大辩论”的规定；六是通过《关于为刘少奇同志平反的决议》，恢复刘少奇作为伟大的马克思主义者和无产阶级革命家、党和国家领导人之一的名誉。

全会的这些主要内容有着内在的联系，它说明，拨乱反正、平反冤假错案需要健全和规范党内政治生活；面向未来，防止历史悲剧重演，更需要健全和规范党内政治生活。

十一届五中全会讨论通过的《准则》，一共 12 条：（1）坚持党的政治路线和思想路线；（2）坚持集体领导，反对个人专断；（3）维护党的集中统一，严格遵守党的纪律；（4）坚持党性，根绝派性；（5）要讲真话，言行一致；（6）发扬党内民主，正确对待不同意见；（7）保障党员的权利不受侵犯；（8）选举要充分体现选举人的意志；（9）同错误倾向和坏人坏事作斗争；（10）正确对待犯错误的同志；（11）接受党和群众的监督，不准搞特权；（12）努力学习，做到又红又专。

《准则》指出，在新的历史时期，必须认真维护党规党法，切实搞好党风，加强和改善党的领导，在全党和全国范围内造成一个既有民主又有集中，既有自由又有纪律，既有个人心情舒畅、生动活泼又有统一意志、安定团结的政治局面。

《准则》深刻总结了几十年来处理党内关系方面的历史经验，特别是深刻总结了"文化大革命"期间党内政治生活遭到严重破坏的沉痛教训，内容广泛，有很强的针对性。中央重申这些重要准则，向全党主要强调了三个问题：

一是强调要坚持党的政治路线和思想路线。这是党内政治生活的最根本的准则，党的各级组织、每一个共产党员，都要自觉坚持、坚定不移。

二是强调要充分发扬党内民主，维护党的集中统一。从中央到基层的各级党的委员会，都要按照集体领导的原则实行集体领导与个人分工负责相结合的制度，重大问题集体讨论决定，不得由个人专断，书记或第一书记不允许搞"一言堂"、家长制。允许党员发表不同意见，严格实行不抓辫子、不扣帽子、不打棍子的"三不主义"。反对实行残酷斗争、无情打击，绝对禁止采用林彪"四人帮"的封建法西斯手段解决党内问题。

三是强调要严肃党纪，端正党风。党的领导干部要自觉接受党和人民监督，不准搞特权。要求每一个党员都忠于党的组织和党的原则，忠于党和人民的事业，说老实话，做老实事，当老实人。任何人不得把党的干部当作私有财产，不得把上下级关系变成人身依附关系。坚持真理面前人人平等，在党纪国法面前人人平等，各级领导干部没有在政治上、生活上搞特殊化的权利，党内决不允许有不受党纪国法约束或凌驾于党组织之上的特殊党员。

全会认为，这个《准则》是党章必不可少的具体补充，它对发扬党内积极因素、克服消极因素，发挥党员的先锋模范作用，具有重要的意义。全会要求在贯彻执行《准则》过程中，结合对党章修改草案的讨论，在全党进行一次坚持党的政治路线和思想路线、加强党的团结和统一、加强党的民主集中制和组织性纪律性的思想政治教育；党的各级组织和每一个党员，都要对照《准则》的规定，认真检查自己的工作和作风，凡是违背《准则》规定的，必须及时地、切实地纠正过来。

为了更好地贯彻执行《准则》，中央纪委从1980年4月到11月的半年时间里，先后在北京召开了三次座谈会。全党认真学习和贯彻《准则》，努力健全党内政治生活，使党迅速从"左"的错误中走出来，党内政治生态发生了历史性的变化。

在"文化大革命"结束后的那个特殊时期，《准则》的制定和实施，对实现政治上、思想上、组织上、作风上的拨乱反正和全党工作中心的转移，促进党内的团结统一、保证改革开放和现代化建设顺利进行，发挥了十分重要的作用。《准则》的很多内容，后来被吸收到新的党章中。

十一、《关于建国以来党的若干历史问题的决议》

从"文化大革命"的错误走出来之后，为了从根本上纠正"左"的和右的错误倾向，解放思想，实事求是，团结一致向前看，党中央认为，必须正确认识新中国成立以来党走过的历史道路，科学总结历史的经验教训。

1979年9月，十一届四中全会通过叶剑英代表党中央在庆祝新中国成立30周年大会上的讲话，初步总结了党在新中国成立后30年的历史经验，同时认为有必要进一步研究中共党史，并作一个历史决议。

1979年11月，在邓小平主持下，党中央开始起草《关于建国以来党的若干历史问题的决议》（以下简称《历史决议》）。根据中央决定，成立了文件起草组。

1980年3月，邓小平看过起草组提交的提纲后，就决议起草提出三条指导原则：第一，确立毛泽东的历史地位，坚持和发展毛泽东思想，这是最核心的一条；第二，对建国30年来历史上的大事，哪些是正确的，哪些是错误的，要进行实事求是的分析，包括一些负责同志的功过是非，作出公正的评价；第三，这个总结宜粗不宜细。总结过去是为了引导大家团结一致向前看。

在起草《历史决议》过程中，陈云建议加写新中国成立前28年历史回顾一个部分，得到邓小平的肯定，解决了历史决议的 个大难题。

经过一番非常艰难复杂的起草过程，也经过广泛征求意见，特别是经过4000名领导干部的内部大讨论，《历史决议》终于起草完成。

1981年6月27日—29日，就在中国共产党成立60周年即将来临之际，十一届六中全会在北京召开。全会审议通过了《关于建国以来党的若干历史问题的决议》。这是关于党的历史的一份重要文献，而它本身也是一份历史性的文献。

《历史决议》首先回顾了新中国成立前28年的历史和经验，着重对新中国成立32年来党的历史进行了科学总结，对一系列重大事件作了科学评价，科学地分析了在这些事件中党的指导思想的正确与错误，分析了产生错误的主观因素和社会原因。

《历史决议》根本否定了"文化大革命"和"无产阶级专政下继续革命"的理论，指出："文化大革命"不是也不可能是任何意义上的革命或社会进步。它是一场由领导者错误发动，被反革命集团利用，给党、国家和各族人民带来严重灾难的内乱。

"文化大革命"是毛泽东发动和领导的，他关于"文化大革命"的主要论点是完全错误的。对于这一全局性、长时间的"左"倾严重错误，毛泽东负有主要责任。但这是一个伟大的无产阶级革命家所犯的错误，不能因此而否定他的伟大历史功绩。

"文化大革命"的发生，除了毛泽东个人的原因外，还有复杂的社会历史原因。必须全面分析这些原因，认真吸取"文化大革命"的教训，防止重犯这样严重的错误。

《历史决议》充分肯定了十一届三中全会所实现的伟大历史转折及之后所取得的成就；总结历史经验和教训，指出三中全会以来我们党已经逐步确立了一条适合中国情况的社会主义现代化建设的道路，并从 10 个方面对这条道路作了初步概括。这是第一次对十一届三中全会以来的路线、方针和政策作出初步概括。

总结新中国成立以来党的历史，关键是如何正确评价毛泽东的历史地位。《历史决议》实事求是地评价了毛泽东在中国革命和建设中的历史地位，指出毛泽东是伟大的马克思主义者，伟大的无产阶级革命家、战略家和理论家。就他的一生来看，他对中国革命的功绩远远大于他的过失。他的功绩是第一位的，错误是第二位的。

《历史决议》恢复了毛泽东思想的本来面目，将毛泽东晚年的错误与他的正确思想加以区别，指出毛泽东思想是马克思列宁主义在中国的运用和发展，是被实践证明了的关于中国革命的正确的理论原则和经验总结，是中国共产党集体智慧的结晶。毛泽东思想是我们党的宝贵的精神财富，它将长期指导我们的行动。企图否认毛泽东思想的科学价值和指导作用，是完全错误的。不愿实事求是地承认毛泽东晚年犯了错误，并且还企图在新的实践中坚持这些错误，也是完全错误的。

《历史决议》是全党对于历史问题达成的基本共识，统一了全党和全国人民的思想，为维护党的团结和全国人民的团结，为社会主义事业的健康发展，提供了根本的保证。

《历史决议》的通过，标志着党在指导思想上的拨乱反正胜利完成，对于改革开放和社会主义现代化建设事业的发展具有重要的历史意义。

十二、改革开放

改革开放，是当代中国最重要的关键词，是决定中国命运的关键抉择。

新时期最鲜明的特点是改革开放。十一届三中全会以来中国共产党制定的一系列路线方针政策，归结起来，就是改革开放。改革是推动社会主义发展的动力，是中国的第二次革命。改革，从广义上来说，包括对外开放。

为什么要实行改革开放？

第一，从理论上来说，改革开放是社会基本矛盾运动的必然要求。

马克思、恩格斯说过："所谓'社会主义社会'不是一种一成不变的东西，而应当和任何其他社会制度一样，把它看成是经常变化和改革的社会。"[①] 社会主义与其他任何事物一样，都必然要经历一个从初级到高级、从不发达到发达、从不完善到比较完善的过程。社会主义社会的生产关系与生产力、上层建筑与经济基础根本上是适应的，但也有不适应的地方。这种矛盾，在一定的历史条件下，必须通过改革来解决。改革，是解决社会主义社会基本矛盾的主要方式，是社会主义自我完善的必由之路。

第二，从世界大势来说，改革开放是赶上时代的必然要求。

邓小平强调："我们要赶上时代，这是改革要达到的目的。"[②] 由于多年"左"的错误的干扰，中国曾经实行封闭半封闭的政策，以致拉大了与发达国家的差距。"文化大革命"结束后，我们突然发现，人类的社会生活正以前所未有的速度发生着深刻的变化，世界经济快速发展，科技进步日新月异。社会主义已经面临严峻挑战，中国也面临着严峻挑战。实行改革开放，是现代化大生产的客观要求，是世界经济发展的必然产物，是中国走向现代化的必由之路。中国必须通过改革开放尽快赶上时代潮流。如不改革，就很可能要

①《马克思恩格斯全集》第 37 卷，人民出版社 1971 年版，第 443 页。
②《邓小平文选》第 3 卷，人民出版社 1993 年版，第 242 页。

被开除球籍。

第三，从模式转换来说，改革开放是社会主义自我完善的必然要求。

第二次世界大战后，社会主义国家普遍照搬了苏联体制的模式。这种模式曾经为社会主义事业的发展提供了基础和保障，保证了苏联卫国战争的胜利。但是，这一体制在经历了特定的历史发展阶段以后，对苏联社会的进步发生了深刻、广泛的阻滞作用。其他社会主义国家照搬苏联模式后，不仅学到了长处，也机械地搬用了短处，从而相继产生了与苏联类似的难题和困难，有的甚至出现了剧烈的社会动荡。面对严峻挑战，社会主义国家的改革潮流逐渐兴起，并由一国到多国、由局部到全局、由表层到深层逐步发展，席卷了几乎所有的社会主义国家。

第四，从经验教训来说，改革开放是中国发展进步的必然要求。

新中国成立之后创建的人民代表大会制度、共产党领导的多党合作与政治协商制度、以公有制和按劳分配为主体的经济制度、民族区域自治制度等，构成了社会主义基本制度的框架，但在管理体制上基本照搬了苏联的模式，因而也遇到了很多现实问题。从 20 世纪 50 年代中期开始，毛泽东开始提出探索适合中国国情的社会主义建设道路的任务，并取得了不少积极的成果和经验。但后来，这种探索逐渐发生重大偏差和失误，以致发生"文化大革命"。曲折和错误警醒了全党全国人民，使我们更加清楚地看到了体制上弊端，认识到实行改革开放的必要性。邓小平明确指出，"不改革就没有出路"①，"如果现在再不实行改革，我们的现代化事业和社会主义事业就会被葬送"②。

这些都从宏观上说明，改革开放是决定中国命运的关键抉择。如果从现实生活来看，为什么会有改革开放？道理就更简单了，凡是在当年那种环境下生活过的人，都会有深切的体会。

"文化大革命"结束后，一系列冤假错案浮出水面。大批老干部要求平反，其他遭受冤屈的人们，也纷纷写信、上访、找人，请求落实政策。从人民生活来说，广大老百姓希望尽快发展经济，解决温饱问题，改变长期缺吃少穿的局面。从各级领导干部来说，焕发了青春，都想大干一场，但是无论

---

① 《邓小平文选》第 3 卷，人民出版社 1993 年版，第 237 页。
② 《邓小平文选》第 2 卷，人民出版社 1994 年版，第 150 页。

国家机关还是企业单位，处处有禁锢，效率都太低，想干点事，实在太难了。

解决这些问题，不仅涉及政策调整，而且涉及民主法制，涉及体制机制问题。百废待兴，归根结底都需要一个词：改革开放。

1978 年 6 月，华国锋在全国财贸学大庆学大寨会议上指出：我们的上层建筑和生产关系的许多方面还不完善，我们的政治制度和经济制度的许多环节还有缺陷，这些同实现四个现代化的要求是不相适应的，是束缚和阻碍生产力发展的。因此，要有魄力去坚决而又妥善地改革上层建筑和生产关系中同生产力发展不相适应的部分。

7 月 6 日—9 月 9 日，国务院召开为期两个月的务虚会，专门研究如何加快我国现代化建设速度的问题。与会的 60 多位有关部门负责人在认真总结经验教训的基础上，纷纷提出改革经济管理体制、积极引进国外先进技术和设备的建议。

9 月 9 日，李先念为这次会议作了总结讲话，指出：实现四个现代化，这是一场根本改变我国经济和技术落后面貌的伟大革命，这场革命既要大幅度地改变目前落后的生产力，也就必然要多方面地改变生产关系，改变上层建筑。他说，"过去二十多年中，我们已经不止一次改革经济体制"，"但是在企业管理体制方面"，"往往在放了收、收了放的老套中循环"。这次改革一定要给予各企业以必要的独立地位，一定要同时兼顾中央、地方和企业的积极性，"努力用现代化的管理方法来管理现代化的经济"①。

1978 年 9 月 13 日—20 日，邓小平在结束对朝鲜的访问后，专程视察了东北三省，回京途中又视察了唐山市和天津市。视察途中，他多次发表谈话，反复强调要解放思想、实事求是，要大胆改革管理体制。"从总的状况来说，我们国家的体制，包括机构体制等，基本上是从苏联来的，人浮于事，机构重叠，官僚主义发展。文化大革命以前就这样"，"有好多体制问题要重新考虑"②。

1978 年 10 月，邓小平在中国工会第九次全国代表大会上发表祝词，明确指出："各个经济战线不仅需要进行技术上的重大改革，而且需要进行制度

---

① 《李先念文选》，人民出版社 1989 年版，第 331 页。
② 《邓小平年谱（1975—1997）》上，中央文献出版社 2004 年版，第 376 页。

上、组织上的重大改革。"①

一个多月后，邓小平的这一思想在中央工作会议和十一届三中全会上，成为全党的共识。全会在实现伟大历史转折的同时，对我国经济管理体制的弊端进行了分析，提出了经济体制改革的方向和任务，作出了改革开放的历史性决策。一场新的伟大革命就此拉开了序幕。

改革开放从十一届三中全会起步，十二大以后全面展开。它经历了从农村改革到城市改革，从经济体制改革到各方面体制的改革，从对内搞活到对外开放的波澜壮阔的历史进程。

改革开放的目的，是要解放和发展社会生产力，实现国家现代化，让中国人民富裕起来，振兴伟大的中华民族；是要推动我国社会主义制度自我完善和发展，赋予社会主义新的生机活力，建设和发展中国特色社会主义；是要在引领当代中国发展进步中加强和改进党的建设，保持和发展党的先进性，确保党始终走在时代前列。

改革开放作为一场新的伟大革命，不可能一帆风顺，也不可能一蹴而就。最根本的是，改革开放符合党心民心、顺应时代潮流，方向和道路是完全正确的，成效和功绩不容否定，停顿和倒退没有出路。

改革开放极大地调动了亿万人民的积极性，使我国成功实现了从高度集中的计划经济体制到充满活力的社会主义市场经济体制、从封闭半封闭到全方位开放的伟大历史转折。今天，一个面向现代化、面向世界、面向未来的中国特色社会主义中国巍然屹立在世界东方。

事实雄辩地证明，改革开放是决定当代中国命运的关键抉择，是发展中国特色社会主义、实现中华民族伟大复兴的必由之路；只有社会主义才能救中国，只有改革开放才能发展中国、发展社会主义、发展马克思主义。

习近平总书记重申邓小平的重要论断"改革开放是决定当代中国命运的关键一招"，同时强调"改革开放是当代中国发展进步的活力之源，是我们党和人民大踏步赶上时代前进步伐的重要法宝，是坚持和发展中国特色社会主义的必由之路"②。

---

① 《邓小平文选》第 2 卷，人民出版社 1994 年版，第 136 页。
② 中共中央文献研究室：《习近平关于全面深化改革论述摘编》，中央文献出版社 2014 年版，第 3 页。

十三、打开封闭半封闭的大门

改革与开放是紧密联系在一起的。在改革的同时，中国对世界的大门也逐渐打开。对外开放，像改革一样，是十一届三中全会以来中国的基本国策，是改革开放和社会主义现代化建设新时期的显著特征。

中国历史上有过一定程度开放的经历，但也有长期闭关自守的教训。邓小平总结我国历史上，特别是新中国成立后的经验教训，指出："中国在西方国家产业革命以后变得落后了，一个重要原因就是闭关自守。建国以后，人家封锁我们，在某种程度上我们也还是闭关自守，这给我们带来了一些困难。三十几年的经验教训告诉我们，关起门来搞建设是不行的，发展不起来。""鉴于过去的教训，必须改变闭关自守的状态，必须调动人民的积极性，这样才制定了开放和改革的政策。"①

1978年春夏，中国高层组织了两个赴国外考察团。一个是国务院副总理谷牧为团长，有杨波、钱正英等参加的西欧考察团。另一个是李一氓为团长，有于光远、乔石等参加的南斯拉夫、罗马尼亚考察团。

组成这样的考察团出国，这在共和国的建设史上还是第一次。各国对中国的这一举动极为重视，有的国家总统亲自到机场迎接中国代表团。

代表团在5国访问期间，先后访问了25个城市，参观了80多个工厂、矿山、港口、农场、大学及科研单位，同这些国家的政府领导人及各界人士进行广泛接触。

考察团一路考察，一路议论。开眼看世界，深感世界之大、变化之快，中国不应自我封闭，而应扩大对外经济文化交流和吸引外资，参与国际市场竞争。

考察团回国后，分别撰写了很有分量的考察报告，上交中央，受到中央决策层的重视。随后召开的中央工作会议专门印发了《苏联在二、三十年代是怎样利用外国资金和技术发展经济的》《香港、新加坡、南朝鲜、台湾的经济是怎样迅速发展起来的》《战后日本、西德、法国经济建设是怎样迅速发展

---

① 《邓小平文选》第3卷，人民出版社1993年版，第64、224页。

起来的》等参考材料。

这些材料开阔了大家的眼界和思路，使高层领导认识到，实行改革开放，是现代化大生产的客观要求，是世界经济发展的必然产物，是中国走向现代化的必由之路。

随后，长期封闭半封闭的大门开始打开缝隙。

1978 年 10 月 9 日，交通部党组上报了一份《关于充分利用香港招商局问题的请示》。李先念副总理 10 月 12 日批示："根据华主席'思想再解放一点，胆子再大一点，办法再多一点，步子再快一点'的指示，手脚可放开些，眼光可放远些，可能比报告所说的要大有作为。"[1]党中央国务院其他领导同志也很快圈阅并批准了这个报告。10 月 28 日，交通部派袁庚到香港担任招商局常务副董事长。

招商局是 1872 年由清末大臣李鸿章奏请清廷核准创立的，与江南制造局、纺织新局同为清政府三家最大的官方企业，在中国近代史上发挥过重要作用。但新中国成立后，风光不再，只有香港分公司继续保留招商局的名称，隶属交通部领导。

袁庚到任后，经过调研，萌生了在内地沿海建立一个出口加工基地的想法，并选定在宝安县蛇口境内。1979 年 1 月 6 日，广东省和交通部联合向李先念和国务院上报了《关于我驻香港招商局在广东宝安建立工业区的报告》。

李先念收到报告后，与谷牧商量，并听取汇报，指出："现在就是要把香港和内陆的优势结合起来，充分利用外资来搞建设。不仅广东要这样搞，福建、上海等地都可以考虑这样搞。"

李先念还说："我不想给你们钱买船、建港，你们自己去解决，生死存亡你们自己管，你们自己去奋斗。"[2]中央所给的，就是在地图上划了一块地，20 平方公里。而袁庚当时还不敢全要下来，只要了 2 平方公里。

经过紧张的酝酿和筹备，1979 年 7 月 20 日，蛇口工业区开始正式运作。基础工程破土动工，响起开山第一炮。就在当年林则徐、关天培率领中国军队向英国侵略者打响第一炮的蛇口左炮台下，中国经济特区的发轫地——蛇口工业区诞生了。

① 李岚清：《突围》，中央文献出版社 2008 年版，第 72 页。
② 同上书，第 73 页。

在国内划一块地方，由驻港企业按香港模式来经营，过去不仅没有做过，连想也不敢想。对蛇口工业区，一不纳入国家计划，二无财政拨款，只给了两条政策：一是500万美元以下的工业项目自主审批，二是允许向外资银行贷款。

就凭这放宽的政策，蛇口用事实证明，建立蛇口工业区的决策是正确的。1980年，招商局只有1亿元资产。但到1992年，变成了一个拥有200亿元的大公司。蛇口也成为改革开放的尖兵。

随后，便进一步有了广东、福建的经济特区，有了沿海地区的对外开放。中国的开放大门终于一步步打开了。

实行对外开放，是现代化大生产的客观要求，是世界经济发展的必然产物，是中国走向现代化的必由之路。对外开放有力地促进了我国社会生产力的发展，也为世界经济的发展作出了越来越大的贡献。

十四、中国的第二次革命

革命，是一个既古老又现代的词汇。作为中国人，对"革命"一词太熟悉了。但要真正说清革命的含义，其实并不容易。

《周易·革卦·象传》说："天地革而四时成，汤武革命，顺乎天而应乎人。"这里所说的革命，就是指变革天命。古代以天子受天命称帝，故凡朝代更替，君主改年号，称为革命。如商汤推翻夏朝，周武王取代商朝的行为，被称为"汤武革命"。这里的革即变革，命即天命，是从神权政治观出发对革命的解释。

在西方，从古希腊的柏拉图、亚里士多德开始，先后有不少思想家、政治学家和社会学家从不同的角度阐释了社会意义的革命和政治意义的革命，其中最具代表性的观点，一是认为革命是一种实现正义和恢复秩序的行为；二是认为革命是一种权力转移的方法；三是认为革命是一种发泄不满和改变现状的途径；四是认为革命是一种实现社会变革的历史过程。

总的来说，近代以来，所谓革命，多指自然界、社会界或思想界发展过程中产生的深刻质变。

据有人考证，近代日本人首先将孙中山称为"革命党人"。1895年，孙中山到达神户，当地的报纸报道说："支那革命党首领孙逸仙抵日。"孙中山见了，对陈少白说，这个意思很好，以后我们就叫革命党罢。

"革命"很快流行起来。1899年，梁启超在《清议报》上著文提倡"诗界革命"。1902年，邹容写了著名的《革命军》。革命，遂成了一个日渐广泛并占据了道义制高点的重要概念。

中国共产党从成立开始，就举起了革命的旗帜，并先后领导了新民主主义革命和社会主义革命。

改革开放，则是中国共产党在新的时代条件下带领人民进行的新的伟大革命。邓小平说："改革是中国的第二次革命。"①

说改革是中国的第二次革命，是相对于第一次革命而言的。中国共产党领导的第一次革命，把一个半殖民地半封建的旧中国变成了一个社会主义新中国。中国共产党领导的改革，正在把一个经济文化比较落后的社会主义中国变成一个富强民主文明和谐美丽的社会主义现代化强国。

为什么说改革也是革命？

首先，从解放和发展生产力的角度讲，改革与革命具有内在的共同性。

革命是为了解决生产力与生产关系、经济基础与上层建筑的矛盾，是为了解放生产力、发展生产力。无产阶级通过政治革命取得政权，又通过社会革命确立社会主义的基本制度，这无疑是对生产力的大解放。但在社会主义制度建立以后，还有没有解放生产力的问题呢？过去传统的回答基本上是否定的。

但经过几十年实践，我们发现，传统的体制在很大程度上束缚了生产力的发展，因此，"社会主义基本制度确立以后，还要从根本上改变束缚生产力发展的经济体制，建立起充满生机和活力的社会主义经济体制，促进生产力的发展，这是改革，所以改革也是解放生产力。过去，只讲在社会主义条件下发展生产力，没有讲还要通过改革解放生产力，不完全。应该把解放生产力和发展生产力两个讲全了。"②既然革命是解放生产力，改革也是解放生产力，那么，在这个共同点上，改革与革命是相通的，改革也就是革命。

其次，从改革的深度和广度看，我国的改革，不是基本制度的改变，但

---

① 《邓小平文选》第3卷，人民出版社1993年版，第113页。
② 同上书，第370页。

也不是原有经济体制的细枝末节的修补。

改革是对传统经济体制的全面改造，即要从根本上改变高度集中的计划经济体制及其运行机制，建立充满生机和活力，适应生产力发展需要的社会主义市场经济体制。同时，还要相应地改革政治体制和其他方面的体制，改变一切落后、过时的管理方式、活动方式和思想方式。

这样深刻而广泛的变革，已经并将进一步引起经济、政治、教育、科技、文化和社会生活的深刻变化，已经并将进一步引起人们精神面貌、价值观念、是非标准、生活方式、行为规范的重大转变。这种改革，已不是局部调整性的改革或改良，而是在社会主义这个总的质的规定性下的巨大变革，因此，改革是一场革命。

第三，就改革的艰巨性而言，它也不亚于一场革命。

改革涉及每一个人的切身利益，将引起社会利益结构的重大调整。改革也会触及人们的思维方式和思想观念，要求打破许多旧的传统观念的束缚，实行新的思想解放。改革还使人们的生活方式、生活习惯相应地加以改变。

这样全面和深刻的改革，不可能没有阻力，不可能不遇到困难，不可能不需要艰苦的工作和斗争。只有以革命的精神，鼓起革命的勇气，拿出革命的干劲，改革才可能获得成功。

当然，尽管改革是一场革命，但它既不是一个阶级推翻另一个阶级的政治革命，也不是"文化大革命"那样的"革命"。这场新的革命，是在过去革命取得成功和社会主义建设取得成就的基础上进行的，是在我们党领导下有秩序有步骤地进行的，绝不是要否定过去革命和建设的成就，绝不是要削弱、摆脱中国共产党的领导，也绝不是搞大规模的阶级斗争和政治运动。这场新的革命，是社会主义制度的自我完善和发展。

所以，无论从内容还是形式来说，改革与以往的革命还是有区别的。

第 二 章

运筹帷幄的谋划和
部署

一、历次党代会对改革开放的规划和部署

改革开放，是探索，是革命，也是一个系统工程，既需要实践，也需要谋划。

中国共产党自觉认识和大力推进了改革开放。所以，中国的改革开放，也是由中国共产党来谋划和部署的。

党不是哪一个个人，而是一个政治组织。按照党章的规定，党的最高领导机关是党的全国代表大会和它所产生的中央委员会。

改革开放以来，中国共产党已经召开了8次党代会。每次党代会，都要议党之大事，决党之大策。

改革开放是40年来党和国家的头等大事，所以，每次党代会都对改革开放进行了研究和谋划，作出了重要部署，提出了重要要求，对改革开放的深入发展起了重要的推动作用。

（一）1982年的十二大。

在胜利完成拨乱反正和启动改革开放进程的基础上，十二大于1982年9月举行。

邓小平在大会开幕词中第一次提出"建设有中国特色的社会主义"的伟大命题。

大会制定了全面开创社会主义现代化建设新局面的奋斗纲领，提出要努力建设高度的社会主义精神文明和高度的社会主义民主。

大会把进行机构改革和经济体制改革作为今后要抓紧的四件工作之一，要求坚定不移实行对外开放政策，在平等互利的基础上积极扩大对外交流。

大会要求抓紧制订改革的总体方案和实施步骤，逐步展开经济管理体制的改革，正确贯彻计划经济为主、市场调节为辅的原则，继续改革和完善国家的政治体制和领导体制。

大会之后，以城市为中心的改革全面展开。

（二）1987年的十三大。

1987年10月—11月初举行的十三大，系统地阐明了关于社会主义初级阶段的理论和"一个中心、两个基本点"的基本路线，制定了"三步走"

战略。

大会要求加快和深化改革，分别提出了发展经济战略、经济体制改革、政治体制改革、改革开放中的党的建设、坚持和发展马克思主义等方面的方针和任务。

大会最引人注目的，是全面规划了政治体制改革问题。明确提出了政治体制改革的长远目标是建立高度民主、法制完备、富有效率、充满活力的社会主义政治体制，近期目标是建立有利于提高效率、增强活力和协调各方面积极性的领导体制，并提出了政治体制改革的一系列任务。

但由于国际国内局势的急剧变化，这些改革没有能进一步推进。

（三）1992 年的十四大。

1992 年年初，邓小平发表南方谈话，要求加快改革开放步伐。

10 月举行的十四大，把"加快改革开放和现代化建设步伐，夺取有中国特色社会主义事业的更大胜利"作为中心任务，强调改革开放是一场新的革命，它的实质和目标，是要从根本上改变束缚我国生产力发展的经济体制，建立充满生机和活力的社会主义新经济体制，同时相应地改革政治体制和其他方面的体制，以实现中国的社会主义现代化。

大会作出了三项具有深远意义的决策：一是确立了邓小平建设有中国特色社会主义理论在全党的指导地位，并将其写入党章；二是明确了我国经济体制改革的目标是建立社会主义市场经济体制；三是要求全党抓住机遇，加快发展，集中精力把经济建设搞上去。

围绕建立社会主义市场经济体制，十四大对加快经济改革步伐作出了重要部署。改革开放进入新阶段。

（四）1997 年的十五大。

1997 年 9 月举行的十五大，首次使用"邓小平理论"概念，把邓小平理论确立为党的指导思想；第一次科学地概括了建设中国特色社会主义经济、政治、文化的基本目标和基本政策；提出 21 世纪前 50 年"三步走"的发展战略；强调依法治国，建设社会主义法治国家。

大会明确公有制为主体、多种所有制经济共同发展是我国社会主义初级阶段的基本经济制度，公有制实现形式可以而且应当多样化，非公有制经济是我国社会主义市场经济的重要组成部分，要允许和鼓励资本、技术等生产要素参与收益分配。这些论断，是党在社会主义理论问题上的又一次思想解放和认识深化。

十五大推动改革开放和现代化建设进入了新世纪。

（五）2002 年的十六大。

2002 年 11 月举行的十六大，总结 13 年的基本经验，把"三个代表"重要思想确立为党的指导思想。

大会确认从新世纪开始，我国已经进入了全面建设小康社会、加快推进现代化的新的发展阶段，明确提出了在本世纪头 20 年党和国家的奋斗目标，以及经济、政治、文化、党的自身建设等各方面的方针政策。

大会强调"发展要有新思路，改革要有新突破，开放要有新局面，各项工作要有新举措"。

大会要求深化对基本经济制度的认识，以完善社会主义市场经济体制为目标，继续推进国有企业、财政金融、国有资产管理体制、社会保障体系等各方面的改革，健全和规范市场秩序，为经济发展注入新的活力。

大会要求推动经济结构战略性调整，基本实现工业化，大力推进信息化，加快建设现代化，保持国民经济持续快速健康发展，不断提高人民生活水平。

十六大推动开创了党和国家在新世纪的新局面。

（六）2007 年的十七大。

2007 年 10 月举行的十七大，高举中国特色社会主义伟大旗帜，全面阐述了科学发展观的第一要义是发展，核心是以人为本，基本要求是全面协调可持续，根本方法是统筹兼顾。

大会提出了实现全面建设小康社会奋斗目标的新要求。

大会全面回顾改革开放的历史进程，系统总结了"十个结合"的宝贵经验，强调，新时期最鲜明的特点是改革开放，最显著的成就是快速发展，最突出的标志是与时俱进。事实雄辩地证明，改革开放是决定当代中国命运的关键抉择，是发展中国特色社会主义、实现中华民族伟大复兴的必由之路。

大会要求继续深化改革开放，把改革创新精神贯彻到治国理政各个环节，进一步改进和完善体制机制，为发展中国特色社会主义提供强大动力和体制保障。

十七大推动改革开放以科学发展观为主线深入发展。改革开放与科学发展更加紧密地结合起来。

（七）2012年的十八大。

2012年11月举行的十八大，把科学发展观正式确立为党的指导思想。

大会提出要"确保到二〇二〇年实现全面建成小康社会宏伟目标"。明确指出：建设中国特色社会主义，总布局是经济建设、政治建设、文化建设、社会建设、生态文明建设五位一体。

大会继续强调改革开放是坚持和发展中国特色社会主义的必由之路。要求始终把改革创新精神贯彻到治国理政各个环节，坚持社会主义市场经济的改革方向，坚持对外开放的基本国策，不断推进理论创新、制度创新、科技创新、文化创新以及其他各方面创新，不断推进我国社会主义制度的自我完善和发展。

大会要求，以更大的政治勇气和智慧，不失时机地深化重要领域改革。

以十八大为标志，改革开放进入了全面深化改革的新阶段。

（八）2017年的十九大。

2017年10月举行的十九大，宣告中国特色社会主义进入了新时代，确立了习近平新时代中国特色社会主义思想的历史地位。

大会宣告我国社会主要矛盾已经转化为人民日益增长的美好生活需要和不平衡不充分的发展之间的矛盾。新时代共产党人的历史使命是实现中华民族伟大复兴。

提出新时代坚持和发展中国特色社会主义的基本方略，确定决胜全面建成小康社会的任务，提出分两步在本世纪中叶建成富强民主文明和谐美丽的社会主义现代化强国的战略安排。

要求坚持和完善中国特色社会主义制度，不断推进国家治理体系和治理能力现代化，坚决破除一切不合时宜的思想观念和体制机制弊端，突破利益固化的藩篱，吸收人类文明有益成果，构建系统完备、科学规范、运行有效的制度体系，充分发挥我国社会主义制度优越性。

大会要求推动构建人类命运共同体，奉行互利共赢的开放战略。

十九大成为改革开放和现代化建设进程中一次历史性的大会。

二、十二届三中全会

改革开放40年来,我们党召开了一系列中央全会,对党和国家的各项事业进行了全面部署。其中,很多次三中全会,都是将研究部署改革开放作为主要议题的。

十二大后,我国的经济体制改革全面展开。农村的家庭联产承包责任制迅速推向全国,农业生产终于摆脱长期停滞的困境。农村改革的成功经验,为以城市为重点的整个经济体制改革提供了有利条件。

1984年10月,十二届三中全会在北京召开。全会之前,举行了6天预备会议。会议通过了《中共中央关于经济体制改革的决定》(以下简称《决定》),阐明了加快以城市为重点的整个经济体制改革的必要性、紧迫性,规定了改革的方向、性质、任务和各项基本方针政策。

《决定》明确指出,加快以城市为重点的整个经济体制改革的步伐,是当前我国形势发展的迫切需要。改革是社会主义制度的自我完善,改革的基本任务是建立起具有中国特色的、充满生机和活力的社会主义经济体制,以促进社会生产力的发展。

《决定》在理论上的重要贡献,是突破了把计划经济同商品经济对立起来的传统观点,确认我国社会主义经济是公有制基础上的有计划商品经济;认为充分发展商品经济,是社会经济发展不可逾越的阶段,是实现我国现代化的必要条件。这是对马克思主义政治经济学的新发展。

《决定》明确国有企业所有权和经营权相分离的改革思路,强调增强企业活力是经济体制改革的中心环节。明确了企业应有的多项自主权,要求使企业真正成为相对独立的经济实体,成为自主经营、自负盈亏的社会主义商品生产者和经营者,具有自我改造和自我发展的能力,成为具有一定权利和义务的法人。

《决定》指出,价格体系的改革是整个经济体制改革成败的关键。应建立合理的价格体系,充分重视经济杠杆的作用。

《决定》指出,要建立多种形式的经济责任制,认真贯彻按劳分配原则。应使企业职工的工资奖金同企业的经济效益更好地挂起钩来,企业内部的工资制度应充分体现差别。

《决定》为建设中国特色社会主义经济提供了理论指导，是指导我国经济体制改革的纲领性文件。

全会号召全党、全军和全国各族人民，认真学习《中共中央关于经济体制改革的决定》，以充分的信心和勇气，切实有效地进行工作，努力夺取改革的全面胜利，为更好地开创社会主义现代化建设的新局面而奋斗！

邓小平对全会《决定》给予了高度评价，说，"我的印象是写出了一个政治经济学的初稿，是马克思主义基本原理和中国社会主义实践相结合的政治经济学"，"这次经济体制改革的文件好，就是解释了什么是社会主义，有些是我们老祖宗没有说过的话，有些新话……没有前几年的实践不可能写出这样的文件。写出来，也很不容易通过，会被看作'异端'"。[①]

在《决定》精神指导下，以城市为重点的经济体制改革全面展开。在坚持公有制经济主体地位的同时，多种经济成分得到发展；按照政企分开、所有权和经营权适当分离的原则，扩大企业的生产经营自主权；改革计划体制，使国家宏观调控的范围和方式有所调整。此外，在财政、税收、价格、金融、商业、劳动工资等方面，也进行了不同程度的改革。城市经济生活出现了前所未有的活跃局面。

三、十四届三中全会

十四大明确了我国经济体制改革的目标是建立社会主义市场经济体制。大会要求围绕社会主义市场经济体制的建立，进行相应的体制改革和政策调整。以邓小平南方谈话和十四大为标志，中国社会主义改革开放和现代化建设事业进入了新的发展阶段。

1993 年 11 月，十四届三中全会在北京召开。全会审议通过了《中共中央关于建立社会主义市场经济体制若干问题的决定》（以下简称《决定》），共10 个方面 50 条。《决定》把十四大确定的经济体制改革的目标和基本原则加以系统化、具体化，是我国建立社会主义市场经济体制的总体规划，是 20 世

---

① 《邓小平文选》第 3 卷，人民出版社 1993 年版，第 83、91 页。

纪 90 年代进行经济体制改革的行动纲领，对我国改革开放和社会主义现代化建设产生了重大而深远的影响。

《决定》勾画了社会主义市场经济体制的总体框架，明确指出，社会主义市场经济体制是同社会主义基本制度结合在一起的。建立社会主义市场经济体制，就是要使市场在国家宏观调控下对资源配置起基础性作用。

《决定》指出，为实现这个目标，必须从五个主要环节着手，构建社会主义市场经济体制的基本框架：

一是建立适应市场经济要求、产权清晰、权责明确、政企分开、管理科学的现代企业制度；

二是建立全国统一开放的市场体系，实现城乡市场紧密结合，国内市场与国际市场相互衔接，促进资源的优化配置；

三是转变政府管理经济的职能，建立以间接手段为主的完善的宏观调控体系，保证国民经济的健康运行；

四是建立以按劳分配为主体，效率优先、兼顾公平的收入分配制度，鼓励一部分地区一部分人先富起来，走共同富裕的道路；

五是建立多层次的社会保障制度，为城乡居民提供同我国国情相适应的社会保障，促进经济发展和社会稳定。

《决定》同时指出，要深化农村经济体制、对外经济体制改革；进行科技体制和教育体制的改革和扩大对外开放。

《决定》指出，当前要紧紧抓住建立现代企业制度、市场体系和金融、财税、计划、投资、外贸等重点领域的改革，制定具体方案，采取实际步骤，取得新的突破。

《决定》强调，要坚持以公有制为主体、多种经济成分共同发展的方针，在积极促进国有经济和集体经济发展的同时，鼓励个体、私营、外资经济发展，并依法加强管理。公有制经济特别是国有经济，要积极参与市场竞争，在市场竞争中壮大和发展。国家要为各种所有制经济平等参与市场竞争创造条件，对各类企业一视同仁。

全会强调，建立社会主义市场经济体制是一项开创性的伟大事业。要以是否有利于发展社会主义社会的生产力，是否有利于增强社会主义国家的综合国力，是否有利于提高人民的生活水平，作为决定各项改革措施取舍和检验其得失的根本标准。

全会要求，在推进改革的过程中，必须解放思想，实事求是；以经济建设为中心，改革开放、经济发展和社会稳定相互促进，相互统一；尊重群众首创精神，重视群众切身利益；实行整体推进和重点突破相结合。各级党委和政府要用党的基本理论和基本路线统揽全局，把更大的精力集中到加快改革上来。

四、十五届三中全会

1998 年 10 月，十五届三中全会在北京召开。全会专题研究农业和农村问题，通过了《中共中央关于农业和农村工作若干重大问题的决定》。

全会认为，农业、农村和农民问题是关系我国改革开放和现代化建设全局的重大问题。新形势下，必须进一步加强农业的基础地位，保持农业和农村经济的持续发展，保持农民收入的稳定增长，保持农村社会的稳定。

我国改革率先从农村突破。全会高度评价农村改革 20 年所取得的巨大成就和创造的丰富经验。一致认为，实行家庭联产承包责任制，废除人民公社，突破计划经济模式，发展社会主义市场经济，极大地调动了亿万农民的积极性，解放和发展了生产力，带来了农村经济和社会发展的历史性巨大变化。这场伟大变革，带动和促进了国家的全面改革，进而探索出一条适合国情的建设有中国特色社会主义道路，并为国民经济持续快速增长和保持社会稳定作出了重要贡献。农村改革的成功是邓小平理论的伟大胜利。

全会按照社会主义初级阶段的基本纲领和总体部署，从经济、政治、文化三个方面，提出了到 2010 年建设中国特色社会主义新农村的奋斗目标，确定了实现这些目标必须坚持的方针。强调必须全面贯彻党的基本路线，始终把发展农村经济、提高农业生产力水平作为整个农村工作的中心，一切政策都要有利于增强农村经济活力，依靠农民运用现代科技向生产的深度和广度进军，不断提高农民的物质文化生活水平。

全会强调，以公有制为主体、多种所有制经济共同发展的基本经济制度，以家庭承包经营为基础、统分结合的经营制度，以劳动所得为主和按生产要素分配相结合的分配制度，必须长期坚持。

家庭承包经营，不仅适应以手工劳动为主的传统农业，也能适应采用先进科学技术和生产手段的现代农业，具有广泛的适应性和旺盛的生命力。

要坚定不移地贯彻土地承包期再延长30年的政策，同时抓紧制定确保农村土地承包关系长期稳定的法律法规，赋予农民长期而有保障的土地使用权。

要积极探索实现农业现代化的具体途径，大力发展产业化经营。

继续完善所有制结构，在积极发展公有制经济的同时，采取灵活有效的政策措施，鼓励和引导农村个体、私营等非公有制经济有更大的发展。

要深化农产品流通体制改革，在国家宏观调控下充分发挥市场对资源配置的基础性作用。加强市场设施建设，健全市场法规，维护市场秩序。

全会指出，发展农村生产力，推进农业现代化，是一项长期任务。必须着力解决制约我国农业长期稳定发展的突出问题，全面提高农业综合生产能力。

要加快以水利为重点的农业基本建设，改善农业生态环境，切实保护耕地、森林植被和水资源，为农业和农村经济的可持续发展奠定更加坚实的基础。水利建设要坚持全面规划、统筹兼顾、标本兼治、综合治理的原则，实行兴利除害结合，开源节流并重，防洪抗旱并举。当务之急要加大投入，加快长江黄河等大江大河大湖的综合治理，提高防洪能力。要把推广节水灌溉作为一项革命性措施来抓，大幅度提高水的利用率。

农业的根本出路在科技、在教育。由传统农业向现代农业转变，由粗放经营向集约经营转变，必然要求农业科技有一个大的发展，进行一次新的农业科技革命。要加强农业科学研究和技术推广，调整和优化农村经济结构，确保粮食等主要农产品的产量稳定增长，品种质量得到改善，经济效益不断提高。

加快乡镇企业的结构调整和体制创新，制定和完善促进小城镇健康发展的政策措施，增强农村经济的活力。要推进农村小康建设，加大扶贫攻坚力度，努力增加农民收入，切实减轻农民负担。

全会认为，实现农村经济和社会的协调发展，保持农村社会稳定，必须切实加强农村基层民主法制建设、社会主义精神文明建设、基层党组织和干部队伍建设。实行村民自治，是党领导亿万农民建设有中国特色社会主义民主政治的伟大创造。这项工作要在党的统一领导下有步骤、有秩序地进行，建立健全各项制度，并同健全法制紧密结合。要加强农村的思想道德教育和法制教育，广泛开展创建"文明户""文明村镇"活动，大力发展农村教育事业，全面提高农民的思想道德素质和科学文化素质。要充分发挥乡镇党委和村党支部的领导核心作用，造就一支高素质的农村基层干部队伍。从中央到地方各级党委和政府，都要把农业和农村工作摆在重要地位，各行各业都要大力支持农业。

五、十六届三中全会

2003 年 10 月，十六届三中全会在北京召开，审议通过了《中共中央关于完善社会主义市场经济体制若干问题的决定》，还审议通过了《中共中央关于修改宪法部分内容的建议》并决定提交第十届全国人民代表大会常务委员会审议。

胡锦涛在全会上正式提出了科学发展观。全会强调，要坚持以人为本，树立全面、协调、可持续的发展观，促进经济社会和人的全面发展，坚持"五个统筹"的思想，即统筹城乡发展、统筹区域发展、统筹经济社会发展、统筹人与自然和谐发展、统筹国内发展和对外开放的要求。

1993 年 11 月的十四届三中全会，通过《中共中央关于建立社会主义市场经济体制若干问题的决定》，勾画了社会主义市场经济体制的蓝图和基本框架。10 年之后，十六届三中全会通过的《中共中央关于完善社会主义市场经济体制若干问题的决定》（以下简称《决定》），两届全会通过的决定标题，只有一个词的差别，就是由"建立"变为了"完善"。

一词之差，浓缩了我国社会主义市场经济发展的历史进程，标志着经济体制改革跨入了一个新的历史发展阶段。过去 10 年，主要是建立框架。今后，主要是进一步完善。未来的改革怎么深化？开放怎么扩大？体制怎么健全？制度怎么创新？焦点都在一个关键词——"完善"上。建成完善的社会主义市场经济体制，是我们党在新世纪新阶段作出的具有重大现实意义和深远历史意义的决策，是对全党新的重大考验。

完善社会主义市场经济体制，必须坚持社会主义市场经济的改革方向，注重制度建设和体制创新；坚持尊重群众的首创精神，充分发挥中央和地方两个积极性；坚持正确处理改革发展稳定的关系，有重点、有步骤地推进改革；坚持统筹兼顾，协调好改革进程中的各种利益关系；坚持以人为本，树立全面、协调、可持续的发展观，促进经济社会和人的全面发展。

全会强调，完善社会主义市场经济体制的主要任务是：完善公有制为主体、多种所有制经济共同发展的基本经济制度，建立有利于逐步改变城乡二元经济结构的体制，形成促进区域经济协调发展的机制，建设统一开放竞争有序的现代市场体系，完善宏观调控体系、行政管理体制和经济法律制度，健全就业、收入分配和社会保障制度，建立促进经济社会可持续发展的机制。

《决定》对完善社会主义市场经济体制作出了具体部署：

进一步巩固和发展公有制经济，鼓励、支持和引导非公有制经济发展；

完善国有资产管理体制，深化国有企业改革；

深化农村改革，完善农村经济体制；

完善市场体系，规范市场秩序；

继续改善宏观调控，加快转变政府职能；

完善财税体制，深化金融改革；

深化涉外经济体制改革，全面提高对外开放水平；

推进就业和分配体制改革，完善社会保障体系；

深化科技教育文化卫生体制改革，提高国家创新能力和国民整体素质；

深化行政管理体制改革，完善经济法律制度。

《决定》在理论和实践上与时俱进，作出了一系列创新：

提出大力发展国有资本、集体资本和非公有资本等参股的混合所有制经济，实现投资主体多元化，使股份制成为公有制的主要实现形式。

在提出建立现代企业制度的基础上，又提出了建立归属清晰、权责明确、保护严格、流转顺畅的现代产权制度的要求，强调产权是所有制的核心和主要内容。

《决定》指出，党的领导是顺利推进改革的根本保证。建成完善的社会主义市场经济体制，是我们党在新世纪新阶段作出的具有重大现实意义和深远历史意义的决策，是对全党新的重大考验。全党同志要充分认识肩负的历史责任，不断学习新知识、研究新情况、解决新问题，继续探索社会主义制度和市场经济有机结合的途径和方式。

十六届三中全会在政治方面的一项重要内容和亮点，就是审议通过了《中共中央关于修改宪法部分内容的建议》，建议将社会主义政治文明写入宪法，进一步强调保护私有财产不受侵犯，并写进保障人权的内容。依照法定程序，把十六大确定的这些重大理论观点和重大方针政策写入宪法，有利于宪法更好地发挥国家根本法的作用。

六、十七届三中全会

2008 年 10 月，十七届三中全会在北京召开。全会审议通过了《中共中央关于推进农村改革发展若干重大问题的决定》，对进一步推进农村改革发展作出了再一次部署。

全会指出，农业、农村、农民问题关系党和国家事业发展全局。只有坚持把解决好农业、农村、农民问题作为全党工作重中之重，坚持农业基础地位，坚持社会主义市场经济改革方向，坚持走中国特色农业现代化道路，坚持保障农民物质利益和民主权利，才能不断解放和发展农村社会生产力，推动农村经济社会全面发展。

全会认为，我国总体上已进入以工促农、以城带乡的发展阶段，进入加快改造传统农业、走中国特色农业现代化道路的关键时刻，进入着力破除城乡二元结构、形成城乡经济社会发展一体化新格局的重要时期。

所以，要把建设社会主义新农村作为战略任务，把走中国特色农业现代化道路作为基本方向，把加快形成城乡经济社会发展一体化新格局作为根本要求，坚持工业反哺农业、城市支持农村和多予少取放活方针，创新体制机制，加强农业基础，增加农民收入，保障农民权益，促进农村和谐，充分调动广大农民的积极性、主动性、创造性，推动农村经济社会又好又快发展。

全会提出，到 2020 年，农村改革发展基本目标任务是：

农村经济体制更加健全，城乡经济社会发展一体化体制机制基本建立；

现代农业建设取得显著进展，农业综合生产能力明显提高，国家粮食安全和主要农产品供给得到有效保障；

农民人均纯收入比 2008 年翻一番，消费水平大幅提升，绝对贫困现象基本消除；

农村基层组织建设进一步加强，村民自治制度更加完善，农民民主权利得到切实保障；

城乡基本公共服务均等化明显推进，农村文化进一步繁荣，农民基本文化权益得到更好落实，农村人人享有接受良好教育的机会，农村基本生活保障、基本医疗卫生制度更加健全，农村社会管理体系进一步完善；

资源节约型、环境友好型农业生产体系基本形成，农村人居和生态环境明显改善，可持续发展能力不断增强。

全会强调，实现上述目标任务，要遵循以下重大原则：

必须巩固和加强农业基础地位，始终把解决好十几亿人口吃饭问题作为治国安邦的头等大事；

必须切实保障农民权益，始终把实现好、维护好、发展好广大农民根本利益作为农村一切工作的出发点和落脚点；

必须不断解放和发展农村社会生产力，始终把改革创新作为农村发展的根本动力；

必须统筹城乡经济社会发展，始终把着力构建新型工农、城乡关系作为加快推进现代化的重大战略；

必须坚持党管农村工作，始终把加强和改善党对农村工作的领导作为推进农村改革发展的政治保证。

全会对当前和今后一个时期推进农村改革发展作出了部署，强调要大力推进改革创新，加强农村制度建设；积极发展现代农业，提高农业综合生产能力；加快发展农村公共事业，促进农村社会全面进步。

全会提出，实现农村发展战略目标，推进中国特色农业现代化，必须按照统筹城乡发展要求，抓紧在农村体制改革关键环节上取得突破，进一步放开搞活农村经济，优化农村发展外部环境，强化农村发展制度保障。要稳定和完善农村基本经营制度、健全严格规范的农村土地管理制度、完善农业支持保护制度、建立现代农村金融制度、建立促进城乡经济社会发展一体化制度、健全农村民主管理制度。

全会提出，发展现代农业，必须按照高产、优质、高效、生态、安全的要求，加快转变农业发展方式，推进农业科技进步和创新，加强农业物质技术装备，健全农业产业体系，提高土地产出率、资源利用率、劳动生产率，增强农业抗风险能力、国际竞争能力、可持续发展能力。

全会提出，建设社会主义新农村，形成城乡经济社会发展一体化新格局，必须扩大公共财政覆盖农村范围，发展农村公共事业，使广大农民学有所教、劳有所得、病有所医、老有所养、住有所居。要繁荣发展农村文化、大力办好农村教育事业、促进农村医疗卫生事业发展、健全农村社会保障体系、加强农村基础设施和环境建设、推进农村扶贫开发、加强农村防灾减灾能力建设、强化农村社会管理。

七、十八届三中全会

2013 年 11 月，十八届三中全会在北京召开。主要议程是研究全面深化改革重大问题。全会听取和讨论了习近平受中央政治局委托作的工作报告，审议通过了《中共中央关于全面深化改革若干重大问题的决定》。习近平就《决定（讨论稿）》作了说明。

全会高度评价十一届三中全会召开 35 年来改革开放的成功实践和伟大成就，研究了全面深化改革若干重大问题，认为改革开放是党在新的时代条件下带领全国各族人民进行的新的伟大革命，是当代中国最鲜明的特色，是决定当代中国命运的关键抉择，是党和人民事业大踏步赶上时代的重要法宝。面对新形势新任务，全面建成小康社会，进而建成富强民主文明和谐的社会主义现代化国家、实现中华民族伟大复兴的中国梦，必须在新的历史起点上全面深化改革。

全会指出，全面深化改革的总目标是完善和发展中国特色社会主义制度，推进国家治理体系和治理能力现代化。

全会要求，必须更加注重改革的系统性、整体性、协同性，加快发展社会主义市场经济、民主政治、先进文化、和谐社会、生态文明，让一切劳动、知识、技术、管理、资本的活力竞相迸发，让一切创造社会财富的源泉充分涌流，让发展成果更多更公平惠及全体人民。

全会指出，要紧紧围绕使市场在资源配置中起决定性作用深化经济体制改革，坚持和完善基本经济制度，加快完善现代市场体系、宏观调控体系、开放型经济体系，加快转变经济发展方式，加快建设创新型国家，推动经济更有效率、更加公平、更可持续发展；

紧紧围绕坚持党的领导、人民当家作主、依法治国有机统一深化政治体制改革，加快推进社会主义民主政治制度化、规范化、程序化，建设社会主义法治国家，发展更加广泛、更加充分、更加健全的人民民主；

紧紧围绕建设社会主义核心价值体系、社会主义文化强国深化文化体制改革，加快完善文化管理体制和文化生产经营机制，建立健全现代公共文化服务体系、现代文化市场体系，推动社会主义文化大发展大繁荣；

紧紧围绕更好保障和改善民生、促进社会公平正义深化社会体制改革，改革收入分配制度，促进共同富裕，推进社会领域制度创新，推进基本公共服务均等化，加快形成科学有效的社会治理体制，确保社会既充满活力又和谐有序；

紧紧围绕建设美丽中国深化生态文明体制改革，加快建立生态文明制度，健全国土空间开发、资源节约利用、生态环境保护的体制机制，推动形成人与自然和谐发展现代化建设新格局；

紧紧围绕提高科学执政、民主执政、依法执政水平深化党的建设制度改革，加强民主集中制建设，完善党的领导体制和执政方式，保持党的先进性和纯洁性，为改革开放和社会主义现代化建设提供坚强政治保证。

全会要求，到 2020 年，在重要领域和关键环节改革上取得决定性成果，形成系统完备、科学规范、运行有效的制度体系，使各方面制度更加成熟更加定型。

全会对全面深化改革作出系统部署，强调坚持和完善基本经济制度，加快完善现代市场体系，加快转变政府职能，深化财税体制改革，健全城乡发展一体化体制机制，构建开放型经济新体制，加强社会主义民主政治制度建设，推进法治中国建设，强化权力运行制约和监督体系，推进文化体制机制创新，推进社会事业改革创新，创新社会治理体制，加快生态文明制度建设，深化国防和军队改革，加强和改善党对全面深化改革的领导。

全会决定，中央成立全面深化改革领导小组，负责改革总体设计、统筹协调、整体推进、督促落实。

八、改革开放总设计师

1984 年 10 月 1 日，在天安门广场举行盛大的国庆 35 周年庆典。在游行队伍中，北京大学学生打出了"小平您好"的横幅。

事先，曾有人建议用"邓小平万岁"的口号，但被北大同学否定了。一句"小平您好"，多么亲切，又包含了多少深意！

1986 年 1 月 6 日，邓小平的照片出现在美国《时代》周刊该年度首期的封面上，成为《时代》周刊评出的 1985 年"年度人物"。

1997 年 2 月 19 日，邓小平在北京病逝，享年 93 岁。《中共中央、全国人大常委会、国务院、全国政协、中央军委告全党全军全国各族人民书》和《邓小平伟大光辉的一生》中，都称邓小平为"全党全军全国各族人民公认的享有崇高威望的卓越领导人，伟大的马克思主义者，伟大的无产阶级革命家、政治家、军事家、外交家，久经考验的共产主义战士，中国社会主义改革开放和现代化建设的总设计师，建设有中国特色社会主义理论的创立者"。

其中的"总设计师"一词，尤为突出。因为这一称号直到今天，还只有邓小平一人独有。这一称号，亲切、平实，准确概括了邓小平对中国改革开放的历史性贡献。

邓小平的一生极富传奇色彩。他曾三落三起。最后一次起，是 1977 年 7 月 21 日，十届三中全会正式宣布：恢复邓小平中共中央副主席、中央军委副主席兼总参谋长、国务院第一副总理的职务，邓小平再次出山。

经过多次折腾的邓小平，此时已经 73 岁了。"人生七十古来稀。"然而，正是这个古稀老人，给中国带来了一场伟大的革命。

是邓小平领导和支持了关于真理标准问题的大讨论，大力倡导解放思想、实事求是的精神，把人们的思想从长期的封闭和禁锢中解放了出来。由此，才有了 40 年来中国人民愈益充分的精神思考、理论创新和智慧升华。

是邓小平及时果断地推动恢复高考，在教育、科技领域拨乱反正，脱掉知识分子"臭老九"的帽子，确认"科技是第一生产力"。由此，才从根本上改变了中国社会的价值观，恢复了知识和人才在全社会的地位，引导人们脱离蒙昧而走向文明。

是邓小平充分理解普通农民最基本的生存欲望，支持以家庭联产承包责任制为主要内容的农村改革，进而又推动城市的全面改革，从而引发了当代中国的第二次革命，使中国经济、政治、文化、教育、科技等各方面的体制发生了根本性的变革。

是邓小平在长达 13 年的时间里先后 6 次提出社会主义也可以搞市场经济的观点，突破传统观念的束缚，在改革的十字路口指明了前进方向，推动中国大规模地从计划经济向社会主义市场经济过渡。

是邓小平恢复了民主和法制的权威，大力加强社会主义民主和法制建设，倡导党和国家领导体制的改革，开通了政治体制改革的道路，推动国家的政治制度和政治体制逐步走向完善。

是邓小平大力倡导利用外资、创办特区、向国外派出留学生，制定了对外开放的大政策，从而打开了长期关闭的国门，加强了与国际社会的联系，将中国与世界日益紧密地联系在一起，共同推动世界的和平与发展。

……

在 20 世纪 70 年代末和 80 年代末 90 年代初两个历史的关键节点上，邓小平都以他对历史潮流的深刻洞悉和政治家战略家的巨大魄力，指明了中国发展进步的方向，使改革开放和中国特色社会主义事业取得了巨大的成功。

邓小平不仅以自己的睿智和魄力推动了中国改革潮流的兴起和改革实践的发展，而且从理论上分析说明改革的必要性和性质、特点和战略，形成了关于社会主义改革的理论，这是邓小平理论中最具光彩的亮点之一。

邓小平从多个不同的角度，深刻揭示了改革的必要性，说明改革是中国的必由之路，"坚持改革开放是决定中国命运的一招"[①]。

邓小平深刻揭示了改革的性质，提出"改革是中国的第二次革命"的著名论断，说明我们的改革是全面的改革。

邓小平强调改革是一种试验，胆子要大，步子要稳，要用"三个有利于"来检验改革的得失成败。

邓小平还一再强调，改革开放要坚定不移地进行下去，改革开放的政策不能变。

---

① 《邓小平文选》第 3 卷，人民出版社 1993 年版，第 368 页。

邓小平一生的贡献很多，归结起来，最大的贡献之一，就是领导党和国家坚持改革开放，走出了一条中国特色社会主义道路。

1982 年 9 月，邓小平在十二大的开幕词中明确宣告："把马克思主义的普遍真理同我国的具体实际结合起来，走自己的道路，建设有中国特色的社会主义，这就是我们总结长期历史经验得出的基本结论。"[①]

邓小平从党和国家的前途着眼，坚决主张废除干部领导职务终身制，并身体力行作出了表率。他曾多次提出辞去领导职务。在 1987 年 11 月的十三大上，他不再参加中央委员会和中央顾问委员会。在 1989 年 11 月的十三届五中全会上，他又辞去中央军委主席的职务，实现了他从领导岗位上完全退下来的夙愿。这是他对历史、对中国的一个特殊贡献。

邓小平功勋卓著，但他从来不把功劳归于自己一个人。1992 年 7 月，邓小平在审阅十四大报告稿时，明确指出：改革开放中许许多多的东西，都是群众在实践中提出来的。报告中讲我的功绩，一定要放在集体领导范围内。可以体现以我为主体，但绝不是一个人脑筋就可以钻出什么新东西来。这是群众的智慧，集体的智慧。我的功劳是把这些新事物概括起来，加以提倡。报告对我的作用不要讲得太过分，一个人、几个人，干不出这么大的事情。要写得合乎实际。[②]邓小平这一重要的思想和态度，也可以说是他对历史、对中国的又一个特殊贡献。

邓小平的一系列重大贡献，改变了中国，也在相当程度上改变了世界。我们永远感谢他，也永远怀念他。

所以，在改革开放的进程中，中国人民广泛使用"改革开放总设计师"的称号，概括邓小平的贡献，表达对于邓小平的敬意。对于这一称号，邓小平是当之无愧的。

2014 年 8 月 20 日，中共中央举行纪念邓小平同志诞辰 110 周年座谈会。习近平总书记再次使用"总设计师"的称号，高度评价了邓小平和邓小平理论的历史地位和历史功绩，深刻阐述了邓小平的崇高精神风范，强调指出：邓小平的贡献，不仅改变了中国人民的历史命运，而且改变了世界的历史进程。邓小平赢得了中国人民衷心爱戴，也赢得了世界人民广泛尊敬。

---

①《邓小平文选》第 3 卷，人民出版社 1993 年版，第 3 页。
②《邓小平年谱（1975—1997）》下，中央文献出版社 2004 年版，第 1350 页。

九、"猫论"

"不管白猫黑猫，只要捉住老鼠就是好猫。"这是改革开放以来，中国老百姓所熟知的一句话，更有人把它归结为一个词——"猫论"。"猫论"被认为是推进改革开放的重要思想方法之一，也被认为是邓小平的重要思想之一。

但"猫论"的命运并不寻常。一个"猫论"，曾经陷邓小平于灭顶之灾，但又使邓小平名声大震。

三年困难时期，大饥荒席卷全国。

1960年春，安徽宿县一位70多岁的老农，经公社批准，带着生病的儿子到山里生产自救，一年开荒种地16亩。丰收后不仅留足口粮、种子和饲料，而且上交公社粮食1800斤，副业额60元。安徽省委发现了农民生产自救的路子，于是便开始了推行包产责任制的试验。

随后，邓小平提出"三自一包"的思想，建议把土地分包给农民，搞包产到户。

但是，"三自一包"在党内引起了极大的争议。

1962年7月2日，中央书记处开会讨论如何恢复农业生产问题。担任总书记的邓小平明确表示他的态度："恢复农业，群众相当多的提出分田，陈云同志作了调查，讲了些道理，意见提出是好的。现在所有的形式中，农业是单干搞得好。不管是黄猫、黑猫，在过渡时期，哪一种方法有利于恢复，就用哪一种方法。我赞成认真研究一下分田或者包产到户，究竟存在什么问题，因为相当普遍。"①

5天以后的7月7日，在共青团三届七中全会上，邓小平再次说到农业问题："生产关系究竟以什么形式为最好，恐怕要采取这样一种态度，就是哪种形式在哪个地方能够比较容易比较快地恢复和发展农业生产，就采取哪种形式；群众愿意采取哪种形式，就应该采取哪种形式，不合法的使它合法起来。"

随后，邓小平便借用一句四川俗语说明自己的观点："刘伯承同志经常讲

---

① 《邓小平年谱（1904—1974）》下，中央文献出版社2004年版，第1713页。

一句四川话：'黄猫、黑猫，只要捉住老鼠就是好猫。'"①

著名的"猫论"就这样诞生了。

"文化大革命"中，邓小平被打成"党内第二号走资本主义道路的当权派"，所谓"猫论"被解释为"不管社会主义还是资本主义，只要能发展生产力就是好主义"。因而也就成为他坚持走资本主义道路的最重要罪证。

邓小平为这"猫论"大吃苦头，但它最终还是度过劫难，成为独特而又科学、深刻的方法论。

当然，直到今天，对"猫论"明里暗里还是有一些不同看法。

其实，首先要说明，所谓"猫论"，原话是"黄猫、黑猫，只要捉住老鼠就是好猫"。这与后来的"白猫、黑猫"不太一样。当然，两者的意思是一样的。

第二，所谓"猫论"，并不是邓小平的发明。原话是四川老百姓广泛流传的一句话。天府之国，粮多，老鼠也多。为了灭鼠护粮，老百姓家里便养了很多猫。只要猫能捉住老鼠，谁都不会在意猫的颜色。所以，便有了"黄猫、黑猫，只要捉住老鼠就是好猫"之说。

第三，原话是刘伯承元帅常说的，主要用于打仗。国民党的将领与刘伯承打仗屡屡失败，常说刘伯承不按兵法规矩打仗。刘伯承的回答是："不管黄猫、黑猫，只要捉住老鼠就是好猫。"意思很清楚，打仗，就是为了打赢。只要能打赢，什么奇计妙策都可使用，不需要一定按书本上的规矩来办。

第四，邓小平当年引用时，明确指的是在当时情况下，只要能够恢复和发展农业生产，哪种生产形式管用，就用哪种生产形式。这句话没有一点错误。多少农民已经在忍饥挨饿，濒临死亡边缘。任何有点人道思想的人，都懂得救命是第一位的任务。让农民分田种地，自己救自己的命，何错之有？

"不管白猫、黑猫，只要捉住老鼠就是好猫。"非常通俗易懂，但却包含着深刻的哲理。

不管白猫、黑猫，还是黄猫、花猫，归根结底都是猫，本质上是相同的。猫的颜色只是一种外在的形式的东西，并不能决定猫的本质。判断好猫孬猫的标准，是要看它能不能捉住老鼠，而不是看它的颜色。颜色再好看，但就

①《邓小平文选》第1卷，人民出版社1993年版，第323页。

是捉不到老鼠，这种猫就没法算是好猫了。

同样，任何制度、机制、形式、办法，都是为了一定的目的而设计、制定的。根本上，是基于它们对于最广大人民的价值。如果能够最大限度地满足人民群众的需求，符合最广大人民的利益、得到最广大人民的拥护，那这种制度、机制、形式、办法就是好的；反之，无论嘴上说得多漂亮，但不能或没有给最广大人民带来实际的利益，甚至还伤害广大人民群众，不受人民群众欢迎，那就不能算是好的。

有人认为不管白猫、黑猫是不问是非，这是由于没有学好邓小平理论而产生的误解。能不能逮住老鼠，这就是最大的是非。逮不住老鼠，不能发展生产力，解决不了人民的生活和生存问题，还要喋喋不休强调颜色的重要性，这恰恰是颠倒了最大的是非。

所以，形式和价值，价值是第一位的，形式是第二位的。形式可以多种多样，但都要服从于人民利益这个根本的价值。不能倒过来，让人民利益去服从所谓的形式。

而且，形式可以不断发展、变化。今天符合人民利益的根本价值，我们今天就采用它。明天过时了，不能实现人民利益的根本价值，我们就完全可以抛弃它，改换和创造更新的更能体现人民利益根本价值的形式。

当然，有人在实际生活中滥用"猫论"，认为只要能把经济搞上去，什么手段都可以用，这也是不对的。按照习近平总书记强调的底线思维，任何手段都不能突破宪法法律党章党规的底线，不能突破起码的道德和良知的底线。

只有这样，我们才能永远与时俱进，才能永远维护最广大人民的根本利益，才能永远立于不败之地。

十、"三个有利于"标准

改革是一场革命，又是一个试验。那么，我们应该以什么为根据和标准来选择改革的目标、制定改革的方案、采取改革的措施呢？又以什么样的标准来检验和判断改革实践和各项政策措施的是非得失呢？

邓小平提出的根本标准是："三个有利于"。

早在民主革命时期，毛泽东就在《论联合政府》中指出："中国一切政党的政策及其实践在中国人民中所表现的作用的好坏、大小，归根到底，看它对于中国人民的生产力的发展是否有帮助及其帮助之大小，看它是束缚生产力的，还是解放生产力的。"① 这就是我们很熟悉的生产力标准。

在新的历史条件下，邓小平恢复和坚持了生产力标准。1978 年 9 月，邓小平指出："按照历史唯物主义的观点来讲，正确的政治领导的成果，归根结底要表现在社会生产力的发展上，人民物质文化生活的改善上。"②

后来，邓小平又多次提到标准问题，大致是生产力标准的不同表述或发挥、展开。1979 年 10 月，在第四次文代会上，他提出："对实现四个现代化是有利还是有害，应当成为衡量一切工作的最根本的是非标准。"③ 1980 年 5 月，他在会见外国客人时说："社会主义经济政策对不对，归根到底要看生产力是否发展，人民收入是否增加。这是压倒一切的标准。"④ 1983 年 1 月，他又指出："各项工作都要有助于建设有中国特色的社会主义，都要以是否有助于人民的富裕幸福，是否有助于国家的兴旺发达，作为衡量做得对或不对的标准。"⑤

随着改革开放的深入，对改革措施的不同评价和意见也多了起来。针对这些思想，邓小平在 1992 年视察南方的谈话中明确指出："改革开放迈不开步子，不敢闯，说来说去就是怕资本主义的东西多了，走了资本主义道路。要害是姓'资'还是姓'社'的问题。判断的标准，应该主要看是否有利于发展社会主义社会的生产力，是否有利于增强社会主义国家的综合国力，是否有利于提高人民的生活水平。"⑥ 这就是"三个有利于"标准。

"三个有利于"的标准，符合马克思主义的基本原理，抓住了事物的根本和关键，又具有可操作性。这些标准既是正确的，又是管用的。

改革是社会主义制度的自我完善，改革归根到底是为了消除原有制度和体制中不适应的内容，使生产力摆脱各种羁绊，获得迅速而更大的发展。改

---

① 《毛泽东选集》第 3 卷，人民出版社 2006 年版，第 1079 页。
② 《邓小平文选》第 2 卷，人民出版社 1994 年版，第 128 页。
③ 同上书，第 209 页。
④ 同上书，第 314 页。
⑤ 《邓小平文选》第 3 卷，人民出版社 1993 年版，第 23 页。
⑥ 同上书，第 372 页。

革开放的总方针以及各项具体政策和措施，都是从发展生产力的角度来制定的，都是以促进生产力的发展为目标的。改革开放的政策和措施虽然本身属于生产关系和上层建筑的范畴，但实际上，都是为了使各种生产关系获得一个最佳组合，使生产力的发展获得一个最佳环境。所以，改革的得失成败，政策的是非对错，都要看它能否使生产力更快更好地发展。有利于生产力发展的事，我们就去做，不利于生产力发展的事，我们就不去做。

生产力的发展水平与一个国家的实力水平紧密联系在一起。一个国家的综合国力，归根到底是由生产力发展水平决定的，当然还有其他因素。改革开放，就是要通过生产力的发展，大大增强国家的综合国力。改革开放是否成功，要看这个目的是否达到了。综合国力增强了，就证明我们的政策和各项措施是对头的。如果综合国力没有增强，甚至国家变弱了，变穷了，那就说明我们的政策和措施有问题，那就得认真地反思和检讨了。

人民群众是国家的主人。我们的一切制度和政策，都要从人民的利益出发。一个制度、一项政策的利弊得失，根本上都要看能否为人民群众谋利益。中国特色社会主义制度之所以是优越的，就是因为它保护了人民的利益，受到人民群众的拥护和欢迎；而它不完善的地方，也正在于还有许多不为人民所满意的地方。改革开放从根本上符合人民群众的利益，使人民群众得到了实惠，因而得到了人民群众的拥护。实践证明，无论何种改革措施，都要看人民群众拥护不拥护、人民赞成不赞成、人民乐意不乐意，都要以是否有利于提高人民生活水平、是否有利于人民的根本利益作为评价的标准。提高人民生活水平，指的就是人民利益。当然，人民利益包括很多内容，但生活水平，应该说是最主要的利益。

"三个有利于"标准从生产力标准发展而来，它将生产力标准作为最重要的一项内容包含进来，较之于生产力标准，它的内涵更丰富、更全面，也更科学了。它把生产力标准与人民利益标准统一起来，而且把生产力标准由比较抽象的理论形态，变成了更能为实际工作者把握和操作的具体标准。

按照这个根本标准来观察改革开放，我们既不要把那些合乎"三个有利于"标准的本来姓"社"的东西，错误地判定为姓"资"而加以排斥；也不要把那些不仅姓"资"而且确实有害的东西当成宝贝来采用。至于那些合乎"三个有利于"标准、本来没有姓"资"姓"社"问题、既可以为"资"所用又可以为"社"所用的东西，也不要错误地判定为姓"资"而加以排斥。

1992 年 2 月 10 日，邓小平来到位于上海高新技术开发区的贝岭微电子有限公司。在参观过程中，公司总经理指着一台大束流离子注入机说，这是集成电路生产的关键设备之一，是通过合资第一次引进的。邓小平意味深长地指着离子注入机问现场的同志，你们说这台设备姓"社"还是姓"资"。当大家正在发愣的时候，邓小平接着说，这台设备原来姓"资"，因为是资本主义国家生产的，现在它姓"社"，因为在为社会主义服务。"资"可以转化为"社"，"社"也可能转化为"资"。对外开放就是要引进先进技术为我所用，这台设备现在姓"社"不姓"资"。

十一、摸着石头过河

改革开放中，还有一句话十分流行，就是"摸着石头过河"。有人把它简称为"摸论"。

社会上广泛认为"摸论"是邓小平提出来的。但其实，这是一个很大的误解。"摸着石头过河"这句话本身，主要是陈云和李先念说的。再往前回溯，60 年代就出现过这句话，是一种重要的工作方法。

早在 1959 年，农业部党委在给中央的一份报告中就说道：实行少种高产多收的方针和耕地三三制的伟大理想，必须有步骤，必须是"摸着石头过河"，全国的耕地面积和播种面积不能减得太多。①

1961 年 3 月，陈云在听取化工部汇报时说："看来，一件工作的改革，要先进行试验，不能一下就铺开来搞。搞试验要敢想、敢说、敢做，但在具体做时，必须从实际出发，摸着石头过河。要把试验和推广分开，推广必须是成熟的东西，未成熟之前不能大干。"②

1962 年 2 月 16 日，李先念在给国务院财贸办公室副主任的一封信中写道："计划外用汇不到万不得已不批准，而且在订货时要一步一步地看，摸着石头过河，稳当些。"③

---

① 《中共中央文件选集（1949.10—1966.5）》第 30 册，人民出版社 2013 年版，第 137 页。
② 《陈云年谱》下卷，中央文献出版社 2000 年版，第 69 页。
③ 《李先念年谱》第 3 卷，中央文献出版社 2011 年版，第 409 页。

1978年9月9日，在国务院务虚会上，李先念指出："对引进项目实行排队，先安排急需的和已经看准了的，其余的看准一批办一批，摸着石头过河。"①

1980年12月16日，陈云在中央工作会议上说道："我们要改革，但是步子要稳。""要从试点着手，随时总结经验，也就是要'摸着石头过河'。开始时步子要小，缓缓而行。""这绝对不是不要改革，而是要使改革有利于调整，也有利于改革本身的成功。"②

有人对"摸着石头过河"提出质疑，但陈云认为"没有讲出道理来"。他重申："'九溪十八涧'，总要摸着石头过，总要下河去试一试。'摸着石头过河'，这话没有错。"③

邓小平没有说过原话，但他关于改革开放方法论的许多论述，都包含着这样的意思。所以，"摸着石头过河"是我们党很多领导同志倡导的一个充满唯物辩证法的领导原则和工作方法。

在改革开放中，"摸着石头过河"形象地表达了要先进行试验探索、在试验中积累经验的思想，这对保证改革开放的成功起了重要的作用。

改革是一项伟大的事业，同时也是一个崭新的事业，必须完全靠自己的探索走出一条新路来。国际上，也还没有什么完全成功的经验，所以，邓小平多次说，"现在我们搞的实质上是一场革命。从另一个意义来说，我们现在做的事都是一个试验。对我们来说，都是新事物"。"我们的改革不仅在中国，而且在国际范围内也是一种试验"。④

改革既然是试验和探索，就必须坚持正确的思想路线和思想方法。邓小平在不同场合多次指出，改革中难免遇到这样那样的风险，必须坚持解放思想、实事求是，大胆地闯，大胆地试。"没有一点闯的精神，没有一点'冒'的精神，没有一股气呀、劲呀，就走不出一条好路，走不出一条新路，就干不出新的事业。"⑤在改革的过程中，要不断总结经验，对的就坚持，有错误

①《李先念文选》，人民出版社1989年版，第326页。

②《陈云传》下，中央文献出版社2005年版，第1604页。

③《陈云年谱》下卷，中央文献出版社2000年版，第413页。

④《邓小平文选》第3卷，人民出版社1993年版，第174、134页。

⑤同上书，第372页。

就赶快改。不能四平八稳，因循守旧；也不能不顾条件，急于求成。要力求做到重点突破，配套协调，分步实施，循序渐进。

邓小平所说的这些思想，用陈云、李先念的形象表达，就是"摸着石头过河"。河道、河床如何？深浅如何？有没有旋涡或暗礁？基本上不清楚，所以就要试验、探索，就要一边摸着石头一边过河，不能随随便便在河里横冲直撞。

"摸着石头过河"当然不是说不要事先研究、事先规划。在"摸着石头过河"的过程中，要不断地总结经验，深入研究，寻找规律，制定规划，加强理论指导和宏观指导。

中国改革开放获得成功的一条重要经验，就是一切经过试点、试验，通过试验，总结经验，加以推广。

1978年1月1日，邮电部决定在上海市、江苏省和辽宁省试行"邮政编码"制度。两年后，才在全国推行，到1986年，在全国正式施行。

1980年9月2日，国务院批转国家经委《关于扩大企业自主权试点工作情况和今后意见的报告》。根据该报告的不完全统计，从1979年到1980年6月底，全国试点企业为6600多个，约占全国预算内企业数的16%。在这种试点基础上，从1981年起把扩大企业自主权的工作在国营工业企业中全面推开。

1981年7月31日，国务院批准《关于湖北省沙市经济体制改革综合试点报告》。沙市成为中国第一个进行经济体制综合改革的试点城市。

……

这类试点、探索，一直贯穿于改革开放的全过程，并取得了良好的效果。

有人说，为什么不事先制定好完整的方案，然后再实行改革开放呢？

事实上，每个试点本身，都有方案。但这是试点的方案，还不能是全面实行的方案。因为对于某种将要实行的制度、政策、举措，不可能事先都有完整、科学的设想和方案。先行试点，就是先在小范围内试试。通过小范围的试点，看看效果，取得经验，发现问题，再总结经验，制定更加完整的方案，然后再在更大范围推开。这样就能避免大范围的失误和损失。这样的过程，就是摸着石头过河的过程。

有人认为，改革开放要有充分的理论准备，应该先经过广泛讨论，形成理论共识，然后再推行改革开放。

这只是一种浪漫主义的想象。因为改革开放纯粹是一种从未有过的创新和探索。我们在实践中没有遇到过，理论上也没有遇到过。实践没有遇到和实验过，就很难在理论上有所突破和前进。对于改革开放怎么进行，只能大致上有一个方向，但具体怎么做，必须在实践中逐步探索、逐步认识、逐步形成理论的成果，然后再用这些理论指导实践，并进行新的实践。不可能在没有任何实践的基础上，就制定出一个完整、完美的方案，提出一个完整、完美的理论来。

而且，改革开放的每一步，都要从原有的理论、观念、条条框框中解放出来。如果没有实践的成果，没有实践给人们上课，要统一全党全国的思想几乎是不可能的。如果笼统地做什么全面、深入的理论准备，只会导致无休止的争论，最后什么事情都干不成。

只有逐步在实践中取得突破，随之形成理论的成果。将其综合起来，才能形成一种能够为多数人接受、认同的理论。这种理论形成之后，就为改革开放提供了重要的理论武装，改革开放的实践也就可以更有理论指导了。

习近平总书记说："摸着石头过河，是富有中国特色、符合中国国情的改革方法。摸着石头过河就是摸规律……从实践中获得真知。"[1]

在新形势下，全面深化改革开放，已经有丰富和全面的理论指导，也越来越有条件制定完整、全面的规划。但还是要在相当程度上，按照"摸着石头过河"的要求，坚持在试验探索中前进；同时，把"摸着石头过河"与顶层设计结合起来。

十二、邓小平南方谈话

20世纪80年代末90年代初，东欧剧变，苏联解体，国内也一度出现严峻局势。由于国际国内形势发生巨大变化，中国共产党和中华民族面临着一次重大的抉择。中国向何处去？世界向何处去？改革开放还要不要坚持下去？还能不能坚持下去？

[1] 中共中央文献研究室：《习近平关于协调推进"四个全面"战略布局论述摘编》，中央文献出版社2015年版，第54页。

在历史发展的又一个重大关键时刻，1992 年年初，已经 88 岁高龄的邓小平，乘坐专列，悄然出京，一路奔驰南下，视察改革开放的前沿地区。

专列穿过广袤无垠的华北平原，跨过滚滚奔腾的黄河、长江。1 月 18 日，首先抵达九省通衢武汉。在武昌火车站，邓小平就在站台上，一边散步，一边听取湖北省委书记关广富的汇报。

当天下午，抵达长沙。在火车站听取湖南省委书记熊清泉的汇报。

接着，又跨过巍巍五岭，于 1 月 19 日直抵南海之滨的深圳。随后，在深圳视察皇岗口岸、国贸大厦、华侨城、仙湖公园等处，发表一系列重要谈话。23 日，从蛇口乘快艇抵达珠海。在珠海视察多个企业。29 日下午，前往广州，途中视察了顺德。

1 月 29 日晚上，邓小平乘专列离开广州前往上海。30 日下午，途经江西省鹰潭市，在火车站同江西省委书记毛致用、省长吴官正交谈。

1 月 31 日早晨，邓小平抵达上海。随后几天，在上海视察，与上海市委书记吴邦国、市长黄菊谈话。

2 月 20 日，邓小平离开上海。途经南京时，与江苏省委书记沈达人、省长陈焕友等谈话。

2 月 21 日，邓小平回到北京。

在一个多月的时间里，邓小平南下北上，一路视察，一路思考，一路发表重要谈话。这些谈话，科学总结十一届三中全会以来的基本实践和基本经验，从理论上深刻回答了长期困扰和束缚人们思想的许多重大认识问题，给处在十字路口的中国指明了方向，犹如一股强劲的东风，催开了改革开放的又一个春天。

邓小平强调：

——党的基本路线要管一百年，动摇不得。在这短短的十几年内，我们国家发展得这么快，使人民高兴，世界瞩目，这就足以证明三中全会以来路线、方针、政策的正确性，谁想变也变不了。

——改革开放胆子要大一些，敢于试验。判断的标准，应该主要看是否有利于发展社会主义社会的生产力，是否有利于增强社会主义国家的综合国力，是否有利于提高人民的生活水平。

——计划多一点还是市场多一点，不是社会主义与资本主义的本质区别。

计划经济不等于社会主义，资本主义也有计划；市场经济不等于资本主义，社会主义也有市场。计划和市场都是经济手段。

——社会主义的本质，是解放生产力，发展生产力，消灭剥削，消除两极分化，最终达到共同富裕。

——现在，有右的东西影响我们，也有"左"的东西影响我们，但根深蒂固的还是"左"的东西。有些理论家、政治家，拿大帽子吓唬人的，不是右，而是"左"。"左"带有革命的色彩，好像越"左"越革命。"左"的东西在我们党的历史上可怕呀！一个好好的东西，一下子被他搞掉了。右可以葬送社会主义，"左"也可以葬送社会主义。中国要警惕右，但主要是防止"左"。

——要抓住时机，发展自己，关键是发展经济。发展才是硬道理。经济发展得快一点，必须依靠科技和教育。

——要坚持两手抓，一手抓改革开放，一手抓打击各种犯罪活动。这两只手都要硬。在整个改革开放过程中必须始终坚持四项基本原则。必须反对腐败，廉政建设要作为大事来抓。

——中国的事情能不能办好，从一定意义上说，关键在人。说到底，关键是我们共产党内部要搞好。

——社会主义经历一个长过程发展后必然代替资本主义。这是社会历史发展不可逆转的总趋势。一些国家出现严重曲折，社会主义好像被削弱了，但人民经受锻炼，从中吸取教训，将促使社会主义向着更加健康的方向发展。

——我们搞社会主义才几十年，还处在初级阶段。巩固和发展社会主义制度，需要几代人、十几代人，甚至几十代人坚持不懈地努力奋斗。从现在起到下世纪中叶，将是很要紧的时期，我们要埋头苦干。

邓小平的南方谈话，打开了中国进一步改革开放的通途，指明了中国特色社会主义继续前进的方向，是把改革开放和现代化建设推向新阶段的又一个解放思想、实事求是的宣言书，不仅对当时的改革和发展，而且对整个中国社会主义现代化建设事业的发展，都具有重大而深远的意义。

邓小平的肺腑之言受到党中央的高度重视。1992年2月28日，党中央将邓小平南方谈话的主要内容作为中共中央1992年的第2号文件下发，要求尽快传达到全体党员干部。

1992 年 3 月 9 日—10 日，中央政治局召开会议，讨论中国改革和发展的若干重大问题。会议完全赞同邓小平的南方谈话，强调必须坚定不移贯彻执行党的基本路线，抓住当前有利时机，加快改革开放步伐，集中精力把经济建设搞上去，沿着有中国特色的社会主义道路继续前进。

1992 年 3 月 31 日，《人民日报》转载 3 月 26 日《深圳特区报》报道邓小平年初在深圳视察活动的特写《东方风来满眼春》。邓小平南方谈话精神迅速为社会所知，也传遍了世界。

邓小平的南方谈话，为十四大的召开作了充分的思想理论准备。1992 年10 月，十四大以邓小平的思想为指导，作出了加快发展、深化改革的重要决策。中国的改革开放和现代化建设进入了一个新阶段。

十三、改革发展稳定关系

改革、发展、稳定，是新时期现代化建设中具有全局意义的三个大问题。正确处理这三者关系，是改革开放进程中始终要处理好的大关系。

邓小平对这三个问题高度重视，都作了充分的论述。

1994 年，党中央把"抓住机遇、深化改革、扩大开放、促进发展、保持稳定"作为全党工作的大局。党的十四届五中全会进一步把它作为总揽全局的指导方针。

十五大指出，在社会主义初级阶段，正确处理改革、发展同稳定的关系，保持稳定的政治环境和社会秩序，具有极端重要的意义。

十六大又将坚持稳定压倒一切的方针，正确处理改革发展稳定的关系，作为十三届四中全会以来的十条基本经验之一。

实践证明，正确认识和处理改革、发展、稳定三者的关系，不是一时的权宜之计，而是我们在改革开放和现代化建设过程中必须始终牢牢把握和坚持的一个重要方针。要充分认识到，经济建设是一切工作的中心，改革是推动发展的动力，发展是改革的目的，发展和改革是稳定的基础，而稳定是发展和改革不可缺少的条件。三者紧密联系，相辅相成，缺一不可。

改革是动力。改革开放是决定中国命运的关键抉择，是当代中国发展进步的活力之源，是我们党和人民大踏步赶上时代前进步伐的重要法宝，是坚持和发展中国特色社会主义的必由之路。只有改革开放才能发展中国、发展社会主义、发展马克思主义。不改革开放，只能是死路一条。改革开放之路必须坚定不移地走下去，决不能动摇、倒退、走回头路。

发展是目标。发展是硬道理，是解决中国所有问题的关键。发展是执政兴国的第一要务。抓住机遇，加快发展，尽快摆脱贫穷落后的面貌，重振中华民族的雄风，这是全国人民的共同愿望。改革就是为了进一步解放生产力，发展生产力。发展要靠改革，发展的动力来自改革。发展必须是科学发展。

稳定是保证。深化改革，扩大开放，促进发展，必须保持社会的稳定。稳定是压倒一切的大事。没有稳定，就没有一切。中国百年忧患的近代史，"阶级斗争为纲"造成的一次次政治动荡，无不告诉我们，只有稳定，才能在中国这样一个大国集中力量一心一意搞建设；只有稳定，才能充分利用有利的国际环境，迎接挑战，把握发展机遇；只有稳定，才能在宽松有序的条件下，深化改革，扩大开放，实现发展的目标。中国稳定的局面来之不易，必须珍视和维护这种稳定的社会政治局面。

当然，我们需要的不是那种一潭死水般的所谓稳定，而是一种动态的、充满活力的、不断发展的稳定。只有改革全面深化，才能促进发展，并真正保障稳定。只有不断发展，才是改革所要达到的目的，才能奠定稳定的基础。稳定不是要限制发展、停止改革，而是要为改革和发展提供条件。从根本上来说，经济发展得好，改革措施落实得好，综合国力增强了，人民生活富裕，安居乐业，稳定就有了坚实的基础。改革，在一定程度上会带来很多矛盾，但只要改革搞好了，就可以推动经济发展，从而达到根本的稳定。

科学告诉我们，在各种几何图形中，三角形具有最高的稳定性。改革、发展、稳定，也好比鼎立三足，相互协调，稳固地支撑起中国特色社会主义的大厦。

改革、发展、稳定，就好比是我国现代化建设棋盘上的三着紧密关联的战略性棋子，三者之间是相互依存、相互促进的辩证关系。处理好这三者之间的关系，对于全党全国的大局具有重要的意义。每一着棋都下好了，相互促进，就会全盘皆活；如果有一着下不好，其他两着也会陷入困境，就可能全局受挫。

所以，必须把改革的力度、发展的速度和社会可以承受的程度统一起来，把不断改善人民生活作为处理改革发展稳定关系的重要结合点，在社会稳定中推进改革发展，通过改革发展促进社会稳定。

处理好改革、发展、稳定的关系，也是各级领导干部必须掌握的领导艺术。只有正确认识和处理了这三者之间的关系，保持改革、发展和稳定的相互协调和相互促进，才能够保持国家的长治久安和人民的富裕幸福。

十四、顶层设计

顶层设计，是十八大以来全面深化改革的重要方法和主要特点。

"顶层设计"，本来是一个工程学术语，本义是统筹考虑项目各层次和各要素，追根溯源，统揽全局，在最高层次上寻求问题的解决之道。也就是运用系统论的方法，从全局的高度，对某项任务或者某个项目的各方面、各层次、各要素，从高层次上统筹规划，以集中有效资源，高效快捷地实现目标。

2010年10月，十七届五中全会通过的《中共中央关于制定国民经济和社会发展第十二个五年规划的建议》，第一次使用了"顶层设计"的概念，要求以更大决心和勇气全面推进各领域改革。更加重视改革顶层设计和总体规划，明确改革优先顺序和重点任务。

十八大之后，习近平总书记突出强调了"顶层设计"的思想。

2013年11月，习近平总书记在关于《中共中央关于全面深化改革若干重大问题的决定》的说明中指出：

"全面深化改革需要加强顶层设计和整体谋划，加强各项改革的关联性、系统性、可行性研究。"[①]

"我们讲胆子要大、步子要稳，其中步子要稳就是要统筹考虑、全面论证、科学决策。经济、政治、文化、社会、生态文明各领域改革和党的建设改革紧密联系、相互交融，任何一个领域的改革都会牵动其他领域，同时也需要其他领域改革密切配合。如果各领域改革不配套，各方面改革措施相互牵扯，全面深化改革就很难推进下去，即使勉强推进，效果也会大打折扣。"[②]

所以，十八届三中全会的公报明确要求："加强顶层设计和摸着石头过河

---

① 《十八大以来重要文献选编》上，中央文献出版社2014年版，第509—510页。
② 同上书，第510页。

相结合，整体推进和重点突破相促进，提高改革决策科学性，广泛凝聚共识，形成改革合力。"

此后，中央经济工作会议、中央有关文件，多次强调"顶层设计"。

"顶层设计"，字面含义是从高端开始的总体构想和统筹安排。

"顶层设计"，与"摸着石头过河"有所不同。其突出特点，一是"谋定而后动"，先做出设计，然后再加以部署和实施；二是主要由最高层系统谋划，然后自上而下地部署和推动；三是主要着眼于全局，综合考虑各方面的因素和政策，统筹制定改革方案，然后再统一实施。

经过 40 年的努力后，改革开放已经进入了攻坚期和深水区。很多改革涉及的利益错综复杂。很多改革已经不是呈块块状态，而往往涉及很多系统性整体性的问题，尤其会涉及很多既有的整体性的文件和规定。对这些方面进行改革，往往需要由中央或中央有关部门统一制定改革的方案和政策，否则地方上难以操作和实施。因此，没有顶层设计就很难推进改革。如果这里改了那里没改，还会出现很多混乱。加强顶层设计和整体谋划，是保证改革成功的必要条件之一。

所以，加强顶层设计，就成为十八大以来以习近平同志为核心的党中央推进改革开放的重要方法，也是全面深化改革的突出表现。十八届三中全会、四中全会的决定，就都是全面深化改革的整体性方案，也是最高层面的顶层设计。

为了做好顶层设计工作，中央成立了全面深化改革领导小组，负责改革总体设计、统筹协调、整体推进、督促落实。这从组织上为顶层设计和整体谋划创造了重要条件。2018 年机构改革后，进一步改为中央全面深化改革委员会。小组和委员会下设办公室，负责具体操作。深改组先后召开了多次会议，研究了一系列改革方案。习近平总书记主持会议并作了许多重要指示。

如，2017 年 11 月 20 日，十九大之后中央深改组召开的第一次会议，就审议通过了下列文件：

《关于建立国务院向全国人大常委会报告国有资产管理情况的制度的意见》；

《关于加强贫困村驻村工作队选派管理工作的指导意见》；

《农村人居环境整治三年行动方案》；

《关于在湖泊实施湖长制的指导意见》；

《全面深化新时代教师队伍建设改革的意见》；

《关于拓展农村宅基地制度改革试点的请示》；

《关于改革完善全科医生培养与使用激励机制的意见》；

《中央团校改革方案》；

《关于立法中涉及的重大利益调整论证咨询的工作规范》；

《关于争议较大的重要立法事项引入第三方评估的工作规范》；

《关于加强知识产权审判领域改革创新若干问题的意见》；

《关于贯彻落实党的十九大精神坚定不移将改革推向深入的工作意见》；

《中央全面深化改革领导小组工作总结》；

《中央全面深化改革领导小组工作规则（修订稿）》；

《中央全面深化改革领导小组专项小组工作规则（修订稿）》；

《中央全面深化改革领导小组办公室工作细则（修订稿）》。

会议还审议了《关于加大督察力度狠抓改革落实情况的报告》。

由此一览表，就可以清楚地看出顶层设计的内容和特点了。

改革是关系全党和全国人民根本利益的大事，必须调动各方面的积极性；同时，很多改革要先经过试验，取得经验之后再推广，不能光凭个人主观设想。所以，"顶层设计"与"摸着石头过河"，虽各有侧重和特点，但内在联系十分紧密。

因此，党中央在强调顶层设计的同时，也重申摸着石头过河，要求"加强顶层设计和摸着石头过河相结合"。

十五、中央经济工作会议

中央经济工作会议是中共中央召开的规格最高的经济会议。自 1994 年以来每年举行一次，一般在每年年尾 11 月到 12 月举行。任务一般都是按照在它之前召开的中央全会精神，总结当年的经济工作成绩，分析研判当前国际国内经济形势，制定来年的宏观经济发展规划，部署和安排来年的经济工作。

由于 40 年来党和国家最重要的任务和特点是改革开放，在具体部署和安排下一年度经济社会发展工作时，必然大量涉及改革开放问题。所以，研究和部署来年的经济体制改革和其他相关领域的改革开放，就成为经济工作会议的重要内容之一。有时经济工作会议对于改革开放提出的一些方针和原则，还会长期延续和发挥作用。

仅以十八大以来的中央经济工作会议为例：

2012年12月15日—16日，中央经济工作会议强调，要紧紧围绕科学发展主题和加快转变经济发展方式主线，以提高经济增长质量和效益为中心，稳中求进，开拓创新，扎实开局，进一步深化改革开放，进一步强化创新驱动，加强和改善宏观调控，积极扩大国内需求，加大经济结构战略性调整力度，着力保障和改善民生，增强经济发展的内生活力和动力，保持物价总水平基本稳定，实现经济持续健康发展和社会和谐稳定。

2013年12月10日—13日，中央经济工作会议强调，要坚持稳中求进工作总基调，把改革创新贯穿于经济社会发展各个领域各个环节，保持宏观经济政策连续性和稳定性，着力激发市场活力，加快转方式调结构，加强基本公共服务体系建设，着力改善民生，切实提高经济发展质量和效益，促进经济持续健康发展、社会和谐稳定。

2014年12月9日—11日，中央经济工作会议强调，我国经济正在向形态更高级、分工更复杂、结构更合理的阶段演化，经济发展进入新常态。认识、适应、引领新常态，是当前和今后一个时期我国经济发展的大逻辑。要坚持稳中求进工作总基调，坚持以提高经济发展质量和效益为中心，主动适应经济发展新常态，保持经济运行在合理区间，把转方式调结构放到更加重要位置，狠抓改革攻坚，突出创新驱动，强化风险防控，加强民生保障，促进经济平稳健康发展和社会和谐稳定。

2015年12月18日—21日，中央经济工作会议指出，推进供给侧结构性改革，是适应和引领经济发展新常态的重大创新。会议强调，实行宏观政策要稳、产业政策要准、微观政策要活、改革政策要实、社会政策要托底的总体思路，着力加强结构性改革，在适度扩大总需求的同时，去产能、去库存、去杠杆、降成本、补短板，推动我国社会生产力水平整体改善，努力实现"十三五"时期经济社会发展的良好开局。

2016年12月14日—16日，中央经济工作会议指出，十八大以来，初步确立了适应经济发展新常态的经济政策框架。会议强调，要坚持以提高发展质量和效益为中心，以推进供给侧结构性改革为主线，适度扩大总需求，加强预期引导，深化创新驱动，全面做好稳增长、促改革、调结构、惠民生、防风险各项工作，促进经济平稳健康发展和社会和谐稳定，以优异成绩迎接党的十九大胜利召开。

2017 年 12 月 18 日—20 日，中央经济工作会议指出，中国特色社会主义进入了新时代，我国经济发展也进入了新时代。推动高质量发展是当前和今后一个时期确定发展思路、制定经济政策、实施宏观调控的根本要求。要坚持以供给侧结构性改革为主线，统筹推进稳增长、促改革、调结构、惠民生、防风险各项工作，大力推进改革开放，创新和完善宏观调控，推动质量变革、效率变革、动力变革，在打好防范化解重大风险、精准脱贫、污染防治的攻坚战方面取得扎实进展。

第 三 章

领航中国的路线和旗帜

一、党的思想路线

思想路线亦称认识路线，是马克思主义的科学世界观和方法论在实际工作中的具体运用和集中体现。解放思想、实事求是、与时俱进、求真务实是我们党的思想路线的核心内容。

中国共产党人在探索中国革命道路的长期实践中，逐步形成了实事求是的思想路线。1941 年，毛泽东在《改造我们的学习》中，对"实事求是"作了全新的马克思主义的解释："'实事'就是客观存在着的一切事物，'是'就是客观事物的内部联系，即规律性，'求'就是我们去研究。"[①]

正确的思想路线指导中国革命取得了胜利，也指导中国的社会主义建设事业取得了成就。但是随着"左"的错误的发展，党的思想路线也逐渐遭到破坏。

"文化大革命"结束后，党面临着思想、政治、组织等各个领域全面拨乱反正的任务。为了冲破禁锢，打开局面，邓小平以马克思主义者的非凡胆略和科学态度，号召全党"解放思想，实事求是"。

1978 年 5 月，在胡耀邦的组织下，《理论动态》和《光明日报》先后发表特约评论员文章《实践是检验真理的唯一标准》，在全国引发了一场关于真理标准问题的大讨论。邓小平等老一辈革命家旗帜鲜明地支持这场讨论，肯定实践是检验真理的唯一标准的思想。真理标准问题的讨论成了全党的一次思想大解放运动。

1978 年 12 月，在中央工作会议上，邓小平作题为《解放思想，实事求是，团结一致向前看》的报告。他强调："一个党，一个国家，一个民族，如果一切从本本出发，思想僵化，迷信盛行，那它就不能前进，它的生机就停止了，就要亡党亡国。"[②]

随后召开的十一届三中全会，坚决批判了"两个凡是"的错误方针，高度评价了关于真理标准问题的讨论，认为这对于促进全党同志和全国人民解放思想，端正思想路线，具有深远的历史意义。这次全会标志着我们党重新

---

① 《毛泽东选集》第 3 卷，人民出版社 1991 年版，第 801 页。
② 《邓小平文选》第 2 卷，人民出版社 1994 年版，第 143 页。

确立了马克思主义思想路线、政治路线和组织路线。

1980 年 2 月，依据实践的需要和理论的发展，邓小平对党的思想路线作了全面的阐释。他指出："实事求是，一切从实际出发，理论联系实际，坚持实践是检验真理的标准，这就是我们党的思想路线。"[①]

1982 年 9 月，十二大将思想路线写进了党章，指出：党坚持解放思想、实事求是。然后表述："党的思想路线是一切从实际出发，理论联系实际，实事求是，在实践中检验真理和发展真理。"

1992 年 10 月，十四大报告在回顾真理标准问题讨论时指出，这场讨论"重新确立了解放思想、实事求是的思想路线"。所以，此后我们一般都简称党的思想路线是解放思想、实事求是 8 个字。十四大修改后的党章还对党的思想路线作了详细阐发，要求"全党必须依据这条思想路线，积极探索，大胆试验，创造性地开展工作，不断研究新情况，总结新经验，解决新问题，在实践中丰富和发展马克思主义"。

十六大修改后的党章，在"坚持解放思想、实事求是"之后，加上了"与时俱进"一词。十八大党章在 3 个词组 12 个字后面，又加了一句"求真务实"。这样，党的思想路线的核心内容就有了 4 个词组，即"解放思想、实事求是、与时俱进、求真务实"。

党的思想路线的重新确立具有十分重要的意义。40 年改革开放的历程，就是不断坚持正确的思想路线的过程。40 年改革开放取得的所有成就，都是与不断地解放思想、实事求是、与时俱进、求真务实分不开的。

正是在党的思想路线的指导下，党和国家才有了拨乱反正的成就，才有了改革开放的起步和不断推进，才有了社会主义民主和法治的建设，才有了一个个发展战略的制定和实施，才有了中国特色社会主义的伟大旗帜，才有了国家综合国力的增强和人民生活水平的提高，也才有了中华民族伟大复兴的光明前景。

40 年改革开放离不开正确的思想路线；新时代的改革开放仍然离不开正确的思想路线。

解放思想、实事求是、与时俱进、求真务实是一个永无止境的过程。走

---

① 《邓小平文选》第 2 卷，人民出版社 1994 年版，第 278 页。

进新时代，我们必须更加自觉、更加坚定、更高水平地坚持党的思想路线，进一步处理好理论与实践的关系、解放思想与实事求是的关系、立足国情与认识"世情"的关系、自身素质与外部环境的关系，始终做到勇于变革、勇于创新，永不僵化、永不停滞。

二、党的基本路线

党的基本路线是党在一定历史时期或阶段的行动纲领，是统一全党思想的政治基础。改革开放以来，党在很多情况下都使用"十一届三中全会以来的路线"这一表述，内容不仅包括政治路线，还包括思想路线、组织路线。党的基本路线，主要是指政治路线，但也是思想路线、组织路线的基础。所以，十三大以来，我们党一直使用"基本路线"的概念。

党的基本路线是党和国家的生命线。党的基本路线反映着党对于社会发展规律的认识水平，规范着党的自身建设和治国理政的所有行为，因此，决定着党和国家的前进道路、发展方向。党的基本路线正确与否、贯彻得怎么样，直接关系党的生死存亡，关系革命、建设、改革和社会主义事业的兴衰成败。

民主革命时期，党制定了新民主主义革命的总路线，即无产阶级领导的，人民大众的，反对帝国主义、封建主义和官僚资本主义的革命。

1953年，党制定了以"一化三改造"为主要内容的党在过渡时期的总路线，顺利实现了向社会主义的过渡，在中国建立了社会主义的基本制度。

1958年5月召开的八大二次会议，正式提出"鼓足干劲、力争上游、多快好省地建设社会主义"的总路线。这条总路线反映了广大人民群众迫切要求尽快改变中国经济文化落后状况的普遍愿望，但却忽视了客观经济规律。随后又轻率发动了"大跃进"运动和人民公社化运动，使得"左"倾错误严重泛滥开来。

在"文化大革命"中，党制定和执行了一条"无产阶级专政下继续革命"的路线，结果酿成了"十年内乱"。

"文化大革命"结束以后，我们党痛定思痛，以十一届三中全会为标志，作出工作重点转移的战略决策，实现了党的政治路线的拨乱反正，明确了

"我们的政治路线就是搞社会主义现代化建设"。

1979 年叶剑英的国庆讲话，提出了党和国家的总任务、总路线，即团结全国各族人民，调动一切积极因素，同心同德，鼓足干劲，力争上游，多快好省地建设现代化的社会主义强国。这是第一次比较完整地表述党在新时期的总路线。

这时党所概括的政治路线，还没有与社会主义初级阶段联系起来，其表述也有不尽完善之处。但它朝着一条全新的符合社会主义初级阶段实际的基本路线迈出了坚定而又具有决定性的步伐。

此后，党逐步明确了"一个中心、两个基本点"的要求。邓小平强调指出，"搞社会主义现代化建设是基本路线。要搞现代化建设使中国兴旺发达起来，第一，必须实行改革、开放政策；第二，必须坚持四项基本原则"，"这两个基本点是相互依存的。"[①]

1987 年的十三大，第一次提出了社会主义初级阶段理论，并进而制定了党在社会主义初级阶段的基本路线。大会强调："这条基本路线是十一届三中全会以来路线的继续、丰富和发展，符合我国国情，是完全正确的。这条路线和根据这条路线进一步提出的经济建设、经济体制改革、政治体制改革、党的建设的基本方针，为我国的建设和改革规划了基本蓝图。"

1992 年，十四大把基本路线写进了党章。

2007 年，十七大在基本路线的奋斗目标里增加了"和谐"一词。

2017 年，十九大修改后的党章，将现代化的目标改为"富强民主文明和谐美丽的社会主义现代化强国"。所以，现在基本路线的规范表述是：

"中国共产党在社会主义初级阶段的基本路线是：领导和团结全国各族人民，以经济建设为中心，坚持四项基本原则，坚持改革开放，自力更生，艰苦创业，为把我国建设成为富强民主文明和谐美丽的社会主义现代化强国而奋斗。"

党的基本路线是一个统一的整体，包含着丰富的内容。"一个中心、两个基本点"是这条基本路线主要内容的简明概括。以经济建设为中心是兴国之要，是党和国家兴旺发达和长治久安的根本要求；四项基本原则是立国之本，

---

① 《邓小平文选》第 3 卷，人民出版社 1993 年版，第 248 页。

是党和国家生存发展的政治基石；改革开放是强国之路，是党和国家发展进步的活力源泉。

坚持党的基本路线，必须把握好"一个中心、两个基本点"的关系。中心只有一个，不能有两个。一个中心不能离开两个基本点，必须靠两个基本点来支撑。两个基本点不能互相取代，也不能变成一个基本点。必须防止两种倾向，在党内，特别是在领导干部中，要警惕右，但主要是防止"左"。

在改革开放不断深入过程中，经常有人提出这样的路线会不会变的问题。所以，从十三大以来，每一次党代会都郑重地重申和强调党的基本路线不能变。

十四大指出："十四年伟大实践的经验，集中到一点，就是要毫不动摇地坚持以建设有中国特色社会主义理论为指导的党的基本路线。这是我们事业能够经受风险考验，顺利达到目标的最可靠的保证。"

十五大指出："全党要毫不动摇地坚持党在社会主义初级阶段的基本路线，把以经济建设为中心同四项基本原则、改革开放这两个基本点统一于建设有中国特色社会主义的伟大实践。这是近二十年来我们党最可宝贵的经验，是我们事业胜利前进最可靠的保证。"

2012年，十八大重申："党的基本路线是党和国家的生命线，必须坚持把以经济建设为中心同四项基本原则、改革开放这两个基本点统一于中国特色社会主义伟大实践，既不妄自菲薄，也不妄自尊大，扎扎实实夺取中国特色社会主义新胜利。"

2016年十八届六中全会制定的《关于新形势下党内政治生活的若干准则》强调：党在社会主义初级阶段的基本路线是党和国家的生命线、人民的幸福线，也是党内政治生活正常开展的根本保证。全党必须毫不动摇坚持以经济建设为中心，毫不动摇坚持四项基本原则，毫不动摇坚持改革开放。全党必须坚决捍卫党的基本路线，对一切违背、歪曲、否定党的基本路线的言行，必须旗帜鲜明反对和抵制。

十九大再一次鲜明地表明态度，强调，"牢牢坚持党的基本路线这个党和国家的生命线、人民的幸福线"。

三、中国特色社会主义

改革开放的最大成果，或改革开放取得所有成就的根本原因，就是创立了中国特色社会主义。

在中国这样经济文化比较落后的东方大国如何实现和建设社会主义，一直是摆在中国共产党面前的根本课题。围绕这一课题，中国共产党带领全国各族人民，经历了艰难曲折的奋斗和探索过程。

以毛泽东为主要代表的中国共产党人团结带领全党全国各族人民，在把马克思主义基本原理与中国实际相结合的进程中创立了毛泽东思想，夺取了新民主主义革命的伟大胜利，建立了社会主义基本制度，为当代中国一切发展进步奠定了根本政治前提和制度基础。

以十一届三中全会为标志，党和国家进入改革开放和社会主义现代化建设的新时期。时代潮流、人民愿望，推动中国实行了改革。但在改革中，也遇到很多思想障碍，比如，农村的联产承包责任制到底是社会主义还是资本主义？农贸市场到底是社会主义还是资本主义？国有企业自主经营到底是社会主义还是修正主义？搞经济特区是不是租界又回来了？等等。

总结历史的经验教训，邓小平把"什么是社会主义、怎样建设社会主义"的问题鲜明地提到全党面前，领导党和人民在拨乱反正和改革开放的实践中，不断深化对社会主义的认识。

在改革开放的实践进程中，邓小平总结历史的经验教训，从不同角度指出：

贫穷不是社会主义，发展太慢也不是社会主义；

僵化封闭不能发展社会主义，照搬外国也不能发展社会主义；

平均主义不是社会主义，两极分化也不是社会主义；

没有民主就没有社会主义，没有法制也没有社会主义；

不重视物质文明搞不好社会主义，不重视精神文明也搞不好社会主义。

这些论述，从多个侧面说明了什么不是社会主义，也就等于从正面肯定了社会主义应该是什么，从而在不同程度上回答了什么是社会主义、怎样建设社会主义的问题。实际上也是对中国特色社会主义的揭示和规定。

1982 年 9 月，十二大在北京举行。邓小平主持大会开幕式并致开幕词。在开幕词中，邓小平指出："我们的现代化建设，必须从中国的实际出发。无论是革命还是建设，都要注意学习和借鉴外国经验。但是，照抄照搬别国经验、别国模式，从来不能得到成功。这方面我们有过不少教训。把马克思主义的普遍真理同我国的具体实际结合起来，走自己的道路，建设有中国特色的社会主义，这就是我们总结长期历史经验得出的基本结论。"①

这一结论，把中国共产党几十年对社会主义探索的基本经验总结了出来，把我们党在漫长历史进程中的使命和任务集中地概括了出来，明确宣告了我们要建设的社会主义，是独立自主的社会主义，是立足于中国国情的社会主义，是中国特色的社会主义。

按这样的思路和方向，全党解放思想、实事求是，大力实行改革开放，逐步形成了一整套建设中国特色社会主义的路线、方针和政策，从而创立了中国特色社会主义理论。

邓小平说："改革开放以来，我们立的章程并不少，而且是全方位的。经济、政治、科技、教育、文化、军事、外交等各个方面都有明确的方针和政策，而且有准确的表述语言。""如果说构想，这就是我们的构想。""总的来说，这条道路叫做建设有中国特色的社会主义的道路。"②

随着改革开放的不断深入，我们相继开辟了中国特色社会主义道路，形成了中国特色社会主义理论体系，确立了中国特色社会主义制度，发展了中国特色社会主义文化。

40 年来，中国特色社会主义始终贯穿于我们党和事业的全部进程。仅从历次党代会报告的标题，我们就可以清晰地看到这条主线。

十三大报告的标题是：《沿着有中国特色的社会主义道路前进》；

十四大报告的标题是：《加快改革开放和现代化建设步伐，夺取有中国特色社会主义事业的更大胜利》；

十五大报告的标题是：《高举邓小平理论伟大旗帜，把建设有中国特色社会主义事业全面推向二十一世纪》；

十六大报告的标题是：《全面建设小康社会，开创中国特色社会主义事业

①《邓小平文选》第 3 卷，人民出版社 1993 年版，第 2—3 页。
② 同上书，第 371、65 页。

新局面》；

十七大报告的标题是：《高举中国特色社会主义伟大旗帜，为夺取全面建设小康社会新胜利而奋斗》；

十八大报告的标题是：《坚定不移沿着中国特色社会主义道路前进，为全面建成小康社会而奋斗》；

十九大报告的标题是：《决胜全面建成小康社会，夺取新时代中国特色社会主义伟大胜利》。

这7次代表大会的标题都有一个共同的关键词——中国特色社会主义。因此，可以说，贯穿改革开放以来历次代表大会的主线，都是中国特色社会主义。进而，贯穿改革开放整个进程的主线，也是中国特色社会主义。

40年来，我们所赖以成功的，是中国特色社会主义；我们所取得的成就，归根到底，都是中国特色社会主义的胜利；在新的历史起点上，我们的使命和任务，仍然是为坚持和发展中国特色社会主义而奋斗。

习近平总书记指出：改革开放以来社会主义在中国开创的辉煌局面和取得的巨大成就充分证明，中国特色社会主义是深深植根于中国大地、符合中国国情、具有强大生命力的社会主义。在当代中国，只有中国特色社会主义能够发展中国、造福人民、振兴中华。

四、邓小平理论

1993年11月2日，《邓小平文选》第3卷出版。同日，中共中央作出《关于学习〈邓小平文选〉第三卷的决定》。1994年11月2日，《邓小平文选（1938—1965年）》和《邓小平文选（1975—1982年）》经增补和修订，改称《邓小平文选》第1卷、第2卷，出版第二版。

《邓小平文选》集中展示了邓小平理论的主要内容。

《中国共产党章程》指出："十一届三中全会以来，以邓小平同志为主要代表的中国共产党人，总结新中国成立以来正反两方面的经验，解放思想，实事求是，实现全党工作中心向经济建设的转移，实行改革开放，开辟了社会主义事业发展的新时期，逐步形成了建设中国特色社会主义的路线、方针、政策，阐明了在中国建设社会主义、巩固和发展社会主义的基本问题，创立了邓小平理论。"

改革开放的实践孕育了邓小平理论，邓小平理论指导了改革开放的实践。

邓小平理论是中国特色社会主义理论体系的重要组成部分，它是在和平与发展成为时代主题的历史条件下，在中国改革开放和现代化建设的实践中，在总结中国社会主义胜利和挫折的历史经验并借鉴其他社会主义国家兴衰成败历史经验的基础上，逐步形成和完善的科学体系。

从 1975 年的全面整顿到 1978 年十一届三中全会前，是邓小平理论诞生前的酝酿阶段。此后，以十一届三中全会的伟大转折为标志，邓小平理论的形成和发展大体上经历了四个阶段：

第一阶段，从 1978 年十一届三中全会到十二大，邓小平理论在拨乱反正和初步改革中直接孕育并形成雏形。十一届三中全会重新确立了解放思想、实事求是的思想路线，把党和国家的工作中心转移到经济建设上来，并作出了改革开放的伟大决策。十一届三中全会是新时期的开始，也是邓小平理论开始形成的标志。

第二阶段，从十二大到十三大，邓小平理论形成主题并在全面改革中逐步展开、基本形成。邓小平在党的十二大上提出建设有中国特色社会主义的命题。随着改革开放的全面展开，邓小平对"什么是社会主义、怎样建设社会主义"的基本问题进行了深入思考，提出了许多新的思想理论观点。

第三阶段，从十三大到 1992 年前，邓小平理论继续发展并不断丰富拓展。十三大制定了"一个中心、两个基本点"的基本路线，第一次提出"建设有中国特色的社会主义理论"的概念，并概括了十二个主要观点，形成了邓小平理论的轮廓。十三大以后，党领导全党全国人民经受住国内国际政治风波的严峻考验，保证了中国特色社会主义沿着正确方向不断发展。

第四阶段，以南方谈话为标志，邓小平理论走向成熟，经过提炼和概括而形成体系。1992 年年初，邓小平视察南方并发表重要谈话，科学总结十一届三中全会以来的基本经验，深刻回答了困扰和束缚人们思想的一系列重大认识问题。十四大概括了中国特色社会主义理论的科学体系，确立了这一理论在全党的指导地位，并提出了用这一理论武装全党的任务。十四大以后，邓小平理论在改革开放和现代化建设的实践中继续得到丰富和发展。

十五大正式使用"邓小平理论"的概念，明确将邓小平理论作为我们党的指导思想，并写进了党章。1999 年又载入宪法。

邓小平理论是邓小平伟大创造的产物，也是伟大时代和伟大实践创造的产物。邓小平坚持解放思想、实事求是，在新的实践基础上继承前人又突破陈规，开拓了马克思主义的新境界。

从思想方法来说，邓小平先后强调了三个意思，一是老祖宗不能丢，就是不能忘了老祖宗，要始终坚持马列主义、毛泽东思想；二是要搞清楚，就是要真正搞清楚到底什么是马克思主义，怎样坚持马克思主义，不能用教条主义的态度对待马克思主义，背离马克思主义的精髓；三是要讲新话，即要随着时代和实践的发展，敢于提出新的思想理论，说出一些老祖宗没有说过的新话来，使马克思主义不断得到丰富和发展。

邓小平理论包含着丰富的内容。我们党的文献先后作过一些概括。1992年，十四大概括为 9 个方面。1995 年，经中央批准印发、由中央宣传部组织编写的《邓小平同志建设有中国特色社会主义理论学习纲要》，进一步将其展开为 16 个方面。

因此，邓小平理论的内容，大体上可以说主要有 16 个方面，主要包括：关于建设社会主义思想路线的理论；关于社会主义本质和发展道路的理论；关于社会主义发展阶段的理论；关于社会主义根本任务的理论；关于社会主义建设发展战略的理论；关于社会主义发展动力的理论；关于社会主义国家实行对外开放的理论；关于社会主义经济体制改革的理论；关于社会主义政治体制改革的理论；关于社会主义精神文明建设的理论；关于社会主义建设政治保证的理论；关于社会主义国家外交战略的理论；关于祖国统一的理论；关于社会主义事业依靠力量的理论；关于社会主义国家军队和国防建设的理论；关于社会主义事业领导核心的理论。

邓小平理论第一次比较系统地初步回答了中国社会主义的发展道路、发展阶段、根本任务、发展动力、外部条件、政治保证、战略步骤、党的领导和依靠力量以及祖国统一等一系列基本问题，是贯通哲学、政治经济学和科学社会主义等领域，涵盖经济、政治、科技、教育、文化、民族、军事、外交、统一战线、党的建设等方面比较完备的科学体系。

《中国共产党章程》指出："邓小平理论是马克思列宁主义的基本原理同当代中国实践和时代特征相结合的产物，是毛泽东思想在新的历史条件下的继承和发展，是马克思主义在中国发展的新阶段，是当代中国的马克思主义，是中国共产党集体智慧的结晶，引导着我国社会主义现代化事业不断前进。"

用邓小平理论指导我们整个事业和各项工作，这是中国共产党从历史和现实中得出的不可动摇的结论。

五、"三个代表"重要思想

改革开放以来，党和国家逐步确立了邓小平理论的指导地位。但是，坚持邓小平理论，并不意味在理论发展的道路上停步不前。生命在于运动，理论需要发展。在十五大报告中，江泽民庄严宣告：坚持邓小平理论，在实践中继续丰富和创造性地发展这个理论，这是党中央领导集体和全党同志的庄严历史责任。

十三届四中全会以来，国际局势风云变幻，我国改革开放和现代化建设进程波澜壮阔。我们党从容应对一系列关系我国主权和安全的国际突发事件，战胜在政治、经济领域和自然界出现的困难和风险，经受住一次又一次考验，排除各种干扰，保证了改革开放和现代化建设的航船始终沿着正确的方向破浪前进。

以江泽民同志为核心的党的第三代中央领导集体，坚持以科学的态度对待马克思主义，坚持解放思想、实事求是的思想路线，始终高举邓小平理论的伟大旗帜，同时，又大力倡导与时俱进、开拓创新的精神，从当代中国和世界的实际出发，不断研究新情况，解决新问题，提出和阐明了一系列新思想、新观点和新论断，对马克思主义理论作出了重要的创新。

2000年2月，南粤大地，百花争艳，万木葱茏。时任总书记江泽民前往广东，出席当地领导干部"三讲"教育会议并考察工作。围绕如何切实加强新时期党的建设问题，他进行了深入的调查研究，并主持召开了一系列座谈会。2月25日，江泽民在广州发表重要讲话。

江泽民指出："总结我们党七十多年的历史，可以得出一个重要的结论，这就是：我们党所以赢得人民的拥护，是因为我们党在革命、建设、改革的各个历史时期，总是代表着中国先进生产力的发展要求，代表着中国先进文化的前进方向，代表着中国最广大人民的根本利益，并通过制定正确的路线方针政策，为实现国家和人民的根本利益而不懈奋斗。"①

2000年5月8日—12日，江泽民又前往南方，先后在江苏、浙江、上海考察，重点就如何加强新时期党的建设进行调研。5月14日，在上海主持召开的党建工作座谈会上，他进一步肯定了"三个代表"的重大意义，明确指出："始终做到'三个代表'，是我们党的立党之本、执政之基、力量之源。"②

三个"之"，高度凝练，高度概括，鲜明生动，铿锵有力，极为准确而深刻地揭示了"三个代表"的重大意义。5月22日，新华社发表的特约评论员文章，标题就是富有震撼力的"立党之本、执政之基、力量之源"十二个字。

2001年，江泽民在纪念中国共产党成立80周年大会上的讲话中，全面系统地阐述了"三个代表"重要思想的理论依据、科学内涵、基本内容和精神实质，以及贯彻落实"三个代表"的根本要求。

2002年11月，江泽民在十六大报告中科学阐述了"三个代表"重要思想的时代背景、历史地位、精神实质和指导意义。十六大把"三个代表"重要思想同马克思列宁主义、毛泽东思想、邓小平理论一道确立为党必须长期坚持的指导思想。

十六大党章指出："十三届四中全会以来，以江泽民同志为主要代表的中国共产党人，在建设中国特色社会主义的实践中，加深了对什么是社会主义、怎样建设社会主义和建设什么样的党、怎样建设党的认识，积累了治党治国新的宝贵经验，形成了'三个代表'重要思想。"

"三个代表"刚提出时，主要是三句话。但十六大之后，它的内涵扩展了。党中央指出，"三个代表"重要思想内涵丰富、博大精深，涵盖了经济、政治、文化和党的建设各个领域，体现在改革发展稳定、内政外交国防、治党治国治军各个方面，是一个系统的科学理论。③

所以，"三个代表"重要思想，实际上可以作狭义和广义的区分。狭义，就是三句话。中国共产党必须当好"三个代表"，始终做到"三个代表"，等等，都是从狭义上说的。而广义，就是指13年中以江泽民为核心的第三代中央领导集体所有的理论和实践创新，亦即"系统的科学理论"。

---

① 江泽民：《论"三个代表"》，中央文献出版社2001年版，第2页。

② 同上书，第7页。

③《十六大以来重要文献选编》上，中央文献出版社2005年版，第316页。

"三个代表"重要思想，用一系列紧密联系、相互贯通的新思想、新观点、新论断，进一步回答了什么是社会主义、怎样建设社会主义的问题，创造性地回答了在长期执政的历史条件下建设什么样的党、怎样建设党的问题，深化了我们对新的时代条件下推进中国特色社会主义事业和加强党的建设的规律的认识。

"三个代表"重要思想是对马克思列宁主义、毛泽东思想、邓小平理论的继承和发展，反映了当代世界和中国的发展变化对党和国家工作的新要求，是加强和改进党的建设、推进我国社会主义自我完善和发展的强大理论武器，是中国共产党集体智慧的结晶，是党必须长期坚持的指导思想。始终做到"三个代表"，是我们党的立党之本、执政之基、力量之源。

贯彻"三个代表"重要思想，关键在坚持与时俱进，核心在坚持党的先进性，本质在坚持执政为民。只有牢牢把握这些根本要求，才能不断增强贯彻"三个代表"重要思想的自觉性和坚定性。

六、科学发展观

语言是社会的脉搏。不同时期不同年份，由于社会的发展和变化，往往会有一些不同的语言流行。例如，1960年是"支援农业"，1990年是"亚运会"，2002年是"十六大"，2003年是"非典"。2004年，根据有关专家调查，十大流行语中，有"执政能力、雅典奥运、禽流感、中超、刘翔"等，而"科学发展观"则排名第一。

为什么科学发展观会独占榜首？因为正是在2003年的十六届三中全会上，以胡锦涛为总书记的党中央，正式提出了科学发展观的战略思想。这一思想一提出，立即引起广泛的反响，受到广大干部群众的欢迎，对中国特色社会主义事业发挥了重要的指导作用。因此，也就迅速在各种文件、会议、媒体、书刊、社会生活中流行开来。

曾记得，过去我们在描写一个地方发展、繁荣的景象时，往往会用"烟囱林立、浓烟滚滚"这样的字眼。可是现在，如果仍这样描写，或仍是这样的景象，那可就是大问题了。

发展的成就令人鼓舞，发展的甜头我们已经品尝。但我们也越来越深切地感受到：发展，不能以牺牲我们自己的生存环境为代价；发展，既要讲究速度，更要讲究质量和效益。

2003年"非典"的发生，向我们提出了一次非常特殊而又极为严峻的挑战。广东告急！香港告急！北京告急！SARS疫情，骤然威胁全国人民的健康和安全。面对突然出现的疫情，党领导人民进行了英勇的抗击。但痛定思痛，我们又不能不认真思考如何避免经济与社会一条腿长一条腿短的问题。

正是在现实提出的一系列课题面前，党中央及时进行了思考，对如何做到以人为本、全面协调可持续发展，给予了空前的关注，从而提出了科学发展观的战略思想。

还在1999年3月9日，胡锦涛在"两会"期间参加福建代表团审议时，就提出要"树立科学的发展观"。

2003年4月，在"非典"肆虐的危急时刻，胡锦涛亲临广东，看望人民群众，表达抗击"非典"的决心。就在广东考察时，胡锦涛提出"全面的发展观"，要求做到集约发展、协调发展、全面发展、系统发展、可持续发展，还使用了"正确的发展观"的概念。

8月—9月，在江西考察时，胡锦涛开始使用"科学发展观"的概念，要求各地党委"牢固树立协调发展、全面发展、可持续发展的科学发展观"。

在当年10月的十六届三中全会上，胡锦涛对"科学发展观"问题作了专门论述。会议明确要求："坚持以人为本，树立全面、协调、可持续的发展观，促进经济社会和人的全面发展。"[①]这意味着科学发展观的战略思想正式展示在全党全国人民面前。

2004年2月，上百名省部级主要领导干部齐聚中央党校，参加"树立和落实科学发展观"专题研讨班。温家宝、曾庆红发表重要讲话，对科学发展观的内涵和要求作了全面系统的阐述。

2004年3月，在两会期间的人口、资源和环境座谈会上，胡锦涛发表重要讲话，准确地界定了全面、协调、可持续、以人为本等要求的含义，更加集中地概括了科学发展观的内涵，从而标志着科学发展观的正式形成。

2005年十六届五中全会关于"十一五"规划的建议，以及2006年两会

---

① 《十六大以来重要文献选编》上，中央文献出版社2005年版，第755页。

通过的"十一五"规划，坚持以科学发展观统领经济社会发展全局，明确指出，科学发展观是"指导发展的世界观和方法论的集中体现"①。同时，在分析形势、总结经验、突出重点、明确任务的基础上，提出了必须坚持的六条原则要求。

2007年10月，十七大对这些理论创新的成果作了重要的梳理和整合，将这些成果集中整合为科学发展观，进一步阐述了科学发展观的时代背景、实践基础、科学内涵、精神实质和根本要求，同时对科学发展观作了最权威的评价。

十七大明确指出："科学发展观，第一要义是发展，核心是以人为本，基本要求是全面协调可持续，根本方法是统筹兼顾。"

"科学发展观，是对党的三代中央领导集体关于发展的重要思想的继承和发展，是马克思主义关于发展的世界观和方法论的集中体现，是同马克思列宁主义、毛泽东思想、邓小平理论和'三个代表'重要思想既一脉相承又与时俱进的科学理论，是我国经济社会发展的重要指导方针，是发展中国特色社会主义必须坚持和贯彻的重大战略思想。"②

科学发展观，是中国特色社会主义发展到一定阶段的产物。在历史的坐标系中，中国特色社会主义是一个漫长的发展过程，必然会有不同的阶段。每个阶段的环境、条件有所不同，所要解决的主要问题有所不同，发展的战略、布局和重点也会有所不同。

邓小平理论、"三个代表"重要思想、科学发展观等，都与这种发展的阶段性相联系。它们的主题是一脉相承的，因而都属于中国特色社会主义理论体系；但它们又都与一定的阶段性相联系，所以，又会表现出一定的特点来。科学发展观，正是我们在经历了一个快速发展时期之后，在新的历史起点上迎接新的挑战的战略对策，是把中国特色社会主义继续推向前进的科学指南。

十七大将科学发展观写入党章。在此基础上，十八大又进一步对科学发展观给予了正式定位，确认科学发展观"是同马克思列宁主义、毛泽东思想、邓小平理论、'三个代表'重要思想既一脉相承又与时俱进的科学理论，是马

---

① 中共中央文献研究室：《改革开放三十年重要文献选编》下，中央文献出版社2008年版，第1533页。

② 《十七大以来重要文献选编》上，中央文献出版社2009年版，第10页。

克思主义关于发展的世界观和方法论的集中体现，是马克思主义中国化最新
成果，是中国共产党集体智慧的结晶，是发展中国特色社会主义必须坚持和
贯彻的指导思想"。

七、习近平新时代中国特色社会主义思想

2013 年 11 月 4 日—8 日，第一期省部级干部学习贯彻习近平总书记系列
讲话精神研讨班在中央党校举行。

从 2013 年 11 月到 2014 年 4 月，中央组织部和中央党校共举办了 7 期省
部级干部学习贯彻习近平总书记系列重要讲话精神研讨班，连同参加常规培
训的，共有 2300 多名在职省部级干部参加了集中学习轮训。

2014 年 9 月 28 日，《习近平谈治国理政》一书，以中、英、法、俄、
阿、西、葡、德、日 9 个语种、10 个版本向全球出版发行。截至 2017 年 9
月，已出版 21 个语种、24 个版本，共发行 642 万册，发行到世界 160 多个
国家和地区。

此外，为帮助广大党员、干部、群众学习习近平总书记系列重要讲话精
神和治国理政新理念新思想新战略，中央文献研究室等部门还围绕实现中华
民族伟大复兴的中国梦、统筹推进"五位一体"总体布局、协调推进"四个
全面"战略布局，相继编辑出版了习近平有关论述摘编。

2017 年 10 月的十九大，第一次提出了"习近平新时代中国特色社会主
义思想"的新概念。这是对习近平总书记系列重要讲话精神和治国理政新理
念新思想新战略的新概括、新命名。

时代是思想之母，实践是理论之源。中国共产党的指导思想，始终是一
个不断发展、与时俱进的过程。在长期的革命、建设、改革过程中，在为中
国人民谋幸福、为中华民族谋复兴的过程中，中国共产党已经先后把毛泽
东思想、邓小平理论、"三个代表"重要思想、科学发展观确立为党的指导
思想。

但是，中国共产党要在迅速变化的时代中赢得主动，要在新的伟大斗争
中赢得胜利，就不能有任何停滞，更不能有任何倒退，而要在坚持马克思主
义基本原理的基础上，以更宽广的视野、更长远的眼光来思考和把握国家未

来发展面临的一系列重大战略问题，在理论上不断拓展新视野、作出新概括。

十八大以来，习近平总书记发表一系列重要讲话，从不同角度回答了在新的历史起点上如何执政、如何治国、如何引领国家走向未来的问题。这些讲话，逐步展示了习近平总书记对于治国理政的谋划、思路、理念和蓝图，也逐步规定了十八大以来中国社会发展的基本路径，使党和国家发生了很大变化，也在国际上产生了巨大影响。习近平总书记的系列重要讲话和治国理政的新理念新思想新战略，进一步丰富了中国特色社会主义理论体系，丰富了中国共产党的指导思想。

十九大指出，党的十八大以来，围绕回答新时代坚持和发展什么样的中国特色社会主义、怎样坚持和发展中国特色社会主义这个重大时代课题，我们党以全新的视野深化对共产党执政规律、社会主义建设规律、人类社会发展规律的认识，进行艰辛理论探索，取得重大理论创新成果，创立了习近平新时代中国特色社会主义思想。

十九大报告用8个"明确"对习近平新时代中国特色社会主义思想的内容作了展开和阐述，包括总目标和总任务、社会主要矛盾、总体布局和战略布局、全面深化改革总目标、全面推进依法治国总目标、新时代的强军目标、中国特色大国外交、新时代党的建设总要求。

在此基础上，十九大党章对习近平新时代中国特色社会主义思想作了重要的定位，指出："习近平新时代中国特色社会主义思想，是对马克思列宁主义、毛泽东思想、邓小平理论、'三个代表'重要思想、科学发展观的继承和发展，是马克思主义中国化最新成果，是党和人民实践经验和集体智慧的结晶，是中国特色社会主义理论体系的重要组成部分，是全党全国人民为实现中华民族伟大复兴而奋斗的行动指南，必须长期坚持并不断发展。"

在阐述习近平新时代中国特色社会主义思想的基础上，十九大进一步提出了"新时代坚持和发展中国特色社会主义的基本方略"。

基本方略一共14条：（一）坚持党对一切工作的领导；（二）坚持以人民为中心；（三）坚持全面深化改革；（四）坚持新发展理念；（五）坚持人民当家作主；（六）坚持全面依法治国；（七）坚持社会主义核心价值体系；（八）坚持在发展中保障和改善民生；（九）坚持人与自然和谐共生；（十）坚持总体国家安全观；（十一）坚持党对人民军队的绝对领导；（十二）坚持"一国两制"和

推进祖国统一；（十三）坚持推动构建人类命运共同体；（十四）坚持全面从严治党。

这些方略，与习近平新时代中国特色社会主义思想有紧密的联系，是习近平新时代中国特色社会主义思想在治国理政中的转化、实践和应用。

新概括的这些基本方略，将会指导中国共产党未来治国理政的基本实践，体现在执政和领导工作的各个方面和各个过程。

第 四 章

总揽全局的战略和布局

一、现代化建设

改革开放是与现代化建设紧紧联系在一起的。十一届三中全会以来的历史新时期，我们都统称为"改革开放和社会主义现代化建设新时期"。改革开放是实现现代化的动力，现代化的任务要通过改革开放才能实现。

早在中华人民共和国成立前后，中国共产党就先后提出过实现现代化的目标和任务，也取得了相当成就。但由于"左"的错误的发展，特别是"文化大革命"的发生，现代化的进程一度被打断，时间也后延了。

1976 年，"文化大革命"结束以后，实现现代化的任务被重新提上日程。1977 年 8 月的十一大和 1978 年 2 月—3 月的五届全国人大一次会议，都重申要在 20 世纪内把中国建设成为社会主义的现代化强国。

1978 年 7 月 6 日—9 月 9 日，国务院召开务虚会，研究加快四个现代化建设问题，强调要放手利用国外资金，大量引进国外先进技术设备。

1978 年 11 月 10 日—12 月 15 日，中央工作会议讨论了从 1979 年起把全党工作着重点转移到社会主义现代化建设上来等问题。

随后的十一届三中全会，决定把全党的工作重点转移到社会主义现代化建设上来，明确指出当前以及今后相当长一个历史时期的主要任务，就是搞现代化建设。

1980 年 1 月 16 日，邓小平在中共中央召集的干部会议上作《目前的形势和任务》讲话，明确提出 80 年代的三大任务，现代化是其中之一。

1978 年 12 月 23 日，上海宝山钢铁总厂举行动工典礼。至 1985 年 11 月、1992 年 4 月，一期、二期工程建成投产。2001 年 5 月，三期工程通过竣工验收。建设宝钢，是当时现代化建设的一个重要举措，虽然其中颇有周折，但宝钢对现代化发展起了重要作用。

1979 年 3 月 21 日，邓小平在会见外宾时提出"中国式的四个现代化"概念。

1979 年 9 月 29 日，叶剑英在庆祝中华人民共和国成立 30 周年大会上发表讲话，明确提出要从中国的实际出发，走出一条适合中国情况和特点的实现现代化的道路。

1980 年 12 月，邓小平在中央工作会议上正式提出经济发展的战略构想："经过二十年的时间，使我国现代化经济建设的发展达到小康水平，然后继续前进，逐步达到更高程度的现代化。"①

1981 年 6 月，十一届六中全会通过的《关于建国以来党的若干历史问题的决议》指出："我们党在新的历史时期的奋斗目标，就是要把我们的国家，逐步建设成为具有现代农业、现代工业、现代国防和现代科学技术的，具有高度民主和高度文明的社会主义强国。"

1982 年 9 月，十二大作为中国共产党进入新时期之后召开的第一次党代会。顺应人民意愿，为党和国家制定了开创社会主义现代化建设新局面的奋斗纲领。

在大会开幕词中，邓小平第一次鲜明地提出了建设有中国特色的社会主义的指导思想，为改革开放和现代化建设树起了一面光辉的旗帜。

十二大的一个重要历史贡献，是确定了党在新的历史时期的总任务，即：团结全国各族人民，自力更生，艰苦奋斗，逐步实现工业、农业、国防和科学技术现代化，把我国建设成为高度文明、高度民主的社会主义国家。党和人民的首要任务，是把社会主义现代化经济建设继续推向前进。

围绕总任务，大会提出了全面开创我国社会主义现代化建设新局面的奋斗目标、战略重点、实施步骤和一系列方针政策。确定把农业、能源和交通、教育和科学作为战略重点。同时确定了分两步走、到 20 世纪末使人民生活达到小康水平的目标。

1987 年 10 月—11 月，十三大的一个重要内容，是制定了到下世纪中叶分三步走、实现社会主义现代化的发展战略，即"三步走"战略。

作为改革开放的总设计师，邓小平旗帜鲜明地将现代化建设放到国家发展的重要位置上，从不同方面论述和强调了现代化建设的战略地位。

一是把现代化建设作为党和国家最重要的一件任务。强调："我们当前以及今后相当长一个历史时期的主要任务是什么？一句话，就是搞现代化建设。能否实现四个现代化，决定着我们国家的命运、民族的命运。"②全党应毫不含糊地把现代化建设作为压倒一切的中心任务。

①《邓小平文选》第 2 卷，人民出版社 1994 年版，第 356 页。
②同上书，第 162 页。

二是把现代化建设作为 80 年代要做的三件大事之一。三件者，一件是反对霸权主义、维护世界和平，一件是实现国家的和平统一，另一件也是最核心的一件，就是"一心一意搞社会主义四个现代化建设，把中国发展起来"①。

三是把现代化建设作为最大的政治。强调"社会主义现代化建设是我们当前最大的政治，因为它代表着人民的最大的利益、最根本的利益"②。

四是把现代化建设作为十一届三中全会以后最大的转变之一。强调正是在以现代化建设为中心的基础上，才"制定了一系列新的方针政策，主要是改革和开放政策"③。

五是把现代化建设上升到党的路线的高度，明确指出："我们党在现阶段的政治路线，概括地说，就是一心一意地搞四个现代化。"党的总路线的内容"不管怎样表述，实质是搞四个现代化，最主要的是搞经济建设，发展国民经济，发展社会生产力"④。随后我们党制定的基本路线，也被称之为现代化建设的路线。

邓小平这些多维度多层次的论证分析，表明了我们党对于现代化一往情深的向往和追求，也表明了现代化建设在党的心目中和工作中前所未有的地位和分量。

社会主义现代化建设事业，代表了全国各族人民的共同意志和根本利益。改革开放的最终目标，当代中国共产党人的庄严使命，就是坚持党的基本路线，团结和带领全国各族人民，沿着中国特色的社会主义道路，自力更生，艰苦创业，把我国建设成为富强民主文明和谐美丽的社会主义现代化强国，实现中华民族的伟大复兴。

二、"三步走"战略

实现社会主义现代化，是一个宏伟的目标。但怎样才能一步一个脚印地

---

① 中共中央文献研究室：《邓小平关于建设有中国特色社会主义的论述专题摘编》，中央文献出版社 1992 年版，第 58 页。
②《邓小平文选》第 2 卷，人民出版社 1994 年版，第 163 页。
③《邓小平文选》第 3 卷，人民出版社 1993 年版，第 237 页。
④《邓小平文选》第 2 卷，人民出版社 1994 年版，第 276 页。

实现这样的目标呢？这是改革开放以来党和国家一直思考和研究的大战略、大规划、大课题。

改革开放以后，邓小平先是提出到 20 世纪末世界将是什么面貌、中国将是什么面貌的问题，并设计了分步骤实现现代化的战略蓝图。

1982 年 9 月，十二大根据邓小平的设想，制定了从 1981 年到 2000 年分两步走、到 20 世纪末使人民生活达到小康水平的目标和战略部署。

随后，邓小平将思考的目标进一步延伸到了 21 世纪的前 30 年至 50 年，1987 年 4 月，在会见西班牙客人时，邓小平提出了"三步走"的发展战略："我们原定的目标是，第一步在八十年代翻一番。以一九八〇年为基数，当时国民生产总值人均只有二百五十美元，翻一番，达到五百美元。第二步是到本世纪末，再翻一番，人均达到一千美元。实现这个目标意味着我们进入小康社会，把贫困的中国变成小康的中国。那时国民生产总值超过一万亿美元，虽然人均数还很低，但是国家的力量有很大增加。我们制定的目标更重要的还是第三步，在下世纪用三十年到五十年再翻两番，大体上达到人均四千美元。做到这一步，中国就达到中等发达的水平。这是我们的雄心壮志。"[①]

对一个国家的发展作如此长远的构想和规划，跨度巨大，气度非凡。

这一构想得到了全党和全国人民的欢迎和赞同。1987 年，十三大根据这一构想，正式制定了分"三步走"实现社会主义现代化的宏伟战略：第一步，从 1981 年到 1990 年，国民生产总值翻一番，实现温饱；第二步，从 1991 年到 20 世纪末，再翻一番，达到小康；第三步，到 21 世纪中叶，再翻两番，达到中等发达国家水平。

"三步走"战略包含着丰富的内容，既制定了发展的战略目标，又提出了实施战略目标的步骤和手段；既描绘了总的战略布局，又确定了战略的重点；既坚持了基本的战略方针，又实行了战略性的政策；既奉行了辩证的战略方法，又分析了客观的战略条件。

这一战略，把我国社会主义现代化的进程具体化为切实可行的步骤，是激励全国人民为一个共同理想而努力奋斗的行动纲领。

1992 年，在南方谈话中，邓小平语重心长地指出："如果从建国起，用

---

① 《邓小平文选》第 3 卷，人民出版社 1993 年版，第 226 页。

一百年时间把我国建设成中等水平的发达国家，那就很了不起！从现在起到下世纪中叶，将是很要紧的时期，我们要埋头苦干。我们肩膀上的担子重，责任大啊！"[1]

按照"三步走"的战略，党和国家先后制定了连续几个国民经济和社会发展规划，把"三步走"的目标、任务一步步落到实处。首先在 1987 年提前三年实现了第一步翻一番的目标。1995 年，又提前五年实现了翻两番的目标。到 20 世纪末，中国整体上进入了小康社会。

对此，1997 年的十五大报告给予高度肯定："在中国这样一个十多亿人口的国度里，进入和建设小康社会，是一件有伟大意义的事情。这将为国家长治久安打下新的基础，为更加有力地推进社会主义现代化创造新的起点。"

到 1997 年，快要进入新世纪了，前两步已经实现，后面就要走第三步了。第三步怎么走，这成为摆在党和国家面前的新课题。

为了把第三步即 21 世纪前 50 年再细化，1997 年，十五大庄严宣告："展望下世纪，我们的目标是，第一个十年实现国民生产总值比二〇〇〇年翻一番，使人民的小康生活更加宽裕，形成比较完善的社会主义市场经济体制；再经过十年的努力，到建党一百年时，使国民经济更加发展，各项制度更加完善；到世纪中叶建国一百年时，基本实现现代化，建成富强民主文明的社会主义国家。"

这实际上是一个把邓小平的第三步设想加以展开的小"三步走"战略。按照这个战略，中国从 20 世纪末进入小康社会后，将分 2010 年、2020 年、2050 年三个阶段，逐步达到基本实现现代化的目标。

改革开放以来，中国共产党团结和带领全国人民，一心一意奔小康，把"三步走"的战略变为现实。几十年来，中国的整个发展进程，都是按照大"三步走"和小"三步走"战略，一步一个脚印、一步一个台阶地向前推进的。

在现代化的道路上，尽管遇到过各种各样的困难、各种各样的考验，但党和人民始终坚持党的基本路线不动摇，坚持以经济建设为中心不动摇，坚持"三步走"的发展战略不动摇。同时，根据时代发展的新情况、新条件，

---

[1]《邓小平文选》第 3 卷，人民出版社 1993 年版，第 383 页。

丰富和发展邓小平的战略思想，制定了不同阶段的发展目标，提出了其他一系列战略，使"三步走"战略一个个阶段性目标得到了稳步实现。

三、小康社会

"三步走"战略中，有一个重要的目标——"小康"和"小康社会"。

"小康"，是一个富有韵味的概念，念起来是那样自然、亲切。

"小康"，更是一个中国式的概念。虽然我们今天是在现代的意义上使用它，但在中国的文化传统中，它却是源远流长。

"小康"一词，最早出自《诗经》。《诗·大雅·民劳》中说："民亦劳止，汔可小康。"至西汉，经学家戴圣编纂的《礼记·礼运》一书，描述了作为一种社会模式的"小康"状态，称："今大道既隐，天下为家，各亲其亲，各子其子，货力为己。大人世及以为礼，城郭沟池以为固，礼义以为纪，以正君臣，以笃父子，以睦兄弟，以和夫妇，以设制度，以立田里，以贤勇知，以功为己……是为'小康'。"

在这里，"小康"是与"大同"相对的一种社会状态或理想。大同，是财产公有、政治民主、社会文明、保障健全、秩序稳定的理想社会状态。而小康，则要低一个层次，是财产私有、生活宽裕、上下有序、家庭和睦、讲究礼仪的社会状态。

时代变迁，风雨沧桑。当中华民族的历史车轮进到20世纪70年代末之后，"小康"这个概念，由于邓小平的倡导而被赋予了新的时代内容。

1979年，邓小平在会见日本首相大平正芳时，第一次用"小康之家"四个字来描述我国现代化的阶段性目标。邓小平认为，实现第二步目标，实际上就是把贫困的中国变成了小康的中国。"所谓小康社会，就是虽不富裕，但日子好过。"[1] 在第一步发展过程中，中国是"小变化"，"达到小康水平，可以说是中变化。到下世纪中叶，能够接近世界发达国家的水平，那才是大变化"[2]。在小康基础上，"再发展三十年到五十年，力争接近世界发达国家的水平"[3]。

---

[1]《邓小平文选》第3卷，人民出版社1993年版，第161页。

[2] 同上书，第143页。

[3] 同上书，第77页。

从此，"小康""小康社会""小康生活""小康水平"等，就成了中国发展战略中的重要概念。1982 年 9 月，十二大正式提出到 20 世纪末使人民生活达到小康水平。1987 年 10 月，十三大正式提出"三步走"战略，其第二步的目标就是进入小康。

从当年的"瓜菜代"到"吃饱肚子"，从"吃饱肚子"再到"小康之家"，我们这一代中国人有幸经历并深刻体验到"贫穷不是社会主义"的朴素真理。

经过全党和全国各族人民的共同努力，到 20 世纪末，"三步走"战略的前两步目标胜利实现，人民生活总体上达到小康水平。这是社会主义制度的伟大胜利，是中华民族发展史上一个新的里程碑。

到 21 世纪，中国特色社会主义事业进入了新的发展阶段。1996 年，十五届五中全会明确将这个阶段界定为"全面建设小康社会、加快推进现代化的新的发展阶段"。

2002 年，十六大报告郑重宣布："当人类社会跨入二十一世纪的时候，我国进入全面建设小康社会、加快推进社会主义现代化的新的发展阶段。"

由于我们进入的小康社会还是较低水平、很不平衡的小康社会，所以，进入小康社会，还不等于建成了小康社会，更不等于已经走出小康社会而进入了现代化阶段。

所以，2002 年 11 月，十六大明确提出 21 世纪头 20 年的战略任务，就是"集中力量，全面建设惠及十几亿人口的更高水平的小康社会"。

全面建设，就是在现有的小康社会基础上，进一步展开建设的工程，全面推进各方面的建设事业，全面提高小康社会的水平，使经济更加发展、民主更加健全、科教更加进步、文化更加繁荣、社会更加和谐、人民生活更加殷实。

2007 年 10 月，十七大将"为夺取全面建设小康社会新胜利而奋斗"作为大会主题的重要内容，并对我国发展提出了新的更高要求。

十七大专门用一段话描绘："到二〇二〇年全面建设小康社会目标实现之时，我们这个历史悠久的文明古国和发展中社会主义大国，将成为工业化基本实现、综合国力显著增强、国内市场总体规模位居世界前列的国家，成为人民富裕程度普遍提高、生活质量明显改善、生态环境良好的国家，成为人民享有更加充分民主权利、具有更高文明素质和精神追求的国家，成为各方面制度更加完善、社会更加充满活力而又安定团结的国家，成为对外更加开放、更加具有亲和力、为人类文明作出更大贡献的国家。"

2012 年，到十八大时，将"全面建设"改成"全面建成"，明确提出到 2020 年要"全面建成小康社会"。"建设"与"建成"，一字之差，目标更加明确，要求更加严格，时间更加紧迫。

十八大还进一步规定了"全面建成小康社会"的两个主要指标，即到 2020 年，"实现国内生产总值和城乡居民人均收入比二〇一〇年翻一番"。与此前相比，增加了一个"城乡居民人均收入"的指标。一个指标体现综合国力，一个指标体现人民生活。

确定全面建成小康社会的目标，是对历史、对现实、对人民、对民族、对世界作出的一个巨大承诺。如期实现这个目标，将是未来几年极为重要的任务，也是对党执政成效的一个重要检验。

四、五年规划的改革与实施

中国的发展战略主要体现在五年规划（原称五年计划）上，是主要通过五年规划来加以实施和实现的。中国改革开放的主要内容和重大成就，也集中体现在一个个五年规划里。

"五年规划"是谋划、部署中国经济社会发展任务的基本手段，其任务和内容，主要是对五年和更长时段内全国重大建设项目、生产力分布、国民经济和社会发展重要比例关系等作出规划，为国民经济和社会发展规定目标、方向和任务。改革开放以来的每个五年规划，都要制定和部署改革开放的主要任务、项目和措施。

从 1951 年到 1955 年，在苏联的帮助下，中国制定了 1953 年—1957 年的发展国民经济第一个五年计划。从此，中国正式走上了计划之路。第一个五年计划胜利完成，奠定了中国工业化的基础。此后到改革开放初，一共实行了 5 个五年计划，取得了很大成绩，但除了"一五"计划外，其他完成的情况都不是很理想。

改革开放后，伴随着从计划经济向社会主义市场经济的转变，五年计划的指导思想、内容和方法都进行了重大改造，发生了深刻的变革。

第一，1980年—1985年的"六五"计划，第一次将"国民经济计划"改成了"国民经济和社会发展计划"，并用一编的篇幅（"社会发展计划"），对社会发展的各个方面进行计划安排，意在促进社会与经济一同全面发展。

第二，随着改革开放的发展，首先将各种计划区分为指令性计划和指导性计划两种，将五年计划逐步改成了指导性计划，总的是起指导作用而不是强制的指令作用，允许各方面发挥自主性、积极性和创造性。

第三，扩大企业和地方的自主权，下放和减少中央特别是计划委员会的权力。计委主要侧重于规划制定、宏观调控，而不是干预日常经济运行的事务。日常经济运行先由经济委员会管，后来经济委员会也撤销了。计划委员会最后改名为发展和改革委员会。

第四，计划制订更加及时，在新的五年计划时期刚开始之时就制订出完整的五年计划，得以使两者同步。从1983年到1986年3月，国家制订并审查通过了1986年—1990年的"七五"计划，这种及时性在我国经济发展史和五年计划史上是第一次。

第五，在发展社会主义市场经济条件下制定中长期规划，所定指标总体上是预测性、指导性的。1996年—2000年的"九五"计划就是在发展社会主义市场经济条件下制定的第一个中长期规划。

第六，将"计划"进一步改为"规划"。2006年—2010年的"十一五"，第一次将"五年计划"改为了"五年规划"。到"十三五"，一共已有3个"五年规划"。

所有这些计划和规划，都是逐步向现代化迈进的蓝图。改革开放以来的所有这些计划和规划，即使有的在实施中遇到过种种困难和波折，但都圆满完成了预定任务。通过这些计划和规划的实施，"三步走"的战略一步步得以实现，中国的综合国力一步步增强，人民的生活水平一步步提高。

从每一个五年规划来看：

第六个五年计划（1981年—1985年）和十年规划纲要。是按照十二大提出的现代化建设战略部署制订的，是继"一五"计划后的一个比较完备的五年计划，是在调整中使国民经济走上稳步发展健康轨道的五年计划。"六五"计划的内容和要求体现了改革开放后对经济社会发展的一些新要求。"六五"计划取得了显著的成就。

第七个五年计划（1986年—1990年）。"七五"计划的基本原则和方针进一步体现了改革开放的要求和成果，如坚持把改革放在首位，使改革和建设相互适应、相互促进；坚持进一步对外开放，更好地把国内经济建设同扩大对外经济技术交流结合起来；坚持在推进物质文明建设的同时，大力加强社会主义精神文明的建设。

第八个五年计划（1991年—1995年）和十年规划。最大成就是提前5年完成了到2000年实现国民生产总值比1980年翻两番的战略目标。1995年中国的国民生产总值达到57600亿元，扣除物价因素，是1980年的4.3倍。这在中国经济发展史上是一个重要的里程碑。在经济体制改革方面，取得突破性进展。以分税制为核心的新财政体制，以增值税为主体的新税制基本建立并正常运行。政策性金融和商业性金融初步分开，汇率顺利并轨，新的宏观经济调控框架初步建立，市场在资源配置中的作用明显增强，以公有制为主体、多种经济成分共同发展的格局已经形成。对外开放总体格局基本形成。对外开放的范围和规模进一步扩大。

第九个五年计划（1996年—2000年）和十五年远景目标纲要。这是中国社会主义市场经济条件下的第一个中长期计划。中央强调，这一计划和目标，要深入研究经济体制变化的新特点，按照发展社会主义市场经济和现代化建设的要求，更新计划观念，改革计划体制、计划内容和计划方法。计划目标成功实现，人均国民生产总值比1980年翻两番的任务超额完成。现代化建设第二步战略目标顺利实现，成为中华民族发展史上一个新的里程碑。

第十个五年计划纲要（2001年- 2005年）。这是跨入21世纪后的第一个五年计划。确定了一系列重要指导方针：坚持把发展作为主题，坚持把结构调整作为主线，坚持把改革开放和科技进步作为动力，坚持把提高人民生活水平作为根本出发点，坚持把经济发展和社会发展结合起来。强调计划的实施要充分发挥市场机制的作用，政府宏观调控要更多地运用经济杠杆、经济政策和法律手段。计划期间，不断推进改革开放，国家经济实力、综合国力和国际地位显著提高。

第十一个五年规划（2006年—2010年）。这是全面建设小康社会进程中的重要规划。规划坚持以科学发展观统领经济社会发展全局，着力转变发展观念、创新发展模式、提高发展质量，落实"五个统筹"，把经济社会发展切实转入全面协调可持续发展的轨道。规划期间，虽接连遭受重大自然灾害和国际金融危机的冲击，但主要目标和任务胜利完成。2010年国内生产总值达到39.8万亿元，跃居世界第二位。

第十二个五年规划纲要（2011年—2015年）。"十二五"时期是全面建设小康社会的关键时期。规划坚持把经济结构战略性调整作为加快转变经济发展方式的主攻方向，坚持把科技进步和创新作为加快转变经济发展方式的重要支撑，坚持把保障和改善民生作为加快转变经济发展方式的根本出发点和落脚点，坚持把建设资源节约型、环境友好型社会作为加快转变经济发展方式的重要着力点，坚持把改革开放作为加快转变经济发展方式的强大动力。到2015年，我国经济总量稳居世界第二位，人均国内生产总值增至49351元（折合7924美元），经济实力、科技实力、国防实力、国际影响力又上了一个大台阶。

第十三个五年规划（2016年—2020年）。到2020年全面建成小康社会，是"两个一百年"奋斗目标的第一个百年目标。"十三五"时期是全面建成小康社会的决胜阶段，"十三五"规划是紧紧围绕实现这个奋斗目标来制定的。规划坚持全面建成小康社会、全面深化改革、全面依法治国、全面从严治党的战略布局，明确提出创新、协调、绿色、开放、共享的新发展理念，以提高发展质量和效益为中心，以供给侧结构性改革为主线，要求在提高发展平衡性、包容性、可持续性的基础上，到2020年国内生产总值和城乡居民人均收入比2010年翻一番，现行标准下农村贫困人口实现脱贫，贫困县全部摘帽。

五、经济社会发展战略

中国的改革开放，是与实施一系列经济社会发展战略紧紧联系在一起的。改革开放，促成了经济社会发展战略的演化和完善，同时也融汇和体现在一个个发展战略中。而一系列经济社会发展战略的推进和实施，则将改革开放的构想、举措、政策一步步付诸实施。

"三步走"发展战略、科教兴国战略、依法治国方略、可持续发展战略、区域协调发展战略、创新驱动战略、扶贫开发战略、人才强国战略以及十九大提出的其他一系列强国战略，都充分体现了改革开放的精神和成就。

　　除此之外，在改革开放进程中，党和国家还不断根据国内外形势和任务的发展变化，及时提出一系列重要的战略思想、战略原则、战略举措和战略要求。它们有的是重大发展战略的先声和谋划，有的是既定战略的实施和展开，有的是针对改革开放实际而及时提出的重大要求。它们都对改革开放和现代化建设的发展发挥了重要作用。

　　如：1978年7月，国务院召开务虚会，研究加快四个现代化建设问题，强调要放手利用国外资金，大量引进国外先进技术设备，还讨论了经济管理体制改革问题。这对改革开放的提出起了铺垫作用。

　　1995年9月的十四届五中全会，提出要实现两个具有全局意义的根本性转变：一个是经济体制从传统的计划经济体制向社会主义市场经济体制转变；另一个是经济增长方式从粗放型向集约型转变。

　　2010年10月的十七届五中全会，要求以科学发展为主题，以加快转变经济发展方式为主线，深化改革开放，保障和改善民生，为全面建成小康社会打下具有决定性意义的基础。

　　2010年10月，国务院发布《关于加快培育和发展战略性新兴产业的决定》，要求力争战略性新兴产业增加值占国内生产总值的比重在2015年和2020年分别达到8%和15%左右。2012年7月，国务院又发布了《"十二五"国家战略性新兴产业发展规划》。

　　2011年12月的中央经济工作会议强调，要突出把握好稳中求进的工作总基调。

　　2014年12月的中央经济工作会议强调，我国经济发展进入新常态。认识、适应、引领新常态，是当前和今后一个时期我国经济发展的大逻辑。要敢于啃硬骨头，敢于涉险滩，敢于过深水区，加快推进经济体制改革。

　　2015年10月的十八届五中全会，提出全面建成小康社会新的目标要求，强调实现"十三五"时期发展目标，破解发展难题，厚植发展优势，必须牢固树立并切实贯彻创新、协调、绿色、开放、共享的发展理念。

　　2015年12月的中央经济工作会议指出，推进供给侧结构性改革，是适应和引领经济发展新常态的重大创新，强调要克服困难，闯过关口，锐意改革，大胆创新，加大结构性改革力度。

　　2016年12月的中央经济工作会议强调，要继续深化供给侧结构性改革，深入推进"三去一降一补",深入推进农业供给侧结构性改革,着力振兴实体经济,促进房地产市场平稳健康发展。

六、转变经济发展方式

转变经济发展方式,是总结我国现代化建设长期实践得出的重要结论,是关系国民经济全局紧迫而重大的战略任务,是提高我国经济国际竞争力和抗风险能力的根本举措,是实现全面建设小康社会奋斗目标的重要保证。

转变经济发展方式,是改革开放深入发展的必然要求。只有深化改革开放,才能加快转变经济发展方式。

1995 年的十四届五中全会在关于"九五"计划的建议中,明确提出实行经济体制从计划经济体制向社会主义市场经济体制转变、经济增长方式从粗放型向集约型转变的要求。

2000 年的十五届五中全会在关于"十五"计划的建议中,提出要对经济结构进行战略性调整、推进产业结构优化升级等要求。

进入 21 世纪后,在转变经济增长方式和调整经济结构取得积极成果的基础上,又提出了一系列新的要求。

2007 年,十七大在全面把握我国经济发展规律的基础上,将十四届五中全会提出的"转变经济增长方式"改为"转变经济发展方式",涵盖了转变经济增长方式的全部内容,反映了我们党对经济发展规律的认识更全面、更深刻。

十七大要求,深刻认识转变经济发展方式的重大意义,牢牢把握住发展的主动权,大力推动经济增长由粗放型向集约型转变、由片面追求经济增长向全面协调可持续发展转变,在较长时期内继续保持经济平稳较快发展,以不断赢得发展新优势、开创发展新局面。

转变经济发展方式,具有十分丰富的内涵。它不仅涵盖了转变经济增长方式的全部内容,还有对经济发展的理念、目的、战略和途径等新的更高要求。

加快转变经济发展方式,关键在于实现三个转变。

一是由主要依靠投资、出口拉动向依靠消费、投资、出口协调拉动三驾马车转变，扩大国内需求，鼓励合理消费，不断提高人民的生活水平。

二是由主要依靠第二产业带动向依靠第一、第二、第三产业协同带动转变。把实现经济增长贡献率转变的着力点放在加快第三产业的发展上，相对降低第二产业的贡献率。

三是由主要依靠增加物质资源消耗向主要依靠科技进步、劳动者素质提高、管理创新转变。加快形成有利于自主创新的体制机制和社会氛围，加快培育创新型人才，充分运用后发优势实现科学技术的跨越式发展，为转变经济发展方式提供有力的技术支撑。

十八大提出全面建设小康社会目标的新要求，强调"以科学发展为主题，以加快转变经济发展方式为主线，是关系我国发展全局的战略抉择"。要求在转变经济发展方式上取得重大进展。

十八大提出了四个"着力"和五个"更多"的要求。

"要适应国内外经济形势新变化，加快形成新的经济发展方式，把推动发展的立足点转到提高质量和效益上来，着力激发各类市场主体发展新活力，着力增强创新驱动发展新动力，着力构建现代产业发展新体系，着力培育开放型经济发展新优势"。

"使经济发展更多依靠内需特别是消费需求拉动，更多依靠现代服务业和战略性新兴产业带动，更多依靠科技进步、劳动者素质提高、管理创新驱动，更多依靠节约资源和循环经济推动，更多依靠城乡区域发展协调互动，不断增强长期发展后劲。"

十九大进一步将"经济发展方式"改为"发展方式"，肯定"十二五"时期坚决端正发展观念、转变发展方式，发展质量和效益不断提升；提出"我国经济已由高速增长阶段转向高质量发展阶段，正处在转变发展方式、优化经济结构、转换增长动力的攻关期"。

尤其是，十九大把"发展方式"作为习近平新时代中国特色社会主义思想所回答和阐述的重要问题之一。要求坚定不移贯彻创新、协调、绿色、开放、共享的新发展理念；以供给侧结构性改革为主线，推动经济发展质量变革、效率变革、动力变革，不断增强我国经济创新力和竞争力。

七、科教兴国战略

当代世界的竞争，实际上是科技和教育的竞争。世界科技革命正在形成新的高潮，一个科技和经济大发展的新时代正在来临。面对国际形势的挑战和国内发展的需要，党和国家随着改革开放的深入，提出了科教兴国的重要战略。

早在 1978 年，随着科学的春天的到来，国家就制定了《1978—1985 年全国科学技术发展规划纲要》。邓小平指出："我们要实现现代化，关键是科学技术要能上去。发展科学技术，不抓教育不行。靠空讲不能实现现代化，必须有知识，有人才。"[①] 10 年后的 1988 年，他又进一步提出："科学技术是第一生产力。"[②]

在改革开放进程中，党和国家采取了一系列举措，大力发展科技和教育，并不断深化科技体制和教育体制改革。在此基础上，进一步提出和实施了科教兴国战略。

1995 年 5 月，《中共中央国务院关于加速科技进步的决定》，首次提出"科教兴国"的战略。在全国科学技术大会上，江泽民号召全党全国人民实施"科教兴国"战略。

1996 年 3 月，八届全国人大四次会议正式批准的《国民经济和社会发展"九五"计划和 2010 年远景目标纲要》，将科教兴国作为一条重要的指导方针和发展战略上升为国家意志。

1997 年，十五大再次强调，把科教兴国战略与可持续发展战略作为跨世纪的国家发展战略。

1999 年 1 月，国务院批转教育部《面向二十一世纪教育振兴行动计划》。1998 年 1 月，中国科学院向中共中央和国务院呈报《迎接知识经济时代，建设国家创新体系》的报告。

2002 年，十六大明确提出，要走新型工业化道路，大力实施科教兴国战略和可持续发展战略。

---

① 《邓小平文选》第 2 卷，人民出版社 1994 年版，第 40 页。
② 《邓小平文选》第 3 卷，人民出版社 1993 年版，第 274 页。

2007 年，十七大进一步指出，要更好实施科教兴国战略、人才强国战略、可持续发展战略，着力把握发展规律、创新发展理念、转变发展方式、破解发展难题，提高发展质量和效益，实现又好又快发展，为发展中国特色社会主义打下坚实基础。

科教兴国战略的主要内容是：在科学技术是第一生产力思想的指导下，坚持教育为本，把科技和教育摆在经济、社会发展的重要位置，增强国家的科技实力和科学技术向现实生产力转化的能力，提高科技对经济的贡献率，提高全民族的科技文化素质，把经济建设转移到依靠科技进步和提高劳动者素质的轨道上来，加快建设富强民主文明和谐美丽的社会主义现代化国家。

在发展科技教育和推进科教兴国战略的过程中，国家先后组织制订了一系列国家级科技计划，形成了一个具有研究开发、中间试验、技术成果推广应用等多功能，在传统产业改造、高技术及其产业化、基础性研究三个层次上全面部署的较完整的科技计划体系。这些计划主要有：国家科技攻关计划、国家重点工业性试验计划、国家重点实验室计划、星火计划、高技术发展研究计划（863 计划）、国家科技成果重点推广计划、高新技术产业发展计划（火炬计划）、国家基础性研究重大项目计划（攀登计划）等。

科教兴国战略把科技、教育进步作为经济和社会发展的强大动力，是确保经济社会持续、快速、健康发展，增强国际竞争力的根本措施，是党和政府从中国国情和现代化建设的实际出发，在分析世界经济与科学技术发展趋势的基础上，为实现现代化建设"三步走"宏伟目标作出的一项重大战略部署，对现代化建设的不断推进具有重大的意义。

八、建设创新型国家

在实施科教兴国战略的过程中，党和国家进一步提出了建设创新型国家的战略目标。提高自主创新能力，建设创新型国家，是国家发展战略的核心，是提高综合国力的关键。

十一届三中全会以来，邓小平大力倡导解放思想、实事求是的思想路线。在《邓小平文选》第 2 卷中，共有 4 次使用了"创新"一词。

在新的历史条件下，"创新"概念的内涵和外延不断扩展，而且被置于更加重要的战略地位上。

1995 年 5 月，江泽民在全国科学技术大会上指出，创新是一个民族进步的灵魂，是一个国家兴旺发达的不竭动力。作为一个独立自主的社会主义大国，我们必须在科技方面掌握自己的命运。

2005 年 10 月，十六届五中全会提出，要把增强自主创新能力作为国家战略，致力于建设创新型国家。

随后国务院发布《国家中长期科学和技术发展规划纲要（2006—2020年）》，以增强自主创新能力为主线，以建设创新型国家为奋斗目标，对我国未来 15 年科学和技术发展作出全面规划和部署。要求坚持"自主创新，重点跨越，支撑发展，引领未来"的科技工作指导方针。

2006 年 1 月，中共中央、国务院作出《关于实施科技规划纲要增强自主创新能力的决定》，提出全面提升国家竞争力，创新体制机制，走中国特色自主创新道路，为建设创新型国家而奋斗。

2007 年，十七大提出，要坚持走中国特色自主创新道路，把增强自主创新能力贯彻到现代化建设各个方面。

2008 年 6 月，胡锦涛在中国科学院第十四次院士大会、中国工程院第九次院士大会上讲话强调，要把增强自主创新能力作为发展科学技术的战略基点、作为调整产业结构和转变发展方式的中心环节，把建设创新型国家作为面向未来的重大战略选择，更加自觉、更加坚定地走中国特色自主创新道路。

2012 年，十八大提出，到 2020 年中国进入创新型国家行列。

习近平总书记指出："当今世界，谁牵住了科技创新这个'牛鼻子'，谁走好了科技创新这步先手棋，谁就能占领先机、赢得优势。"[1]

建设创新型国家的总体目标是：到 2020 年，使我国的自主创新能力显著增强，科技促进经济社会发展和保障国家安全的能力显著增强，基础科学和前沿技术研究综合实力显著增强，取得一批在世界具有重大影响的科学技术成果，进入创新型国家行列，为全面建成小康社会提供强有力的支撑。

建设创新型国家，要把增强自主创新能力作为发展科学技术的战略基点，走中国特色自主创新道路，推动科学技术的跨越式发展；要把增强自主创新

[1] 中共中央文献研究室：《习近平关于科技创新论述摘编》，中央文献出版社 2016 年版，第 26 页。

能力作为调整经济结构、转变经济增长方式的中心环节，建设资源节约型、环境友好型社会，推动国民经济又好又快发展；要把增强自主创新能力作为国家战略，贯穿到现代化建设各个方面，激发全民族创新精神，培养高水平创新人才，形成有利于自主创新的体制机制，大力推进理论创新、制度创新、科技创新，不断巩固和发展中国特色社会主义伟大事业。

自主创新能力是国家竞争力的核心。增强自主创新能力是我国应对未来挑战的重大选择，是统领我国未来科技发展的战略主线，是实现建设创新型国家目标的根本途径。一个国家只有拥有强大的自主创新能力，才能有效地应对激烈的国际竞争。特别是在关系国民经济命脉和国家安全的关键领域，真正的核心技术、关键技术是买不来的，必须依靠自主创新。

所以，要把提高自主创新能力摆在全部科技工作的首位，根据全面建成小康社会的紧迫需求、世界科技发展趋势和我国国力，对我国科技发展作出总体部署，统筹当前和长远，超前部署前沿技术和基础研究，把握科技发展的战略重点，确定若干重点领域，抓住一批重大关键技术，实施若干重大专项，建设一批创新基地，培育大批创新企业，扎实提高持续创新能力，培育新兴产业，不断为建设创新型国家奠定坚实基础。

九、建设网络强国

互联网是 20 世纪最伟大的发明之一。而互联网在中国的普及运用及不断创新发展，是改革开放的巨大成果之一。中国党和政府明确提出"互联网 +"的战略要求和建设网络强国的战略，极大地改变了中国的生产方式、消费方式和生活方式。

1987 年，一封简短的电子邮件从北京发出，标志着中国人"触网"的序幕正式拉开。

1994 年 4 月 20 日，中国接入国际互联网，信息传输基于互联网的国际化进程开始对中国社会产生深远影响。

1998 年 7 月 8 日，全国科技名词审定委员会将"互联网的用户"的中文名称确定为"网民"，"网民"一词诞生，指平均每周使用互联网至少 1 小时的公民。

1999 年 4 月 15 日，《人民日报》、中央电视台等 23 家传统网络媒体网站首次聚会，通过《中国新闻界网络媒体公约》。

2000 年 9 月 25 日，国务院公布施行《互联网信息服务管理办法》。

2000 年 12 月 28 日，全国人大常委会通过《关于维护互联网安全的决定》，规定：为了维护国家安全和社会稳定，对有四种行为之一，构成犯罪的，依照刑法有关规定追究刑事责任。

从 2002 年开始，手机短信拜年火爆。据说当年春节期间，共有 70 万条短信从手机发出。

2008 年 6 月 20 日，胡锦涛到人民日报社视察，其间面对网民的提问，做了一个短暂的交流。这是中国最高领导人第一次公开与网民交流。

2010 年 1 月 13 日，国务院常务会议决定加快推进电信网、广播电视网和互联网三网融合。2011 年 12 月 23 日，国务院常务会议明确今后一个时期我国发展下一代互联网的路线图和主要目标。

2010 年 8 月 11 日，中共中央办公厅、国务院办公厅发布《关于加强和改进互联网管理工作的意见》。

2013 年 8 月，国务院印发《"宽带中国"战略及实施方案》。

2014 年 2 月 27 日，中央网络安全和信息化领导小组召开第一次会议。习近平总书记强调，要总体布局，统筹各方，创新发展，努力把我国建设成为网络强国。

2014 年 11 月 19 日—21 日，首届世界互联网大会在浙江乌镇举行。习近平主席致贺词，强调共同构建和平、安全、开放、合作的网络空间，建立多边、民主、透明的国际互联网治理体系。李克强同出席大会的中外代表座谈。

2015 年 3 月 7 日，国务院批复同意设立中国（杭州）跨境电子商务综合试验区。2016 年 1 月 12 日，国务院批复同意在天津等 12 个城市设立跨境电子商务综合试验区。

2015 年 7 月 1 日，国务院印发《关于积极推进"互联网 +"行动的指导意见》，提出"互联网 +"创业创新、协同制造、益民服务等 11 个具体行动。

2015 年 7 月 18 日，中国人民银行、工业和信息化部等 10 部门联合印发《关于促进互联网金融健康发展的指导意见》，提出一系列鼓励创新、支持互联网金融稳步发展的政策措施。

经过 30 年左右的加速发展，中国已经成为互联网大国，网络规模、网民数量、智能手机用户以及利用智能手机上网的人数都处于世界第一位。国内域名数量、境内网站数量以及互联网企业等也处于世界前列。目前全球 20 大门户网站中，中国的百度、腾讯、阿里巴巴、新浪、搜狐位列其中；2018 年全球十大互联网企业中，中国有阿里巴巴、腾讯、百度 3 家。以网购为代表的消费互联网，中国的用户已超过 3 亿，智能手机的用户已超过 6 亿。

2017 年 8 月，中国互联网络信息中心发布的第 40 次《中国互联网络发展状况统计报告》显示，截至 2017 年 6 月，中国网民规模达到 7.51 亿，占全球网民总数的 1/5。互联网普及率为 54.3%，超过全球平均水平 4.6 个百分点。

仅仅 30 年，在中国城乡，智能手机已成大众"标配"，手机支付迅速普及，连西方发达国家的民众都自叹弗如。

当然，与网络强国相比，中国还有较大差距。所以，中国虽已成为网络大国，但还需要向网络强国迈进。

十八大以来，习近平总书记提出了网络强国的战略思想，就如何认识、运用、发展、管理互联网等提出了一系列战略性、前瞻性、创新性观点，揭示了互联网的本质特征、发展规律、发展路径，回答了中国发展互联网的一系列理论和实践问题。

习近平总书记强调，建设网络强国的战略部署要与"两个一百年"奋斗目标同步推进，向着网络基础设施基本普及、自主创新能力显著增强、信息经济全面发展、网络安全保障有力的目标不断前进。

习近平总书记还面向世界，强调共同构建和平、安全、开放、合作的网络空间，建立多边、民主、透明的国际互联网治理体系。

十八届五中全会关于"十三五"规划的建议，明确提出实施网络强国战略以及与之密切相关的"互联网+"行动计划。随后的"十三五"规划，明确部署了"牢牢把握信息技术变革趋势，实施网络强国战略，加快建设数字中国，推动信息技术与经济社会发展深度融合"的一系列重大举措。

2016 年 7 月，中共中央办公厅、国务院办公厅印发了《国家信息化发展战略纲要》。9 月 25 日，又印发了《关于加快推进"互联网+政务服务"工作的指导意见》。

2016 年 10 月 9 日，十八届中央政治局就实施网络强国战略进行第三十六次集体学习。习近平总书记在主持学习时提出要努力做到"六个加快"：

加快推进网络信息技术自主创新，加快数字经济对经济发展的推动，加快提高网络管理水平，加快增强网络空间安全防御能力，加快用网络信息技术推进社会治理，加快提升我国对网络空间的国际话语权和规则制定权，朝着建设网络强国目标不懈努力。

从"网络大国"到"网络强国"，一字之变，预示着中国互联网发展进入全新的时代。

十、环境保护

如何保护环境？如何实现发展与生态环境的协调？是在改革开放深化过程中日益突出的问题，也是需要通过改革开放不断加以解决的问题。

很多人以为，加强环境保护是近几年来的事情。但其实，党和国家对环境保护的认识，早在 20 世纪 70 年代就已经开始了。这是很多人都不知道的。1973 年，北京远郊的官厅水库出现死鱼事件，引起国家高层警惕。国务院遂于 8 月 5 日—20 日召开了首次全国环境保护会议，并制定了我国第一部环境保护的综合性法规——《关于保护和改善环境的若干规定（试行草案）》。

到改革开放后，环境保护的力度不断加大。

1979 年颁布《环境保护法（试行）》，使环境保护步入法制轨道。

1983 年召开的第二次全国环境保护会议，正式把环境保护确定为我国的一项基本国策。

1984 年 5 月，国务院作出《关于环境保护工作的决定》。

1992 年 8 月，中共中央、国务院批准制定了指导中国环境与发展的纲领性文件《中国环境与发展十大对策》。

1994 年，我国政府制定的《中国 21 世纪议程》，明确提出了跨世纪人口、经济、社会、环境和资源协调发展的奋斗目标。

1996 年 7 月，第四次全国环境保护会议召开，强调必须把贯彻实施可持续发展战略始终作为一件大事来抓。8 月，国务院作出《关于环境保护若干问题的决定》。

1997 年，十五大进一步明确将可持续发展战略作为我国经济发展的战略之一。此后的历次党代会、人大会议，都突出强调了可持续发展战略的实施和要求。

1998 年，中国政府又制定了《全国生态环境建设规划》。

2002 年 1 月 10 日，国务院西部开发办公室召开退耕还林工作电视电话会议，确定全面启动退耕还林工程。4 月 11 日，国务院发出《关于进一步完善退耕还林政策措施的若干意见》。

科学发展观的提出，一个重要目的，就是解决伴随发展而来的生态环境问题。

2010 年 9 月 15 日，国务院常务会议原则通过《中国生物多样性保护战略与行动计划（2011—2030 年）》。

从 2011 年起，在内蒙古、新疆（含新疆生产建设兵团）、西藏、青海等 8 个主要草原牧区省（区）全面建立草原生态保护补助奖励机制。2011 年，青藏高原区域生态建设与环境保护规划印发，青海三江源国家生态保护综合试验区建立。

2011 年 8 月 31 日，国务院印发《"十二五"节能减排综合性工作方案》。此后，国务院印发实施控制温室气体排放工作方案、节能与新能源汽车产业发展规划；发布新修订的《环境空气质量标准》，增加了细颗粒物（PM2.5）和臭氧（O_3）8 小时浓度限值监测指标。

2012 年 4 月 16 日，国务院批复《重点流域水污染防治规划（2011—2015 年）》。规划范围包括松花江、淮河、海河、辽河、黄河中上游、太湖、巢湖、滇池、三峡库区及其上游、丹江口库区及上游 10 个流域。

2015 年 1 月 1 日，全国 338 个地级及以上城市统一按环境空气质量新标准开展监测，并向社会发布实时监测数据和空气质量指数。

2015 年 8 月，中共中央办公厅、国务院办公厅印发《党政领导干部生态环境损害责任追究办法（试行）》。

"我们既要绿水青山，也要金山银山。""绿水青山就是金山银山。"习近平总书记的这几句话，形象地说出了环境和生态保护的重要价值。

十八大以来，面对环境污染严重、生态系统退化、资源约束趋紧的严峻形势，以习近平同志为核心的党中央，从中国特色社会主义事业"五位一体"

总布局的战略高度，加大环境保护的力度，强力推进生态文明建设，努力实现中华民族的永续发展。

中国从上到下坚决向污染宣战。《大气污染防治行动计划》和《水污染防治行动计划》先后发布实施，被称为"气十条"和"水十条"，各有 10 个方面 35 项具体措施。

中国向国际社会宣布了低碳发展的系列目标，其中包括到 2030 年左右，使二氧化碳排放达到峰值并争取尽早实现，单位国内生产总值二氧化碳排放比 2005 年下降 60%—65%。虽然需要付出艰苦的努力，但有信心和决心实现我们的承诺。

十一、可持续发展战略

人类工业化的发展，创造了巨大的生产力和物质财富，但也带来了环境污染等副产品。一方面，资源以加速度在迅速耗费；另一方面，对环境和生态的污染在不断增加。一减一增，我们赖以生存的地球还能供养人类多少年？我们的子孙后代今后将靠什么生活？

面对这一严峻的现实和问题，一个重要的思想终于诞生——发展必须可持续。

可持续发展是一种新的发展战略观，一般是指既满足当代人的需要，又不损害后代人满足其需要的能力的发展。它追求的目标是：既要使当前人类的各种需要得到满足、个人得到充分发展，又要保护资源和生态环境，不对后代人的生存和发展构成威胁。

所谓可持续发展战略，是指实现可持续发展的行动计划和纲领，是国家在多个领域实现可持续发展的总称，它所追求的是使各方面的发展目标，尤其是经济、社会与资源、环境的目标相协调。

我们常说，中国地大物博，但其实，在另一种意义上，这个"博"字，即广博的博，恐怕应该改为另一个"薄"，即薄弱的薄、稀薄的薄。

为什么？你看耕地。世界人均耕地 3.75 亩，我国只有 1.59 亩，只相当于世界水平的 43%，不到美国的 1/6，加拿大的 1/15，甚至不到印度的 1/2。水，是祖国母亲的乳汁，是人类生命之源。但我们的人均水资源占有量却排在世界第 100 位之后，属于世界上最缺水的 10 多个国家之一。

所以，制定和实施可持续发展战略，对于中国经济社会的协调发展，实施现代化建设的"三步走"战略目标具有重要意义。

1992 年 6 月，联合国环境与发展大会制定了《21 世纪议程》，提出人类社会今后应该走可持续发展的道路。大会一结束，中国政府立即决定由国家计委和国家科委牵头制定《中国 21 世纪议程》。

1994 年 3 月 25 日，经国务院常务会议讨论通过了《中国 21 世纪议程——中国 21 世纪人口、环境与发展白皮书》。这个《议程》提出了促进中国经济、社会、资源、环境以及人口、教育互相协调、可持续发展的总体战略和政策、措施方案。是世界上第一个国家级的 21 世纪议程，标志着中国正式确立了可持续发展战略。

1995 年 9 月，十四届五中全会在《关于制定国民经济和社会发展"九五"计划和 2010 年远景目标的建议》中提出："必须把社会全面发展放在重要战略地位，实现经济与社会相互协调和可持续发展。"这是在党的文件中第一次使用"可持续发展"的概念。

1996 年 3 月，八届全国人大四次会议批准的《国民经济和社会发展"九五"计划和 2010 年远景目标纲要》，将可持续发展作为一条重要的指导方针和战略目标上升为国家意志，明确提出了实行经济体制和经济增长方式两个根本性转变。

"九五"计划具体提出了可持续发展各领域的阶段目标，并专门编制了生态建设和环境保护重点专项规划，在社会和经济的其他领域也全面体现了可持续发展战略的要求，从而形成了一个具有中国特色的，以经济建设为中心，经济与社会、经济与自然相互协调和可持续发展的新的社会发展蓝图。

1997 年，十五大进一步明确将可持续发展战略作为我国经济发展的战略之一，指出要更好实施可持续发展战略，实现速度和结构质量效益相统一、经济发展与人口资源环境相协调，使人民在良好生态环境中生产生活，实现经济社会永续发展。

此后的历次党代会、人大会议，都突出强调了可持续发展战略的实施和要求。

1999 年 3 月 13 日，江泽民在中央人口资源环境工作座谈会上指出，控制人口增长，保护自然资源，保持良好的生态环境，这是根据中国国情和长远发展的战略目标而确定的基本国策。

2003 年 3 月 9 日，胡锦涛在中央人口资源环境工作座谈会上指出，要加快转变经济增长方式，将循环经济的发展理念贯穿到区域经济发展、城乡建设和产品生产之中，使资源得到最有效的利用。

2007 年 11 月 17 日，国务院批转节能减排统计监测及考核实施方案和办法，将能耗降低和污染减排完成情况纳入各地经济社会发展综合评价体系，实行严格的问责制。

2007 年的十七大明确指出，必须坚持全面协调可持续发展。坚持生产发展、生活富裕、生态良好的文明发展道路，建设资源节约型、环境友好型社会，实现速度和结构质量效益相统一、经济发展与人口资源环境相协调，要在全社会牢固树立生态文明观念，使人民在良好生态环境中生产生活，实现经济社会永续发展。

2009 年 8 月 27 日，十一届全国人大常委会十次会议通过《关于积极应对气候变化的决议》。

2011 年 12 月 20 日—21 日，第七次全国环境保护大会召开。李克强讲话，强调要坚持在发展中保护、在保护中发展，积极探索环境保护新道路，切实解决影响科学发展和损害群众健康的突出环境问题。

2012 年 1 月 12 日，国务院发布《关于实行最严格水资源管理制度的意见》，确立水资源开发利用控制红线，到 2030 年全国用水总量控制在 7000 亿立方米以内。

2013 年 9 月 10 日，国务院印发《大气污染防治行动计划》。2015 年 4 月 2 日，印发《水污染防治行动计划》。2016 年 5 月 28 日，印发《土壤污染防治行动计划》。至此，针对我国面临的大气、水、土壤环境污染问题的 3 个行动计划全部制定出台。

实施可持续发展战略，是根据我国国情作出的正确抉择。我国人口众多，人均资源占有量少，总体上资源紧缺是我国的一个基本国情。改革开放以来，我国经济社会发展取得了举世瞩目的成就，但由于经济增长过度依赖资源消耗的传统发展模式，特别是随着我国工业化、城镇化的加快发展和人口不断增加，能源、水、土地、矿产等资源不足的问题越来越突出。制定这一战略，体现了中国政府和人民对"我们生存的家园"的深切关怀，是一项惠及子孙后代的战略性举措，是中华民族对于全球未来的积极贡献。

为了实施可持续发展战略，党中央、国务院制定了一系列适合中国国情的方针政策，正确处理和协调了环境与发展二者之间的关系。大力开展了江河污染治理、国土资源整治、荒漠化治理、防护体系建设、生物多样性保护等工程。黄河、长江等7大流域水土流失综合治理持续开展。加大荒漠化治理力度、推广节水灌溉技术、加强草原和生态农业建设。

各项工作的开展，使我国生态环境建设和保护进入了一个新阶段。实施可持续发展战略取得了显著成绩，人口过快增长势头得到控制，自然资源保护和管理得到加强，环境保护与生态建设步伐加快，部分城市和地区环境质量有所改善。

十二、区域协调发展总体战略

中国是世界上最大的发展中国家，由于地域辽阔，人口众多，基础很不一样，条件各不相同，长期以来发展很不平衡。如何既不搞平均主义，又防止差距过大，就是党和国家一直考虑的问题。坚持区域协调发展，成为改革开放以来党和国家的重要战略思想。

20世纪80年代，邓小平提出"两个大局"的思想，即东部沿海地区加快对外开放，率先发展起来；发展到一定时期，东部要帮助中西部地区加快发展。

20世纪90年代末，江泽民提出实施西部大开发战略。2000年1月，中共中央、国务院印发《关于转发国家发展计划委员会〈关于实施西部大开发战略初步设想的汇报〉的通知》，国务院召开西部地区开发会议，西部大开发战略实施工作全面启动。

2003年10月，中共中央、国务院下发《关于实施东北地区等老工业基地振兴战略的若干意见》，提出振兴东北地区等老工业基地的指导思想、方针任务和政策措施。

2006年4月，中共中央、国务院《关于促进中部地区崛起的若干意见》强调，促进中部地区崛起是我国新阶段总体发展战略布局的重要组成部分。

从两个大局开始，到东部率先、西部开发，再到东北振兴、中部崛起……一连串的战略相继实施。那么，所有这些战略怎么统筹协调呢？

答案就是，实施"区域协调发展总体战略"。

1992年年初，邓小平设想，在20世纪末达到小康水平的时候，就要突出地提出和解决地区发展差距的问题。1995年的十四届五中全会根据这一思想，并基于第二步战略目标即将全面实现的情况，把"坚持区域经济协调发展，逐步缩小地区发展差距"作为一个重要方针提了出来。

十六大以后，党和国家整合不同区域的发展和振兴战略，形成了区域协调发展总体战略。2005年，十六届五中全会审议通过的《中共中央关于制定国民经济和社会发展第十一个五年规划的建议》中强调，要"落实区域发展总体战略，形成东中西优势互补、良性互动的区域协调发展机制"。十六届六中全会指出，要落实区域发展总体战略，促进区域协调发展。

2007年，十七大再次强调，要继续实施区域发展总体战略。

十八大以来，国家又出台了一系列区域性政策文件和规划，深入实施区域发展总体战略和全国总体功能区规划。

十九大继续要求"实施区域协调发展战略"。

实施区域协调发展总体战略，就是要积极推进西部大开发，振兴东北地区等老工业基地，促进中部地区崛起，鼓励东部地区率先发展，继续发挥各个地区的优势和积极性，通过健全市场机制、合作机制、互助机制、扶持机制，逐步扭转区域发展差距拉大的趋势，形成东中西相互促进、优势互补、共同发展的新格局。

实施区域发展总体战略，是实现我国经济社会又好又快发展、确保实现全面建成小康社会、进而实现现代化宏伟目标的重大举措，是发挥中国特色社会主义制度优越性、促进社会和谐稳定的重大举措，也是保证我国各族人民共享改革发展成果、逐步实现共同富裕的重大举措。

实施区域协调发展总体战略，要着力缩小区域发展差距，统筹制定区域发展规划，使地区经济发展差距扩大的趋势得到进一步缓解，地区间的社会发展差距进一步缩小，逐步形成公共服务和人民生活水平差距趋向缩小的区域协调发展态势。

实施区域协调发展总体战略，除了对全国不同区域的发展进行统筹协调外，还采取了一个跨区域的重大战略举措——划分不同类型的主体功能区，就是根据资源环境承载能力、现有开发密度和发展潜力，统筹考虑未来我国人口分布、经济布局、国土利用和城镇化格局，将国土空间划分为优化开发、重点开发、限制开发和禁止开发四类主体功能区，按照主体功能定位，调整完善区域政策和绩效评价，规范空间开发秩序，形成合理的空间开发结构。

实施区域协调发展总体战略的一个重要内容，是支持革命老区、民族地区和边疆地区发展。大力推动赣闽粤原中央苏区、陕甘宁、大别山、左右江、川陕等重点贫困革命老区振兴发展，积极支持沂蒙、湘鄂赣、太行、海陆丰等欠发达革命老区加快发展。优先解决特困少数民族贫困问题，扶持人口较少民族的经济社会发展，推进兴边富民行动。继续实行支持西藏、新疆及新疆生产建设兵团发展的政策。

区域协调发展总体战略，是改革开放以来党和国家实施的重要战略。这一战略的实施，加强了我国东中西部之间的经济交流和合作，实现了优势互补和共同发展。

十三、城乡一体化

中国发展面临的一个突出问题，是城乡二元结构。农村经济、文化、科技、教育、卫生、体育等现代文明远远落后于城市。完成全面建成小康社会和实现现代化的历史性任务，重点和难点都在农村。没有农村的全面小康就没有全国的全面小康，没有农村的现代化就谈不上中国的现代化。

因此，如何统筹城乡的协调发展，一直是改革和发展面临的大课题。党和国家高度重视缩小城乡差距问题。除了始终不懈地推动农业、农村和农民"三农"的改革和发展外，还突出提出和强调统筹城乡协调发展、促进城乡一体化的任务，并采取了一系列重要的改革举措。

在改革开放以来促进"三农"改革和发展的基础上，1995年的十五届五中全会，明确提出要"积极稳妥地推进城镇化，促进地区、城乡协调发展"。

2002年，十六大指出：要"全面繁荣农村经济，加快城镇化进程"。强调"统筹城乡经济社会发展，建设现代农业，发展农村经济，增加农民收入，是全面建设小康社会的重大任务"。

大会还指出："农村富余劳动力向非农产业和城镇转移，是工业化和现代化的必然趋势。要逐步提高城镇化水平，坚持大中小城市和小城镇协调发展，走中国特色的城镇化道路。发展小城镇要以现有的县城和有条件的建制镇为基础，科学规划，合理布局，同发展乡镇企业和农村服务业结合起来。消除不利于城镇化发展的体制和政策障碍，引导农村劳动力合理有序流动。"

2003 年 1 月，在中央农村工作会议上，胡锦涛指出，必须统筹城乡经济社会发展，把解决好农业、农村和农民问题作为全党工作的重中之重，放在更加突出的位置；要坚持"多予、少取、放活"的方针，发挥城市对农村带动作用，实现城乡经济社会一体化发展。

2006 年 1 月，国务院发出《关于解决农民工问题的若干意见》，提出逐步建立城乡统一的劳动力市场和公平竞争的就业制度、保障农民工合法权益的政策体系和执法监督机制、惠及农民工的城乡公共服务体制和制度。

为了探索大面积统筹城乡发展的路子，2007 年 6 月，国家发展和改革委员会批准重庆市和成都市设立全国统筹城乡综合配套改革试验区。

2007 年的十七大，把"统筹城乡发展"作为贯彻落实科学发展观的重要任务之一。要求加强农业基础地位，走中国特色农业现代化道路，建立以工促农、以城带乡长效机制，形成城乡经济社会发展一体化新格局。以促进农民增收为核心，发展乡镇企业，壮大县域经济，多渠道转移农民就业。要走中国特色城镇化道路，按照统筹城乡、布局合理、节约土地、功能完善、以大带小的原则，促进大中小城市和小城镇协调发展。以增强综合承载能力为重点，以特大城市为依托，形成辐射作用大的城市群，培育新的经济增长极。

医药卫生是关系城乡居民实际生活的重要问题，2009 年 3 月，中共中央、国务院发布《关于深化医药卫生体制改革的意见》，提出了切实缓解看病难看病贵问题的近期目标和建立健全覆盖城乡居民的基本医疗卫生制度的长远目标。

2009 年 12 月 31 日，中共中央、国务院印发《关于加大统筹城乡发展力度进一步夯实农业农村发展基础的若干意见》。

长期以来，我国城乡居民的人大代表与选民比例是不一样的。随着历史条件的发展变化，2010 年 3 月，十一届全国人大三次会议通过《关于修改〈中华人民共和国全国人民代表大会和地方各级人民代表大会选举法〉的决定》，决定实行城乡按相同人口比例选举人大代表。随后十二届全国人大代表的选举，是 2010 年修改选举法后，首次实行城乡按相同人口比例进行的选举。

2014 年 2 月，国务院印发《关于建立统一的城乡居民基本养老保险制度的意见》。

2015 年 11 月，国务院印发《关于进一步完善城乡义务教育经费保障机制的通知》，明确从 2016 年春季学期开始，统一城乡义务教育学校生均公用经费基准定额；从 2017 年春季学期开始，统一城乡义务教育学生"两免一补"政策。

2016 年 1 月，国务院印发《关于整合城乡居民基本医疗保险制度的意见》，要求城乡居民医保制度政策实现统一覆盖范围、统一筹资政策、统一保障待遇、统一医保目录、统一定点管理、统一基金管理。

2012 年的十八大明确提出"推动城乡发展一体化"的任务。强调解决好农业农村农民问题是全党工作重中之重，城乡发展一体化是解决"三农"问题的根本途径。要加大统筹城乡发展力度，增强农村发展活力，逐步缩小城乡差距，促进城乡共同繁荣。坚持工业反哺农业、城市支持农村和多予少取放活方针，加大强农惠农富农政策力度，让广大农民平等参与现代化进程、共同分享现代化成果。

十八大还要求，加快完善城乡发展一体化体制机制，着力在城乡规划、基础设施、公共服务等方面推进一体化，促进城乡要素平等交换和公共资源均衡配置，形成以工促农、以城带乡、工农互惠、城乡一体的新型工农、城乡关系。

2013 年 12 月，中央召开城镇化工作会议。这是改革开放以来中央召开的第一次城镇化工作会议。习近平总书记分析城镇化发展形势，明确提出推进城镇化的指导思想、主要目标、基本原则、重点任务。会议提出以人为本、优化布局、生态文明、传承文化等基本原则，明确推进农业转移人口市民化、提高城镇建设用地利用效率、建立多元可持续的资金保障机制、优化城镇化布局和形态、提高城镇建设水平、加强对城镇化的管理 6 项主要任务。

2014 年 3 月，中共中央、国务院印发《国家新型城镇化规划（2014—2020 年）》。2016 年 2 月，国务院印发《关于深入推进新型城镇化建设的若干意见》。

2015 年 12 月，中央又召开了城市工作会议。要求提高新型城镇化水平，走出一条中国特色城市发展道路。

十九大进一步要求"建立健全城乡融合发展体制机制和政策体系"。

党和政府还提出深化户籍制度改革，逐步建立城乡统一的人口登记制度。

十四、计划生育国策的实施和调整

人口问题是影响我国经济社会发展的重大问题。我国是世界上人口最多的发展中国家。人口多、底子薄、人均资源相对不足，是我国基本国情的一个重要特征。制定什么样的人口战略，对中华民族的发展具有极为重要的意义。

从 1953 年开始，党和国家就开始倡导节制生育。1957 年 10 月，中共中央提出的《一九五六年到一九六七年全国农业发展纲要（修正草案）》明确规定，"除了少数民族的地区以外，在一切人口稠密的地方，宣传和推广节制生育，提倡有计划地生育子女"。但是，由于"左"倾思想的影响，计划生育没有真正开展起来，人口过快增长的势头没有得到有效控制。

20 世纪 70 年代初，面对严峻的人口形势，党和国家开始在全国城乡全面推行计划生育。1973 年 7 月，国务院成立计划生育领导小组，在计划生育宣传教育上提出"晚、稀、少"的口号。

十一届三中全会以后，我国将人口发展纳入现代化建设的总体战略。

1978 年 6 月，国务院新组成的计划生育领导小组召开第一次会议，讨论降低人口自然增长率问题，提倡一对夫妇最好生一个，最多生两个子女。

1980 年 9 月，中共中央发出《关于控制人口增长问题致全体共产党员、共青团员的公开信》，号召一对夫妇只生育一个孩子。

1981 年 3 月，五届全国人大常委会十七次会议决定设立国家计划生育委员会。5 月，国家计生委举行第一次全体会议。

1981 年 11 月，五届全国人大四次会议提出了"限制人口的数量，提高人口的素质"的人口政策。

1982 年 9 月，十二大把实行计划生育确定为我国的一项基本国策。同年 12 月，新的《中华人民共和国宪法》明确规定："国家推行计划生育，使人口的增长同经济和社会发展计划相适应。"

此后，党的历次代表大会都明确提出，要坚定不移地贯彻落实计划生育基本国策，严格控制人口增长，提高人口素质。

2001 年 12 月，九届全国人大常委会二十五次会议审议通过了《中华人民共和国人口与计划生育法》，以国家法律的形式确立了计划生育基本国策的地位。

2006 年 12 月，中共中央、国务院发出《关于全面加强人口和计划生育工作统筹解决人口问题的决定》，我国人口和计划生育工作进入了稳定低生育水平、统筹解决人口问题、促进人的全面发展的新阶段。

全面推行计划生育 40 多年来，我国人口过快增长得到有效控制，人口再生产类型实现历史性转变，对资源环境的压力有效缓解，有力促进了经济发展、社会进步和民生改善，为现代化建设提供了重要保障和基础性支撑，为全面建成小康社会奠定了坚实基础。

十八大以来，根据我国人口发展变化趋势，中共中央、国务院审时度势，作出了调整完善生育政策的重大决策部署。

2013 年，十八届三中全会通过的《中共中央关于全面深化改革若干重大问题的决定》提出，"坚持计划生育的基本国策，启动实施一方是独生子女的夫妇可生育两个孩子的政策"。12 月 21 日，中共中央、国务院印发《关于调整完善生育政策的意见》，对单独两孩政策作出规定。

2015 年，十八届五中全会决定：坚持计划生育的基本国策，完善人口发展战略，全面实施一对夫妇可生育两个孩子政策，积极开展应对人口老龄化行动。12 月 31 日，中共中央、国务院印发《关于实施全面两孩政策改革完善计划生育服务管理的决定》。

2016 年 1 月 1 日，修改后的《中华人民共和国人口与计划生育法》正式实施，明确国家提倡一对夫妻生育两个子女。

面对人口发展重大趋势性变化，党和国家把人口均衡发展作为重大国家战略，要求加强统筹谋划，把握人口发展的有利因素，积极有效应对风险挑战，努力实现人口自身均衡发展，并与经济社会、资源环境协调发展。

"十三五"规划要求完善人口发展战略，建立健全人口与发展综合决策机制。2016 年 12 月，国务院印发《国家人口发展规划（2016—2030 年）》，提出到 2030 年，全国总人口达到 14.5 亿人左右，人口与经济社会、资源环境的协调程度进一步提高。

十九大从国家整体发展战略的高度，要求"加强人口发展战略研究"。

十五、"五位一体"总体布局

布局，在棋类博弈中，指棋子布设的态势。棋局一开始，双方抢占要点，布设阵势，准备进入中盘战斗。这一阶段就叫布局。扩而大之，在一般意义上，布局，就是对事物的全面规划和安排。通过这种安排，形成某种在随后的发展、博弈中可以运用、展开的基本态势。

无论下围棋，还是下象棋，或者下国际象棋，都有一个在战略上如何布局的问题。推进改革开放和社会主义现代化建设，更有一个战略布局问题。当今中国，采用什么样的发展战略和安全战略，对国家的资源和力量作什么样的布局、配置，对整个国家的发展、安全和进步，起着极为重要的作用。

改革开放以来，我们党在明确建设中国特色社会主义历史使命，确立党的基本路线、基本理论、基本方略的过程中，先后从不同角度对中国特色社会主义事业的布局作出了总体规划和部署。同时，随着时代条件和形势、任务的变化，这一总体布局又与时俱进，不断调整、丰富和发展，对指导中国特色社会主义各项事业的发展发挥了重要作用。

1986 年 9 月，十二届六中全会在《关于社会主义精神文明建设指导方针的决议》中明确规定："我国社会主义现代化建设的总体布局是：以经济建设为中心，坚定不移地进行经济体制改革，坚定不移地进行政治体制改革，坚定不移地加强精神文明建设，并且使这几个方面互相配合，互相促进。"[①] 这是改革开放以来第一次对社会主义现代化建设的总体布局作出明确的界定。

1987 年，十三大制定社会主义初级阶段的基本路线，明确概括了"一个中心、两个基本点"的主要内容。1989 年 11 月，邓小平强调："十三大确定了'一个中心、两个基本点'的战略布局。""这个战略布局我们一定要坚持下去，永远不改变。"[②]

① 《十二大以来重要文献选编》下，人民出版社 1988 年版，第 1173—1174 页。
② 《邓小平文选》第 3 卷，人民出版社 1993 年版，第 345 页。

1991 年，在建党 70 周年纪念大会上，江泽民系统论述了建设有中国特色社会主义的经济、政治、文化的主要内容和基本特征。1997 年，十五大进一步制定社会主义初级阶段的基本纲领，围绕富强、民主、文明的目标，明确规定了中国特色社会主义经济、政治和文化建设的基本政策和基本要求。当时虽然没有明确使用"总体布局"一词，但实际上构成了经济、政治、文化"三位一体"建设中国特色社会主义的总体布局。

2004 年 9 月，十六届四中全会提出构建社会主义和谐社会的目标和任务。2006 年 10 月，十六届六中全会通过《中共中央关于构建社会主义和谐社会若干重大问题的决定》。胡锦涛明确指出：随着我国经济社会的不断发展，中国特色社会主义事业的总体布局，更加明确地由社会主义经济建设、政治建设、文化建设"三位一体"发展为社会主义经济建设、政治建设、文化建设、社会建设"四位一体"。

2007 年的十七大，与过去党代会的报告相比，专门增加了一个社会建设部分，实际上就是按照"四位一体"总体布局，对全面建设小康社会的各项事业和工作进行了总体部署。

随着现代化建设的发展，如何处理人与自然的关系，越来越进入我们的视野和脑际，成为国家发展需要解决的重大战略问题。所以，2007 年的十七大，第一次使用了"生态文明"的概念，使三个文明发展为四个文明。

2008 年 12 月，胡锦涛在纪念党的十一届三中全会召开 30 周年大会上的讲话，明确使用了"生态文明建设"的概念。此后，党和国家的有关文件均统一使用"经济建设、政治建设、文化建设、社会建设以及生态文明建设和党的建设"的表述，实际上将生态文明建设放在了与其他四方面建设大致并列的位置。

到 2012 年的十八大，"大力推进生态文明建设"成为大会报告的一个单独部分，生态文明建设成为总体布局的一个重要部分，"四位一体"也就成为"五位一体"。十八大报告明确指出："建设中国特色社会主义，总依据是社会主义初级阶段，总布局是五位一体，总任务是实现社会主义现代化和中华民族伟大复兴。"

"五位一体"的总体布局，表明我们对建设中国特色社会主义目标、任务的认识进一步深化，表明中国特色社会主义是全面发展的社会主义，使中国特色社会主义事业的战略规划和整体布局更加全面、协调和均衡。

2012年11月17日，习近平总书记在十八届中共中央政治局第一次集体学习时指出："我们要按照这个总布局，促进现代化建设各方面相协调，促进生产关系与生产力、上层建筑与经济基础相协调。""要牢牢抓好党执政兴国的第一要务，始终代表中国先进生产力的发展要求，坚持以经济建设为中心，在经济不断发展的基础上，协调推进政治建设、文化建设、社会建设、生态文明建设以及其他各方面建设。"

十六、"四个全面"战略布局

"四个全面"，是十八大以来，以习近平同志为核心的党中央，坚持改革开放以来中国特色社会主义的战略规划，针对新形势下的机遇、挑战和历史任务而提出的重要战略思想和战略布局。

这"四个全面"，每一个都有一个逐步提出、日益明晰的过程。

全面建成小康社会。早在20世纪70年代末，邓小平就提出了"小康之家"的设想。2002年，十六大提出："要在本世纪头二十年，集中力量，全面建设惠及十几亿人口的更高水平的小康社会。"2007年，十七大要求："为夺取全面建设小康社会新胜利而奋斗。"2012年，十八大将"建设"改成"建成"，进一步提出了到2020年"全面建成小康社会"的任务。

全面深化改革。十一届三中全会以来，中国的改革开放不断发展。2012年的十八大，进一步提出"全面深化改革开放"的目标。2013年，十八届三中全会就全面深化改革的若干问题作出重要决定，提出了全面深化改革的指导思想、目标任务、重大原则，描绘了全面深化改革的新蓝图、新愿景、新目标。习近平总书记说：这"是全面深化改革的又一次总部署、总动员"。

全面依法治国。十一届三中全会以来，社会主义法治建设不断加强。1997年，十五大把依法治国提到治国方略的高度，明确提出了建设社会主义法治国家的目标。2012年，十八大明确提出"全面推进依法治国"的要求。2014年10月的十八届四中全会，在党的历史上第一次把法治建设作为中央全会的专门议题，对全面推进依法治国作出了全面的战略部署。到2015年2月，把中间的"推进"两字去掉，正式使用"全面依法治国"。

全面从严治党。改革开放以来，党中央不断对党的建设作出部署。邓小平一再提出党要管党、从严治党。1994 年，十四届四中全会提出党的建设新的伟大工程。2002 年的十六大和 2007 年的十七大，都提出了党的建设的基本格局。2009 年，十七届四中全会提出提高党的建设科学化水平的重要命题和任务。2012 年，十八大要求，以改革创新精神，全面推进党的建设新的伟大工程，全面提高党的建设科学化水平，并再次强调要从严治党。2014 年 10 月，习近平总书记在群众路线教育实践活动总结大会上，进一步提出全面推进从严治党的要求，并对全面推进从严治党进行了部署。

在逐个强调每一个"全面"的基础上，习近平总书记从治国理政大思路的高度，进一步对"四个全面"进行重要整合，明确提出了"四个全面"的概念，使这"四个全面"成为一个相互关联的有机整体。

在起草十八届四中全会决定过程中，中央的一个重要考虑，就是文件要"体现全面建成小康社会、全面深化改革、全面推进依法治国这'三个全面'的逻辑联系"[①]。2014 年 8 月，在就文件征求意见稿听取各民主党派中央、全国工商联领导人和无党派人士意见和建议时，习近平总书记阐述了全面推进依法治国与全面建成小康社会和全面深化改革的关系，提出文件要把握好这"三个全面"的逻辑联系。

在十八届四中全会上，在对《决定》作说明时，习近平总书记明确说明了"体现全面建成小康社会、全面深化改革、全面推进依法治国这'三个全面'的逻辑联系"的指导思想。

2014 年 11 月，在福建考察调研时，习近平总书记再次列举了"三个全面"，要求"协调推进全面建成小康社会、全面深化改革、全面推进依法治国进程"。

12 月，在江苏镇江、南京考察调研时，习近平总书记又在"三个全面"后增加了一个"全面从严治党"，要求"协调推进全面建成小康社会、全面深化改革、全面推进依法治国、全面从严治党，推动改革开放和社会主义现代化建设迈上新台阶"。这是第一次把"四个全面"并提。由此，"三个全面"上升为"四个全面"。

---

① 《十八大以来重要文献选编》中，中央文献出版社 2016 年版，第 144 页。

2015 年 2 月 2 日，在省部级主要领导干部研讨班开班式上，习近平总书记指出："党的十八大以来，党中央从坚持和发展中国特色社会主义全局出发，提出并形成了全面建成小康社会、全面深化改革、全面依法治国、全面从严治党的战略布局。"于是，"四个全面"以战略布局的身份出现在全党全国人民面前。

2015 年 2 月 17 日，在春节团拜会上，习近平总书记要求："按照全面建成小康社会、全面深化改革、全面依法治国、全面从严治党的战略布局，更加扎实地推进经济发展，更加坚定地推进改革开放，更加充分地激发创造活力，更加有效地维护公平正义，更加有力地保障和改善民生，更加深入地改进党风政风。"

2015 年 3 月 28 日，在博鳌亚洲论坛 2015 年年会的主旨演讲中，习近平主席又进一步把"四个全面"战略布局向世界作了介绍和宣示："中国人民正在按照全面建成小康社会、全面深化改革、全面依法治国、全面从严治党的战略布局，齐心协力为实现'两个一百年'奋斗目标、实现中华民族伟大复兴的中国梦而奋斗。"

2017 年的十九大，将"四个全面"作为习近平新时代中国特色社会主义思想的重要内容之一，把协调推进"四个全面"战略布局作为建设和发展中国特色社会主义的基本方略，并且写进了党章。

"四个全面"既包含党和国家长远的发展方向和目标，坚持了改革开放以来建设中国特色社会主义的战略规划，又突出了当前和今后一个时期的主攻方向、重点领域和关键环节。涵盖内容广泛，主题集中鲜明，为推动改革开放和现代化建设迈上新台阶、开创新局面，提供了顶层设计和战略导引。因此，对于党和国家的全部工作都具有重要的指导意义。

十七、五大文明建设

人类社会的发展是以人类文明的程度来度量的。人类的脚步，根本上是社会文明的脚步；社会的发展，根本上是人类文明的升华。

改革开放，是中华文明发展进步的需要；其目的，归根结底也是进一步建设和发展新型的中华文明。中国现代化建设的目标，按十九大的规定，是要建成富强民主文明和谐美丽的社会主义现代化强国。其中一个重要的战略目标和战略要求，就是文明。

改革开放以来，党和国家逐步提出了文明建设要求，并且不断扩充其内容，先后提出了物质文明、精神文明、政治文明、生态文明、社会文明，它们融汇一起，成为现代化建设的战略目标和战略任务。

早在 1979 年，十一届四中全会讨论通过的叶剑英在庆祝中华人民共和国成立 30 周年大会上的讲话稿中，就提出要建设社会主义物质文明和精神文明。随后邓小平指出："我们要在建设高度物质文明的同时，提高全民族的科学文化水平，发展高尚的丰富多彩的文化生活，建设高度的社会主义精神文明。"①

1981 年 2 月，全国总工会、共青团中央等九单位联合向全国人民特别是青少年发出倡议，开展以"五讲"（讲文明、讲礼貌、讲卫生、讲秩序、讲道德）和"四美"（心灵美、语言美、行为美、环境美）为主要内容的文明礼貌活动。

1987 年，十三大制定的基本路线把"文明"一词列入其中，明确规定要把我国建设成为富强、民主、文明的社会主义现代化国家。这就是说，我们要建设的现代化中国，不仅是富强、民主的中国，也是文明的中国。

1986 年 9 月，十二届六中全会专门研究精神文明建设问题，作出了《中共中央关于社会主义精神文明建设指导方针的决议》。时隔 10 年后的 1996 年，十四届六中全会又再次研究精神文明建设问题，作出了《中共中央关于加强社会主义精神文明建设若干重要问题的决议》，系统地制定了跨世纪精神文明建设的发展战略。

1997 年的十五大，在与社会主义精神文明相同的意义上，使用了"有中国特色的社会主义文化"的概念，从全局高度对社会主义文化建设作了进一步的部署。

随着社会主义民主政治的发展，江泽民在 2001 年 1 月提出了"政治文明"的重要概念。随后，又把政治文明与其他两个文明并列，作为社会主义现代化建设的重要目标，强调"建设有中国特色社会主义，应是我国经济、

---

① 《邓小平文选》第 2 卷，人民出版社 1994 年版，第 208 页。

政治、文化全面发展的进程，是我国物质文明、政治文明、精神文明全面建设的进程"①。

2007年，十七大第一次明确把"建设生态文明"作为全面建设小康社会的新要求，强调坚持生产发展、生活富裕、生态良好的文明发展道路，在全社会牢固树立生态文明的观念。这对发展中国特色社会主义事业产生了重大影响。

2012年的十八大，首次把"美丽中国"作为生态文明建设的宏伟目标，还发出了"走向生态文明新时代"的号召。习近平总书记指出："走向生态文明新时代，建设美丽中国，是实现中华民族伟大复兴的中国梦的重要内容。"②

到十九大，生态文明建设更上一层楼。习近平总书记在报告中强调，建设生态文明是中华民族永续发展的千年大计。十九大修改后的党章，将"美丽"一词列入全面建设社会主义现代化强国的目标，使之成为"两个一百年"奋斗目标和中华民族伟大复兴中国梦的内容之一。

十九大报告还第一次使用了"社会文明"的概念，将我们所要建设的文明扩充为五个文明，分别对应于五个建设，解决了原来长期不够对应的问题。

这样，我们建设社会主义强国的目标就扩充为"富强民主文明和谐美丽"五个方面，要建设的文明也就相应地包括了物质文明、政治文明、精神文明、社会文明、生态文明五个文明。这一扩展，更加体现了中国特色社会主义是全面发展的社会主义，中国的现代化是全面进步的现代化。

物质文明、政治文明、精神文明、社会文明和生态文明，分别体现着我们在经济、政治、文化、社会、生态等各方面建设所取得的成就和所达到的水平。改革开放的推进，实际上也是五大文明的推进和提升。

中国特色社会主义离不开五大文明。中国特色社会主义的建设成果，归根结底体现在五大文明的提升上。人民对于未来中国的向往，说到底也要落实到五大文明的提升上。社会主义现代化的进程，就是这五大文明不断提升的进程。五大文明的发展和进步，意味着中华民族文明水准的不断发展和提升。

---

① 中国社会科学院马克思列宁主义毛泽东思想研究所：《毛泽东 邓小平 江泽民论哲学社会科学》，中国社会科学出版社2005年版，第6页。
② 中共中央文献研究室：《习近平关于实现中华民族伟大复兴的中国梦论述摘编》，中央文献出版社2013年版，第8页。

十八、中华民族伟大复兴

1981 年 11 月 16 日，中国女排在日本大阪以 3∶2 战胜日本队，七战七捷，夺得世界杯冠军。就在当天晚上，北京大学的学子们响亮地喊出了"振兴中华"的口号。

中国，一个具有五千年历史的泱泱大国，曾以其物质和精神文明的光芒，照耀着人类历史的进程。但世事沧桑，当 1840 年西方的炮舰叩击中华帝国的大门时，它却忽然像一棵蛀空了树干的大树，轰然倒下。

因此，振兴中华民族，成为近代以来全体炎黄子孙的不懈追求。民主革命的先行者孙中山先生，率先喊出"振兴中华"的口号。他描绘："一旦我们革新中国的目标得以完成，不但在我们的美丽的国家将会出现新纪元的曙光，整个人类也将得以共享更为光明的前景。"

中国共产党在 100 年的奋斗探索历程中，始终怀有的初心和使命，就是为中国人民谋幸福，为中华民族谋复兴。

以十一届三中全会为起点，中国人民为实现民族振兴、国家富强和人民幸福，通过改革开放，开始了以社会主义现代化为奋斗目标的一场新的伟大革命。

在世纪之交，江泽民曾以诗一般的语言指出：我们生活的这个星球正在发生深刻而又充满希望的变化。人类几千年文明进步聚积的能量，迸发出无穷的创造力。中国的社会主义现代化，中华民族的伟大复兴，已是跃出东方地平线的一轮绚丽红日，这轮红日是注定要高高升起来的，它的美丽霞光正在照耀祖国的大好河山。

正是在一代代人接力奋斗的基础上，正是在改革开放改变中国、取得伟大成就的基础上，习近平总书记以充分的自信指出："现在，我们比历史上任何时期都更接近中华民族伟大复兴的目标，比历史上任何时期都更有信心、有能力实现这个目标。"[①]

民族复兴，顾名思义，当然是相对于历史上的曲折而言的。作为这种复

---

① 《十八大以来重要文献选编》上，中央文献出版社 2014 年版，第 83 页。

兴参照系的，一方面，是历史上曾经有过的辉煌；另一方面，则是后来曾经陷于的悲惨境地，包括直到现在还在某种程度上存在的落后状态。正因为有这两方面的情况，才谈得上"复兴"二字。

当然，这种"复兴"，决不是要回到封建专制主义的过去，也不是要在世界上称王称霸，而是要把中国特色社会主义推向前进，使伟大祖国更加富强、民主、文明、和谐、美丽，使中国人民更加富裕、安全、自由、健康、幸福。

实现中华民族伟大复兴，必须大力发展社会生产力，进一步增强以经济科技文化力量为主的综合国力；必须大力推进社会的全面进步，实现社会各个领域的整体协调发展；必须大力建设和弘扬新时代面向现代化、面向世界、面向未来的，民族的科学的大众的中华文明；当然，也包括解决台湾问题，实现祖国的完全统一，并且屹立于世界先进民族之林，为世界的和平与发展作出更大的贡献。

中华民族伟大复兴，必须通过改革开放才能实现。当今中国，之所以能够崛起，之所以呈现朝气蓬勃的生动局面，之所以比历史上任何时期都更接近中华民族伟大复兴的目标，就是因为实行了40年的改革开放。没有改革开放，就不可能有今天的成就，也就不可能有中华民族伟大复兴。改革开放是建设和发展中国特色社会主义的必由之路，是强国富民、实现中国现代化的必由之路，也是实现中华民族伟大复兴的必由之路。

民族复兴是一个很长的历史过程，也是一个激励中国人民奋斗的理想。它并不是完全能够用很多具体的指标来加以衡量的。它有可以量化的内容，也有不可量化的部分。而且，任何目标都需要随着历史条件的变化而不断地加以充实和调整，不可能是完全静止、绝对不变的。在时代发展的进程中，我们对民族复兴的认识会不断深化，奋斗的目标也会更加清晰和丰富。所以，如果试图事先完全描绘出非常详尽的蓝图，是不现实的，也是不必要的。

十九大指出，实现中华民族伟大复兴，必须合乎时代潮流、顺应人民意愿，勇于改革开放，让党和人民事业始终充满奋勇前进的强大动力。我们党团结带领人民进行改革开放新的伟大革命，破除阻碍国家和民族发展的一切思想和体制障碍，开辟了中国特色社会主义道路，使中国大踏步赶上时代。

习近平总书记在十八大刚结束就提出了中国梦的概念。中国梦的内涵是什么？概括起来，就是实现国家富强、民族振兴、人民幸福；就是全面建成小康社会、建成富强民主文明和谐美丽的社会主义现代化强国；就是实现中华民族伟大复兴。

在十九大上，习近平总书记进一步指出："实现中华民族伟大复兴是近代以来中华民族最伟大的梦想。"实现伟大梦想，必须进行伟大斗争、建设伟大工程、推进伟大事业。

实现中国梦，意味着中国的经济实力和综合国力、国际地位和国际影响力大大提升，意味着中华民族以更加奋发向上、文明开放的姿态屹立于世界民族之林，意味着中国人民的物质生活和精神生活更加富足、安康和美好。

中国梦是国家之梦、民族之梦，也是每一个中国人的梦，归根到底是中国人民的梦。人民是中国梦的主体，是中国梦的创造者和享有者。实现中华民族伟大复兴，是全体中国人民的共同追求，也是中国人民根本利益的体现。中国梦的实现，将造福于中华民族全体人民。

十九、中国共产党的历史使命

十九大在宣布中国特色社会主义进入新时代的基础上，鲜明地提出了"新时代中国共产党的历史使命"，并专门用一个部分作了全面深刻的阐述，突出强调了"四个伟大"。

总揽将近100年的奋斗历程，习近平总书记将中国共产党的初心和使命归结为："为中国人民谋幸福，为中华民族谋复兴。"

新时代的历史使命，建立在将近100年中国共产党不懈奋斗的基础之上，建立在中国特色社会主义阔步前进取得的辉煌成就之上；但同时，又具有与以往时候有着很大不同的新的特点，具有更大的时代高度、世界广度、变革深度。对当代中国共产党人而言，是一种更为宏大、更为艰巨、更为豪迈的伟大使命。

实现伟大梦想，必须进行伟大斗争，必须建设伟大工程，必须推进伟大事业。合起来，一共四个"伟大"。

中国特色社会主义新时代，就是进行伟大斗争、建设伟大工程、推进伟大事业、实现伟大梦想的新时代。

"四个伟大"，各有其特定的内涵和要求，相互之间又有着紧密的联系。

实现中华民族伟大复兴是近代以来中华民族的伟大梦想。

中国共产党一经成立，就肩负起这一历史使命。2012 年 11 月 29 日，习近平总书记与中央政治局常委一起，到国家博物馆参观《复兴之路》展览。

在国家博物馆的讲话中，习近平总书记提出并阐述了中国梦的思想，强调实现中华民族伟大复兴，就是中华民族近代以来最伟大的梦想。

"中国梦"的概念，形象地表达了对于中华民族伟大复兴的理想和愿景。中国梦的实现，将造福于中华民族，实现中华民族新的历史飞跃。

所以，中国梦是一个伟大的梦想，是中国共产党人将近 100 年来不懈奋斗的伟大目标、伟大任务和伟大使命。

实现伟大梦想，必须进行伟大斗争。

1962 年，毛泽东曾经指出："从现在起，五十年内外到一百年内外，是世界上社会制度彻底变化的伟大时代，是一个翻天覆地的时代，是过去任何一个历史时代都不能比拟的。处在这样一个时代，我们必须准备进行同过去时代的斗争形式有着许多不同特点的伟大的斗争。"[①]

2013 年 6 月，习近平总书记重温毛泽东的这一论断，提出要"进行具有许多新的历史特点的伟大斗争"。

十九大报告对这一伟大斗争作了进一步论述，用三个"坚决反对"、一个"坚决破除"、一个"坚决战胜"，以及五个"更加自觉"，概括了这一伟大斗争的内容，并特别提醒："全党要充分认识这场伟大斗争的长期性、复杂性、艰巨性，发扬斗争精神，提高斗争本领，不断夺取伟大斗争新胜利。"

实现伟大梦想，必须建设伟大工程。

当年，毛泽东曾经将党的建设称之为"伟大的工程"。

1994 年的十四届四中全会，又将改革开放以来的党的建设称之为"新的伟大工程"。

这一伟大工程自十一届三中全会以来，已经推进了 40 年。十八大以来，又展示出新的重要特点，取得了新的重大进展。

十九大报告进一步要求：全党要更加自觉地坚定党性原则，勇于直面问题，敢于刮骨疗毒，消除一切损害党的先进性和纯洁性的因素，清除一切侵

---

①《毛泽东文集》第 8 卷，人民出版社 1996 年版，第 302 页。

蚀党的健康肌体的病毒，不断增强党的政治领导力、思想引领力、群众组织力、社会号召力，确保我们党永葆旺盛生命力和强大战斗力。

实现伟大梦想，必须推进伟大事业。

中国特色社会主义是改革开放以来党的全部理论和实践的主题，是我们40年来一直从事的空前深刻和辉煌的伟大事业，也是党和人民历尽千辛万苦、付出巨大代价取得的根本成就。

没有中国特色社会主义，就不会有中国综合国力如此大幅度的提升，就不会有人民生活如此大幅度的提高，就不会有中国面貌、中国共产党面貌、中国社会主义面貌如此大幅度的改变。

十九大报告强调，全党要更加自觉地增强道路自信、理论自信、制度自信、文化自信，既不走封闭僵化的老路，也不走改旗易帜的邪路，保持政治定力，坚持实干兴邦，始终坚持和发展中国特色社会主义。

"四个伟大"，紧密联系、相互贯通、相互作用。

伟大梦想不是空想，必须通过伟大斗争、伟大工程、伟大事业才能实现。

无论是伟大斗争，还是伟大工程、伟大事业，都是为了实现伟大梦想，是实现伟大梦想的抓手和途径。

坚持和发展中国特色社会主义的伟大事业，是新时代全党全国人民将继续长期从事的伟大实践。没有这一实践，任何梦想都不可能实现。

党是中国特色社会主义事业的领导核心，办好中国的事情，关键在党。必须毫不动摇坚持和完善党的领导，毫不动摇把党建设得更加坚强有力。

而伟大斗争，贯穿于伟大工程和伟大事业的各个方面，是实现伟大梦想的重要保障。

所以，"四个伟大"是一个辩证统一的整体。深刻领会和把握新时代中国共产党的历史使命，就要辩证把握和妥善处理"四个伟大"相互之间的关系。

第 五 章

农村改革的惊蛰和春潮

一、家庭联产承包责任制

中国改革的潮流，是首先从农村开始兴起的。而最先的探索，就是实行家庭联产承包责任制。

在合作化以后的20多年中，每逢农业遇到困难之时，一些地方的农民都会从夹缝中寻求些许生存之道，自发地在集体化了的土地上实行包产到组、包产到户、包干到户。但是，这些农民创造的经营形式几乎都被打成"复辟资本主义"而遭到取缔。这样的波折集中的有三次，一次是1957年反右派斗争之前；一次是1959年"反右倾"斗争之前；一次是1962年八届十中全会之前，三次都被政治运动打压了下去。

"文化大革命"结束后，农业生产有了一定程度的恢复。但由于长期形成的僵化体制和僵化观念，农村工作中许多"左"的政策仍在延续，农民生活仍然比较困难。为了解决农民的生计和生存问题，一些地方开始从实际出发，对农村政策进行调整。

1977年11月，中共安徽省委制定《关于当前农村经济政策几个问题的规定》，主要内容是：尊重生产队的自主权；允许和鼓励社员经营自留地、家庭副业；开放集市贸易。

1978年2月，中共四川省委制定《关于目前农村经济政策几个主要问题的规定》。主要内容是：将农民的自留地由占总耕地面积的7%扩大到15%；取消不准农民搞家庭副业和不准农民自销多余产品的禁令；恢复家庭副业，开放集市贸易；尊重生产队的自主权；支持农民采取包产到组的形式经营土地。

这些措施受到广大农民欢迎，有效地调动了农民生产的积极性。

1978年夏秋之际，安徽省遇到百年罕见的大旱，6000多万亩农田受灾，400多万人口的地区人畜用水发生困难，秋种难以进行。9月1日，省委常委召开紧急会议，研究如何度过灾荒。省委书记万里很动感情地提出："与其抛荒，倒不如让农民个人耕种，充分发挥各自潜力，尽量多种'保命麦'度过灾荒。"于是，省委作出了"借地种麦"的决定。将凡是集体无法耕种的土地，借给农民种麦种菜，鼓励多开荒，谁种谁收。国家不征公粮，不派统购任务。

闸门一开，水既流出，就再也收不回来了。正是省委的这一决定，直接引发了农民大包干的浪潮。

10 月初，安徽省肥西县官亭公社农场大队老庄生产队把全队土地分到户并规定分配办法。这是当时全国第一个实行包产到户的生产队。当然，还有说肥西县山南公社最早的，肥西县小井村最早的。到底谁最早可以考证，反正当时的农村已开始松动破冰。

"包产到户""包干到户"，长期以来一直被当作"资本主义"受到严厉批判。但这一次，根据万里意见，省委没有像过去那样马上禁止，也没有匆忙作出结论，而是决定先派人去实地调查。这使肥西县的包产到户做法受到保护，也鼓励了省内其他地区开始进行改变生产管理方式的尝试。

1978 年 11 月，安徽省凤阳县小岗村 18 户农民开会，决定将全村土地按人口承包到户，国家和公社大队的摊派任务分包到户完成，剩余的全归个人，即"交够国家的，留足集体的，剩下都是自己的"。为此，签订了"生死状"并按下了手印：

"我们分田到户，每户户主签字盖章，如以后能干，每户保证完成每户的全年上交和公粮，不在（再）向国家伸手要钱要粮（，）如不成，我们干部作（坐）牢杀头也干（甘）心，大家社员也保证把我们的小孩养活到十八岁。"

包产到户引起了强烈的反响。上至中央，下至基层，都有不同意见。但万里主政的安徽省委，坚定不移地给予支持。

实践显示了成效。由于实行"包产到户"和"联产计酬"的农业生产责任制，1979 年安徽省粮食丰收，超额完成国家计划。没有实行责任制的霍邱县大大减产，但该县的周集地区包产到户，增了产。

四川、贵州、甘肃、内蒙古、河南等省区的一些社队采取类似的做法，效果也很好。

正是为了解决吃饭问题，我国农民创造了以家庭承包为主要形式的包产到户、包干到户等生产责任制。

在实践的推动下，中央文件对农民的做法也逐步转变调门，一步步给予了肯定。

1980 年 5 月 31 日，邓小平同中央负责同志谈农村政策问题指出，一些适宜搞包产到户的地方搞了包产到户，效果很好，变化很快。现在农村工作中的主要问题还是思想不够解放。

1980年9月，中央下发《关于进一步加强和完善农业生产责任制的几个问题》的会议纪要指出，在边远山区和贫困落后地区，实行包产到户，是联系群众，发展生产，解决温饱问题的一种必要的措施，正面肯定在生产队领导下实行的包产到户不会脱离社会主义轨道。

从1982年到1984年，党中央连续三年都以"一号文件"的形式，对包产到户和包干到户的生产责任制给予肯定，并在政策上积极引导，从而使包产到户和包干到户的责任制迅速在全国广泛推行，解决了农村体制的重大问题，推动了中国农业的发展，带动了整个改革和建设事业。人民公社制度随之被废除。

其中，1982年1月1日，中共中央批转《全国农村工作会议纪要》，第一次正式肯定了包产到户等农业责任制的社会主义性质。

1983年的第一号文件，对家庭联产承包责任制作出高度评价，确认"这是在党的领导下我国农民的伟大创造，是马克思主义农业合作化理论在我国实践中的新发展"。家庭联产承包责任制作为中国农村改革的一项战略决策由此正式确立。

此后，家庭联产承包责任制不断完善，最终形成农民家庭承包经营制度。

家庭联产承包责任制由于把生产队的统一经营与家庭的分户经营结合起来，把农民的切身利益同产量密切联系起来，有效地克服了平均主义和干活大呼隆、瞎指挥的弊病，有利于贯彻"各尽所能，按劳分配"的社会主义分配原则。由于联产承包，农民在集体经济中的地位由单纯的劳动者变为既是生产者又是经营者，变为真正的主人翁，受到农民的欢迎。

家庭联产承包责任制的实行，使广大农民获得了充分的经营自主权，极大地调动了农民的积极性，解放和发展了农村生产力。农村改革的成功，为整个经济体制改革提供了重要经验和有利条件。

二、乡镇企业

在农村改革中，乡镇企业异军突起，给中国农村带来巨大的变化，也成为市场经济的先驱。

乡镇企业，是指农村集体经济组织或者农民投资为主，在乡镇（包括所辖村）举办的各类企业。乡镇企业是中国乡镇地区多形式、多层次、多门类、多渠道的合作企业和个体企业的统称，包括乡镇办企业、村办企业、农民联营的合作企业、其他形式的合作企业和个体企业五级。

乡镇企业由社队企业演化而来。早在 20 世纪 50 年代，一些原本在农村从事泥、木、竹、铁、石加工的个体工匠，在农业合作社内办起了一批小规模的手工业社。"大跃进"时期，数千万农民投入了小型炼铁、小矿山、小煤窑、小农机修造、小水泥、食品加工、交通运输等企业生产。与"大跃进"并行创办的人民公社，实行工农商学兵一体化的体制。各种小企业成为社队企业。

"大跃进"运动很快遇到挫折。中央对人民公社进行整顿，并规定人民公社和生产大队一般不办企业。社队企业由大起而大落。

到 1965 年，中央又为社队企业开了小口子，少数社队企业得以生存和发展。

随着农村和城市经济发展的需要，20 世纪 70 年代，社队企业开始迅速发展，其规模超过 1959 年。国务院批准原农林部建立农村人民公社企业管理局，社队企业归人民公社领导管理。但由于社队企业脱离于高度集中的计划经济体制，姓"社"姓"资"的问题难以解决，因此，其发展还是受到很大限制，只能在夹缝里寻求生存和发展之道。到 1978 年，社队两级共有企业 152 万个，安置农业剩余劳动力 2826 万人，产值达到 515 亿元。

改革开放的到来，为社队企业的发展开辟了新的空间。

十一届三中全会通过的《中共中央关于加快农业发展若干问题的决定》提出："社队企业要有一个大发展。"1979 年 7 月，国务院颁发《关于发展社队企业若干问题的规定（试行草案）》。1981 年国务院下发《关于社队企业贯彻国民经济调整方针的若干规定》，对社队企业在经营范围、经营方式、计划、供销、贷款、税收等方面作出一系列重要决策。社队企业虽然仍遇到很多质疑、阻碍，但总体上得到较大的发展。到 1983 年，社队企业职工人数达到 3235 万人，总产值 1019 亿元，利税总额 177 亿元，分别比 1978 年增长 14.4%、97.9% 和 60.9%。

1984 年，中共中央"1 号文件"提出，在兴办社队企业的同时，鼓励农民个人兴办或联合兴办各类企业。

3 月，中共中央、国务院批转农牧渔业部《关于开创社队企业新局面的报告》，即著名的中发〔1984〕4 号文件。文件将社队企业正式改名为乡镇企业，肯定了发展乡镇企业的意义和作用，制定了指导乡镇企业发展的总方针，提出了开创乡镇企业新局面的历史任务，并对乡镇企业的若干政策问题作出了规定。将原来的两个轮子（社办、队办）改变为四个轮子（乡办、村办、联户办、户办）同时发展，由主要是农副产品加工产业改变为六大产业（农、工、商、建、运、服）同时并进，采取了"多轮驱动，多轨运行"。还突破了"三就地"（就地取材、就地生产和就地销售）限制，允许广泛进行外引内联，使市场得到极大拓宽。这个文件在乡镇企业发展史上具有十分重要的意义。

随后，1985 年、1986 年中共中央关于农村问题的两个"一号文件"和 1987 年"五号文件"，都结合乡镇企业发展中出现的新情况、新问题，提出了若干要求或制定了一系列新政策。

因此，从 1984 年到 1988 年，成为乡镇企业的高速增长期。乡镇企业超常规发展，突破了乡村两级办企业的框框，农民办的个体企业和联办企业的比重大幅上升。东部地区乡镇企业利用自己的技术、资金优势与西部地区资源、劳动力优势结合，联办企业越来越多。城市国营企业向农村扩散，农民进城办第三产业。乡镇还向国外开放，开展"三来一补"，合资合作逐步增多。1988 年，乡镇企业从业人员达到 9545 万人，总产值 7018 亿元，实现利税 892 亿元，分别比 1978 年增长 237.6%、1262.7% 和 710.9%。

1987 年，邓小平在接待外宾时高度评价说："农村改革中，我们完全没有预料到的最大的收获，就是乡镇企业发展起来了……异军突起。"[①]

1989 年—1991 年，国家对国民经济进行治理整顿，对乡镇企业采取了"调整、整顿、改造、提高"的方针，乡镇企业发展趋缓，不少被迫关停并转。

1992 年年初，邓小平视察南方发表重要讲话，并把乡镇企业作为建设有中国特色社会主义的三大优势之一。十四大确认发展乡镇企业是繁荣农村经济、增加农民收入、促进农业现代化和国民经济发展的必由之路。

---

①《邓小平文选》第 3 卷，人民出版社 1993 年版，第 238 页。

乡镇企业在社会主义市场经济的大潮中又一次跃上浪尖，进入了一个新的发展阶段。1996 年，乡镇企业从业人员达 1.3 亿人，增加值近 1.8 万亿元，实现出口产品交货值 6008 亿元，利税总额达 6235 亿元。其中从业人员和利税总额分别是 1978 年的 4.6 倍和 56.8 倍。

从 1997 年开始，乡镇企业进入调整创新阶段。

1997 年 1 月 1 日，《中华人民共和国乡镇企业法》正式实施，为乡镇企业的改革、发展和提高奠定了法律基础；1 月 14 日，国务院召开全国乡镇企业工作会议；3 月 11 日，中共中央下发中发〔1997〕8 号文件。这"三件大事"为乡镇企业的改革与发展营造了良好的环境。

但由于国内外环境发生变化，乡镇企业遇到很多困难，发展速度明显放慢。广大乡镇企业面对严峻的挑战，克服困难，抓住机遇，开拓进取，认真实施科教兴企、可持续发展、外向带动和名牌战略，以市场需求为导向，以质量效益为中心，以加快发展为重点，不断深化改革，结构和布局进一步优化，整体素质、运行质量和经济效益提高到了一个新水平。也有一部分乡镇企业出现亏损，甚至倒闭。

进入 21 世纪后，乡镇企业进一步遇到生态环境、资源约束、国际金融危机、劳动力成本上升等一系列问题。面对新的考验，很多乡镇企业走科学发展之路，及时转型升级，按照新发展理念，提高发展质量，拓展新的市场，在改革创新中继续前进。

总的来说，改革开放 40 年来，我国亿万农民冲破了计划经济体制的束缚，实现了乡镇企业的"异军突起"，使乡镇企业成为国民经济的重要组成部分、农村经济和县域经济的重要支撑力量、农民转移就业的主渠道，成为城乡经济市场化改革和以工哺农的先导力量，起到了其他企业不可替代的重要作用，为我国解决好农业、农村、农民问题，推进中国特色农村工业化、城镇化、现代化，探索出了一条成功之路。

三、农民工

农民工是改革开放中出现的一个全新的概念，指的是户籍仍在农村，进入城市务工和在当地或异地从事非农产业劳动 6 个月及以上的劳动者。本地农民工是指在户籍所在乡镇地域内从业的农民工。外出农民工是指在户籍所在乡镇地域外从业的农民工。

中国是个农业大国。更准确地讲，是个农民人口大国。家庭联产承包责任制释放出了亿万农民的积极性与创造性。他们除了在农村生产、创业之外，还大量走向乡镇企业和小城镇，大量走向沿海地区和大中城市，甚至走向国外，形成独具特色的中国"民工潮"。

广东省是改革开放之初首个开放外省人进入的省份，南下大军大批进入广东各市的工厂打工，所以当时大部分南下的外省人都被称为"农民工"。

1991年，民工潮初现。截至1991年，中国23个百万人口以上的大城市，日均流动人口总量达1000万，其中上海183万，北京130万，广州110万。

一些农业大省和中西部的人口大省，大量农民走向外地，形成了"川军""湘军""黔军""皖军"等大批民工潮。他们浩浩荡荡地走向沿海地区、走向大中城市，从事各种非农产业工作，主要集中在二、三产业。后来也有部分从事产业化的农业生产。到春节期间，农民工大批回乡过节，顿时又形成世界无双的返乡过节大军，给交通运输带来巨大的挑战。

截至2017年年末，全国农民工总量28652万人，比上年增长1.7%。其中，外出农民工17185万人，增长1.5%；本地农民工11467万人，增长2.0%。

为准确反映全国农民工规模、流向、分布等情况，国家统计局2008年建立农民工监测调查制度。根据《2016年农民工监测调查报告》，2016年农民工总量达到28171万人，比上年增加424万人，增长1.5%，增速比上年加快0.2个百分点。其中，本地农民工11237万人，比上年增加374万人，增长3.4%，增速比上年加快0.7个百分点；外出农民工16934万人，比上年增加50万人，增长0.3%，增速较上年回落0.1个百分点。本地农民工增量占新增农民工的88.2%。在外出农民工中，进城农民工13585万人，比上年减少157万人，下降1.1%。

从输出地看，东部地区农民工10400万人，比上年增加100万人，增长1%，占农民工总量的36.9%；中部地区农民工9279万人，比上年增加105万人，增长1.1%，占农民工总量的32.9%；西部地区农民工7563万人，比上年增加185万人，增长2.5%，占农民工总量的26.9%；东北地区农民工

929 万人，比上年增加 34 万人，增长 3.8%，占农民工总量的 3.3%。西部地区农民工人数增长快于其他地区，西部地区农民工增量占新增农民工的 43.6%。

从输入地看，在东部地区务工农民工 15960 万人，比上年减少 48 万人，下降 0.3%，占农民工总量的 56.7%；在中部地区务工农民工 5746 万人，比上年增加 147 万人，增长 2.6%，占农民工总量的 20.4%；在西部地区务工农民工 5484 万人，比上年增加 275 万人，增长 5.3%，占农民工总量的 19.5%；在东北地区务工农民工 904 万人，比上年增加 45 万人，增长 5.2%，占农民工总量的 3.2%。

2011 年—2016 年，外出农民工增速呈逐年回落趋势，增速分别为 3.4%、3%、1.7%、1.3%、0.4% 和 0.3%。外出农民工占农民工总量的比重也由 2011 年的 62.8% 逐渐下降到 2016 年的 60.1%。

在全部农民工中，男性占 65.5%，女性占 34.5%。农民工仍以青壮年为主，但所占比重继续下降，农民工平均年龄不断提高。2016 年农民工平均年龄为 39 岁。1980 年及以后出生的新生代农民工已逐渐成为农民工的主体，占全国农民工总量的 49.7%。

农民工在广泛的行业和领域从事工作，而且相当多地从事艰苦的体力劳动，为城市的经济社会发展和人民生活作出了特殊的巨大贡献。但由于长期的城乡二元结构，农民工的身份一直是个非常复杂困难的问题，农民工在很多方面的权益得不到有效保证。

随着时代的进步，农民工的贡献日益为社会所承认，农民工的地位待遇也逐步提高。

党和政府一直高度重视农民工及其权益保障问题。2006 年 1 月，国务院发出《关于解决农民工问题的若干意见》，提出逐步建立城乡统一的劳动力市场和公平竞争的就业制度、保障农民工合法权益的政策体系和执法监督机制、惠及农民工的城乡公共服务体制和制度。

2008 年 12 月 20 日，国务院办公厅发出《关于切实做好当前农民工工作的通知》。2012 年 8 月 30 日，国务院办公厅转发《关于做好进城务工人员随迁子女接受义务教育后在当地参加升学考试工作的意见》。2014 年，又发出《关于进一步做好为农民工服务工作的意见》。农民工面临的各种难题逐步得到解决或缓和。

农民工在作出贡献的同时，也不断提高了自身的素质和技艺、能力。所以，逐渐出现了农民工回乡创业的潮流，可以称之为"城归"，他们为当地城乡社会的发展增添了新的积极因素。

四、"三农"工作"一号文件"

农业、农村、农民是中国经济和社会发展最基本的问题。改革开放就是从农村首先开始和突破的。因此，党和国家高度重视"三农"问题。这种重视，体现在一系列关于"三农"问题的文件中。

1982年—1986年，中共中央连续五年发布以农业、农村和农民为主题的中央"一号文件"，对农村改革和农业发展作出具体部署。

2004年—2018年，又连续15年发布以"三农"为主题的中央"一号文件"，对"三农"的改革和发展进行部署和改革，统筹推进工农城乡协调发展，出台一系列强农惠农政策，实现了农业连年丰收、农民收入持续提高、农村社会和谐稳定。

"农村一号文件"几已成为中国的一个专有名词，充分说明了"三农"问题在中国改革开放和现代化中"重中之重"的地位。

（一）1982年1月1日，中共中央发出第1个关于"三农"问题的"一号文件"，明确指出包产到户、包干到户或大包干"都是社会主义生产责任制"，它"不同于合作化以前的小私有的个体经济，而是社会主义农业经济的组成部分"。

（二）1983年1月，第二个中央"一号文件"《当前农村经济政策的若干问题》从理论上确认，家庭联产承包责任制"是在党的领导下中国农民的伟大创造，是马克思主义农业合作化理论在我国实践中的新发展"。

（三）1984年1月1日，中共中央发出《关于一九八四年农村工作的通知》，即第三个"一号文件"，强调要继续稳定和完善联产承包责任制，规定土地承包期一般应在15年以上，生产周期长的和开发性的项目，承包期应当更长一些。

（四）1985年1月，中共中央、国务院发出《关于进一步活跃农村经济的十项政策》，即第四个"一号文件"，取消了 30 年来的农副产品统购派购制度，对粮、棉等少数重要产品采取国家计划合同收购的新政策。

（五）1986 年 1 月 1 日，中共中央、国务院下发《关于一九八六年农村工作的部署》，即第五个"一号文件"，肯定农村改革的方针政策是正确的，必须继续贯彻执行。

（六）2004 年 1 月，针对全国农民人均纯收入连续增长缓慢的情况，中央下发《中共中央国务院关于促进农民增加收入若干政策的意见》，成为改革开放以来中央的第六个"一号文件"。

（七）2005 年 1 月 30 日，《中共中央国务院关于进一步加强农村工作提高农业综合生产能力若干政策的意见》，即第七个"一号文件"，要求坚持"多予少取放活"的方针，稳定、完善和强化各项支农政策。当前和今后一个时期，要把加强农业基础设施建设，加快农业科技进步，提高农业综合生产能力，作为一项重大而紧迫的战略任务，切实抓紧抓好。

（八）2006 年 2 月，《中共中央国务院关于推进社会主义新农村建设的若干意见》，即第八个"一号文件"，对十六届五中全会提出的社会主义新农村建设的任务作出了部署。

（九）2007 年 1 月 29 日，《中共中央国务院关于积极发展现代农业扎实推进社会主义新农村建设的若干意见》，即第九个"一号文件"，强调发展现代农业是社会主义新农村建设的首要任务，要用现代物质条件装备农业，用现代科学技术改造农业，用现代产业体系提升农业，用现代经营形式推进农业，用现代发展理念引领农业，用培养新型农民发展农业。

（十）2008 年 1 月 30 日，《中共中央国务院关于切实加强农业基础建设进一步促进农业发展农民增收的若干意见》，即第十个"一号文件"，要求加快构建强化农业基础的长效机制，逐步提高农村基本公共服务水平。

（十一）2009 年 2 月 1 日，《中共中央国务院关于 2009 年促进农业稳定发展农民持续增收的若干意见》，要求把保持农业农村经济平稳较快发展作为首要任务，围绕稳粮、增收、强基础、重民生，进一步强化惠农政策，推进城乡经济社会发展一体化。

（十二）2010 年 1 月 31 日，《中共中央国务院关于加大统筹城乡发展力度进一步夯实农业农村发展基础的若干意见》，进一步完善、强化"三农"工作的政策，提出了一系列新的重大原则和措施。

（十三）2011年1月29日，《中共中央国务院关于加快水利改革发展的决定》，是21世纪以来中央关注"三农"的第八个"一号文件"，也是新中国成立62年来首次对水利工作进行全面部署的中央文件。

（十四）2012年2月1日，《关于加快推进农业科技创新持续增强农产品供给保障能力的若干意见》，突出强调部署农业科技创新，把推进农业科技创新作为"三农"工作的重点。

（十五）2013年1月31日，《中共中央国务院关于加快发展现代农业，进一步增强农村发展活力的若干意见》，在新世纪连续第十年聚焦"三农"。

（十六）2014年1月19日，《关于全面深化农村改革加快推进农业现代化的若干意见》，要求完善国家粮食安全保障体系；强化农业支持保护制度；建立农业可持续发展长效机制；深化农村土地制度改革；构建新型农业经营体系；加快农村金融制度创新；健全城乡发展一体化体制机制；改善乡村治理机制。

（十七）2015年2月1日，《关于加大改革创新力度加快农业现代化建设的若干意见》，要求围绕建设现代农业，加快转变农业发展方式；围绕促进农民增收，加大惠农政策力度；围绕城乡发展一体化，深入推进新农村建设；围绕增添农村发展活力，全面深化农村改革；围绕做好"三农"工作，加强农村法治建设。

（十八）2016年1月27日，《关于落实发展新理念加快农业现代化实现全面小康目标的若干意见》，要求持续夯实现代农业基础，提高农业质量效益和竞争力；加强资源保护和生态修复，推动农业绿色发展；推进农村产业融合，促进农民收入持续较快增长；推动城乡协调发展，提高新农村建设水平；深入推进农村改革，增强农村发展内生动力；加强和改善党对"三农"工作的指导。

（十九）2017年2月5日，《中共中央国务院关于深入推进农业供给侧结构性改革加快培育农业农村发展新动能的若干意见》，要求优化产品产业结构，着力推进农业提质增效；推行绿色生产方式，增强农业可持续发展能力；壮大新产业新业态，拓展农业产业链价值链；强化科技创新驱动，引领现代农业加快发展；补齐农业农村短板，夯实农村共享发展基础；加大农村改革力度，激活农业农村内生发展动力。

（二十）2018 年 1 月 2 日，《中共中央国务院关于实施乡村振兴战略的意见》，按照十九大精神，对乡村振兴战略进行部署。

改革开放以来，中央对"三农"问题一共制定了 20 个"一号文件"。这些文件，都有针对性地提出了解决当时"三农"最迫切问题的一系列方针政策，对加快农村改革，促进农业发展起到了重要的作用。

当然，40 年来，中央在有些年份，虽然不是下发"一号文件"，但还是制定了其他很多文件，特别是有多次中央全会专题研究"三农"问题，还专门召开中央农村工作会议，作出了一系列重要部署，对"三农"的改革和发展起到了重要的作用。

五、减轻农民负担

安徽省蚌埠地区的农民庞文全，曾三次给时任总书记江泽民写信，反映农民负担等问题，江泽民不仅阅读了庞文全的三封信，而且每次都指示有关部门给庞文全写了回信。这在中华人民共和国历史和农村发展史上，传为佳话。

农村改革的发展，解放了农村生产力，农民的生产积极性大为提高，使得农村经济得到快速增长，农民收入也得到了较大的提高。农村逐步形成了国家、集体和农户三者之间的分配原则：交够国家的，留足集体的，剩下全是自己的。到后来，农民生产的粮食等农产品，从价值形式上来说，基本上都是农民自己的了。

但是，由于农业本身的基本特点，农业生产率难以大幅度提高；中国长期处于二元结构当中，许多政策对于农村和城市都有差异；特别是进入市场经济之后，在农业生产资料价格不断提高的情况下，农产品的价格难以大幅度提高，农业的投入与产出比也难以提高；加上不少地方存在着乱收费、乱摊派等不规范行为，在诸如此类的种种原因作用下，农民的收入不时出现增长比较缓慢，而负担却比较沉重的情况。

所以，如何减轻农民负担，保障农民权益，改善农民生活和社会福利，是农村改革的一个特殊问题和重要内容。不断推进农业和农村改革，从根本上来说，就是为了更快地消除农民贫困的现象，使得广大农民尽快富裕起来。

改革开放以来，党中央、国务院对农民收入和农民负担问题一直非常重视。中央先后召开的中央全会、中央农村工作会议，都把提高农民收入、减轻农民负担作为重要的问题来研究。中央下发的一系列"一号文件"和其他涉农文件，都对这一问题提出了要求，制定了一系列方针政策和举措。

除此之外，中央还专门制定和下发了一些文件，对减轻农民负担问题提出要求，制定政策，采取措施，作出部署。

1985年10月31日，中共中央、国务院发出《关于制止向农民乱派款、乱收费的通知》，指出：近几年来，大部分地方农民负担不断增加，各种名目的乱收费、乱罚款、乱集资，远远超过农民的负担能力。《通知》要求各地高度重视这一问题，采取有效措施制止各种乱派款、乱收费行为。

1990年2月，国务院发出《关于切实减轻农民负担的通知》，其中提出"以乡为单位，人均集体提留和统筹费，一般应控制在上年人均纯收入的百分之五以内"。

1991年12月，国务院颁布《农民承担费用和劳务管理条例》。

1996年，中共中央、国务院发布《关于切实做好减轻农民负担工作的决定》，强调全党务必从政治、全局高度看待农民问题，坚持不懈地减轻农民负担，禁止非法负担，管理好合法负担。

1997年，各级政府、各部门按照《关于切实做好减轻农民负担工作的决定》的要求，普遍清理了涉及农民负担的文件项目。

2000年3月，中共中央、国务院发出《关于进行农村税费改革试点工作的通知》，要求通过试点，探索建立规范的农村税费制度和从根本上减轻农民负担的办法。农村税费改革首先在安徽省进行试点。

2003年12月31日，中共中央、国务院发出《关于促进农民增加收入若干政策的意见》，决定2004年降低农业税率1个百分点、取消除烟叶外的农业特产税。

从2006年1月1日起，正式取消农业税。

2006年2月，废止《屠宰税暂行条例》，取消了新中国成立初期设立并征收了50多年的屠宰税。

在减免税收的同时，国家大幅度增加了对农民的补贴。尤以"四补贴"

最为突出。一是给种植农民直接补贴，2007 年每亩粮食补贴 10 元。二是农资综合直补，2008 年至今规模达到 716 亿元。三是良种补贴，资金规模达到 121.6 亿元。四是农机具购置补贴，包括 9 大类 33 个品种。此外，还有其他多种补贴。还对农业生产大县给予财政奖励。

为了解决农村融资难和经营风险，还不断完善农村金融体系和服务，创新和拓宽农业支持保护的手段。

为了切实做好减轻农民负担的工作，2006 年 6 月，国务院办公厅印发《关于做好当前减轻农民负担工作的意见》，要求准确把握减轻农民负担工作的总体要求，认真落实和完善减轻农民负担的"四项制度"，重点治理农民反映强烈的突出问题。

2012 年 4 月，国务院办公厅又印发了《关于进一步做好减轻农民负担工作的意见》，对此，农业部有关负责人表示，减轻农民负担是党和国家在农村的一项基本政策，各地各有关部门应进一步深化做好减轻农民负担工作的认识，绝不能因为农业税的取消而思想麻痹，绝不能因为农民收入增加和农民负担水平下降而工作松懈，要继续保持减轻农民负担的高压态势，以新的思路和举措坚持不懈地做好减轻农民负担工作。

2014 年和 2015 年国务院办公厅和中央有关部委，又先后印发了做好减轻农民负担工作的意见。

这些举措，都受到了广大农民的衷心拥护，调动了农民生产经营的积极性。

六、取消农业税

2006 年 2 月 22 日，国家邮政局发行了一张面值 80 分的纪念邮票，名字叫作《全面取消农业税》，以庆祝从 2006 年 1 月 1 日起废止《中华人民共和国农业税条例》（以下简称《农业税条例》）。这意味着，在我国沿袭两千年之久的这项传统税收终结了。

农业税是国家对一切从事农业生产、有农业收入的单位和个人征收的一种税，俗称"公粮"。农业税起源很早，中国过去称田赋。西方国家称地租税或土地税。

在封建社会，农业是最主要的生产部门，是国家最主要的税收来源，是财政收入的主体。但到资本主义社会，随着工业、商业的发展，农业在国民经济中的比重不断下降，当代世界多数国家的农业税已不是主体税收，而是作为财政收入的辅助手段。

新中国成立以后，一届全国人大常委会九十六次会议于 1958 年 6 月 3 日审议通过了《农业税条例》。该条例从 1958 年开始施行。后来执行的农业税实际上包括农业税、农业特产税和牧业税。

作为国家的重要税种，农业税为我国建立完整的工业体系和国民经济体系发挥了重要作用。据统计，1949 年—2000 年的 52 年间，农民向国家缴纳了 7000 多亿公斤粮食，农业税也一直是国家财力的重要支柱。农民作为纳税人，作出了巨大的历史性贡献。

十一届三中全会以来，在农村改革进程中，对农业税费问题也逐步进行了调整和改革。"十五"（2000 年—2005 年）之初，国家开始了以减轻农民负担为中心，取消"三提五统"等税外收费、改革农业税收为主要内容的农村税费改革。

2000 年 3 月，中共中央、国务院发出《关于进行农村税费改革试点工作的通知》。要求通过试点，探索建立规范的农村税费制度和从根本上减轻农民负担的办法。

农村税费改革首先在安徽省进行试点。2001 年 2 月 17 日—19 日全国农村税费改革试点工作会议在安徽召开。

实行农村税费改革，是按照转变政府职能和建立公共财政的要求，对农业和农村领域的税费制度进行改革和完善，是进一步规范农村分配制度从而理顺国家、集体和农民之间分配关系，从根本上减轻农民负担的重大举措。

农村税费改革的主要内容是：取消乡统筹费、农村教育集资等专门向农民征收的行政事业性收费和政府性基金、集资；取消屠宰税；取消统一规定的农村劳动积累工和义务工；调整农业税和农业特产税政策；改革村提留征收使用办法。

2004 年，国务院开始实行减征或免征农业税的惠农政策。据统计，免征农业税、取消除烟叶外的农业特产税可减轻农民负担 500 亿元左右，到 2005 年已有近 8 亿农民直接受益。

与此同时，随着改革开放的发展，国家综合国力和财政实力都不断增强，财政收入稳定增长的机制已经基本形成。农业税在财政收入中的比重逐步下降。新中国成立初期，农业税占全国财政收入的41%，到2004年，农业税占全国财政收入的比重已不到1%。

所以，在税费改革取得重大成果和进展的基础上，为了进一步减轻农民负担，2005年12月29日，十届全国人大常委会十九次会议决定，自2006年1月1日起，废止一届全国人大常委会于1958年6月3日通过的《农业税条例》。国家不再针对农业单独征税。

全面取消农业税，标志着在我国延续了2600年的古老税种从此退出历史舞台。这是农村改革的一个重大举措和成果。标志着农民负担进一步减轻，收入相对增加，也标志着国家与农民之间的分配格局发生了历史性的变化。

全面取消农业税，对于减轻农民负担，增加农民收入，调动农民生产积极性，巩固农业基础地位，促进城乡统筹发展具有重要意义。

2006年取消农业税后，与1999年相比，全国农民减负1045亿元，人均减负120元左右。农业税的取消，给亿万农民带来了看得见的物质利益，极大地调动了农民积极性，又一次解放了农村生产力，直接带动了农村生产关系和上层建筑某些环节的调整，并推动农村经济的快速发展和农村社会的和谐进步。

七、农村土地制度改革

土地，是人类的命根子，也是中国农民和整个中国人民的命根子。

"土地为人类之母，劳动为人类之父。"人类与土地同在，中华民族与土地同在。

自1840年第一次鸦片战争以来，中国农民、中国人民为了保卫自己的每一寸土地不受侵略者分割和掠夺，与入侵者展开了殊死搏斗。

正是因为"打土豪，分田地"的号召，中国农民成为新民主主义革命的主力军。

中华人民共和国成立前后，中国共产党实行土地改革，使3亿多无地和少地的贫苦农民获得了7亿多亩土地。为保护农民土地私有财产权利，当时给农民颁发了《土地房产所有证》，在这份全国基本统一的法律文本中规定：农民土地房产"为本户（本人）私有产业，耕种、居住、典当、转让、赠与、出租等完全自由，任何人不得侵犯"。

1953 年—1957 年开展的互助合作运动，将农民私有的土地先是交给初级社统一使用，后又折价入社，成为集体所有。1958 年建立人民公社后，农村的一切土地，连同耕畜、农具等生产资料以及一切公共财产都无偿收归人民公社三级所有，最终将土地、劳力、牲畜、农具"四固定"到生产队。个体农民土地私有制宣告结束。

十一届三中全会之后，农村改革从土地的经营制度开始，逐步确立了"土地集体所有、家庭承包经营、长期稳定承包权、鼓励合法流转"的新型农村土地制度。其核心是围绕土地，实行家庭联产承包责任制，将土地承包给农民，让农民有实实在在的自主经营权。

农民在实际属于自己的土地上发挥着各自的聪明才智和能力，把几乎已经沉睡了的土地不仅盘活了，而且使之焕发出蓬勃的巨大生机。结果是，中国农民在世界不到 7% 的耕地上解决了全世界 23% 的人口的吃饭问题，这是人类历史上的一大奇迹和一大贡献。

1984 年，中央将农民的土地承包期延长到 15 年以上。

1993 年 11 月 5 日，中共中央、国务院印发《关于当前农业和农村经济发展的若干政策措施》，指出以家庭联产承包为主的责任制和统分结合的双层经营体制，是中国农村经济的一项基本制度，要长期稳定并不断完善。原定的耕地承包期到期之后，再延长 30 年不变。

1998 年全国人大常委会修订后的《中华人民共和国土地管理法》以及十五届三中全会通过的《关于农业和农村工作若干重大问题的决定》，都贯彻了土地承包期再延长 30 年的政策。

1999 年再次修改宪法时，将"家庭联产承包责任制"改为"家庭承包经营"。以农民家庭承包经营为基础、统分结合的双层经营体制，成为我国农村的基本经营制度，其核心是土地承包经营制度。

2000 年后，农村土地制度改革沿两条主线展开和深化：一是继续完善并用立法规范承包土地制度；二是探索和推进土地征用制度及农村建设用地制度的改革。

2002 年 8 月 29 日，全国人大常委会通过了《中华人民共和国农村土地承包法》（以下简称《农村土地承包法》），以法律的形式赋予农民长期的、有保障的农村土地承包经营权，使土地承包权成为到目前为止农民享有的最重要最广泛的权益。

2003 年 10 月，十六届三中全会提出进一步解决"三农"问题的改革思路："要长期稳定并不断完善以家庭承包经营为基础、统分结合的双层经营体制，依法保障农民对土地承包经营的各项权利；要完善土地流转办法，确保农户可依法、自愿、有偿流转土地承包经营权；要改革征地制度，完善征地程序"。这个决定为进一步规范农村土地制度改革，完善农村经济体制指明了方向。

十七大在对统筹城乡发展、推进社会主义新农村建设作出部署的同时，强调要坚持农村基本经营制度，稳定和完善土地承包关系，按照依法自愿有偿原则，健全土地承包经营权流转市场，有条件的地方可以发展多种形式的适度规模经营。

十七届三中全会提出："按照产权明晰、用途管制、节约集约、严格管理的原则，进一步完善农村土地管理制度"，"搞好农村土地确权、登记、颁证工作"，"加强土地承包经营权流转管理和服务，建立健全土地承包经营权流转市场，按照依法自愿有偿原则，允许农民以转包、出租、互换、转让、股份合作等形式流转土地承包经营权，发展多种形式的适度规模经营"。

2014 年 11 月，中共中央办公厅、国务院办公厅印发《关于引导农村土地经营权有序流转发展农业适度规模经营的意见》。

2015 年 1 月，中共中央办公厅、国务院办公厅印发《关于农村土地征收、集体经营性建设用地入市、宅基地制度改革试点工作的意见》，这标志着，我国农村土地制度改革进入进一步深化的试点阶段。

土地征收、集体经营性建设用地入市、宅基地制度改革，被简称为农村"三块地"改革。根据改革方案，要建立集体经营性建设用地入市制度和城乡统一的建设用地市场，在符合规划和用途管制前提下，允许农村集体经营性建设用地出让、租赁、入股，实行与国有土地同等入市、同权同价。同时，改革完善农村宅基地制度，探索进城落户农民自愿有偿退出或转让宅基地。

实行三权分置，是深化土地制度改革的一项重要内容。改革之初实行家庭联产承包责任制，是将土地所有权和承包经营权分设，所有权归集体，承包经营权归农户。现阶段深化农村土地制度改革，是进一步将土地承包经营权分为承包权和经营权，实行所有权、承包权、经营权分置并行。这是继家庭联产承包责任制后农村改革又一重大制度创新。

2016年10月，中共中央办公厅、国务院办公厅印发《关于完善农村土地所有权承包权经营权分置办法的意见》，要求在2020年年底前基本完成相关改革工作任务。

目前，全国33个县（市、区）正在进行农村土地制度改革的试点。

八、集体林权制度改革

集体林权制度改革，是以明晰林地使用权和林木所有权、放活经营权、落实处置权、保障收益权为主要内容的综合性改革。明晰集体林地使用权和林木所有权是基础，放活经营权是关键，落实处置权是手段，保障收益权是出发点和落脚点。

与传统的农业生产不同，林业生产经营具有生产周期长，占地面积大且分散，灾害频繁且难以控制，木材运输困难且成本高等特点，要求经营者具备良好的抗灾能力和经济承受能力。因此，林业是适合规模化经营的行业，这已经是世界范围内的一个共识。

新中国成立以来，集体林权制度经历了复杂的变迁过程。土地改革时期，分山分林到户；农业合作化时期，山林入社；人民公社时期，山林集体所有、统一经营。"文化大革命"期间，房前屋后以及自留山的林木全部归集体所有。

进入改革开放新时期后，对林权改革进行了探索。

1981年，根据《中共中央、国务院关于保护森林发展林业若干问题的决定》，全国开展了以稳定山权林权、划定自留山和确定林业生产责任制为主要内容的林业"三定"工作。

1985年，《中共中央、国务院关于进一步活跃农村经济的十项政策》确定"取消木材统购，开放木材市场，允许林农和集体的木材自由上市，实行议购议销"，集体林区林木材经营进一步放开。

1987 年，中共中央、国务院发布《关于加强南方集体林区森林资源管理，坚决制止滥砍滥伐的指示》，要求"严格执行年森林采伐限额制度"，"集体所有集中成片的用材林凡没有分到户的不得再分"，"重点产材县，由林业部门统一管理和进山收购"。之后，各地整顿、强化森林资源管理秩序，木材流通再未放开。

1992 年，开始建立社会主义市场经济体制。多个林业改革试验区开展了山地开发制度、林政资源管理、木竹税费、林产品流通市场、林业股份合作等一系列触及林权制度的改革实践，但没有形成以林权制度改革为核心的全局性的改革大势。

2003 年，中央颁布林业决定，确定了林业改革与发展的大政方针，对林业进行了科学定位，实现了林业建设指导思想的历史性转变。《中华人民共和国物权法》《农村土地承包法》颁布实施后，从法律上规定了农村土地依法实行土地承包经营制度，集体林权制度进入深化改革实质性推进阶段。

福建、江西、辽宁等省率先进行了以"明晰所有权，放活经营权、落实处置权，确保收益权"为主要内容的集体林权制度改革的大胆探索，确立农民的经营主体地位，重新构建起一个公正合理的利益分配格局。

集体林权制度虽经多次改革，但是，产权不明晰、经营主体不落实、经营机制不灵活、利益分配不合理等问题仍普遍存在，制约了林业的发展。

为进一步解放和发展林业生产力，发展现代林业，增加农民收入，建设生态文明，中共中央、国务院于 2008 年 6 月 8 日印发《关于全面推进集体林权制度改革的意见》，对集体林权制度改革进行了全面部署。

该意见要求充分认识集体林权制度改革的重大意义，指出集体林权制度改革是稳定和完善农村基本经营制度的必然要求，是促进农民就业增收的战略举措，是建设生态文明的重要内容，是推进现代林业发展的强大动力。

改革的基本原则是：坚持农村基本经营制度，确保农民平等享有集体林地承包经营权；坚持统筹兼顾各方利益，确保农民得实惠、生态受保护；坚持尊重农民意愿，确保农民的知情权、参与权、决策权；坚持依法办事，确保改革规范有序；坚持分类指导，确保改革符合实际。这五大原则，是对农村改革的系统总结，内涵丰富，对集体林权制度改革具有很强的针对性和指导性。

改革的总体目标是：用五年左右时间，基本完成明晰产权、承包到户的改革任务。在此基础上，通过深化改革、完善政策、健全服务、规范管理，逐步形成集体林业的良性发展机制，实现资源增长、农民增收、生态良好、林区和谐的目标。

集体林权制度改革的主要任务是：

明晰产权。在坚持集体林地所有权不变的前提下，依法将林地承包经营权和林木所有权，通过家庭承包方式落实到本集体经济组织的农户，确立农民作为林地承包经营权人的主体地位。林地的承包期为 70 年，承包期届满，可以按照国家有关规定继续承包；

勘界发证，依法进行实地勘界、登记，核发全国统一式样的林权证；

放活经营权，实行商品林、公益林分类经营管理，对商品林，农民可依法自主决定经营方向和经营模式，生产的木材自主销售；

落实处置权；保障收益权；落实责任，承包集体林地，要签订书面承包合同。

2009 年 6 月，中央召开林业工作会议。截至 2011 年年底，全国已完成确权林地面积 26.77 亿亩，占全国集体林地总面积的 97.81%。

在集体林权制度改革的同时，2010 年 7 月，国务院批复《全国林地保护利用规划纲要（2010—2020 年）》，要求到 2020 年，全国森林保有量达到 22300 万公顷以上，林地保有量增加到 31230 万公顷。

2016 年 11 月，国务院办公厅印发《关于完善集体林权制度的意见》（以下简称《意见》），这是继 2008 年以来，中央再次对集体林权制度改革工作进行的全面部署。

《意见》指出，2008 年以来，我国集体林权制度改革取得重大成果，集体林业焕发出新的生机，1 亿多农户直接受益，实现了"山定权、树定根、人定心"。但是，还存在产权保护不严格、生产经营自主权落实不到位、规模经营支持政策不完善、管理服务体系不健全等问题。为巩固和扩大集体林权制度改革成果，经国务院同意，《意见》要求：稳定集体林地承包关系，放活生产经营自主权，引导集体林适度规模经营，加强集体林业管理和服务。

为把集体林这一巨大资产和产权用活、用足、用好，《意见》提出了六大举措，优化集体林地资源配置，允许承包到户的公益林进行调整完善；实行公益林分级经营管理政策，鼓励非木质利用；放活商品林经营权；减少政府对集体林微观生产经营行为的管制；推进集体林业多种经营，引导集体林适度规模经营；加大金融支持力度。

九、扶贫开发战略

改革开放以来，党和政府为解决部分地区贫困人口的温饱问题，有计划、有组织地进行了大规模的扶贫开发，极大地改变了中国农村的面貌。

1978 年，中国农村有贫困人口 2.5 亿。针对这种状况，十一届三中全会制定了一系列加快农业发展的政策措施。此后，农村改革的推进极大地促进了农业生产的发展，使农村贫困现象大幅度缓解。

1984 年 9 月 29 日，中共中央、国务院发出《关于帮助贫困地区尽快改变面貌的通知》，要求集中力量解决十几个连片贫困地区的问题。到 1985 年，按当时的标准，没有解决温饱的贫困人口减少到 1.25 亿人。

从 1986 年起，中国的扶贫工作进入新的历史时期。党和政府采取一系列重大措施，开展有计划、有组织、大规模的扶贫开发工作。国务院成立专门工作机构，安排专项资金，制定专门的优惠和扶持政策，并对传统的救济式扶贫进行改革，确定了开发式扶贫的方针。

1991 年 3 月，全国扶贫开发工作会议提出"八五"期间扶贫开发工作的目标。此后，多次召开扶贫工作会议进行部署。到 1993 年年底，全国农村没有解决温饱的贫困人口，由 1978 年的 2.5 亿人减少到 8000 万人。主要集中在那些自然环境恶劣、生产生活条件差的地区，扶贫的难度越来越大。

针对这种情况，1994 年 3 月，国家制定并从当年开始实施《国家八七扶贫攻坚计划》。这个计划明确提出，要集中人力、物力、财力，用 7 年左右时间，也就是到 2000 年年末，力争基本解决 8000 万农村贫困人口的温饱问题。中国的扶贫开发进入攻坚阶段。《国家八七扶贫攻坚计划》是 20 世纪后 7 年全国扶贫开发工作的纲领，也是国民经济和社会发展计划的重要组成部分，是一份令世人瞩目的有明确目标、明确对象和时间期限的国家扶贫纲领性计划。

实施这一计划取得了显著效果。到 2000 年年底，八七扶贫攻坚的目标基本实现。根据中国政府当时的贫困标准，农村绝对贫困人口减少到约3000万。

2001年6月，中国政府制定并颁布了《中国农村扶贫开发纲要（2001—2010年）》，提出低收入标准，进一步明确了2001年—2010年扶贫开发总的奋斗目标。经过努力，到2007年年底，中国绝对贫困人口减少到约1400万，低收入人口减少到约2800万。

在30多年的时间内，中国解决了2亿多贫困人口的温饱问题，贫困地区农民收入明显增加，基础设施和社会服务显著改善，整体经济水平不断提高，这在中国历史上和世界范围内都是了不起的成就，充分体现了中国特色社会主义制度的优越性。

改革开放以来，中国扶贫的最大特色，就是开发式扶贫。其基本内涵是：鼓励贫困地区广大干部、群众发扬自力更生、艰苦奋斗的精神，在国家的扶持下，以市场需求为导向，依靠科技进步，开发利用当地资源，发展商品生产，解决温饱进而脱贫致富。

2008年10月，十七届三中全会通过的《中共中央关于推进农村改革发展若干重大问题的决定》，明确提出实行新的扶贫标准，对农村低收入人口全面实施扶贫政策，不再实行对绝对贫困和低收入人口区别对待的政策，扶贫对象覆盖4007万人，这标志着我国扶贫开发进入一个新阶段。

2011年5月，中共中央、国务院印发《中国农村扶贫开发纲要（2011—2020年）》。11月，召开中央扶贫开发工作会议，决定将国家扶贫标准由2009年的1196元提高到2300元（2010年不变价）。中国扶贫又进入了新的阶段。

十八大以来，以习近平同志为核心的党中央把扶贫开发摆到治国理政的重要位置，提升到事关全面建成小康社会、实现第一个百年奋斗目标的新高度，纳入"五位一体"总体布局和"四个全面"战略布局进行决策部署，打响了一场新的脱贫攻坚战，迎来了历史性的跨越和巨变。

中国的扶贫标准既参考联合国的标准，也从自己的实际出发，根据中国大多数人生活水平、消费水平加以确定。现行的脱贫标准，是农民年人均纯收入按2010年不变价计算为2300元，2014年现价脱贫标准则为2800元。此后若按每年6%的增长率调整，测算2020年全国脱贫标准约为人均纯收入

4000 元。

按照新的扶贫标准，2012 年，中国扶贫对象有 1.22 亿人。2014 年年末，还有 7017 万农村贫困人口。到 2015 年年底，全国还有 14 个集中连片特殊困难地区、832 个贫困县、12.8 万个建档立卡贫困村，贫困人口达 5575 万人，相当于中等人口规模国家的总人数。

贫困人口大多数分布在革命老区、民族地区、边疆地区、集中连片特困地区。这些地区的农民人均纯收入仅为全国农村水平的六成。贫困发生率比全国平均水平高近 16 个百分点。

如何实现这样大规模的人口脱贫，是摆在我们全面建成小康社会面前的严峻任务。

习近平总书记高度重视扶贫开发工作。十八大以来，他多次深入贫困地区调研，形成了包括科学扶贫、精准扶贫、内源扶贫等在内的新时期中国扶贫开发战略思想。

2015 年，十八届五中全会提出贫困人口全部脱贫、贫困县全部摘帽的目标任务。11 月 27 日，中央扶贫开发工作会议召开。习近平总书记强调，脱贫攻坚战的冲锋号已经吹响。我们要立下愚公移山志，咬定目标、苦干实干，坚决打赢脱贫攻坚战，确保到 2020 年所有贫困地区和贫困人口一道迈入全面小康社会。

会上，中西部 22 个省区市的党政主要负责同志向党中央签署了脱贫攻坚责任书。在此基础上，省、市、县、乡、村层层签订脱贫攻坚责任书。

2015 年年底，中共中央、国务院印发《关于打赢脱贫攻坚战的决定》，对"十三五"脱贫攻坚作出全面部署，成为指导脱贫攻坚的纲领性文件。2016 年 3 月，"十三五"规划第一次把脱贫攻坚作为五年规划的重要内容，第一次把贫困人口脱贫作为五年规划的约束性指标。与此相应，国务院印发《"十三五"脱贫攻坚规划》，细化落实中央决策部署。中办、国办出台 11 个配套文件。中央和国家机关各部门出台 118 个政策文件或实施方案。全国各地相继出台和完善"1+N"的脱贫攻坚系列举措。

中共中央、国务院关于打赢脱贫攻坚战的决定提出脱贫攻坚的总体目标。为此，分别制定了不同的脱贫方案。第一，通过产业扶持，帮助有劳动能力和生产技能的 3000 万贫困人口脱贫。第二，通过转移就业，帮助 1000 万贫困人口脱贫。第三，通过易地搬迁，帮助"一方水土养不起一方人"地区的约1000万贫困人口脱贫。第四，通过全部纳入低保覆盖范围，实现社保政策兜底脱贫。在2015年已经完成1442万人脱贫的基础上，从2016年起每年都要完成1000万以上贫困人口的脱贫任务。

在十八大以来的扶贫攻坚中，习近平总书记提出了一个战略性的要求：精准扶贫，精准脱贫，并把精准扶贫、精准脱贫作为扶贫攻坚的基本方略。

2016年10月，中央办公厅、国务院办公厅印发《脱贫攻坚责任制实施办法》。中央要求，每个贫困村都有驻村工作队（组），每个贫困户都有帮扶责任人，实现全覆盖。截至2016年年末，全国共选派77.5万名干部驻村帮扶，选派18.8万名优秀干部到贫困村和基层党组织软弱涣散村担任第一书记。

十九大进一步分析了扶贫形势，要求作为决胜全面建成小康社会补短板的关键一仗，坚决打赢脱贫攻坚战。十九大之后召开的中央农村工作会议，进一步落实十九大的部署，要求走中国特色减贫之路，坚持精准扶贫、精准脱贫，把提高脱贫质量放在首位，注重扶贫同扶志、扶智相结合，坚决打好精准脱贫这场攻坚战。

十、农村综合改革

农村综合改革是党中央、国务院在我国经济社会发展进入工业反哺农业、城市支持农村新阶段，为巩固农村税费改革成果，推进社会主义新农村建设，统筹城乡经济社会发展，全面建设小康社会而作出的一个重大决策。

十一届三中全会以来，农村改革的内容日益丰富，各项改革的关联性越来越强。要不断解决好"三农"问题，就不能靠单兵独进，而必须综合施策。

2006年，全面取消农业税，农民负担大幅度减轻，公共财政覆盖农村步伐明显加快，统筹城乡发展取得实质性进展。为了巩固发展农村税费改革成果，扎实推进社会主义新农村建设，党和国家作出推进农村综合改革的战略决策。

根据《中共中央国务院关于推进社会主义新农村建设的若干意见》（中发〔2006〕1号）精神，国务院于2006年10月发出《关于做好农村综合改革工作有关问题的通知》，对农村综合改革作出全面部署。

改革的目标是：按照巩固农村税费改革成果和完善社会主义市场经济体制的要求，力争在五年或更长一些时间基本完成乡镇机构、农村义务教育、县乡财政管理体制改革任务，建立精干高效的农村行政管理体制和运行机制、覆盖城乡的公共财政制度、政府保障的农村义务教育体制，促进农民减负增收和农村社会事业发展，全面推进社会主义新农村建设。

重点是推进乡镇机构、农村义务教育和县乡财政管理体制三项改革，以此带动农村的各项改革。同时全面落实取消农业税政策，稳妥开展化解乡村债务工作，创新农民负担监督管理机制。

十八大之后，中国特色社会主义进入新时代。2015 年 11 月，中共中央办公厅、国务院办公厅印发《深化农村改革综合性实施方案》。

方案指出，当前，我国经济发展进入新常态，新型工业化、信息化、城镇化、农业现代化持续推进，农村经济社会深刻变革，农村改革涉及的利益关系更加复杂、目标更加多元、影响因素更加多样、任务也更加艰巨。农村改革综合性强，靠单兵突进难以奏效，必须树立系统性思维，做好整体谋划和顶层设计，找准牵一发而动全身的"牛鼻子"和主要矛盾，进一步提高农村改革决策的科学性。

深化农村改革综合性的目标任务是：到 2020 年，农村各类所有制经济尤其是农村集体资产所有权、农户土地承包经营权和农民财产权的保护制度更加完善，新型农业经营体系、农业支持保护体系、农业社会化服务体系、农业科技创新体系、适合农业农村特点的农村金融体系更加健全，城乡经济社会发展一体化体制机制基本建立，农村社会治理体系和农村基层组织制度更加完善，农民民主权利得到更好保障，农业农村法律法规进一步完善并加强，农村基层法治水平进一步提高，农业现代化水平和农民生活水平进一步提升，农村经济社会发展更具活力。

从这一目标任务来看，这一次的深化农村改革综合性方案与 2006 年的农村综合改革相比，既有连贯性，但也不尽相同。主要是内容更加广泛和深入了。已经不仅仅集中在三项改革为主的系统改革，而是涉及整个农村改革，强调农村改革的系统性、整体性、协同性。

当前和今后一个时期，深化农村改革要聚焦农村集体产权制度、农业经营制度、农业支持保护制度、城乡发展一体化体制机制和农村社会治理制度五大领域。对这五大领域改革的核心问题，要明确大的方向、主要内容和重大方针对策，进一步理清改革思路。

十一、社会主义新农村建设

建设社会主义新农村，是在农村各项改革的基础上，根据新的形势要求提出的任务。

早在1956年，一届人大三次会议通过的《高级农业生产合作社示范章程》，就提出了"建设社会主义新农村"的奋斗目标。中共中央制定的1956年到1967年全国农业发展纲要，被认为是高速度发展我国社会主义农业和建设社会主义新农村的伟大纲领。1963年12月，中央下发文件，提出在今后一个相当长的时期内，要动员和组织大批城市知识青年下乡参加农业生产，建设社会主义的新农村。这些都可算是新农村建设的渊源。但当年的新农村建设与现在的新农村建设在内容上是有很大差异的，不是同一件事。

改革开放后，1981年11月，国务院领导人在《当前的经济形势和今后经济建设的方针》的报告中，号召全党带领和团结亿万农民，为建设社会主义新农村而奋斗。

十四届六中全会提出："要以提高农民素质、奔小康和建设社会主义新农村为目标，开展创建文明村镇活动。"

进入21世纪以来，我国总体上已进入以工促农、以城带乡的发展阶段。农村改革取得巨大成就，农村面貌发生巨大变化，但城乡发展水平和城乡居民收入水平的差距却不断拉大。针对农村建设中存在的问题，2003年10月，十六届三中全会提出了"五个统筹"的概念，并把"统筹城乡发展"放在了"五个统筹"的首要位置。

随后，2005年10月，十六届五中全会通过《中共中央关于制定国民经济和社会发展第十一个五年规划的建议》，明确提出了建设社会主义新农村的任务，要求按照"生产发展、生活宽裕、乡风文明、村容整洁、管理民主"的要求，坚持从各地实际出发，尊重农民意愿，扎实稳步推进新农村建设。

同年12月31日，中共中央、国务院发出《关于推进社会主义新农村建设的若干意见》，对新农村各方面的建设进行了部署。

社会主义新农村建设涉及农村经济建设、政治建设、社会建设、文化建设和生态文明建设各个方面，是我们党对农村改革发展和社会主义新农村建设构想的进一步细化，为 8 亿农民提出了具体而明确的奋斗目标。

建设社会主义新农村的总要求是：生产发展、生活宽裕、乡风文明、村容整洁、管理民主。这 5 句话 20 个字，内涵丰富，要求明确，全面体现了当前和今后一个时期"三农"工作的主要方面，不仅勾画出了现代化农村的美好图景，而且提出了解决"三农"问题的系统思路。

社会主义新农村建设包括农村改革发展的六个目标任务——经济体制、现代农业建设、农民人均纯收入、基层组织建设、城乡基本公共服务、农业生产体系；五项重大原则——巩固加强农业的基础地位、切实保障农民权益、不断解放和发展农村社会生产力、统筹城乡经济社会发展、坚持党管农村工作；三大部署——加强农村制度建设、积极发展现代农业、加快发展农村公共事业。

2004 年—2008 年，中共中央连续出台 5 个指导农业和农村工作的一号文件，分别以促进农民增收、提高农业综合生产能力、推进社会主义新农村建设、发展现代农业和切实加强农业基础建设为主题，共同形成了新时期加强"三农"工作的基本思路和政策体系，构建了以工促农、以城带乡的制度框架，掀开了建设社会主义新农村的历史篇章。

2007 年，十七大强调，要统筹城乡发展，推进社会主义新农村建设，形成城乡经济社会发展一体化新格局。

2008 年 10 月，十七届三中全会通过的《中共中央关于推进农村改革发展若干重大问题的决定》，系统回顾总结我国农村改革发展的光辉历程和宝贵经验，对当前和今后一个时期推进农村改革发展作出了部署。

十二、乡村振兴战略

乡村振兴战略，是习近平总书记 2017 年 10 月 18 日在十九大报告中提出的战略。

乡村是具有自然、社会、经济特征的地域综合体，兼具生产、生活、生态、文化等多重功能，与城镇互促互进、共生共存，共同构成人类活动的主要空间。乡村在中国革命、建设、改革中都发挥着极其重要的作用。乡村兴则国家兴，乡村衰则国家衰。

实施乡村振兴战略，是党中央着眼于全面建成小康社会、全面建设社会主义现代化国家作出的重大战略决策，是解决人民日益增长的美好生活需要和不平衡不充分的发展之间矛盾的必然要求，是实现"两个一百年"奋斗目标的必然要求，是实现全体人民共同富裕的必然要求。

十八大以来，党和国家坚持把解决好"三农"问题作为全党工作重中之重，统筹推进工农城乡协调发展，出台一系列强农惠农政策，实现了农业连年丰收、农民收入持续提高、农村社会和谐稳定。农业农村形势比较好，为经济社会发展全局提供了基础支撑。

同时，也要清醒看到，当前我国最大的发展不平衡是城乡发展不平衡，最大的发展不充分是农村发展不充分。农业发展质量效益和竞争力不高，农民增收后劲不足，农村自我发展能力较弱，城乡差距依然较大。对这些问题，如果不下大力气加以解决，就会影响决胜全面建成小康社会和全面建设现代化强国的进程。

所以，十九大把"三农"工作放在重要位置上，强调农业农村农民问题是关系国计民生的根本性问题，必须始终把解决好"三农"问题作为全党工作重中之重；提出坚持农业农村优先发展，实施乡村振兴战略。大力推进乡村振兴，并将其提升到战略高度、写入党章。

2017年12月，中央农村工作会议全面分析"三农"工作面临的形势和任务，研究实施乡村振兴战略的重要政策，部署2018年和今后一个时期的农业农村工作。会议指出，实施乡村振兴战略，是我们党"三农"工作一系列方针政策的继承和发展，是中国特色社会主义进入新时代做好"三农"工作的总抓手。要走中国特色社会主义乡村振兴道路，让农业成为有奔头的产业，让农民成为有吸引力的职业，让农村成为安居乐业的美丽家园。

2018年1月2日公布的2018年"中央一号"文件，就是《中共中央国务院关于实施乡村振兴战略的意见》。

2018年5月31日，中央政治局召开会议，审议《国家乡村振兴战略规划（2018—2022年）》。9月，中共中央、国务院印发了《乡村振兴战略规划

（2018—2022 年）》，并发出通知，要求各地区各部门结合实际认真贯彻落实。

规划分别明确了至 2020 年全面建成小康社会和 2022 年召开二十大时的目标任务，细化实化工作重点和政策措施，部署重大工程、重大计划、重大行动，确保乡村振兴战略落实落地，是指导各地区各部门分类有序推进乡村振兴的重要依据。

9 月 21 日，中央政治局就实施乡村振兴战略进行第八次集体学习。习近平总书记在主持学习时强调，乡村振兴战略是党的十九大提出的一项重大战略，是关系全面建设社会主义现代化国家的全局性、历史性任务，是新时代"三农"工作的总抓手。

实施乡村振兴战略，要按照"产业兴旺、生态宜居、乡风文明、治理有效、生活富裕"的总要求，建立健全城乡融合发展体制机制和政策体系，加快推进农业农村现代化。

产业兴旺，就是要紧紧围绕促进产业发展，引导和推动更多资本、技术、人才等要素向农业农村流动，调动广大农民的积极性、创造性，形成现代农业产业体系，促进农村一、二、三产业融合发展，保持农业农村经济发展旺盛活力。

生态宜居，就是要加强农村资源环境保护，大力改善水电路气房讯等基础设施，统筹山水林田湖草保护建设，保护好绿水青山和清新清净的田园风光。

乡风文明，就是要促进农村文化教育、医疗卫生等事业发展，推动移风易俗、文明进步，弘扬农耕文明和优良传统，使农民综合素质进一步提升、农村文明程度进一步提高。

治理有效，就是要加强和创新农村社会治理，加强基层民主和法治建设，弘扬社会正气、惩治违法行为，使农村更加和谐安定有序。

生活富裕，就是要让农民有持续稳定的收入来源，经济宽裕，生活便利，最终实现共同富裕。

在实践中，推进乡村振兴，必须把大力发展农村生产力放在首位，支持和鼓励农民就业创业，拓宽增收渠道；必须坚持城乡一体化发展，体现农业农村优先原则；必须遵循乡村发展规律，保留乡村特色风貌。

按照十九大提出的决胜全面建成小康社会、分两个阶段实现第二个百年奋斗目标的战略安排，实施乡村振兴战略的目标任务是：到 2020 年，乡村振兴取得重要进展，制度框架和政策体系基本形成；到 2035 年，乡村振兴取得决定性进展，农业农村现代化基本实现；到 2050 年，乡村全面振兴，农业强、农村美、农民富全面实现。这也就是实施乡村振兴战略时间表。

实施乡村振兴战略的基本原则是：坚持党管农村工作，坚持农业农村优先发展，坚持农民主体地位，坚持乡村全面振兴，坚持城乡融合发展，坚持人与自然和谐共生，坚持因地制宜、循序渐进。

走中国特色社会主义乡村振兴道路：

一是必须重塑城乡关系，走城乡融合发展之路；

二是必须巩固和完善农村基本经营制度，走共同富裕之路；

三是必须深化农业供给侧结构性改革，走质量兴农之路；

四是必须坚持人与自然和谐共生，走乡村绿色发展之路；

五是必须传承发展提升农耕文明，走乡村文化兴盛之路；

六是必须创新乡村治理体系，走乡村善治之路；

七是必须打好精准脱贫攻坚战，走中国特色减贫之路。

第 六 章

国有企业的松绑和涅槃

一、"松绑"

"松绑",是 1984 年福建一批厂长经理发出的呼吁。国有企业的改革,在相当程度上就是"松绑",中国的整个改革,实际上也就是"松绑"——"松"传统的高度集中的体制之"绑","松"传统的各种僵化观念之"绑"。

1984 年 3 月 21 日—24 日,福建厂长(经理)研究会在福州市第二化工厂召开成立大会。会议就如何当好厂长(经理)进行了交流研讨。其中,有一家合资企业的经理和一家正在开展改革试点的国有企业厂长介绍了经验,引起了大家莫大的羡慕。大家深感,来自传统体制的束缚,严重阻碍了自己企业的发展,一致希望给企业松绑放权。

于是,这批厂长(经理)联名起草了一份《请给我们"松绑"》的呼吁书,送到了福建省委书记项南的办公室。项南对来自福建省内如此具有代表性的国有企业管理层的意见高度重视,当即批示:"来信提到的问题触及了城市经济体制改革的实质,符合改革的方向和要求,及时抓住这个典型作为全省改革的突破口,对于开创我省城市经济工作新局面具有重大的现实意义。"[1]

3 月 24 日,《福建日报》以《五十五名厂长、经理呼吁——请给我们"松绑"》为题,在头版头条发表了这封信,并以项南批示中的一段话作为导语:"此信情词恳切,使人读后有一种再不改革,再不放权,就真是不能前进了的感觉。有必要将这封信公之于众。"[2]

从 3 月 25 日起,《福建日报》专门开辟了《勇于改革,支持"松绑",搞活企业——对 55 名厂长、经理呼吁的回声》专栏,并在第一期专栏刊出了福建省委组织部、省经委、省人事局、省劳动局、省财政厅、中国人民银行福建分行和省侨办等部门对呼吁信的回应。

"松绑"的呼吁迅速引起了全国的广泛注意和热烈讨论。3 月 30 日,《人民日报》全文转载了《请给我们"松绑"》这封信,以及福建省经委和省委组织部对呼吁的政策支持,并加了编者按:"福建省 55 位厂长经理给省委领导同志写信,要求'松绑',提出了体制改革的一个重要问题。"编者按列举了

---

① 中共中央党史研究室:《执政中国》第 3 卷,中共党史出版社 2009 年版,第 414 页。
②《福建日报》1984 年 3 月 24 日。

一系列问题后，指出："这些像绳索一样捆绑着企业的手脚，每前进一步，困难得很！这种状况的确到了非解决不可的时候了！"①

紧跟着，《红旗》《工人日报》《经济日报》，中央电视台和中央人民广播电台等主要媒体都相继加以转载和播报。一时间，"松绑"成了企业改革的热门话题，影响波及全国，在全国上下赢得共识，迅速推动了国有企业改革的进程。

到现在，时间过去 30 多年了。2014 年，福建 30 位企业家致信习近平总书记，以《敢于担当　勇于作为》为题，就贯彻党的十八届三中全会决定，加快企业改革发展提出建言倡议。

稍后，习近平总书记给福建企业家们回信，特别提到当年"松绑"的呼吁，表示"对此印象犹深"，指出作为多种所有制、多种类型企业负责人，建言加快企业改革"很有意义"，鼓励企业家继续发扬"敢为天下先、爱拼才会赢"的闯劲，在历史新机遇下敢于担当，勇于作为。

习近平总书记强调，要深化改革，还需要"充分调动各方面积极性，最大限度增强社会发展活力"②。

40 年来的改革开放，从某种意义上说，就是把广大人民群众的积极性、创造性从旧的体制和观念的束缚中解放出来。

这正是邓小平所说，改革用一个词概括，就是搞活。

松绑才能搞活，搞活就必须松绑。国有企业的改革，最紧迫最重要的，就是通过放权让利让企业活起来。

当然，松绑是从旧体制、旧观念中松绑，而不是脱离法律法规和党章党纪的规范。松绑与规范是辩证的统一，既不能一放就乱，也不能一收就死。

二、以城市为重点的经济体制改革

农村改革的春风，进一步吹动了以城市为重点的经济改革的春水。

我国长期实行的计划经济体制，统得太死，缺乏活力。所以，1978 年的十一届三中全会就提出了经济体制改革的任务。

---

① 《人民日报》1984 年 3 月 30 日。
② 《福建日报》2014 年 7 月 21 日。

（一）如果按照从计划经济向市场经济的转变过程来说，从 1978 年到 1982 年，主要是在计划经济体制内部引入市场机制。

改革的主要举措是：进行扩大企业自主权的试点；在工商企业推行经济责任制；扩大地方自主权；发展多种经济形式；搞活流通；发挥经济杠杆的调节作用；推进企业改组和经济联合。

1979 年 4 月的中央工作会议提出了经济体制改革的几个原则。1980 年 5 月，国务院成立了经济体制改革办公室，起草了经济体制改革的初步方案。1982 年 5 月，经全国人大常委会批准，成立了国家经济体制改革委员会。

1981 年 7 月，国务院批准《关于湖北省沙市经济体制改革综合试点报告》。沙市成为中国第一个进行经济体制综合改革的试点城市。随后，在江苏常州也进行了综合改革试点。

（二）1982 年的十二大，提出"计划经济为主、市场调节为辅"，第一次使市场调节在经济体制中取得了一席之地，而且把计划调节区分为指令性计划和指导性计划。据此，确定了经济体制改革的基本原则。五届人大会议上的政府工作报告作出了积极稳妥加快改革进程的部署。

随后，加快了几个方面的改革：（1）实行以税代利。自 1983 年 1 月 1 日起，国营企业实行第一步利改税。1984 年 10 月 1 日起，实行第二步利改税。（2）进行以城市为中心的综合改革试点。继沙市、常州之后，1983 年增加了四川重庆。1984 年，又有 6 个城市实行计划单列。（3）改革流通体制，搞活市场。除了改革农产品统派购制度外，恢复基层供销合作社的商业性质，开辟农副产品和工业品批发市场，普遍成立贸易中心，大力发展集市贸易。（4）围绕搞活企业进行一系列改革。

（三）从 1984 年到 1992 年，以城市为重点的经济体制改革全面展开，主要是发展有计划的商品经济。

1984 年 10 月，十二届三中全会通过《关于经济体制改革的决定》，突破把计划经济同商品经济对立起来的传统观点，确认我国社会主义经济是公有制基础上的有计划的商品经济。

在决定精神指导下，以城市为重点的经济体制改革全面展开。主要内容是：进一步简政放权，并与企业内部的改革相配合，大力增强企业内部活力；进一步发展横向经济联合，改变条块分割的状况；开始实行价格改革；实行工资改革；实行财政、金融、税收体制的改革；改革招工制度。对国家宏观调控的范围和方式也进行了调整。

1987年的十三大指出："社会主义有计划商品经济的体制，应该是计划与市场内在统一的体制。"同时，提出了"国家调节市场，市场引导企业"的经济运行机制模式。

这一时期以城市为中心的全面体制改革，内容、范围十分广泛，几乎涉及生产关系的所有方面和部分上层建筑。一是通过所有制方面的改革，调整了所有制结构。从过去的单一公有制经济结构逐渐改变成为以公有制为主体、多种经济成分并存的所有制结构。二是通过体制改革和运行机制的转变，计划体制、投资体制、财政体制、流通体制、价格体制、分配体制和社会保障制度，都进行了以引进市场机制为主要内容的改革，为实行社会主义市场运行机制准备了体制基础。

随着改革的发展，城市经济生活出现了前所未有的活跃局面。但1988年由于价格闯关失败，国家进行治理整顿。

（四）从1992到2003年，主要任务和内容是建立社会主义市场经济体制。

1992年年初，邓小平发表南方谈话，明确指出计划还是市场不是社会主义与资本主义的本质区别。随后，十四大明确提出，我国经济体制改革的目标是建立社会主义市场经济体制。

1993年，十四届三中全会通过《中共中央关于建立社会主义市场经济体制若干问题的决议》，勾画了社会主义市场经济体制的基本框架。

按照这个框架，以建立社会主义市场经济为主线的经济体制改革全面展开。一是以建立现代企业制度为核心的微观基础的转型。通过建立现代企业制度，使企业成为独立的商品生产者和经营者，全面参与市场竞争，成为真正的市场主体。二是以配套改革为内容的宏观制度的创新。对财政、税收、外汇、金融、投资、外贸以及流通体制等综合配套体系进行改革，取得良好效果。三是以市场流通和社会保障为主的宏观体制改革。通过市场流通领域改革，健全了市场规则、整顿市场秩序；社会保障制度改革迈出了重要步伐，探索建立了多层次的社会保障制度。

（五）2003年之后，主要是完善社会主义市场经济。

2003年，十六届三中全会通过《中共中央关于完善社会主义市场经济体制若干问题的决定》，与 1993 年的决定只有一词之差，即将"建立"改成了"完善"。决定对如何完善市场经济体制进行了全面部署。

此后，形成了"科学发展观"以及"五个统筹""构建和谐社会"等一系列重要思想，促进了改革实践的进行。

这一时期的经济体制改革，主要围绕科学发展进行。按照科学发展观的要求，完善公有制为主体、多种所有制经济共同发展的基本经济制度，建立有利于逐步改变城乡二元经济结构的体制，形成促进区域经济协调发展的机制，建设统一开放竞争有序的现代市场体系，完善宏观调控体系、行政管理体制和经济法律制度，健全就业、收入分配和社会保障制度，建立促进经济社会可持续发展的机制等。

（六）2012 年十八大之后，中国特色社会主义进入新时代，经济体制改革也进入全面深化改革的新阶段。

三、国有企业改革

邓小平曾五次视察鞍钢。

1955 年 11 月 18 日，邓小平随刘少奇第一次来到钢都。

1978 年 9 月 18 日，邓小平在拨乱反正的关键时刻，亲临鞍山视察。

当时的鞍山市委领导人一见邓小平，就愧疚地说："小平同志，前年'批邓'的时候，我也批了。想起您对鞍钢建设和发展的支持，真是太不应该……"

"不，这不是你们的错。这是中央的事。"邓小平安慰说，"你是市委第一书记，是中央要批，你能不执行吗？"在场的人都会意地笑起来。

邓小平视察了鞍钢，听取了汇报，着重就新形势下鞍钢的改造和发展问题作了重要指示。

"全国准备引进几百上千个项目，你们算是个大项目，60 亿美金。""但是有一点，凡是引进的必须是革命，不是改良。""要以 70 年代先进水平为起点，采用当代世界最先进技术、设备、工艺，改造和建设鞍钢，使鞍钢成为老企业改造的样板。"

随即他问道："美国矿山技术，年产 1 亿吨矿石，要用多少人？"

鞍钢负责人回答："不到 1 万人。"

"我再加一个。1 万零 1 个人，怎么样？引进先进技术，一定要按照他们的先进管理方法，先进经营方法，先进定额，总之按照经济规律管理经济。要减人减机构。""现代化，自动化，人多不行，管理不好。"

为什么要对国企进行改革？原因十分清楚。

要了解国企改革，首先要注意两个概念的变迁，即从"国营企业"到"国有企业"的转变。

长期以来，中国基本没有私营企业和外资企业。中国的企业除了集体所有制企业外，都是国营企业，也称全民所有制企业，即所谓全民所有、国家经营的企业。但到改革开放之后，实行所有权与经营权的分离，所以，1993年 3 月 29 日，八届全国人大一次会议通过宪法修正案，将"国营经济"改为"国有经济"。同时，国营企业对应更名为国有企业。所以，本书在说到 1993年前的企业时，均称"国营企业"，之后的均称"国有企业"。

这一改名和变化，本身就是改革开放的内容和成果之一。

所以，现在所称的国有企业，是指国家对其资本拥有所有权或者控制权的企业。国有企业是国民经济发展的中坚力量，是中国特色社会主义的支柱。按照国有资产管理权限划分，国有企业分为中央企业（由中央政府监督管理的国有企业）和地方企业（由地方政府监督管理的国有企业）。

国有企业是我国国民经济的支柱，一直发挥着巨大的作用，为国家作出了巨大的贡献。但是也存在着高度垄断、产权不清、政企不分、管理混乱等多种弊端。因此，国有企业改革是我国经济体制改革的中心环节。

十一届三中全会以后，国企改革逐步展开，并在 40 年的历程中不断推进，不断深化，取得了重大的成就。

国有企业改革的进程，有不同的阶段划分，标准不一致，时间也不一致。为了有助于掌握全貌，我们这里大致分为五个阶段。

第一阶段，1978 年—1984 年，是以放权让利为特征的扩大企业自主权的阶段。

十一届三中全会提出，要让企业有更多的经营管理自主权。按照这一方向，企业改革的内容是扩大企业自主权、实行两步"利改税"和承包经营责任制。

先后在国营企业推进了扩大企业经营自主权、利润递增包干和承包经营责任制的试点，扩权、减税、让利，调整国家与企业的责权利关系，明确企业的利益主体地位，调动企业和职工的生产经营积极性，增强了企业活力，为企业进入市场奠定了初步基础。

其中，1978 年年底开始实行企业基金制度。1979 年 5 月对首钢等 8 家企业进行扩大企业自主权试点，随后将试点先后扩大到 4200 多个、6600 个。

1979 年 7 月，颁发《关于扩大国营工业企业经营管理自主权的若干规定》，企业获得了部分计划权、销售权、资金使用权和干部任免权。

1980 年，开始在部分地区企业试行多种形式的盈亏包干责任制和记分工资、计件工资、浮动工资等办法，把生产责任制同经济效益结合起来，并逐渐形成责权利相结合的经济责任制。

1981 年起，扩大企业自主权的工作在国营工业企业中全面推开，企业可以在完成国家计划后，增产短线产品，自销一部分产品。

1983 年 1 月 1 日起，国营企业实行税利并存的第一步利改税。1984 年 10 月 1 日起，实行第二步利改税，即从税利并存过渡到完全的税代利。

1983 年 4 月 1 日，国务院颁布《国营工业企业暂行条例》。规定：企业实行党委领导下的厂长（经理）负责制和党委领导下的职工代表大会制。

第二阶段，1984 年—1992 年，是以两权分离为特征的转换经营机制的阶段。

1984 年 5 月，国务院发出《关于进一步扩大国营工业企业自主权的暂行规定》，适当扩大了国营工业企业在生产经营计划等 10 个方面的自主权。包括一定的生产计划权、产品自销权、定价权、物资采购权、技术改造权、固定资产处置权、确定内部机构和人员配备权、劳动人事权、内部分配权、生产经营方式选择权。

1986 年 7 月，国务院发布《国营企业实行劳动合同制暂行规定》《国营企业招用工人暂行规定》《国营企业辞退违纪职工暂行规定》和《国营企业职工待业保险暂行规定》，从 10 月 1 日起施行。

1986 年 9 月 15 日，中央决定：企业由实行党委领导下的厂长负责制改为实行厂长负责制。

1986 年 12 月，国务院作出《关于深化企业改革增强企业活力的若干规定》，提出全民所有制小型企业可积极试行租赁、承包经营，大中型企业要实行多种形式的经营责任制，各地可以选择少数有条件的大中型企业进行股份制试点。

从 1987 年到 1991 年，国营企业普遍推行以"包死基数、确保上交、超收多留、欠收自补"为主要内容的承包经营责任制，打破了大锅饭。企业改革的基本思路从以放权让利、利改税转向政企职责分开、所有权与经营权适当分离。1988 年，国家颁布《中华人民共和国全民所有制工业企业法》，进一步落实企业的经营自主权。全国 93% 的全民所有制企业实行了承包经营责任制，对一些小型企业实行租赁经营，并开始了股份制改革试点。

1992 年 7 月颁布的《全民所有制工业企业转换经营机制条例》，给予企业 14 项自主权，以使企业成为"自主经营、自负盈亏、自我发展、自我约束"的商品生产经营者。

第三阶段，1993 年—2002 年，是以建立现代企业制度和实施战略性改组为特征的阶段。

1993 年，十四届三中全会通过的《中共中央关于建立社会主义市场经济体制若干问题的决定》，明确提出国有企业改革的方向是建立"产权清晰，权责明确，政企分开，管理科学"的现代企业制度，使企业真正成为市场主体。所以，1992 年以后，国有企业改革进入转换企业经营机制，建立现代企业制度的阶段。

1993 年 12 月公布《中华人民共和国公司法》，把公司制作为现代企业制度的基本形式。1994 年，国家经贸委推出在全国实施"万千百十、转机建制"的规划，现代企业制度建设全面展开。

1998 年 7 月 10 日，国家经贸委发出《关于禁止出售国有小企业成风有关问题的通知》，要求各地全面准确地理解和贯彻落实十五大精神，采取多种形式进行国有小企业改制。绝不能把出售作为国有小企业改制的唯一形式。

1999 年 9 月，十五届四中全会通过《中共中央关于国有企业改革和发展若干重大问题的决定》，确定了到 2010 年国有企业改革和发展的主要目标和必须坚持的指导方针。指出，建立现代企业制度，是国有企业改革的方向，是公有制与市场经济相结合的有效途径。到 2010 年，要基本完成国有企业战略性调整和改组，形成比较合理的国有经济布局和结构，建立比较完善的现代企业制度，使国有经济在关系国民经济命脉的重要行业和关键领域占支配地位，更好地发挥主导作用。首先要尽最大努力实现国有企业改革和脱困的三年目标。

2000 年 12 月 30 日，国家统计局宣布，2000 年我国国内生产总值首次突破 1 万亿美元，国有大中型企业改革和三年脱困目标基本实现。

第四阶段，2003 年—2012 年，是按照社会主义市场经济要求，不断完善现代企业制度阶段。

2002 年，十六大提出深化国有资产管理体制改革的重大任务，要求继续调整国有经济的布局和结构，探索公有制特别是国有制的多种有效实现形式。国家要制定法律法规，建立中央政府和地方政府分别代表国家履行出资人职责，享有所有者权益、权利、义务和责任相统一，管资产和管人、管事相结合的国有资产管理体制。

2007 年 3 月，十届全国人大五次会议通过《中华人民共和国物权法》，强调国家保障一切市场主体的平等法律地位和发展权利；国家、集体、私人的物权和其他权利人的物权受法律保护，任何单位和个人不得侵犯。会议还通过《中华人民共和国企业所得税法》，实现了内外资企业所得税税制的统一。

2007 年的十七大进一步要求，深化国有企业公司制股份制改革，健全现代企业制度，优化国有经济布局和结构，增强国有经济活力、控制力、影响力；深化垄断行业改革，引入竞争机制，加强政府监管和社会监督；加快建设国有资本经营预算制度。完善各类国有资产管理体制和制度。

2007 年 12 月，国务院国资委印发《关于中央企业履行社会责任的指导意见》，要求中央企业模范遵守法律法规和社会公德、商业道德以及行业规则。截至 2011 年年底，有 75 家中央企业发布社会责任报告或可持续发展报告。

2008 年 10 月，十一届全国人大常委会五次会议通过《中华人民共和国企业国有资产法》。

2009 年 1 月，国务院常务会议原则通过汽车产业、钢铁产业调整和振兴规划。此后，又相继通过纺织、装备制造、船舶、电子信息、轻工、石化、有色金属、物流等重点产业调整和振兴规划。

2009 年 9 月 19 日，国务院发布《关于进一步促进中小企业发展的若干意见》。

2010 年 8 月，国务院印发《关于促进企业兼并重组的意见》。

2010 年 10 月，国务院印发《关于加快培育和发展战略性新兴产业的决定》。2012 年 7 月，又印发《"十二五"国家战略性新兴产业发展规划》。国有企业作为这些战略性新兴产业的支柱，为发展这些新兴产业发挥了重要作用。

随着改革的深入，国有经济布局和结构调整力度加大，大多数国有企业进行了公司制改革，企业改制和产权转让逐步规范，国有资本有序退出加快，国有企业管理体制和经营机制发生深刻变化。国有企业经济效益和运行质量显著提高，国有经济总量进一步增加，国有企业竞争能力进一步增强，对国家的经济和社会发展作出了重大贡献。

第五阶段，2012 年十八大之后，国有企业改革也进入新时代。

2012 年十八大后，中国特色社会主义进入了新时代。十八大报告指出，"要毫不动摇巩固和发展公有制经济，推行公有制多种实现形式，深化国有企业改革，完善各类国有资产管理体制，推动国有资本更多投向关系国家安全和国民经济命脉的重要行业和关键领域，不断增强国有经济活力、控制力、影响力"。

2015 年 7 月中旬，习近平总书记在吉林省考察调研期间提出："推进国有企业改革，要有利于国有资本保值增值，有利于提高国有经济竞争力，有利于放大国有资本功能"，第一次为国企改革确立了价值判断标准。

2015 年 9 月，中共中央、国务院印发《关于深化国有企业改革的指导意见》，全面提出新时期国有企业改革的目标任务和重大举措。要求到 2020 年，在国企改革重要领域和关键环节取得决定性成果，形成更加符合我国基本经济制度和社会主义市场经济发展要求的国有资产管理体制、现代企业制度、市场化经营机制，国有资本布局结构更趋合理，造就一大批德才兼备、善于经营、充满活力的优秀企业家，培育一大批具有创新能力和国际竞争力的国有骨干企业，国有经济活力、控制力、影响力、抗风险能力明显增强。

《关于深化国有企业改革的指导意见》明确将国有企业分为公益类和商业类两类，要求实行分类改革、分类发展、分类监管、分类定责、分类考核，推动国有企业同市场经济深入融合，促进国有企业经济效益和社会效益有机统一。

2015 年 9 月中旬，中共中央办公厅印发了《关于在深化国有企业改革中坚持党的领导加强党的建设的若干意见》，对在深化国有企业改革中坚持党的领导、加强党的建设提出要求、作出部署。

2016 年 2 月，国资委、国家发改委、人社部联合召开发布会，披露国企"十项改革试点"落实计划。具体包括落实董事会职权试点，市场化选聘经营管理者试点，推行职业经理人制度试点，企业薪酬分配差异化改革试点，国有资本投资、运营公司试点，中央企业兼并重组试点，部分重要领域混合所有制改革试点，混合所有制企业员工持股试点，国有企业信息公开工作试点，剥离企业办社会职能和解决历史遗留问题试点。

国有企业改革给国有企业发展带来了翻天覆地的变化。现在，我国发展形成了一批具有较强竞争力的国有大公司、大集团，放开搞活了一批国有中小企业，国有经济的整体素质和竞争力进一步增强，国有资产保值增值、经济效益明显，为国民经济保持持续、快速、健康发展作出了重要贡献。

2018 年 10 月，全国国有企业改革座谈会在京召开。会议认为，十八大以来，以习近平同志为核心的党中央亲自谋划、部署和推动国有企业改革，国有企业改革取得新的重大进展和历史性成就。

会议要求，要深入贯彻落实习近平总书记关于国有企业改革的重要思想，准确研判国有企业改革发展的国内外环境新变化，从战略高度认识新时代深化国有企业改革的中心地位，坚持稳中求进工作总基调，按照完善治理、强化激励、突出主业、提高效率的要求，扎实推进国有企业改革。

会议提出了六个"突出"：突出抓好中国特色现代国有企业制度建设，加快形成有效制衡的法人治理结构；突出抓好混合所有制改革，夯实基本经济制度的重要实现形式；突出抓好市场化经营机制，充分调动企业内部各层级干部职工积极性；突出抓好供给侧结构性改革，加快高质量发展步伐；突出抓好改革授权经营体制，推动国有资本投资、运营公司试点取得实效；突出抓好国有资产监管。

会议交流了推进国有企业改革的经验做法，部分省市、部分中央企业和地方国有企业代表以及有关专家学者在座谈会上发言，30 家单位提供了书面交流材料。

四、扩大企业自主权

改革开放以前，在计划经济体制下，国营企业是国民经济的主体。国家对国营企业实行计划统一下达，资金统贷统还，物资统一调配，产品统收统销，就业统包统揽，盈亏都由国家负责。

在这样的体制和机制下，国营企业为国家和社会作出了巨大贡献，但自身没有经营自主权，绑得很死，甚至连造一个厕所都要层层报批，因而严重缺乏活力和效益。

所以，从1978年十一届三中全会开始，国营企业最先改革的一个主要内容，就是通过"松绑"，扩大企业自主权，使企业有较多的生产经营活动，独立处理人、财、物等问题的权利。

1978年5月，经国务院批准，四川省选择了重庆钢铁公司等6户地方国营企业，在全国率先进行扩大企业自主权的试点，从而成为国营企业改革起步的标志。

1979年5月，国家经委、财政部等6部委确定在首都钢铁公司等8户企业中进行扩大经营管理自主权的试点改革。

为了规范扩大企业自主权的改革，1979年7月，国务院发布《关于扩大国营工业企业经营管理自主权的规定》等5个文件，肯定了扩大企业自主权的改革，并对扩权的内容作了规定。

1980年9月，国务院批转国家经委《关于扩大企业自主权试点工作情况和今后意见的报告》，要求从1981年起把扩大企业自主权的工作在国营工业企业中全面推开。

在扩权的同时，对企业如何尽责的问题也进行了研究和探索。1981年，山东省实行工业经济责任制的试点。首都钢铁公司制定了"上交利润递增包干"经济责任制改革方案。1981年10月，国务院批准国家经委、国务院体制改革办公室制定的《关于实行工业生产经济责任制若干问题的意见》，规定了经济责任制的原则和具体内容。

从此，以山东省和首都钢铁公司为代表的经济责任制改革在全国正式推行。经济责任制是扩权让利的继续和发展，是处理国家、企业与职工三者之间权责利关系的重要举措。

1982 年 1 月 2 日，中共中央、国务院作出《关于国营工业企业进行全面整顿的决定》，并颁布《国营工厂厂长工作暂行条例》。其中规定：厂长对工厂生产经营活动行使统一指挥权，对工厂的人员、资金、物资有调度处置权；厂长要自觉接受和维护企业党委的领导，定期向党委汇报工作，定期向职工代表大会报告工作；对厂长的奖惩，应通过职工代表大会讨论，按干部管理权限，报上级机关批准，等等。

1984 年 5 月，国务院发出《关于进一步扩大国营工业企业自主权的暂行规定》，适当扩大国营工业企业在生产经营计划等 10 个方面的自主权。

1984 年 10 月 20 日，十二届三中全会通过《中共中央关于经济体制改革的决定》，指出，增强企业活力是经济体制改革的中心环节；要建立自觉运用价值规律的计划体制，发展社会主义商品经济；建立合理的价格体系，充分重视经济杠杆的作用；建立多种形式的经济责任制，认真贯彻按劳分配原则；加强党的领导，以保证改革的顺利进行。

为了更好地发挥税收在经济活动中的调节作用，进一步理顺国家和企业的关系，1983 年开始进行利改税的第一步改革，即实行利税并存的制度。1984 年 9 月，开始实行利改税的第二步改革，过渡到完全的税代利。

两步利改税是扩权让利改革的继续和发展。但在改革中也遇到一些问题。

所以，国有企业的改革进一步向承包经营责任制发展，实行经营权与所有权的分离。1986 年 12 月，国务院发布《关于深化企业改革增强企业活力的若干规定》，提出在大中型企业中推行多种形式的经营责任制。

从 1987 年开始，全国掀起了第一次承包热潮。

承包制也是扩大企业自主权，但也有一定的缺陷。所以只是企业改革的过渡体制。

五、承包经营

承包经营，是指国家与企业或企业与其他承包者间订立承包经营合同，将经营管理权全部或部分在一定期限内交给承包者，由承包者对企业进行经营管理，并承担经营风险及获取企业收益的行为。

承包经营责任制是在公有制基础上，按照所有权与经营权分离的原则，通过签订承包合同，确定国家与企业之间的责、权、利关系，使企业具有自主权的一种经营管理制度。其基本原则是包死基数，确保上交，超收多留，歉收自补。

包死基数，确保上交是企业的义务，是国家所有权和宏观经济管理权在经济上的实现；超收多留，歉收自补，是企业的权利与责任和企业经营权在经济上的实现，也是企业经营者和生产者的积极性、创造性的动力源泉。

在改革开放中，首先是农村开始实行承包经营。农村承包经营是指农村集体组织，承包经营户依照承包合同的规定，对集体所有或国家所有由集体使用的土地、山岭、草原、荒地、滩涂、水面等资源，在一定期限内实际使用和取得收益。主要形式是家庭联产承包责任制。

20 世纪 80 年代，受农村承包经营责任制成功的启发，在政府的推动下，国有企业也开始进行承包经营改革。

1983 年 4 月，国务院颁发《国营工业企业暂行条例》，首次对国有企业的法人地位作出规定。

1984 年的十二届三中全会，明确肯定了全民所有制企业所有权与经营权相分离的原则。

1986 年 12 月，国务院发布《关于深化企业改革增强企业活力的若干规定》，提出全民所有制小型企业可积极试行租赁、承包经营，全民所有制大中型企业要实行多种形式的经营责任制，各地可以选择少数有条件的全民所有制大中型企业进行股份制试点。

1987 年的六届人大五次会议第一次明确肯定了责任制，要求实行多种形式的承包经营责任制。国务院决定将企业改革的重点放在完善企业经营机制上，依据两权分离原则，实行多种形式的承包经营责任制，给经营者以充分的经营自主权。

至 1987 年上半年，全国已有 75% 的大中型国营企业实行了各种承包经营责任制。这些企业的生产增长和实现税利情况普遍好于未实行的企业。

承包经营责任制不仅适用于大中型国营企业，而且适用于某些行业。例如，石油、石油化工、煤炭、冶金、有色金属、铁道、邮电和民航等部门，也分别参照上述办法实行投入产出包干。

1988 年，国务院发布《全民所有制工业企业承包经营责任制暂行条例》，以国务院法规的形式将企业承包经营责任制确定下来。同年 4 月，七届全国人大一次会议通过的《中华人民共和国全民所有制工业企业法》也规定：企业根据政府主管部门的决定，可以采取承包、租赁等经营责任制形式。

承包经营责任制实际上是一种目标管理责任制，是将国家对国营企业发展的目标要求加以分解，以与企业经营者签订承包经营合同的方式落实企业的经营自主权。经营者按照承包合同自主经营，承包完成国家的目标和任务（即承包指标），国家对完成承包指标的经营者兑现约定的奖励和报酬。

集体所有制企业也可以实行承包经营责任制，国营企业和集体企业的承包经营权实际上是企业经营权的一种形式。

国营企业和集体企业等经济组织还在其内部实行多种级别、从上到下的承包经营责任制，将经营活动中的责权利层层落实。

步鑫生当年在海盐衬衫厂的改革成为这种企业改革的典型。他的做法主要是"打破大锅饭"，在车间实行了"联产计酬制"。他的名言是："你砸我牌子，我砸你饭碗。"

随着承包经营责任制的不断完善，企业承包指标不断丰富，由最初的上缴利润指标、技术改造指标，发展到后来的经济效益指标、发展后劲指标、企业管理指标等综合指标体系。

承包经营责任制能够较好地确定企业所有者和经营者之间的权责利关系，落实企业的经营权，具有较强的激励和约束机制，在一定程度上调动了企业经营者的积极性，增强了国营企业的活力，推动了国营经济的发展。

但承包经营责任制也有一定的缺陷，所以只是企业改革的过渡形式。1992 年 10 月，十四大报告指出："当前实行的经营承包制应当进一步完善。"此后，随着社会主义市场经济的改革，股份制改革逐渐成为企业改革的主流，国营企业改革进一步向建立现代企业制度转变。

六、两步利改税

利改税，是改革国家与国有企业利润分配关系的一项重大措施。核心内容是将所得税引入国营企业利润分配领域，把国营企业向国家上交利润改为缴纳税金，税后利润全部留归企业。

经济体制改革前，国家和国营企业的分配关系主要体现为国营企业向国家上交利润。十一届三中全会以后，国务院在进行经济调整工作的同时，着手研究经济管理体制改革问题。在税制改革方面，决定对国营企业实行利改税，即将国营企业向国家上交利润的形式改为按国家规定的税种、税目、税率缴纳税金，税后余利由企业自行支配。通过利改税这种方式，把国家与企业的分配关系固定下来。

利改税改革分两步进行，最后扩展到整个税制改革。

早在 1979 年 1 月，湖北省老河口市的 15 户地方国营企业率先进行利改税第一步改革试点。自 1980 年起，国家先后在 18 个省市的几百户国营企业中进行了征收所得税即利改税的试点工作。

1982 年 12 月，五届人大五次会议通过的《关于第六个五年计划的报告》指出："今后三年内，在对价格不作大的调整的情况下，应该改革税制，加快以税代利的步伐。""这项改革需要分别不同情况，有步骤地进行。对国营大中型企业，要分两步走。"①

1983 年 4 月，在总结试点经验，并进行多方案比较和多方面利弊权衡的基础上，国务院批转财政部制定的《关于国营企业利改税试行办法》，决定于 1983 年在国营企业中普遍推行利改税。

从 1983 年 1 月 1 日起，实行利改税的第一步改革。

改革的主要内容，是税利并存，对有盈利的国营企业征收所得税，即把企业过去上交的利润大部分改为用所得税的形式上交国家。小型国营企业在交纳所得税后，由企业自负盈亏，少数税后利润较多的，再上交一部分承包费。大中型国营企业交纳所得税后的利润，除了企业的合理留利外，采取递增包干、定额包干、固定比例和调节税等多种形式上交国家。

1984 年 9 月，国务院批准颁发《国营企业第二步利改税试行办法》。自 1984 年 10 月起，实行第二步利改税。

第二步利改税是将国营企业原来上交国家的财政收入改为分别按 11 个税种向国家交税，也就是由税利并存逐步过渡到完全的以税代利。主要内容是：

---

① 《十二大以来重要文献选编》上，人民出版社 1986 年版，第 205、206 页。

把原来的工商税按性质划分为产品税、增值税、营业税和盐税四种，分别适用于不同的企业。

对某些采掘企业开征资源税，调节由于自然资源和开发条件不同而形成的级差收入，促进企业合理利用国家资源。

开征城市维护建设税，恢复开征房产税、土地使用税、车船使用税，以利于合理、节约地使用房产、土地，适当解决城市维护建设的资金来源。

对有盈利的国营企业征收国营企业所得税。大中型国营企业按55%的比例税率征收，小型国营企业按新的八级超额累进税率征收。在计算应纳税所得额时，允许企业在税前归还贷款和单项留利。

对国营大中型企业还要征收国营企业调节税，其税率按企业的不同情况分别核定，一户一率。

工商税制的改革，除国营企业所得税和调节税以外，也适用于集体企业和个体经营者。

与第一步比较，第二步利改税在广度和深度上都大大前进了一步，实际上是工商税制的一次全面性改革。

利改税的第二步改革，不仅是财政税收制度的重大改革，也是整个城市经济体制改革的重要组成部分，是搞活经济的关键一着。通过改革，初步建立起适应我国当前多种经济形式、多种经营方式并存的多种税、多环节、多层次调节的新的税制体系。

七、现代企业制度

现代企业制度，是以市场经济为基础，以企业法人制度为主体，以公司制度为核心，以产权清晰、权责明确、政企分开、管理科学为特征的新型企业制度。

企业制度是企业产权制度、企业组织形式和经营管理制度的总和。企业制度的核心是产权制度，企业组织形式和经营管理制度是以产权制度为基础的，三者分别构成企业制度的不同层次。

十四大明确提出我国经济体制改革的目标是建立社会主义市场经济体制。1993年，十四届三中全会正式确定，把建立现代企业制度作为国有企业改革的方向和目标，并把现代企业制度的基本特征概括为"产权清晰、权责明确、政企分开、管理科学"16个字。所以，1992年之后，国有企业改革，主要是在市场经济运行机制逐渐占据主导地位条件下，建立现代企业制度。

（一）产权清晰。所谓产权，是指财产的所有权及其派生的对财产的占有、使用、收益和处置等权利的总称。产权是所有制的核心，建立归属清晰、权责明确、保护严格、流转顺畅的现代产权制度，是建立现代企业制度的基础。现代企业必须拥有包括国家出资在内的出资者投资形成的全部法人财产权，可以自由支配使用和处置自己的资产，并承担经营的风险，成为享有民事权利、承担民事责任的法人实体。

（二）权责明确。现代企业以其全部法人财产，依法自主经营，自负盈亏，优胜劣汰，对出资者承担资产保值增值的责任。出资者按投入企业的资本额享有所有者的权益，即资产受益、重大决策和选择管理者等权利。企业破产时，出资者只以投入企业的资本额对企业债务负有限责任。对国有企业来说，国家不再对企业负无限责任。

（三）政企分开。政企分开是建立现代企业制度的前提条件。政府是政治组织，企业是经济组织，两者性质不同，目的不同，运行规则也不同：政府根据人民代表大会立法成立，按照行政系统纵向领导，下级服从上级，目的是维护国家利益；企业则依法设立，按照经济规律横向联系，平等互惠，目的是争取自身利益。因此，各级党政机关都要同所办的经济实体和直接管理的企业在人财物等方面彻底分开，政府不要以行政手段干预企业的经营活动，企业也不要以经济手段干扰政府的执政行为。

（四）管理科学。强化企业管理，提高科学管理水平，是现代企业制度的内在要求。要建立科学的企业领导体制和组织管理制度，调节所有者、经营者和劳动者之间的关系，形成激励和约束相结合的经营机制。要适应市场的要求，制定和实施明确的企业发展战略、技术创新战略和市场营销战略，并根据市场变化适时加以调整。要健全和完善各项规章制度，加强经济核算，狠抓管理薄弱环节，搞好成本管理、资金管理、质量管理，及时编制资产负债表、损益表和现金流量表，真实反映企业经营状况，不做假账。要广泛采用现代管理技术、方法和手段，加强现代信息技术的运用，合理设置内部机构。

在较为具体的层面，现代企业制度大体可包括以下内容：

（一）企业资产具有明确的实物边界和价值边界，具有确定的政府机构代表国家行使所有者职能，切实承担起相应的出资者责任。

（二）企业通常实行公司制度，即有限责任公司和股份有限公司制度，按照《中华人民共和国公司法》的要求，形成由股东代表大会、董事会、监事会和高级经理人员组成的相互依赖又相互制衡的公司治理结构，并有效运转。

（三）企业以生产经营为主要职能，有明确的盈利目标，各级管理人员和一般职工按经营业绩和劳动贡献获取收益，住房分配、养老、医疗及其他福利事业由市场、社会或政府机构承担。

（四）企业具有合理的组织结构，在生产、供销、财务、研究开发、质量控制、劳动人事等方面形成行之有效的企业内部管理制度和机制。

（五）企业有着刚性的预算约束和合理的财务结构，可以通过收购、兼并、联合等方式谋求企业的扩展，经营不善难以为继时，可通过破产、被兼并等方式寻求资产和其他生产要素的再配置。

1999 年 9 月，十五届四中全会再次强调要建立和完善现代企业制度，并重申了对现代企业制度基本特征"十六字"的总体要求。

2002 年，十六大要求深化国有企业改革，进一步探索公有制特别是国有制的多种有效实现形式。除极少数必须由国家独资经营的企业外，积极推行股份制，发展混合所有制经济。按照现代企业制度的要求，国有大中型企业继续实行规范的公司制改革，完善法人治理结构。

2003 年 3 月，十届全国人大一次会议决定成立新的国有资产管理机构——国有资产管理监督委员会，在国有资产国家统一所有的前提下，由中央政府和地方政府分别代表国家履行出资人职责。

2003 年 10 月，十六届三中全会要求大力发展混合所有制经济，使股份制成为公有制经济的主要实现形式。要求建立"归属清晰、权责明确、保护严格、流转顺畅"的现代产权制度。

到 2005 年年底，依国家统计局的数据，国有重点企业改制约为 52.7%，作为国有企业主干的中央企业，宝钢集团有限责任公司等 19 家企业按照公司法转制，同时，国有上市公司的股权分置改革基本完成。

十七大进一步要求，深化国有企业公司制股份制改革，健全现代企业制度，优化国有经济布局和结构；深化垄断行业改革，引入竞争机制，加强政府监管和社会监督；完善各类国有资产管理体制和制度。

十八大之后，现代企业制度的改革继续推进。十八届五中全会强调，分类推进国有企业改革，完善现代企业制度。这是提升国有企业活力和竞争力的重要途径。要遵循市场经济规律和企业发展规律，推动国有企业与市场经济深入融合，使国有企业真正成为独立的市场主体。

根据要求，建立和完善现代企业制度的工作在以下几个方面进行：

分类推进国有企业改革，加大公司制股份制改革力度，积极引入各类投资者实现股权多元化，大力推动改制上市。

健全公司法人治理结构，建立健全权责对等、协调运转、有效制衡的决策执行监督机制，切实落实和维护董事会依法行使重大决策、选人用人、薪酬分配等职权，保障经理层经营自主权，法无授权任何政府部门和机构不得干预。

建立职业经理人制度，合理增加市场化选聘比例，推行企业经理层任期制和契约化管理。

支持企业依法依规自主决定内部薪酬分配，完善既有激励又有约束、既讲效率又讲公平、既符合企业一般规律又体现国有企业特点的分配机制。

继续深化企业内部用人制度改革，建立健全公开招聘、竞争上岗等制度，真正形成企业各类管理人员和员工的合理流动机制。

八、把国有企业做强做优做大

随着改革开放的不断发展，国有企业的数量大幅度减少，但规模不断扩大，质量不断提升，在国民经济和国家事业中发挥了巨大作用。

至 2012 年，国资委监管的中央企业由 2003 年的 196 家减少到 117 家，中央企业 80% 以上的资产集中在军工、能源、电信、交通等七大领域。2017 年，全国的国有企业营业收入达到 50 万亿元，利润达到 2.9 万亿元，比上一年分别增长了 14.7% 和 23.5%。其中，中央企业的营业收入是 26.4 万亿元，实现利润达到 1.42 万亿元，分别比上一年增长了 13.3% 和 15.2%。

国有企业是中国特色社会主义的重要物质基础和政治基础，是中国特色社会主义经济的"顶梁柱"。国有企业在国家发展中具有重要的地位，因此，如何把国有企业做强做优做大，就成为国有企业进一步改革和发展面临的主要任务。

2013 年年底，习近平总书记在对国务院国资委的工作批示中，首次指出"要做强做优做大国有企业"。

2014 年年底，在中央经济工作会议上，习近平总书记第二次强调："要坚定不移把国企做强做优做大，不断增强国有经济活力、控制力、影响力、抗风险能力。"

2015 年 7 月，习近平总书记在吉林调研期间第三次强调："要做大做强做优国有企业。"

2016 年 7 月，习近平总书记对全国国企改革座谈会作出重要指示，第四次强调："国有企业是壮大国家综合实力、保障人民共同利益的重要力量，必须理直气壮做强做优做大，不断增强活力、影响力、抗风险能力，实现国有资产保值增值。"

2016 年 10 月，习近平总书记在全国国企党建工作会议上第五次强调："坚定不移把国有企业做强做优做大。"

做强做优做大国有企业是新时期国有企业改革的重要目标。

把国有企业做强，集中表现为企业的自主创新能力强、资源配置能力强、风险管控能力强、人才队伍强；

把国有企业做优，集中表现为企业的经营业绩优、公司治理优、布局结构优、社会形象优；

把国有企业做大，集中表现为企业的市场话语权大、引领辐射带动作用大、国际影响力大、对经济社会发展贡献大。

同时，要正确看待做强做优做大国有企业与其他所有制企业健康发展的关系。国有企业与其他所有制企业之间并不是此消彼长、你进我退的关系，而是取长补短、相互促进、共同发展的关系。要在完善制度、规范程序、加强监管、公开透明的基础上，积极稳妥发展混合所有制经济，促进国有企业转换经营机制，放大国有资本功能，提高国有资本配置和运行效率，促进各种所有制经济互利共赢、共同发展。

做强做优做大国有企业，关键是要做强做优做大国有资本。

2018 年 3 月 10 日，在十三届全国人大一次会议的记者会上，国务院国资委主任肖亚庆和新闻发言人彭华岗就"国有企业改革发展"相关问题回答中外记者提问时指出,"做强做优做大"国有资本,是党中央作出的新的重大决策。从"做强做优做大"国有企业到"做强做优做大"国有资本,这意味着国资国企改革的理念和方式都会有重大的转变。对于国资监管、中央企业来说,都会有重大转变和新的要求。

对于国资监管来说,意味着要从管企业为主向管资本为主转变,以管资本为主来转变国资监管机构的职能。重点是放活、管好、优化、放大,从这四个层面来理解"做强做优做大"国有资本。

对于中央企业来说,也是提出了一系列新的要求。首先,企业要更加注重资产的质量。说做大,更重要的是要做强做优,这就要求企业加大处置低效无效资产的力度,处置"僵尸企业",降杠杆,降低资产负债率。二是要更加注重资本的回报。看企业的效益,不仅仅是看利润,还要看增加值,看资本收益率。三是要更加注重内涵式发展,坚决防止和避免企业盲目扩张、盲目做大。四是要更加注重资本的优化配置,企业要根据自己的发展战略,及时处置不符合发展战略的资产,实现国有资本的形态转换。变现的国有资本要用于更需要发展的领域。同时,要进一步扩大国有资本投资运营公司的试点,发挥好它的平台作用,推动国有资本的有序流转,支持实体经济的发展。

习近平总书记强调,要坚持国有企业在国家发展中的重要地位不动摇,坚持把国有企业搞好、把国有企业做强做优做大不动摇,推进国有企业改革要有利于国有资本保值增值,有利于提高国有经济竞争力,有利于放大国有资本功能。

做强做优做大国有企业和国有资本,必须继续深化改革。所以,2015年8月24日,中共中央、国务院印发《关于深化国有企业改革的指导意见》。以此为统领,陆续出台了有关国有企业分类、发展混合所有制经济、完善国资监管体制、防止国有资产流失、完善法人治理结构等多个配套文件。

十九大以后,国有企业改革继续推进。国资委表示,2018年,要把"十项改革试点"在集团层面做大,要向下面各层级进一步拓展。有的试点是在二级、三级企业做的试点工作,要进一步提升到集团层面来扩大这个试点。"十项改革试点",包括重要领域混合所有制改革试点、中央企业兼并重组试点、混合所有制企业员工持股试点以及国有资本投资、运营公司试点等。

第 七 章

市场经济的奔涌和发展

一、个体经济

中国的社会主义市场经济，是从哪里开始的？

实际上很简单，是从解决就业问题开始的。为解决就业问题，不得不容许个体经济存在。于是，市场经济也就在实际上出现和发展了。

所谓个体经济，是指在劳动者个人占有生产资料的基础上，从事个体劳动和个体经营的私有制经济。我国现阶段的个体经济，包括城镇个体户、农村专业户和兼营户。

个体经济具有规模小、工具简单、操作方便、经营灵活等特点。个体经济有两个明显的特征：一是生产资料和劳动成果归个人所有；二是劳动者以自己的劳动为基础。个体经济中，生产者既是直接的劳动者，又是生产资料的私有者，劳动者主要依靠自己的劳动取得收入。

长期以来，我国不允许个体和私营经济存在，因此，也就不得不把所有人口就业的重担背在了政府自己身上。多年来，一直实行以固定工为主的统包统配的就业制度。然而，生活是实在的，事实是无情的。在不同时期，我们曾不得不面对几次很大规模的失业高峰，不得不采用各种办法解决大量的就业问题。

到20世纪70年代末，"文化大革命"结束，当年上山下乡的大批知识青年返回城镇，马上面临着就业安排问题；城镇大批人口进入就业年龄，也急需安置；还有"文化大革命"期间全国招收了很多农民进城务工，使不少部门劳动力富余。这几大因素，造成了一次新的劳动力就业的严重困境。1979年，失业人数达到1538万人，失业率达5.9%。

无论讲何种道理、提何种口号，吃饭总是第一位的。光靠国营、集体经济不可能解决就业问题。因此，只能"八仙过海，各显神通"。

1979年，国务院批转全国工商局长会议的报告，允许一些有正式户口的闲散劳动力从事修理、服务等个体手工劳动，以解决一部分人的就业问题。于是，1978年，全国城乡个体户达到将近14万。

1980年6月，中共中央召开全国劳动就业工作会议，并下发《关于转发全国劳动就业会议文件的通知》，提出要改革劳动就业制度，摒弃"统包统配"方式，实际上把发展个体经济作为解决就业问题的一条重要渠道提了出来。到 1981 年，个体户迅速发展到 182.9 万户、227.4 万人。

1981 年 7 月，国务院发布《关于城镇非农业个体经济若干政策性规定》，明确制定了城镇非农业个体经济的经营项目、范围、国家鼓励支持的各种政策，经营者依法经营须遵守的各项政策及享有的权利等共 12 条内容。

1981 年 10 月，中共中央、国务院作出《关于广开门路，搞活经济，解决城镇就业问题的若干决定》，提出今后必须着重开辟在集体经济和个体经济中的就业渠道。

1982 年 9 月，十二大提出："在农村和城市，都要鼓励劳动者个体经济在国家规定的范围内和工商行政管理下适当发展。"

同年，五届全国人大五次会议通过的《中华人民共和国宪法》第十一条规定：在法律规定范围内的城乡劳动个体经济是社会主义公有制经济的补充。国家保护个体经济的合法的权利和权益。这一规定意味着首先正式承认了个体经济的合法地位，从而使个体户进入高速发展的状态。

1983 年 4 月，国务院发布《〈关于城镇非农业个体经济若干政策性规定〉的补充规定》，1984 年 2 月又发布了《关于农村个体工商业的若干规定》等文件。

1987 年颁布的《城乡个体工商户管理暂行条例》，规定了个体工商户的经营范围。

改革实践推动了政策的调整和放宽；政策的放宽，又进一步促进了个体经济的发展。两者互相作用、互相推动。

随着农村改革的发展，亿万农民从土地上解放出来。他们不愿意终身被锁在自家宅院的一方小天地内，希望寻求更好的工作、更好的生活。于是，凭借一技之长，跨县出省，走向全国，修鞋、弹棉花、开发廊、做服装、配眼镜，称为城乡个体劳动者。浙江农民形成号称"二百万"的"浙军"，随之，又有"川军"出川，"湘军"离湘。

城镇的各种摊位店铺像雨后春笋般涌现出来，在很多街道上达到鳞次栉比的地步。个体经济，就这样以不可阻挡之势发展起来。

随着以城市为重点的经济体制改革的全面展开，劳动就业制度更加灵活。有人辞职，有人下岗。每个人都希望寻求更好的工作岗位和生存环境。其中，很多人开始自主创业。

特别是从 20 世纪 90 年代开始建立社会主义市场经济之后，党政机关、国有企业中大量人员辞职下岗，进一步提升了个体经济的质量和水平。

1999 年 3 月通过的《中华人民共和国宪法修正案》，把个体经济的地位提高到了新的高度。

十六大强调："个体、私营等各种形式的非公有制经济是社会主义市场经济的重要组成部分，对充分调动社会各方面的积极性、加快生产力发展具有重要作用。"

2011 年 11 月 1 日，国务院颁布的新《个体工商户条例》，进一步放宽了对个体工商户经营主体、经营范围、经营规模等方面的限制。

从限制发展到允许存在，从补充地位上升到重要组成部分，个体经济发展之路，折射出改革开放以来，党和政府对个体私营等非公有制经济的政策变迁。

伴随着政策变迁，个体经济经历了几个不同的发展阶段。

1978 年—1986 年，是起步和迅猛发展阶段。国家开始放开个体经营，个体工商户从 1978 年的 14 万户，发展到 1986 年的 1211 万户，从业人员 1846 万人，注册资本金 180 亿元。年均增长 74.6%。

1987 年—1999 年，是快速发展阶段。1987 年 8 月，《城乡个体工商户管理暂行条例》发布，为发展和管理个体私营经济提供了基本政策和法规依据，个体工商户从 1987 年的 1373 万户、从业人员 2158 万人、注册资本金 236 亿元，发展到 1999 年的 3160 万户、从业人员 6241 万人、注册资本金 3439 亿元。年均增长 7.2%。

2000 年—2005 年，是调整阶段。年均增长 -0.85%。个体工商户的数量从 1999 年的 3160 万户，减少到 2006 年 6 月底的 2506 万户。减少的主要原因是，2000 年，按照国家工商行政管理局《关于启用〈个体工商业执照〉及做好换照工作的通知》，工商系统对历年查无下落、名存实亡的个体工商户登记数据进行了清理并"剔除"，全国个体工商户数量从 1999 年登记的 3160 万户降到 2000 年的 2571 万户，有 589 万户"死户"被清理出来。

2005 年之后，是稳定发展阶段。个体工商户数量下降的状况得到改变，出现正增长，个体工商户从 2005 年年底的 2463.9 万户、从业人员 4900.5

万人、注册资本金 5809.5 亿元，发展到 2011 年的 3756.47 万户、从业人员 7945.28 万人、注册资本金 1.62 万亿元。年均增长 7.3%。

40 年来，个体经济总体上数量稳定增长，经营规模持续扩大，对经济社会贡献不断增强，发展环境逐步宽松。到如今，个体经济已成为中国经济不可缺少的重要部分。

二、私营经济

私营经济是指以生产资料私有和雇工劳动为基础，并以盈利为目的和按资分配为主的一种经济类型。在社会主义条件下，它同占优势的公有制经济相联系，并受公有制经济的巨大影响，发挥着特殊的作用。

私营经济的出现是个体经济发展的必然趋势和必然结果。

1956 年以后，中国大陆曾在很长时期内不允许私营经济存在，这在一定程度上束缚了社会生产力和社会主义商品经济的发展。

改革开放之后，个体经济发展起来。随之必然引出了私营经济。有些劳动，比如修鞋、修自行车，一个人是可以干的，但还有大量经营活动，比如开饭店、办作坊，仅有一个人、一个家庭怎么可能？于是，生活给理论出了一道尖锐的问题：怎样看待雇工问题？能否承认雇工大户的合法地位？

1981 年，国务院公布《关于城镇非农业个体经济若干政策性规定》，提出：个体经济"一般是一人经营或家庭经营；必要时，经过工商行政管理部门批准，可以请一至两个帮手；技术性较强或者有特殊技艺的，可以带两三个至多不超过五个学徒"。

这项政策虽然有限制性规定，但不仅肯定了个体经济的合法存在，而且实际上为雇工开了一条门缝。

党内外很多人认为雇工就是资本主义，因此，经邓小平提出，中央政治局讨论并通过了对私营企业采取"看一看"的方针。1983 年 12 月，邓小平对雇工问题批示："雇工政策还可以再看几年，即使出一点问题也不可怕。"[1]

生活自身的逻辑是任何死背教条的口号都难以阻挡的。无论农村还是城

---

① 《陈云年谱》下卷，中央文献出版社 2000 年版，第 343 页。

市，无论是国有经济还是个体经济，伴随着改革和发展，雇工现象都不可阻挡地发展起来。

1987年，十三大第一次公开明确承认私营经济的合法存在，并提出党对私营经济的基本政策是鼓励、保护、引导、监督和管理。

根据十三大的建议，1988年4月12日，七届全国人大一次会议通过宪法修正案，规定："国家允许私营经济在法律规定的范围内存在和发展。私营经济是社会主义公有制经济的补充。国家保护私营经济的合法的权利和利益，对私营经济实行引导、监督和管理。"

1988年6月，国务院发布《中华人民共和国私营企业暂行条例》，确定私营经济是社会主义公有制经济的补充，宣布国家保护私营企业的合法权益。

2002年11月，十六大第一次把非公有制经济的发展放在与国有经济发展同等重要的地位，指出既要毫不动摇地发展国有经济，也要毫不动摇地发展非公有制经济。

2003年10月，十六届三中全会作出《关于完善社会主义市场经济体制若干问题的决定》，指出："个体、私营等非公有制经济是促进我国社会生产力发展的重要力量。"

2004年宪法修正案规定："国家保护个体经济、私营经济等非公有制经济的合法的权利和利益。国家鼓励、支持和引导非公有制经济的发展。"

2005年2月，国务院颁布《关于鼓励支持和引导个体私营等非公有制经济发展的若干意见》。

随着改革开放的推进，对私营经济的界定也更加清楚和准确。国家统计局、国家工商行政管理局1998年8月印发《关于划分企业登记注册类型的规定》，第九条规定："私营企业是指由自然人投资设立或由自然人控股，以雇佣劳动为基础的营利性经济组织。包括按照《公司法》、《合伙企业法》、《私营企业暂行条例》规定登记注册的私营有限责任公司、私营股份有限公司、私营合伙企业和私营独资企业。"

私营独资企业，按《中华人民共和国私营企业暂行条例》（1988年6月25日，国务院第4号令发布）第七条第一款规定："独资企业是指一人投资经营的企业。"即由一名自然人投资经营，以雇佣劳动为基础，投资者对企业债务承担无限责任的企业。

私营合伙企业，是指按《中华人民共和国合伙企业法》或《中华人民共和国私营企业暂行条例》的规定，由两个以上自然人按照协议共同投资、共同经营、共负盈亏，以雇佣劳动为基础，对债务承担无限责任的企业。

私营有限责任公司，是指按《中华人民共和国公司法》《中华人民共和国私营企业暂行条例》的规定，由两个以上自然人投资或由单个自然人控股的有限责任公司。

私营股份有限公司，是指按《中华人民共和国公司法》的规定，由 5 个以上自然人投资，或由单个自然人控股的股份有限公司。

随着这些法律、法规和政策的陆续颁布和实施，私营经济在社会各行各业越来越受到人们的重视。私营经济自身也取得了很大发展。从改革开放开始时的"零星、自发、小规模、低水平"的工商户，到在冶金、汽车、电力等行业投资规模几亿、几十亿甚至上百亿元的私营企业，私营经济为中国的经济和社会发展作出了越来越大的贡献。

2017 年 9 月，我国首条民营资本控股高铁——杭绍台高铁 PPP 项目在浙江杭州签约。这是民营资本在铁路投融资领域首次控股。

三、非公有制经济

改革开放以来，我国个体、私营等非公有制经济不断发展壮大，已经成为社会主义市场经济的重要组成部分和促进社会生产力发展的重要力量。

非公有制经济包括个体、私营、外资经济等经济类型。

个体经济。个体经济早就存在于前资本主义社会，即使在当代发达国家依然普遍存在，说明个体经济具有相当强的生命力。个体经济利用闲散的生产资源，灵活的经营方式，满足人们多样的需要，促进经济社会的发展，也有利于扩大就业、增加人民群众的收入。

私营经济。私营经济的存在和发展具有历史的必然性。在公有制为主体、国有经济为主导的条件下，充分发挥私营经济的作用，有利于发展社会主义社会的生产力。私营经济是社会主义市场经济的重要组成部分。

外资经济。外资经济是中外合资经营企业、合作经营企业、股份有限公司和外商独资经营企业的统称，包括港澳台商投资企业和外商投资企业。外资经济能够弥补国内资金不足，促进产品升级，引进先进技术，推动改革进程，也是社会主义市场经济的重要组成部分。

随着产权的流动和重组，公有制和非公有制财产混合所有的企业越来越多，已经并还在继续形成新的财产所有制结构。

十一届三中全会以来，党和国家认真总结以往在所有制问题上的经验教训，制定以公有制为主体、多种经济成分共同发展的方针，逐步消除所有制结构不合理对生产力的羁绊，出现了公有制实现形式多样化和多种经济成分共同发展的新局面。

在这一过程中，个体经济从小到大，私营经济从无到有，它们在国民经济中的比重不断增大，从"拾遗补缺"发展成为社会主义市场经济的重要力量，目前已经成为新的重要经济增长点，扩大就业的主渠道，活跃市场、方便人民生活的主力军。随着继续调整和完善所有制结构，个体、私营经济的发展空间将进一步拓宽。

积极发展个体、私营等非公有制经济，有利于繁荣城乡经济、增加财政收入，有利于扩大社会就业、改善人民生活，有利于优化经济结构、促进经济发展，对全面建成小康社会和加快社会主义现代化进程具有重大的战略意义。

1997 年，十五大指出："公有制为主体、多种所有制经济共同发展，是我国社会主义初级阶段的一项基本经济制度。""非公有制经济是我国社会主义市场经济的重要组成部分。对个体、私营等非公有制经济要继续鼓励、引导，使之健康发展。"

2002 年，十六大鲜明地提出"两个毫不动摇"："必须毫不动摇地巩固和发展公有制经济"，"必须毫不动摇地鼓励、支持和引导非公有制经济发展"。并且指出："在社会变革中出现的民营科技企业的创业人员和技术人员、受聘于外资企业的管理技术人员、个体户、私营企业主、中介组织的从业人员、自由职业人员等社会阶层，都是中国特色社会主义事业的建设者。"

为进一步鼓励、支持和引导非公有制经济发展，2005 年，国务院制定了《关于鼓励支持和引导个体私营等非公有制经济发展的若干意见》。

2007 年，十七大重申"两个毫不动摇"，并提出，坚持平等保护物权，形成各种所有制平等竞争、相互促进的新格局；推进公平准入，改善融资条件，破除体制障碍，促进个体、私营经济和中小企业发展；以现代产权制度为基础，发展混合所有制经济。

2013年11月，十八届三中全会通过的《中共中央关于全面深化改革若干重大问题的决定》进一步强调："公有制经济和非公有制经济都是社会主义市场经济的重要组成部分，都是我国经济社会发展的重要基础。"要"激发非公有制经济活力和创造力"。

2016年3月4日，习近平总书记看望参加全国政协十二届四次会议的民建、工商联委员并参加联组会，强调非公有制经济在我国经济社会发展中的地位和作用没有变，鼓励、支持、引导非公有制经济发展的方针政策没有变，致力于为非公有制经济发展营造良好环境和提供更多机会的方针政策没有变。同时，强调要着力构建"亲""清"新型政商关系。

2018年11月1日，习近平总书记主持召开民营企业座谈会，明确指出："一段时间以来，社会上有的人发表了一些否定、怀疑民营经济的言论。比如，有的人提出所谓'民营经济离场论'，说民营经济已经完成使命，要退出历史舞台；有的人提出所谓'新公私合营论'，把现在的混合所有制改革曲解为新一轮'公私合营'；有的人说加强企业党建和工会工作是要对民营企业进行控制，等等。这些说法是完全错误的，不符合党的大政方针。"

针对这些言论，习近平总书记明确强调："非公有制经济在我国经济社会发展中的地位和作用没有变！我们毫不动摇鼓励、支持、引导非公有制经济发展的方针政策没有变！我们致力于为非公有制经济发展营造良好环境和提供更多机会的方针政策没有变！"[1]

四、就业、下岗、再就业、待业、失业、创业

就业是最大的民生，是关系全国最广大人民群众切身利益的大问题，也是经济社会发展最基本的支撑，事关经济发展和民生改善的大局。

在改革开放的进程中，特别是随着市场经济的发展，中国的就业出现了非常复杂的现象，并且相应地，出现了就业、待业、失业、下岗、再就业、

---

[1]《在民营企业座谈会上的讲话》，《人民日报》2018年11月2日。

创业等一系列词汇。它们犹如万花筒，从不同层面展示了改革开放的进程、成就、挑战、难题、困惑，展示了社会运行机制的变化，展示了就业制度和社会生活的变迁，展示了老百姓在改革大潮中的酸甜苦辣。

在计划经济条件下，我国在城市实行统包统配的就业制度。凡是在党政机关、事业单位工作的体制内人员，都被称为国家干部，享受固定的工资和福利待遇。工厂的工人，也都有固定的工作，享受劳保福利。这种就业制度，保证了城市里的绝大多数人都有工作可做。因此，我们长期宣传的一个社会主义优越性，就是没有失业。在改革开放前，失业还几乎是一个禁用的词汇。用了失业，就等同于给社会主义抹黑。

但是，这种统包统配的就业制度是建立在城乡分割的二元结构之上的。因为，在广大农村，比城里人口要大几倍的数亿农民，都被牢牢地束缚在土地之上，没有权利自主择业。他们没有城市户口，没有城市粮票，不可能自行到城市里去寻找工作。只有国家组织招工，他们才偶尔有进入体制内就业的机会。而且，这种状态是代代相传的。父母在农村，除非考上大学、参军或偶尔的招工，子女都将永远在农村。

即使城里人，所有的工作岗位都基本上是统一安排的，没有个人自由选择的权利和机会。对于所在的单位和岗位，再有多大不满，都几乎不可能有像现在这样"跳槽"的机会。

这样的就业制度，保证了城里绝大多数人都有"铁饭碗"，但是也把所有人牢牢绑死了。对于企业、单位来说，造成冗员充斥、人浮于事、效率低下、缺乏活力；对于个人来说，失去了调动工作、选择岗位乃至迁徙的自由，严重束缚了个人创造的积极性和主动性。

对国家来说，如何应对不断增长的人口，保证城市每个适龄人口都能就业，成为一个越来越难以承受的负担。20世纪五六十年代，国家都曾被迫采用"下放""上山下乡"的办法，将千百万城市人口强制性迁往农村。其中既有政治原因，也有就业压力的原因。

城市里的改革、就业制度的变化，实际上是从解决就业问题开始的。大量知识青年返城，国家无力全部安排，只能由个人自谋生路，自己创造岗位解决自己的生存问题。由此，出现了个体经济。随后，农村的农民，开拓市场，建立市场，进入市场，开始在城乡创业，造成了社会的人口流动，逐渐冲破严格封闭的城乡二元结构。

于是，大一统的就业制度被冲开了缺口，国家不得不允许个人自主创业，也不得不允许体制外的人口流动和自主创业。于是，一种特殊的"创业"概念在改革开放起步之后首先出现了。这种创业，还只是一种原始的、与体制无关的、寻求个人生存之路的"创业"，与现在的"创业"概念还有不同。

随着改革开放的推进，市场经济对人们的吸引力增强，特别是深圳特区的建立，沿海地区的发展，吸引了许多体制内的人员辞职"下海"。国家机关和事业单位的改革，也打破了传统的"铁饭碗"和"大锅饭"，既给一大批公职人员增大了个人就业的压力，但也造成了就业体制的松动和人口流动的可能，也为再就业的人员创造了自主择业、自主发展的广阔空间。

进入 20 世纪 90 年代之后，国有企业引入市场机制，日益在市场经济的大海中拼搏和浮沉，有的企业破产了，有的企业为了提高效益、增强竞争能力，不得不裁减就业岗位。国家也相应制定了有关政策。于是，又有一个新词诞生了，这就是"下岗"。

下岗，就是指职工因企业破产或裁减人员等原因失去工作岗位。它是中国体制转型过程中特有的失业现象。所谓下岗职工，是指在企业无工作岗位三个月以上，但尚未与原企业解除劳动关系、继续从原企业领取低于工资的生活费、养老金和医疗保险等福利、且未在社会上有其他职业的人员。

下岗还不等于失业。区别在于，下岗职工虽然无业，但未与原企业解除劳动关系，档案关系仍在原企业。所以，当时习惯的称谓还有"停薪留职""厂内待业"甚至"放长假"等。

下岗职工在保证最低生活需要的条件下，可以积极寻找新的就业岗位，或积极参加职业培训，为重新上岗创造条件。于是，又有了一个新词——"再就业"。

再就业，就是指再次有职业、有工作可做。具体指中国在新时期出现的因为企业倒闭等原因而使部分工人下岗无工作做，然后又重新找到自己合适的工作的现象。

凡是有劳动能力和技能的，可以通过组织渠道，也可以通过自己努力，寻找新的工作岗位。再就业是资源的重新整合、合理利用。再就业重新解决了许多人的就业问题，有利于社会的稳定。在某些情况下，或许还能为一些人创造出更好的就业岗位和发展机会。改革开放中的不少成功人士，都有过下岗的经历。

面对新的就业、失业、创业等现象，国家的劳动就业制度实行了越来越多的改革，国家一直尽最大努力为人们创造就业岗位、安排就业机会，但是，不再像计划经济时期那样包分配、包工作。学生从学校毕业后，也不包分配了。就业制度越来越活。每个人都有了自主择业的权利和机会，但也同时面临着待业、失业的风险。虽然是两难，但多数人还是宁肯选择自由、自主。

于是，社会上又出现了"待业"的概念。虽然界定其定义比较复杂，但简而言之，就是"等待就业"。

至于"失业"，早已是一个客观的事实。于是，失业也就从长期禁锢的词语库里走出来，成为一个社会关注、政府关注的现实课题。

"失业"，是指有劳动能力、处于法定劳动年龄阶段、并有就业愿望的劳动者，失去或没有得到有报酬的工作岗位的社会现象。按我们国家的规定，失业人员已与企业解除劳动关系，档案已转入户口所在地街道、镇劳动和社会保障部门。

失业人员，按照国际劳工组织的定义，是指在一定年龄以上、在参考时期内没有工作、目前可以工作而且正在寻找工作的人。按照我国国家统计局的定义，是指非农业户口、在一定劳动年龄、有劳动能力、无业而要求就业、并在当地就业服务机构进行求职登记的人员。两种定义的一个重要区别，是我们仅指非农业户口，不包括农民。另一个重要区别，是我们的失业指的是"登记失业人口"，即我们只统计在就业服务机构登记的失业人员。

失业，是市场经济的必然现象。它像蓄水池一样，调节着人力资源在市场的配置。

中关村，是高科技企业云集的地方，但几乎平均每天都有 4 个公司倒闭。

市场就是面向社会需求。对路的，就能生，不对路的，就必然淘汰。多少企业都会在市场面前竞争，也都会接受市场的选择和检验，因此，必然有生有死。

比尔·盖茨告诫他的员工："我们离破产，永远只有 18 个月！"

市场经济瞬息万变，无时无刻不在为企业的产品、企业的效益、企业的命运重新排队。1992 年，中关村高新技术产业试验区评出 163 项拳头产品，到 1994 年已有 38 项被淘汰。1993 年评出 277 项拳头产品中，有 152 项是新的。据介绍，中关村新技术企业存活率大约是 75%。也就是说，10 年来差不多有 25% 的企业已经不复存在，它们，有的是破产倒闭的，有的是被兼并、并购的，也有的是主动停业的。

企业有死，当然就有人员下岗、失业。但好在中关村这个地方，企业变更后的人员安置、出路问题，都是自行解决的，没有人到政府去要饭碗。

当然，无论什么原因、失业对一个人连同其家庭的生活都有着巨大影响，一旦失业，便失去了稳定的收入来源，虽然国家有最低生活保障等政策，但生活水平必然下降。这不但不利于社会的稳定，也不利于经济的发展。

所以，国家在发展社会主义市场经济、改革劳动就业制度的同时，高度重视整个社会的就业问题，采取各种措施，保障无业人员的基本生活，或帮助其就业。

1986 年 7 月，国务院发布《国营企业实行劳动合同制暂行规定》《国营企业辞退违纪职工暂行规定》《国营企业职工待业保险暂行规定》和《国营企业招用工人暂行规定》。这四项暂行规定是对新中国成立以来劳动就业制度的一次重大改革。

1991 年 6 月，国务院作出《关于企业职工养老保险制度改革的决定》，确定改革养老保险完全由国家、企业包下来的办法，逐步建立起基本养老保险、企业补充养老保险和职工个人储蓄性养老保险相结合的制度。

1997 年 9 月，国务院发出《关于在全国建立城市居民最低生活保障制度的通知》，要求 1999 年年底以前，在全国建立城市居民最低生活保障制度。

1998 年 6 月，中共中央、国务院发出《关于切实做好国有企业下岗职工基本生活保障和再就业工作的通知》，提出当前和今后一个时期，主要解决国有企业下岗职工基本生活保障和再就业问题；争取用五年左右时间，初步建立起适应社会主义市场经济体制要求的社会保障体系和就业机制。

2008 年 2 月，国务院发出《关于做好促进就业工作的通知》。

2008 年 9 月，国务院公布《中华人民共和国劳动合同法实施条例》。

2009 年 2 月，国务院发出《关于做好当前经济形势下就业工作的通知》。

2011 年 5 月，国务院发出《关于进一步做好普通高等学校毕业生就业工作的通知》。

2012 年 1 月，国务院批转《促进就业规划（2011—2015 年）》。

十八大明确提出推动实现更高质量的就业，实施就业优先战略和更加积极的就业政策，并把实现就业更加充分作为全面建成小康社会的重要目标，进一步明确了"劳动者自主就业、市场调节就业、政府促进就业和鼓励创业"的新时期就业方针。

2015 年，国务院在《关于进一步做好新形势下就业创业工作的意见》中，要求把就业作为重中之重，坚持实施就业优先战略和更加积极的就业政策，坚决打好稳定和扩大就业的硬仗。

国务院还印发《关于大力推进大众创业万众创新若干政策措施的意见》，启动首届全国大众创业万众创新活动周，要求扎实推进"双创"，不断激发市场活力潜力和社会创造力。

十九大进一步强调实施就业优先战略和积极就业政策，实现更高质量和更充分就业。要求大规模开展职业技能培训，注重解决结构性就业矛盾，鼓励创业带动就业。提供全方位公共就业服务，促进高校毕业生等青年群体、农民工多渠道就业创业。破除妨碍劳动力、人才社会性流动的体制机制弊端，使人人都有通过辛勤劳动实现自身发展的机会。

五、股份制

1984 年，在北京诞生了我国改革开放后第一家由全民所有制企业改造的股份制企业——北京天桥百货股份有限公司。

1984 年 11 月，上海飞乐音响公司改制为股份有限公司，向公众发行 50 万元股票，成为我国大陆改革开放以来第一家向公众发行股票的股份公司。

股票是实行股份制的必然产物。

股份制亦称"股份经济"，是指以入股方式把分散的、属于不同人所有的生产要素集中起来，统一使用，合理经营，自负盈亏，按股分红的一种经济组织形式，也是企业财产所有制的一种形式。

股份制的基本特征是生产要素的所有权与使用权分离，在保持所有权不变的前提下，把分散的使用权转化为集中的使用权。

股份制企业是指 3 人或 3 人以上（至少 3 人）的利益主体，以集股经营的方式自愿结合的一种企业组织形式。它是适应社会化大生产和市场经济发展需要、实现所有权与经营权相对分离、利于强化企业经营管理职能的一种企业组织形式。

股份公司就是通过发行股票及其他证券，把分散的资本集中起来经营的一种企业组织形式。

股份制产生于18世纪的欧洲，19世纪后半期广泛流行于世界资本主义各国，股份公司在资本主义国家的经济中占据统治地位。

近代中国曾有过股份制的很大发展。辛亥革命的直接起因，就是清王朝要将川汉铁路的民间股权收归国有，以致发生保路运动。清政府调兵前往镇压，辛亥革命由此爆发。

新中国成立后，也曾有股份制存在。社会主义改造时，也曾经采用资本家入股的方式实行公私合营。但在计划经济条件下，股份制被当作资本主义而遭到长期排斥。

改革开放后，农村的集体企业首先采用集资入股、股份合作、股金分红的合作形式，取得了积极的效果。

因此，在城市经济改革中，开始进行股份制改革的试点。1984年十二届三中全会后，股份制试点遍及金融业、轻工业和林业等各种产业。

1985年10月，新中国第一家证券公司——深圳特区证券公司正式成立，它专门从事股票的发行、转让和管理工作。

1986年12月，国务院在《关于深化企业改革增强企业活力的若干规定》中明确指出："各地可以选择少数有条件的全民所有制大中型企业，进行股份制试点。"此后，股份制在中国有了较快的发展。

1987年的十三大对股份制试点给予充分肯定，指出："改革中出现的股份制形式，包括国家控股和部门、地区、企业间参股以及个人入股，是社会主义企业财产的一种组织方式，可以继续试行。"

1988年、1989年，股份制进入慎重推进阶段。各地的试点逐渐向着规范化的方向发展。深圳发展银行向社会发行普通股。北京天桥百货股份有限公司于1988年发行了第二期股票700万元。

1984年—1991年年底，全国试点股份制转制的3200个企业，每年产值和税利都有较大幅度的增长，高于其他国有企业。

1992年邓小平南方谈话后，股份制试点再次掀起高潮。国务院批转《关于股份制企业试点工作座谈会情况报告的通知》。5月，中央有关部委印发《股份制企业试点办法》，这是新中国成立以来第一个关于股份制试点的全国性文件。

十四大报告指出，股份制有利于政企分开、转换企业经营机制和积聚社会资金，要积极试点，总结经验，抓紧制定和落实有关法规，使之有秩序地健康发展。1993年的十四届三中全会对股份制给予了更加明确的肯定。

1997年，十五大提出，公有制实现形式可以而且应当多样化，一切反映社会化生产规律的经营方式和组织形式都可以大胆利用。

十五大报告对股份制这一现代企业的资本组织形式给予了明确肯定，作出了重大的理论突破，强调了所有制和所有制实现形式是两个不同的概念，"股份制是现代企业的一种资本组织形式，有利于所有权和经营权的分离，有利于提高企业和资本的运作效率，资本主义可以用，社会主义也可以用"。

在思想解放的基础上，股份制企业发展很快，1997年—2001年间，股份制企业从7.2万家发展到近30万家；从业人员从643.7万人增加到2746.6万人；全年实现营业收入从8311亿元增加到56733亿元。股份制逐渐成为中国公司所有制的主要形式。

2002年，十六大指出，进一步探索公有制特别是国有制的多种有效实现形式，大力推进企业的体制、技术和管理创新。除极少数必须由国家独资经营的企业外，积极推行股份制，发展混合所有制经济。

十六届三中全会又令人瞩目地首次提出，大力发展国有资本、集体资本和非公有资本等参股的混合所有制经济，实现投资主体多元化，使股份制成为公有制的主要实现形式。这是对公有制实现形式认识的重大突破。以前是说股份制是公有制的一种实现形式，而如今则明确提出"使股份制成为公有制的主要实现形式"。

在股份制发展过程中，也出现了不少问题。所以，在股份制有了较大发展的情况下，党和国家突出强调股份制的健康和规范发展问题，着力解决出现的各种问题，对股份制经济和股票市场加以规范。

六、证券市场

1986 年 11 月，美国证券大王——纽约证券交易所董事长范尔霖率团访华。他给邓小平带来了两件特殊的礼物：纽约证券交易所的一枚证章和一本证券样本。

范尔霖心中颇有点忐忑不安。股票、证券交易，在中国是长期被当作资本主义东西的。邓小平会收下这种礼物吗?

但使他十分高兴的是，在会见中，邓小平不仅收下了，而且还回赠了他一份新中国发行的第一张股票——5 元面值的飞乐股票。

当天的电视新闻中，人们只看到邓小平向范尔霖赠送了一份礼物，但送的是什么，并不清楚。

然而，此举在国外却引起了广泛的关注和兴趣。《朝日新闻》发表整版评论，称中国企业将全面推行股份制，中国经济终将走向市场化。

邓小平赠送的虽然仅是面值 5 元的股票，但其实际价值却无可估量。

1990 年 12 月 19 日，共和国第一家证券交易所——上海证交所正式开张营业。1993 年交易额达到 5200 亿，股票上市品种达到 129 个，证券交易会员 481 家，交易席位达到 2554 个。

股票的发行必然带来股票市场的降生。股票发行是一级市场，股票交易是二级市场。如果没有股票交易的市场，金融市场乃至市场经济是难以运转起来的。

证券是多种经济权益凭证的统称。证券市场，是进行有价证券交易的场所和渠道。广义上的证券市场指的是所有证券发行和交易的场所。狭义上，也是最活跃的证券市场，指的是资本证券市场、货币证券市场和商品证券市场，是股票、债券、商品期货、股票期货、期权、利率期货等证券产品发行和交易的场所。

按照职能的不同，证券市场可分为证券发行市场（初级市场）和证券流通市场（二级市场）。证券市场是聚积社会资金的中心，是调节资金投向和提高资金使用效益的场所，政府可利用它实施一定的宏观调控的货币金融政策。当然，毋庸讳言，它也是进行金融投机活动的场所。

证券市场是市场经济发展到一定阶段的产物，是为解决资本供求矛盾和流动性而产生的市场。证券市场以证券发行和交易的方式实现了筹资与投资的对接，有效地化解了资本的供求矛盾和资本结构调整的难题。在发达的市场经济中，证券市场是完整的市场体系的重要组成部分，它不仅反映和调节货币资金的运动，而且对整个经济的运行具有重要影响。

新中国成立初期，曾有证券市场。但到1952年，政府宣布所有的证券交易所关闭停业；1958年，国家停止向外借款；1959年，终止了国内政府债券的发行。此后的20多年中，我国大陆不再存在证券市场。

十一届三中全会以后，随着经济体制改革的深入和商品经济的发展，人民收入水平不断提高，社会闲散资金日益增多；同时，经济建设所需资金不断扩大，资金不足问题十分突出。于是，各方面要求建立长期资金市场，恢复和发展证券市场的呼声越来越高，证券市场遂在改革中应运而生。

从发行市场来说，1981年，国家发行国库券。此后，债券发行连年不断，发行数额不断增加，债券种类由国家债券扩展到金融债券、企业债券、国际债券。

股票发行则始于1984年9月，北京成立了第一家股份有限公司——天桥百货股份有限公司，并发行了股票。同年11月，由上海电声总厂发起成立的上海飞乐音响股份有限公司向社会公开发行股票。之后，上海延中实业股份有限公司也面向社会发行了股票。全国其他一些城市也相继发行了股票。

随着股份制试点企业的增加，股票发行规模不断扩大，股票发行涉及境内人民币普通A股、供境内外法人和自然人购买的人民币特种股票B股，还有在境外发行的H股和N股等。

从交易市场来说，我国的证券交易市场始于1986年。1986年8月，沈阳信托投资公司第一次面向社会开办了证券交易业务，之后，沈阳市建设银行信托投资公司和工商银行沈阳证券公司也开办了这项业务。1986年9月，上海市几家专业银行的信托部门及信托投资公司开办了股票"柜台交易"，1988年4月和6月，财政部先后在全国61个大中城市进行转让市场的试点。

到1990年，全国证券场外交易市场基本形成，场内交易市场也迅速发展起来。1990年11月26日，国务院授权中国人民银行批准的上海证券交易所宣告成立，并于1990年12月19日正式营业，这是我国大陆第一家证券交易所。1991 年 4 月 11 日，深圳证券交易所也宣告成立，并于同年 7 月 3 日正式营业。两家证券交易所的成立，标志着我国证券市场由分散的场外交易进入了集中的场内交易。

与此同时，全国的一些大中城市如武汉、天津、沈阳、大连等地还成立了 27 家证券交易中心，接纳多种债券和投资基金交易。一些交易中心还同上海、深圳证券交易所联网，使两家证券交易所的交易活动得以辐射、延伸。

1990 年 10 月，中国人民银行建立了全国证券交易所自动报价系统（STAQS），通过计算机网络连接国内证券交易比较活跃的大中城市，为会员提供有价证券的买卖价格信息以及报价、交易、交割和结算等方面的服务。该系统 1991 年 4 月开始并网运行，至 1994 年，已有分布全国的 42 个城市的 189 家会员公司。

1993 年 2 月，经中国人民银行批准，又一家证券交易网"中国证券交易系统有限公司"（NET）宣布成立。4 月 28 日正式开业。至 1994 年，该系统卫星通信网络覆盖了全国 100 多个城市，入网证券商达几十家。

1999 年 7 月 1 日，《中华人民共和国证券法》实施，这是中国第一部证券法律。

东南亚金融危机之后，对地方交易中心和法人股市场进行清理，各种形式的股票场外交易被明令禁止，从而形成了高度集中的两所体制，即沪、深交易所并存发展，股票流通集中在交易所。

证券市场的建立和发展，是社会主义市场经济体制改革的重要成果之一。证券市场已经成为我国社会主义市场经济体系的一个重要组成部分，对我国的经济体制和国有企业改革以及国民经济发展发挥了重要作用。

2012 年 12 月 28 日，十一届全国人大常委会第三十次会议通过修订后的《中华人民共和国证券投资基金法》。

2014 年，国务院印发《关于进一步促进资本市场健康发展的若干意见》《关于促进市场公平竞争维护市场正常秩序的若干意见》《关于加强地方政府性债务管理的意见》。证券市场在规范化的道路上不断前行。

七、混合所有制经济

如果今天问：这家企业是谁的？是国有还是私营？有时候已经很难回答了。因为中国的大批企业已经是混合所有，成了混合所有制经济。

混合所有制经济，是指财产权分属于不同性质所有者的经济形式。

从宏观层次来讲，混合所有制经济是指一个国家或地区所有制结构的非单一性，即在所有制结构中，既有国有、集体等公有制经济，也有个体、私营、外资等非公有制经济，还包括拥有国有和集体成分的合资、合作经济。

作为微观层次的混合所有制经济，是指不同所有制性质的投资主体共同出资组建的企业。通常文件和现实所说的混合所有制经济，主要是指这一类企业。是不同所有制经济按照一定原则实行联合生产或经营的经济形式。

在改革开放的进程中，国有企业进行了不断深入的改革，公有制形式越来越多样化。个体经济、私营经济、外资经济等非公有制经济也得到迅速发展。改革初期，各种所有制形式之间基本上是孤立地并存，每一种所有制对应着国民经济的一块，各板块之间相互封闭。国家也根据不同的板块制定差别性的经济政策和管理条例。

但生产要素流动的本性必然地不断冲击板块之间的壁垒，加强着各种所有制经济之间的联系。特别是股份制经济的发展，使混合所有制经济的发展不仅非常必要，也成为可能。

我国的混合所有制就是在各种所有制追求优势互补的动机下形成的。其途径有：组建跨所有制的、由多元投资主体形成的公司和企业集团；不同所有制企业相互参股；公有制企业出售部分股权或吸收职工入股，等等。

随着多种所有制经济和股份制经济的探索，党和国家越来越明确地对混合所有制经济给予了肯定，并对发展混合所有制经济提出了要求。

1997年，十五大第一次明确指出："公有制经济不仅包括国有经济和集体经济，还包括混合所有制经济中的国有成分和集体成分。"

2002年，十六大明确提出"发展混合所有制经济"。

2007年，十七大继续强调："以现代产权制度为基础，发展混合所有制经济。"

2013 年，十八届三中全会通过的《中共中央关于全面深化改革若干重大问题的决定》进一步肯定："国有资本、集体资本、非公有资本等交叉持股、相互融合的混合所有制经济，是基本经济制度的重要实现形式，有利于国有资本放大功能、保值增值、提高竞争力，有利于各种所有制资本取长补短、相互促进、共同发展。"

该决定对建立混合所有制经济进行了专门的部署。要求积极发展混合所有制经济。包括：

允许更多国有经济和其他所有制经济发展成为混合所有制经济。国有资本投资项目允许非国有资本参股。

允许混合所有制经济实行企业员工持股，形成资本所有者和劳动者利益共同体。

同时，还"鼓励非公有制企业参与国有企业改革，鼓励发展非公有资本控股的混合所有制企业，鼓励有条件的私营企业建立现代企业制度"。

2015 年，国务院印发了《关于国有企业发展混合所有制经济的意见》，要求分类推进、分层推进国有企业混合所有制改革，鼓励各类资本参与国有企业混合所有制改革，建立健全混合所有制企业治理机制，建立依法合规的操作规则，营造国有企业混合所有制改革的良好环境。

2017 年的十九大，把混合所有制作为国有企业深化改革的重要形式，要求"深化国有企业改革，发展混合所有制经济，培育具有全球竞争力的世界一流企业"。

经过多年的发展之后，我国现行的混合所有制主要有三大类型，并且呈现多样化发展的趋势。

一是公有制和私有制经济联合组成的混合所有制企业。

它们又可以进一步细分为两种形式：国有经济或集体经济与外资联合而成的企业，如中外合作经营、合资经营等；国有经济或集体经济同国内私营经济联合组成的企业。

二是公有制与个人所有制联合组成的混合所有制企业。

其中包括国有企业股份制改造中吸收本企业职工持有部分股权的企业，以及集体经济实行股份合作制的企业中集体所有与个人所有相结合的混合所有制企业。

三是公有制内部国有企业与集体企业联合组成的混合所有制企业。

如城市国有企业与农村乡镇企业或城市集体企业组成的联合体。这是公有制企业之间的联合。

从资产运营的角度分析，无论资本来源是公有的还是私有的，都已融合为企业的法人财产。各利益主体通过治理结构形成一种混合的、复杂的产权安排。所以，混合所有制已突破了公有制和私有制相互隔绝、独立存在的界限，实现了相互融合。

八、社会主义市场经济体制

长期以来，无论是马克思列宁主义的基本理论，还是世界各国的通常观念；无论是资本主义国家，还是社会主义国家，都认为市场经济是资本主义的专利，社会主义与市场经济是不相容的。

新中国成立后，参照苏联的计划经济模式，逐步建立起集中统一的计划经济体制。

随着改革开放的发展，一个突出的问题日益尖锐地摆在无数老百姓的面前，更摆在党和国家的面前：如何处理计划与市场的关系？经济体制改革的目标是什么？

当旧体制捆在人们身上的绳索一步步解开后，人们有了选择的自由。有人从业、有人买卖、有人生产、有人经营……但所有这些，都要有市场。

于是，1978年年底和1979年年初，当改革的春潮正在涌动之时，中国经济界有人提出了市场经济的概念。

在改革开放的进程中，党和国家不断思考和回答着这一问题。

十二大提出计划经济为主、市场调节为辅。

1984年10月，十二届三中全会通过的《关于经济体制改革的决定》，明确提出"社会主义经济是在公有制基础上的有计划的商品经济"。这个论断虽然没有出现"市场经济"，但比起传统的"计划经济"，已经进了一大步。

十二届三中全会之后，党中央国务院先后作出了商业、外贸、财政、金融、税收、价格等方面改革的方案。中国进入了城市、农村以及科技、教育、政治全面改革的新阶段。

十三大指出，社会主义有计划商品经济的体制应该是计划与市场内在统一的体制，提出了"国家调控市场，市场引导企业"的间接调控方式。

十三届四中全会后，提出建立适应有计划商品经济发展的计划经济与市场调节相结合的经济体制和运行机制。

当大多数人还视"市场经济"为洪水猛兽的时候，邓小平，这位改革开放的总设计师，从 1979 年开始，先后 6 次论述了市场经济问题。

在 1992 年的南方谈话中，他再一次鲜明地指出："计划经济不等于社会主义，资本主义也有计划；市场经济不等于资本主义，社会主义也有市场。"

至此，邓小平对社会主义可不可以搞市场经济这个长期争论不已的问题，作了一个清楚、透彻的总回答。

1992 年 6 月 9 日，江泽民在中央党校省部级干部进修班上提出经济体制改革的目标可以有三种选择，"我个人的看法，比较倾向于使用'社会主义市场经济体制'这个提法"①。

当年 10 月召开的十四大，作出了三项影响深远的决策，其中之一，就是明确我国经济体制改革的目标是建立社会主义市场经济体制。

1993 年 11 月，十四届三中全会审议通过《关于建立社会主义市场经济体制若干问题的决定》，将十四大提出的经济体制改革的目标和原则具体化，明确了建立社会主义市场经济体制的基本任务和要求，勾画了总体规划和基本框架。

十四大之后，中国的经济体制改革由侧重于突破旧体制转向侧重于建立新体制，由政策调整转向制度创新，由单项改革转向综合配套改革，由重点突破转向整体推进与重点突破相结合。

到 21 世纪初，我国初步建立起社会主义市场经济体制。2003 年的十六届三中全会通过《中共中央关于完善社会主义市场经济体制若干问题的决定》。与 10 年前十四届三中全会通过的决定相比，差别就在一个词：将"建立"改成"完善"。虽仅一词之差，但却浓缩了我国社会主义市场经济发展的历史进程，标志着我国的经济体制改革跨入了一个新的历史发展阶段。

通过改革开放，市场的分量越来越重，也越来越发挥着更大的作用。

十五大提出"使市场在国家宏观调控下对资源配置起基础性作用"。十六

① 《十三大以来重要文献选编》下，人民出版社 1993 年版，第 2073 页。

大提出"在更大程度上发挥市场在资源配置中的基础性作用"。十七大提出"从制度上更好发挥市场在资源配置中的基础性作用"。十八大提出"更大程度更广范围发挥市场在资源配置中的基础性作用"。到十八届三中全会的决定，则更进一步把市场在资源配置中的"基础性作用"改变为"决定性作用"。同时，后面仍强调，要"更好发挥政府作用"。

十八大以来，习近平总书记在关于全面深化改革、"坚持社会主义市场经济改革方向"方面，提出了一系列重要思想、重要论断和重要举措，为全面深化经济体制改革指明了正确方向。

习近平总书记强调，"使市场在资源配置中起决定性作用和更好发挥政府作用，二者是有机统一的，不是相互否定的，不能把二者割裂开来、对立起来"[1]，而是要"学会正确运用'看不见的手'和'看得见的手'"[2]。

为了发挥市场对于资源配置的决定性作用，从 2013 年到 2018 年的五年中，国务院部门行政审批事项削减 44%，非行政许可审批彻底终结，中央政府层面核准的企业投资项目减少 90%，行政审批中介服务事项压减 74%，职业资格许可和认定大幅减少。中央政府定价项目缩减 80%，地方政府定价项目缩减 50% 以上。这些措施，有助于把可以由市场解决的问题交给市场，增强各类市场主体的活力。

在社会主义条件下发展市场经济，是前无古人的伟大创举，是中国共产党人对马克思主义发展作出的历史性贡献，体现了党坚持理论创新、与时俱进的巨大勇气。由计划经济体制向社会主义市场经济体制的转变，实现了改革开放新的历史性突破，打开了中国发展的崭新局面。

这是十六大对建立社会主义市场经济成就的评价。用它来评价 40 年社会主义市场经济的发展、形成和完善，也是适用的。

九、公有制为主体、多种所有制经济共同发展的基本经济制度

在当代中国，多种所有制的并存和紧密合作，构成一幅万马奔腾的景象：

公有制是领头的红马，并构成整个队伍的主体，引领着中国经济向前奔

---

① 《习近平谈治国理政》第 1 卷，外文出版社 2018 年版，第 117 页。
② 同上书，第 118 页。

腾。而其他各种经济成分，如同各种不同颜色的骏马，也占有一定的地位，发挥着应有的作用，共同奔腾前进。

在这万马奔腾的队伍中，并不一定每一个局部都要红马占多数。红马的作用，关键是起控制和引导作用，领着队伍向一个正确的方向奔驰。无论红马还是黑马，在竞赛中都是平等的，都要在市场经济的奔腾前进中较量、竞争，而不能游离于这种竞争。

这种万马奔腾的局面，是改革开放造成的，而且已成为中国的基本经济制度。

基本经济制度是国家依据社会性质及基本国情，通过法律对社会经济活动中生产资料归谁所有作出明确规定的经济制度，是社会经济在生产关系中最基本的规定，即所有制。

中国现处于并将长期处于社会主义初级阶段，因而以公有制为主体、多种所有制经济共同发展是我国现阶段的基本经济制度。

在改革开放的进程中，以国有企业和农村集体经济为代表的公有制经济不断发展，其实现形式日益多样化。同时，其他非公有制经济也迅速发展，发挥了重要作用。各种所有制经济日益呈现和发展，如何认识和处理不同所有制经济的关系，便成为一个迫切需要解决的重大理论和实践问题。

1978 年，十一届三中全会提出，要根据我国社会主义建设的具体实际，改革同生产力发展不相适应的生产关系和上层建筑。十四届三中全会进一步指出，必须坚持以公有制为主体、多种经济成分共同发展的方针。

1997 年，十五大把公有制为主体、多种所有制经济共同发展，确定为我国社会主义初级阶段的一项基本经济制度，并且指出，公有制经济不仅包括国有经济和集体经济，还包括混合所有制经济中的国有成分和集体成分。公有制实现形式可以而且应当多样化，非公有制经济是我国社会主义市场经济的重要组成部分。

2002 年，十六大强调要坚持和完善这一基本经济制度，同时，提出了两个"毫不动摇"、一个"统一"，即"必须毫不动摇地巩固和发展公有制经济"，"必须毫不动摇地鼓励、支持和引导非公有制经济发展"。"坚持公有制为主体，促进非公有制经济发展，统一于社会主义现代化建设的进程中，不能把这两者对立起来。各种所有制经济完全可以在市场竞争中发挥各自优势，相互促进，共同发展。"

此后，十七大、十八大以及有关中央全会，都强调要坚持和完善这一基本经济制度。

2017 年，十九大进一步把"坚持和完善我国社会主义基本经济制度和分配制度，毫不动摇巩固和发展公有制经济，毫不动摇鼓励、支持、引导非公有制经济发展"列为坚持和发展中国特色社会主义治国方略的重要内容。

以公有制为主体、多种所有制经济共同发展的基本经济制度，是中国特色社会主义制度的重要支柱，也是社会主义市场经济体制的根基。通过确立和实行这一基本制度，逐步消除了所有制结构不合理造成的羁绊，进一步解放和发展了我国的社会生产力，不仅保证了社会主义市场经济体制的建立和运转，而且推动了国民经济持续快速健康地发展。

改革开放以来，国有企业改革发展不断取得重大进展，总体上已经同市场经济相融合，规模实力明显提升，活力进一步增强，主导作用和影响力不断扩大。2014 年，全国国有企业（不包括金融类国有企业）资产总额 102.1 万亿元，净资产 35.6 万亿元，实现利润总额 2.5 万亿元，上交税金 3.8 万亿元，分别是改革开放之初的 141 倍、73 倍、38 倍、65 倍，进入世界 500 强的 94 家大陆企业中有 84 家是国有企业。

同时，非公有制经济发展迅速，占国内生产总值的比重超过 60%，税收超过 50%，新增就业达到 90%，在支撑增长、增加税收、扩大就业、促进创新等方面发挥着越来越重要的作用。

实践证明，公有制经济和非公有制经济都是我国经济社会发展的重要基础，都是全面建成小康社会的重要力量。二者取长补短、相互促进、互利共赢、共同发展，有利于促进产业结构优化升级，推动我国产业迈向中高端水平；有利于更好实施创新驱动发展战略和制造强国战略，发挥国有企业的骨干和表率作用，促进科技型中小微企业健康发展；有利于推进大众创业、万众创新，实现创新支持创业、创业带动就业、就业增加收入的良性互动发展；有利于实施走出去战略，推进"一带一路"建设，促进国际产能合作，提高我国国际竞争力和话语权。

全面建成小康社会和全面深化改革的重要目标，是到 2020 年"形成系统完备、科学规范、运行有效的制度体系，使各方面制度更加成熟更加定型"。

基本经济制度是中国特色社会主义制度体系的重要支柱，因此，一定要坚持和完善基本经济制度，既不能走封闭僵化的老路，回头去搞"纯而又纯"，更不能走改旗易帜的邪路，搞什么私有化。既要全面深化国有企业改革，破除一切不利于科学发展的体制机制弊端，使国有企业全方位融入市场经济，又要营造公平竞争、促进企业健康发展的市场环境和制度环境，实现多种所有制经济共同发展。

2018 年 11 月 1 日，在民营企业座谈会上，习近平总书记强调指出："公有制为主体、多种所有制经济共同发展的基本经济制度，是中国特色社会主义制度的重要组成部分，也是完善社会主义市场经济体制的必然要求。""我国基本经济制度写入了宪法、党章，这是不会变的，也是不能变的。任何否定、怀疑、动摇我国基本经济制度的言行都不符合党和国家方针政策，都不要听、不要信！"

十、按劳分配为主体、多种分配方式并存的分配制度

1978 年 10 月，中国恢复奖金制。奖金总额按职工工资总额 10%—12% 提取，并在事业单位试行一次性年终奖，人均 10 元。

这似乎是一个不大的举动，但却在长期以来平均主义、吃"大锅饭"的分配制度上打开了一个缺口。

改革开放 40 年，是我国经济发展最快的时期，也是居民收入增长最快、群众得到实惠最多的时期。由于实行富民政策，人民生活水平显著提高，贫困人口大幅度减少。

改革开放的推进，市场经济的发展，必然要求分配制度的改革，把按劳分配和按要素分配结合起来，允许和鼓励资本、技术等生产要素参与收益分配，既容许一部分地区和一部分人通过合法劳动先富起来，又要防止收入差距过大，造成贫富两极分化的现象。

所以，随着改革开放的发展，我国的分配制度和分配格局进行了相应的调整和改革。

十一届三中全会第一次提出要克服平均主义。十二届三中全会第一次提出要让一部分地区和一部分人通过诚实劳动和合法经营先富起来。这一政策，

鼓励人们大胆创业，增强了社会的动力和活力。

由于多种分配方式已经出现，为了规范这些分配方式的关系，十三大第一次提出实行以按劳分配为主体、其他分配方式为补充的分配制度。

十四届三中全会又把"补充"改为"并存"，确立了按劳分配为主体、多种分配方式并存的分配制度，同时提出了"效率优先、兼顾公平"的原则。

十五大又进一步提出把按劳分配和按生产要素分配结合起来，允许和鼓励资本、技术等生产要素参与收益分配。

随着改革开放的发展，分配问题越来越成为经济社会发展和人民群众关心的问题。所以，十六大指出，理顺分配关系，事关广大群众的切身利益和积极性的发挥。

为此，十六大提出了完善按劳分配为主体多种分配方式并存的分配制度、调整和规范国家企业和个人分配关系的一系列要求。特别是确立了劳动、资本、技术和管理等生产要素按贡献参与分配的原则。强调既要提倡奉献精神，又要落实分配政策，既要反对平均主义，又要防止收入悬殊。初次分配注重效率，发挥市场的作用，鼓励一部分人通过诚实劳动、合法经营先富起来。再分配注重公平，加强政府对收入分配的调节职能，调节差距过大的收入。规范分配秩序，合理调节少数垄断性行业的过高收入，取缔非法收入。以共同富裕为目标，扩大中等收入者比重，提高低收入者收入水平。

随着社会主义和谐社会建设的提出，如何在经济快速发展的同时进一步改善民生，成为党和国家关注的重大课题。因此，十七大指出，要深化收入分配制度改革，增加城乡居民收入。

为此，要坚持和完善按劳分配为主体、多种分配方式并存的分配制度，健全劳动、资本、技术、管理等生产要素按贡献参与分配的制度，初次分配和再分配都要处理好效率和公平的关系，再分配更加注重公平。逐步提高居民收入在国民收入分配中的比重，提高劳动报酬在初次分配中的比重。着力提高低收入者收入，逐步提高扶贫标准和最低工资标准，建立企业职工工资正常增长机制和支付保障机制。创造条件让更多群众拥有财产性收入。保护合法收入，调节过高收入，取缔非法收入。扩大转移支付，强化税收调节，打破经营垄断，创造机会公平，整顿分配秩序，逐步扭转收入分配差距扩大趋势。

在整个社会富裕起来的大环境下，分配不公、差距过大的现象也表现得比较突出，并且引起了社会的很大不满。因此，十八大提出：要坚持社会主义基本经济制度和分配制度，调整国民收入分配格局，加大再分配调节力度，着力解决收入分配差距较大问题，使发展成果更多更公平惠及全体人民，朝着共同富裕方向稳步前进。十八大要求，"深化收入分配制度改革，努力实现居民收入增长和经济发展同步、劳动报酬增长和劳动生产率提高同步，提高居民收入在国民收入分配中的比重，提高劳动报酬在初次分配中的比重"。

改革开放以来的实践证明，收入分配，关系国计民生，关系改革发展稳定的大局。社会的各个群体、每个社会成员的具体利益都与收入分配息息相关。实行科学的分配制度，建立合理的分配机制，不仅有助于妥善处理社会各个阶层、群体的利益关系，化解社会矛盾，为改革开放和经济发展创造良好的环境，而且有利于激发人的积极性和创造性，同时又约束人的行为，调动一切积极因素，保持社会的良性运行。

所以，一定要从我国的国情出发，坚持和完善按劳分配为主体、多种分配方式并存的制度，把按劳分配和按生产要素分配结合起来。既要注重效率，反对平均主义；也要讲求公平，防止收入差距过分扩大。正确处理一次分配和二次分配的关系，在经济发展的基础上普遍提高居民的收入水平。

十一、建立健全现代产权制度

产权是指自然人、法人对各类财产的所有权及占有权、使用权、收益权和处置权等权利，包括物权、债权、股权和知识产权及其他无形财产权等。

产权是所有制的核心和主要内容。建立归属清晰、权责明确、保护严格、流转顺畅的现代产权制度，是建立完善的社会主义市场经济的重要内容，是坚持和完善基本经济制度的内在要求。

改革开放以来，不同时期和阶段的改革其实都涉及产权问题。但对产权问题的认识经历了一个复杂的过程。不同时期的解决方式也有所不同。总体上是由浅入深，不断深化。产权制度改革的不断突破，对我国社会主义市场经济的迅速发展发挥着极其重要的作用。

农村家庭联产承包责任制的改革，突破了"一大二公"的农村集体所有制，实行农村土地所有权和经营权相分离，一下子调动了农民的积极性，迅速推动了农村经济的恢复和发展，为其后进行的城市经济体制改革奠定了基础。

计划经济时期国有企业各种弊病的根子，其实就是国有资产名义上全民所有，但实际无人负责。国企改革的提出和推进，就是要探索产权的各种实现形式。在实践基础上，提出公有制实现形式可以多样化，并对股份制和股份合作制作了肯定。这是产权制度探索改革道路上的一个重要进步。

对国有企业实施战略性改组，也是要通过产权改革，即采取改组、联合、兼并、租赁、承包经营、股份合作制和出售等形式，加快搞活各类国有企业的步伐。

与此同时，改革中遇到的很多问题，也都在不同程度上与产权不清有关。国企改革中遇到的困难，包括一度出现的困境，都与资产实际无人负责有关。当国企因经营不善等原因造成亏损或资不抵债、因投资决策失误造成国有资产损失时，除了国家埋单之外，几乎没有任何决策者、经营者对此承担经济损失的责任。

随着多种所有制经济的发展，特别是大量混合所有制经济的出现，证明了产权问题具有特别重要的意义。当前我国经济社会发展中出现的一些矛盾和问题，都直接或间接地涉及产权问题。

因此，建立健全现代产权制度，是实现国民经济持续快速健康发展和社会有序运行的重要制度保障。

1997年，十五大对国有企业改革的一个重要要求，就是"产权清晰"。

十六大提出要"发展产权、土地、劳动力和技术等市场"。

十六届三中全会第一次明确提出"建立归属清晰、权责明确、保护严格、流转顺畅的现代产权制度"，要求"大力发展国有资本、集体资本和非公有资本等参股的混合所有制经济，实现投资主体多元化，使股份制成为公有制的主要实现形式"。

十七大提出，"以现代产权制度为基础，发展混合所有制经济"。

十八大以来，改革开放进入新阶段。2013年十八届三中全会通过的《中共中央关于全面深化改革若干重大问题的决定》，明确提出"产权是所有制的核心"，要求把"完善产权保护制度"作为全面深化改革的内容之一，"健全归属清晰、权责明确、保护严格、流转顺畅的现代产权制度"。

《决定》强调："国家保护各种所有制经济产权和合法利益，保证各种所有制经济依法平等使用生产要素、公开公平公正参与市场竞争、同等受到法律保护，依法监管各种所有制经济。""公有制经济财产权不可侵犯，非公有制经济财产权同样不可侵犯。"

2016年11月27日，中共中央、国务院发布《关于完善产权保护制度依法保护产权的意见》，明确指出："产权制度是社会主义市场经济的基石，保护产权是坚持社会主义基本经济制度的必然要求。有恒产者有恒心，经济主体财产权的有效保障和实现是经济社会持续健康发展的基础。"

文件对健全产权制度作了全面部署，要求"牢固树立和贯彻落实新发展理念，着力推进供给侧结构性改革，进一步完善现代产权制度，推进产权保护法治化，在事关产权保护的立法、执法、司法、守法等各方面各环节体现法治理念"。

新形势下完善产权保护制度的突出任务是：加强各种所有制经济产权保护；完善平等保护产权的法律制度；妥善处理历史形成的产权案件；严格规范涉案财产处置的法律程序；审慎把握处理产权和经济纠纷的司法政策；完善政府守信践诺机制；完善财产征收征用制度；加大知识产权保护力度；健全增加城乡居民财产性收入的各项制度；营造全社会重视和支持产权保护的良好环境。

十二、发挥市场在资源配置中的决定性作用

资源，是指社会经济活动中人力、物力和财力的总和，是社会经济发展的基本物质条件。

资源配置，用学术语言来说，就是指对相对稀缺的资源在各种不同用途上加以比较作出的选择。但如果简单地说，就是将所有的人力、物力和财力等资源，在全社会的经济活动中加以配置。这种配置，可以由政府负责，也可以由市场来决定。但不同方式的配置，会有不同的效果。

在社会经济发展的一定阶段，相对于人们的需求而言，资源总是表现出相对的稀缺性，从而要求人们对有限的、相对稀缺的资源进行合理配置，以

便用最少的资源耗费，生产出最适用的商品和劳务，获取最佳的效益。

资源配置的方式可以划分为三种类型，即自然经济、市场经济和计划经济。

在社会化大生产条件下，资源配置有两种方式，即计划方式和市场方式。

计划方式，是政府主导，就是计划部门根据社会需要和可能，以计划配额、行政命令来统管资源和分配资源，将资源配置在政府认为需要的地方和领域。

以前的苏联和东欧国家，都把计划作为资源配置的主要方式。我国改革开放前，也曾经长期把计划作为资源配置的主要方式。

在一定条件下，这种方式可以从整体利益上协调经济发展，集中力量完成重点工程项目。但是，这种方式带有很大的主观性，并不是完全按照市场的需求来配置资源，也很难随时随地对资源配置加以调整，以配额排斥选择，统管取代竞争，市场处于消极被动的地位，因而曾大量出现资源闲置或浪费的现象。

市场方式，是市场主导，就是依靠市场运行机制进行资源配置。更清楚地说，就是根据市场的需求从事生产和服务，从而造成资源在不同领域和方面的实际分布。

这种方式可以使企业与市场发生直接的联系，企业根据市场上供求关系的变化状况，根据市场上产品价格的信息，在竞争中实现生产要素的合理配置。这种方式使各种市场主体有了更大的自主性和选择权，比较灵活、便捷，能够避免资源的浪费，大大提高资源的利用效率。

但这种方式也有不足之处。由于市场机制作用的盲目性和滞后性，有可能产生社会总供给和社会总需求的失衡，造成一哄而起的浪费现象，使产业结构在某个阶段分布不合理，还会由于恶性竞争而造成市场秩序的混乱。

改革开放以来，党和国家逐步重视市场的作用。总体上是积极稳妥推进市场化改革，逐步加大用市场方式配置资源的力度，减少政府对资源的直接配置，推动资源配置依据市场规则、市场价格、市场竞争实现效益最大化和效率最优化。但对计划方式，一直没有放弃，而是两种方式并用，并逐步加大市场方式的分量。同时注意更好发挥政府作用，保持宏观经济稳定，加强和优化公共服务，保障公平竞争，加强市场监管，维护市场秩序，推动可持续发展，促进共同富裕，弥补市场失灵。

随着改革开放的深入，市场的地位越来越高，作用越来越大。在政策取向上，用市场配置资源的方式被赋予了更重要的地位。

十五大提出："使市场在国家宏观调控下对资源配置起基础性作用。"

十六大提出："在更大程度上发挥市场在资源配置中的基础性作用。"

十七大提出："从制度上更好发挥市场在资源配置中的基础性作用。"

十八大提出："更大程度更广范围发挥市场在资源配置中的基础性作用。"

十八届三中全会的决定则更进一步，把市场在资源配置中的"基础性作用"改变为"决定性作用"。同时，后面仍强调了一句话："更好发挥政府作用"。

将市场改为"决定性作用"，实际上就是回答了在资源配置中究竟是市场起决定性作用还是政府起决定性作用这个问题。作出这一定位，有利于在全党全社会树立关于政府和市场关系的正确观念，有利于转变经济发展方式，有利于转变政府职能，有利于抑制消极腐败现象。

十九大进一步把"市场在资源配置中起决定性作用，更好发挥政府作用"作为新时代坚持和发展中国特色社会主义治国方略的重要内容。

习近平总书记说："理论和实践都证明，市场配置资源是最有效率的形式。市场决定资源配置是市场经济的一般规律，市场经济本质上就是市场决定资源配置的经济。健全社会主义市场经济体制必须遵循这条规律，着力解决市场体系不完善、政府干预过多和监管不到位问题。"[1]

"当然，我国实行的是社会主义市场经济体制，我们仍然要坚持发挥我国社会主义制度的优越性、发挥党和政府的积极作用。市场在资源配置中起决定性作用，并不是起全部作用。"[2]

进入新时代，如何创新政府配置资源方式，成为一个需要重视和解决的问题。习近平总书记2016年8月30日在主持召开中央全面深化改革领导小组第二十七次会议时指出，创新政府配置资源方式，要发挥市场在资源配置中的决定性作用和更好发挥政府作用，大幅度减少政府对资源的直接配置，更多引入市场机制和市场化手段，提高资源配置效率和效益。对由全民所有

[1]《习近平谈治国理政》第1卷，外文出版社2018年版，第77页。
[2] 同上。

的自然资源，要建立明晰的产权制度，健全管理体制，完善资源有偿使用制度。对金融类和非金融类经营性国有资产，要建立健全以管资本为主的国有资产管理体制，优化国有资本布局。对用于实施公共管理和提供公共服务目的的非经营性国有资产，要坚持公平配置原则，引入竞争机制，提高基本公共服务可及性和公平性。

2017年1月，中共中央办公厅、国务院办公厅印发了《关于创新政府配置资源方式的指导意见》，将政府配置的资源分为自然资源、经济资源、社会事业资源，并分类提出创新政府配置资源方式。

在自然资源方面，要以建立产权制度为基础，实现资源有偿获得和使用；

在经济资源方面（主要指金融类和非金融类经营性国有资产），要突出国有资本的内在要求，明确委托代理关系的制度安排，建立健全国有资本形态转换机制；

在社会事业资源方面（主要指非经营性国有资产），要引入市场化手段和方法，实现更有效率的公平性和均等化，促进公共资源配置更高效、更公平、更可持续。

这一分类，使资源配置的类型和方式更加精准了。

十三、创新和完善宏观调控

改革开放以来，中国经济也曾遇到过多次风险。如1988年价格闯关失败，1993年之后的经济过热，1999年左右的亚洲金融风暴，2003年的"非典"疫情，2008年由美国次贷危机引发的世界金融危机，等等，都对中国的改革开放和经济发展产生巨大冲击。

但是每一次，我们都在很大程度上通过宏观调控的方式，并与市场机制相结合，化解了危机，走出了困难。

事实证明，在建立和完善社会主义市场经济的过程中，国家的宏观调控是不可缺少的。在特定的情况下，还能发挥特殊的作用。

宏观调控和市场机制都是社会主义市场经济体制的有机组成部分。

宏观调控，是政府对国民经济的总体管理，指国家综合运用各种手段对国民经济进行的调节和控制。

宏观调控分为直接调控和间接调控两种方式。直接调控，是国家运用行政手段直接协调和控制微观经济主体的经济行为；间接调控，是国家主要运用经济手段，通过市场机制，影响和引导企业的经济行为，以达到宏观经济调控的目标。

在计划经济时期，国家的宏观调控是直接的，多是采用行政命令的手段。改革开放后，逐步发展社会主义市场经济，同时发挥政府宏观调控的作用。这种调控，依然发挥一定程度直接调控的作用，但越来越多地使用市场手段，实行间接调控。

改革开放的实践证明，市场机制是资源配置的有效手段，但市场也有自身的弱点。市场的作用具有自发性、盲目性、滞后性，同时由于自然垄断、经济活动竞争性以及公共物品主要依靠政府提供等因素，在某些领域、某些环节存在市场失灵的现象。这些弱点和不足，必须靠国家对市场活动的宏观指导和调控来加以弥补和克服。那种以为搞市场经济就可以离开国家的宏观指导和调控，放任自流，自行其是，随心所欲，完全是一种误解。市场经济不仅不排斥宏观调控，而且必须有完备有力的宏观调控体系的支持。

所以，实行有效的宏观调控，是市场经济有序运行的要求。建立和完善社会主义市场经济体制，就是要使市场在国家宏观调控下对资源配置起决定性作用。国家宏观调控和市场机制的作用，都是社会主义市场经济的本质要求，二者是统一的，是相辅相成、相互促进的。微观经济越放开，市场化进程越快，要求宏观调控越有力，越灵活有效。

我国宏观调控的主要目标是：促进经济增长、增加就业、稳定物价、保持国际收支平衡。

宏观调控是一项复杂的系统工程，需要综合计划、财政、金融等手段，发挥价格、税收、利率、汇率等经济杠杆的调节作用。宏观调控不可缺少，但宏观调控的方式要不断改进，水平要不断提高。

加强和改善宏观调控，关键是要根据经济运行的变化，把握好调控的方向、重点、力度和节奏，改进调控方式方法。坚持主要运用经济手段、法律手段，发挥各种政策的组合效应；坚持区别对待、有保有压，不搞一刀切，不搞急刹车；坚持不断总结经验，及时调整政策，注重实际效果。

新形势下，党中央要求创新和完善宏观调控方式，加快构建科学规范、运转高效、实施有力的宏观调控体系。这是全面建成小康社会的必然要求，是促进经济社会平稳健康发展的强有力保障。

面对国内外发展的新形势新任务新挑战，特别是面对"三期叠加"时期的经济下行压力，党中央、国务院保持战略定力，坚持稳中求进工作总基调，坚持宏观政策要稳、微观政策要活、社会政策要托底的总体思路，不断创新宏观调控思路和方式，保持宏观政策连续性和稳定性，先后创新实施区间调控、定向调控、相机调控，适时适度预调微调，有效稳定了市场信心和社会预期，有力促进了经济稳定运行和结构优化升级。

新时代创新和完善宏观调控方式，必须坚持总量调节和定向施策并举，坚持短期和中长期结合，坚持国内和国际统筹，坚持改革和发展协调。要发挥国家发展规划的战略导向作用，健全宏观调控体系，完善宏观经济政策的协调机制，注意引导市场行为和社会预期。还要运用大数据技术提高经济运行信息的及时性和准确性，为宏观调控提供支撑和保障。

第 八 章

各个领域的专项和
协同改革

一、教育体制改革

百年大计，教育为本。1977年恢复高考，拉开了中国改革开放的序幕，也拉开了教育体制改革的序幕。40年来，中国的教育体制改革不断探索，扎实推进，取得了巨大的成就。中国正在从教育大国向教育强国迈进。

第一阶段，1978年—1984年，教育体制改革在拨乱反正中拉开序幕。

这一阶段的重点，是肃清"左"的思想，进行拨乱反正，尽快恢复与重建被"文化大革命"破坏的教育事业。

1977年高考制度的恢复，是教育体制恢复与重建的突破口，整个教育界重新焕发了生机和活力。

邓小平在1978年的全国科学大会上指出："科学技术人才的培养，基础在教育。"

1978年，开始派遣学生赴海外留学，同时恢复研究生教育。招收了"文化大革命"结束后的第一届研究生。

同年，教育部重新颁发了《全日制小学暂行工作条例（试行草案）》《全日制中学暂行工作条例（草案）》，恢复"文化大革命"前的教育体制，确定了中小学的基本学制和课程设置，使基础教育迅速摆脱混乱局面，重新回到正常发展的轨道。

1980年2月，五届全国人大常委会十三次会议通过《中华人民共和国学位条例》。同年12月，国务院设立学位委员会，负责领导全国的学位授予工作。

1982年召开的十二大，把教育和科学作为实现今后20年经济发展目标的三大战略重点之一。

1983年10月1日，邓小平为景山学校题词：教育要面向现代化，面向世界，面向未来。

1985年1月21日，六届全国人大常委会九次会议作出决议，将每年的9月10日定为教师节，以提高全社会尊师重教的意识。

第二阶段，1985年—1991年，教育体制改革全面启动。

1985年5月15日—20日，中共中央和国务院在北京召开全国教育工作会议。主要研究和部署教育体制改革问题，具体讨论中共中央提交会议的《关于教育体制改革的决定》。5 月 27 日，中共中央、国务院颁布《关于教育体制改革的决定》（以下简称《决定》），指出"必须从教育体制入手，有系统地进行改革"。

《决定》阐明了教育体制改革的措施、步骤和目的，要求扩大学校办学自主权；把发展基础教育的责任交给地方，有步骤地实行 9 年制义务教育；调整中等教育结构，大力发展职业技术教育；改革高等学校的招生计划和毕业生分配制度。

《决定》的出台，标志着教育体制改革全面启动，具有里程碑的意义。从 1985 年开始，围绕着办学、管理、投资体制问题，教育体制改革展开了全面的探索。

按照《决定》的规定，基础教育实施"地方负责、分级管理"的管理体制，形成了县、乡、村三级办学，县、乡两级管理的模式。

明确规定高校拥有办学、财务、基本建设、人员、教师职称评定与职务聘任、教学、科研、对外学术交流的自主权。

在教育结构和规模上，中等职业技术学校学生在 1987 年占高中阶段学生总数的 40%，初步形成了行业配套、结构合理的职业技术教育体系。

实行公办和民办"两条腿"走路的发展方针，吸纳社会资源发展基础教育。1987 年，国家教委颁布了《关于社会力量办学的若干暂行规定》。教育经费的来源扩大。

在国家财力有限的情况下，开始实行国家、集体、个人多元化的教育筹资体制。

加强教育法治化建设，1986 年颁布了《中华人民共和国义务教育法》。

第三阶段，1992 年—2001 年，初步构建与社会主义市场经济体制相适应的教育新体制。

其标志性事件，是在邓小平南方谈话鼓舞下，1993 年国务院颁布《中国教育改革和发展纲要》，提出到 20 世纪末，基本普及九年义务教育，基本扫除青壮年文盲。

1993 年 7 月，国家教委发出《关于重点建设一批高等学校和重点学科点的若干意见》，提出面向 21 世纪重点建设 100 所大学和一批重点学科点，即

"211 工程"。1998 年 5 月，教育部决定努力建设若干所世界一流大学和一批国际知名的高水平研究型大学，简称"985 工程"。

1995 年，中共中央、国务院提出"科教兴国"的战略，1996 年的八届全国人大四次会议将"科教兴国"确定为基本国策。

1999 年 1 月，国务院批转教育部《面向 21 世纪教育振兴行动计划》，明确 2000 年—2010 年中国教育发展的目标。

1999 年 6 月，中共中央、国务院作出《关于深化教育改革全面推进素质教育的决定》，提出全面推进素质教育，培养适应 21 世纪现代化建设需要的社会主义新人。

到 2000 年，各类中等职业学校在校生达到 1197 万人；高校在校生总规模，从 1987 年的 200 多万人，增至 2002 年的 903 万人，为现代化建设输送了大批人才。

第四阶段，2002 年—2012 年，政府办教育再次成为改革的核心，并着力解决教育公平问题。

十六大更加关注民生问题，并将教育政策的重点转到了教育公平上。

2003 年，国务院《关于进一步加强农村教育工作的决定》要求落实"以县为主"的新体制，并提出"县级政府要增加对义务教育的投入，将农村义务教育经费全额纳入预算"。2005 年，国务院《关于深化农村义务教育经费保障机制改革的通知》，作出了建立农村义务教育经费保障新机制的决定，全部免除农村义务教育阶段学生学杂费，对贫困家庭学生免费提供教科书并补助寄宿生生活费。

十七大明确提出："教育是民族振兴的基石，教育公平是社会公平的重要基础。"

2008 年 8 月，国务院发出《关于做好免除城市义务教育阶段学生学杂费工作的通知》。从 2008 年秋季学期开始，在全国范围内全面免除城市义务教育阶段学生学杂费。至此，全面普及城乡免费义务教育。作为城市中的弱势群体，进城务工人员子女的入学问题日益得到重视。教育部提出要将进城务工人员随迁子女接受义务教育纳入公共教育体系。

2008 年 12 月 17 日，国务院常务会议决定，从 2009 年 1 月 1 日起，在全国义务教育学校实施绩效工资，确保义务教育教师平均工资水平不低于当地公务员平均工资水平。

2009 年 12 月 2 日，国务院常务会议决定，从 2009 年秋季学期起，对公办中等职业学校全日制在校学生中农村家庭经济困难学生和涉农专业学生逐步免除学费。

2010 年 7 月 8 日，中共中央、国务院印发《国家中长期教育改革和发展规划纲要（2010—2020 年）》。13 日—14 日，新世纪第一次全国教育工作会议召开。强调，必须坚持教育优先发展，确保到 2020 年我国基本实现教育现代化，基本形成学习型社会，进入人力资源强国行列。

同年 10 月 24 日，国务院办公厅发出《关于开展国家教育体制改革试点的通知》。

2012 年 9 月 5 日，国务院发出《关于深入推进义务教育均衡发展的意见》。

2012 年 10 月 10 日，国务院常务会议决定，自本年秋季学期起，将中等职业教育免学费范围扩大到所有农村（含县镇）学生、城市涉农专业学生和家庭经济困难学生。

第五阶段，十八大以来，把教育放在优先发展位置上。

十八大提出，教育是民族振兴和社会进步的基石。要坚持教育优先发展，努力办好人民满意的教育。

教育事业全面发展，教育公平状况不断改善，中西部和农村教育明显加强。2015 年 11 月，国务院印发《关于进一步完善城乡义务教育经费保障机制的通知》，明确从 2016 年春季学期开始，统一城乡义务教育学校生均公用经费基准定额；从 2017 年春季学期开始，统一城乡义务教育学生"两免一补"政策。

2016 年 3 月 24 日，教育部、国家发展改革委、财政部和人力资源社会保障部印发《高中阶段教育普及攻坚计划（2017—2020 年）》，提出到 2020 年，普及高中阶段教育，全国各省（区、市）毛入学率均达到 90% 以上。

教育改革开放持续推进，关键领域改革取得重要进展。深化考试招生制度纳入全面深化改革的关键领域。2014 年 9 月 9 日，国务院印发《关于深化考试招生制度改革的实施意见》，提出到 2020 年基本建立中国特色现代教育考试招生制度，形成分类考试、综合评价、多元录取的考试招生模式。31 个省、自治区、直辖市落实本地区改革实施方案。

依法治校开辟新的局面。《中华人民共和国教育法》《中华人民共和国高等教育法》《中华人民共和国民办教育促进法》等一揽子法律修订完成。

形成全方位、多层次、宽领域的教育对外开放格局。

继续调整教育结构。2014 年 5 月，国务院印发《关于加快发展现代职业教育的决定》。6 月 23 日—24 日，国务院召开全国职业教育工作会议。

加强思想政治工作。2016 年 12 月，中共中央、国务院印发《关于加强和改进新形势下高校思想政治工作的意见》，并召开全国高校思想政治工作会议。习近平总书记强调，要把思想政治工作贯穿教育教学全过程，开创我国高等教育事业发展新局面。

十九大进一步强调："建设教育强国是中华民族伟大复兴的基础工程，必须把教育事业放在优先位置，深化教育改革，加快教育现代化，办好人民满意的教育。""要全面贯彻党的教育方针，落实立德树人根本任务，发展素质教育，推进教育公平，培养德智体美全面发展的社会主义建设者和接班人。"

二、科技体制改革

1978 年的全国科学大会，带来了中国科学的春天，也开始了科技体制改革的进程。迄今，科技体制改革大致经历了 5 个阶段。

第一阶段，1978 年—1984 年。

1977 年，邓小平第三次复出后，自告奋勇要求分管科技和教育工作。

1978 年 3 月 18 日，中国科学界多年来的第一次盛会——全国科学大会在人民大会堂隆重开幕。就在这次大会上，制定了《1978—1985 年全国科学技术发展规划纲要》。

这一阶段，科技系统主要是平反冤假错案，全面拨乱反正，开始正常的科学研究。同时，开始科技体制改革的初步尝试和探索。科技工作面向经济建设主战场，部分人员尝试直接用市场化方式将科学技术运用于经济建设。高度集中的科技管理体制开始松动。中关村的一些科技人员走在了改革的前列。

第二阶段，1985 年—1992 年。

1985 年 3 月，中共中央召开全国科学技术工作会议，发布《关于科学技术体制改革的决定》，提出经济建设必须依靠科学技术、科学技术工作必须面向经济建设的战略方针，全面启动了科技体制改革。接着，国务院也陆续发布若干文件，促进科技体制的改革。

改革的主要内容是：以改革拨款制度、开拓技术市场为突破口，引导科技工作面向经济建设主战场。通过这些改革，在科技领域逐步引入了竞争机制、市场机制、激励机制、自我约束机制。

1985 年 5 月，中共中央、国务院批准实施旨在依靠科学技术促进农村经济发展的"星火计划"。

1986 年，国家成立自然科学基金委员会，并设立国家社会科学基金，对基础性研究和社会科学研究开始实行基金制运作。

1986 年 11 月，中共中央、国务院转发《高技术研究发展计划（"八六三"计划）纲要》，按照"有限目标，突出重点"的方针，提出了七个技术领域的十几个项目的研究发展目标。

1987 年 1 月，国务院发出《关于进一步推进科技体制改革的若干规定》，支持、鼓励科技人员以调离、停薪留职、辞职等方式，走出科研机构、高等学校、政府机构，从事发展经济的工作和创办科技事业。

1988 年 8 月，国家科委召开全国第一次"火炬计划"工作会议，旨在发展高新技术产业的"火炬计划"正式开始实施。

1988 年 9 月，邓小平在会见外宾时提出"科学技术是第一生产力"的重要论断。

1991 年 3 月，国务院发出《关于批准国家高新技术产业开发区和有关政策规定的通知》，决定继 1988 年批准北京市新技术产业开发试验区之后，再批准 21 个高新技术产业开发区为国家高新技术产业开发区。至 2011 年 5 月，共建成 83 个国家高新技术产业开发区。

第三阶段，1992 年—2002 年。

1992 年 3 月，国务院颁布《国家中长期科学技术发展纲领》。

1992 年 10 月，国家科委、国家体改委提交《关于推进科技系统分流人才、调整结构、深化改革试点工作的报告》，提出今后一段时期深化科技体制改革的重点是，按照"稳住一头，放开一片"的方针，调整科技系统的结构，分流人才，从体制上解决科研机构重复设置、力量分散、科技与经济脱节的状况，加强企业技术开发力量，促进科技与经济的有机结合。科研院所开展结构调整的试点工作。

1995年，中共中央、国务院发布《关于加速科学技术进步的决定》，召开全国科学技术大会，确立了"科教兴国"战略。

1998年，在中科院开始实施知识创新工程试点。

1999年，中共中央、国务院发布《关于加强技术创新，发展高科技，实现产业化的决定》，对科研院所的布局结构进行了系统调整。加强国家创新体系建设、加速科技成果产业化成为这一时期的主要政策走向。政策供给集中在促进科研机构转制、提高企业和产业创新能力等方面。

第四阶段，2003年—2012年。

2003年，十六届三中全会审议通过《中共中央关于完善社会主义市场经济体制若干问题的决定》，进一步明确深化科技体制改革的目标：改革科技管理体制，加快国家创新体系建设，促进全社会科技资源高效配置和综合集成，提高科技创新能力，实现科技和经济社会发展紧密结合。

2005年10月，十六届五中全会提出，把增强自主创新能力作为国家战略，致力于建设创新型国家。

2006年2月，国务院颁布《国家中长期科学和技术发展规划纲要（2006年—2020年）》。进一步明确我国科技体制改革与建设创新型国家的要求，指出在今后一段时间内，我国科技体制改革的主要任务：一是支持鼓励企业成为技术创新主体；二是深化科研机构改革，建立现代科研院所制度；三是推进科技管理体制改革；四是全面推进中国特色国家创新体系建设。

2009年3月，国务院印发《关于发挥科技支撑作用促进经济平稳较快发展的意见》。同日，批复同意支持中关村科技园区建设国家自主创新示范区。

第五阶段，2012年十八大之后。

2012年7月，中共中央、国务院发布《关于深化科技体制改革加快国家创新体系建设的意见》，召开全国科技创新大会。

十八大把"实施创新驱动发展战略"作为加快完善社会主义市场经济体制和加快转变经济发展方式的重要内容和措施之一，强调科技创新是提高社会生产力和综合国力的战略支撑，必须摆在国家发展全局的核心位置。

2013年2月，国务院印发《国家重大科技基础设施建设中长期规划（2012—2030年）》。

2015年，中共中央办公厅、国务院办公厅印发《深化科技体制改革实施方案》。

2017年年初，中共中央、国务院印发《国家创新驱动发展战略纲要》，确定到2020年进入创新型国家行列，基本建成中国特色国家创新体系。到2030年跻身创新型国家前列，发展驱动力实现根本转换。

经过多年的努力，我国科技体制改革取得了重要进展和初步成效，主要体现在以下五个方面：

第一，优化了科技力量结构和布局。改变了研发能力和技术资源主要集中在研究机构的现象，形成了科研院所、高校、企业和科技中介机构等各具优势和特色的创新模式。企业在技术创新中的主导地位得到加强。

第二，促进了科技与经济的紧密结合。对开发类院所实施企业化转制，从体制上解决了大批应用开发类院所游离于企业之外的问题，科技人员市场意识和技术创新能力显著增强。

第三，加强了公益性科技创新和服务能力。配合推进公益类科研院所分类改革，国家持续加大对公益科研的投入，实行了新型的人事和分配等制度，科研人员任务饱满，为经济和社会建设提供了大量服务。

第四，科技水平和实力大幅提升。在载人航天工程、大飞机、超级计算机、量子技术、核心软件、集成电路、大型燃气轮机、超级稻育种技术、新药创制等领域取得重大突破，为社会经济发展提供了强大支撑。科技论文被国际三大检索系统收录的总数已居世界前列，SCI收录的中国科学家论文数已居美国之后。

第五，改进了科技管理和运行机制。改变了主要依靠行政手段管理科技工作的局面，市场机制在科技资源配置中扮演了根本角色，政府科技计划项目实施的竞争资助机制不断改进和完善。科技政策法规体系逐步完善，制定和实施了一系列有关法律。

三、价格体制改革

商品价格与老百姓的关系最为紧密，同时又是市场经济的晴雨表和导向仪，对经济发展和社会稳定的作用极大。价格体制是国家管理价格的基本原则、方法，价格管理机构的设置、职责权限的划分及价格管理手段和监督检查等制度的总称。它是价格得以实现的组织保障，也是价格监督的运行基础。

价格改革是经济体制改革中最重要的改革之一。它包括两个方面的内容：一是价格体系的改革；二是价格管理体制的改革。

价格改革，历来是经济体制改革最复杂的一个课题、最难啃的一块骨头、最危险的一处雷区。

苏联和东欧国家，从20世纪五六十年代起，就开始进行价格改革，但基本上都遭到了失败。

1970年12月，波兰部长会议刚刚通过提高46种日用工业品和食品价格的决定，便有大批工人、市民走上街头，抗议政府提价，引起了波及全国主要城市的大规模动乱。不仅迫使政府取消提价决定，而且还导致了国家主要领导人的下台。

随后，1976年6月、1980年7月、1982年年底波兰的历次动乱，都是由物价问题而引发的。

面对物价，很多国家的政府都陷入两难境地：要理顺物价关系，建立市场经济，就非得改革物价体制不可，包括调整价格，在一定程度上提价；但一旦触动物价，就触动了老百姓的切身利益，稍有不慎，便会招致严重的后果。

所以，价格体制改革，需要的既是勇气，也是艺术。

中国共产党和中国政府显示了勇气，但也曾遭遇价格闯关的失败。在艰难曲折的探索中，逐步取得经验，提高了推进价格改革的艺术水平。20世纪90年代之后，在建立和完善社会主义市场经济的过程中，价格改革终于在没有多大社会波动的情况下取得了成功。这是中国改革开放最重大的成果之一，集中体现了中国改革开放的许多重要经验。

1978年以前，我国实行的是集中统一的价格管理体制。其特点是价格管理以行政方法为主，价格管理权集中于中央，国家直接规定和调整各种商品价格和服务价格。这种体制的优点是，有利于保持价格的基本稳定和人民生活的安定。其缺点是，生产经营者没有定价权，不能准确及时反映市场的需求和变化，不能及时引导市场的资源配置，不利于发挥价格的宏观调控作用，是一种比较僵化的价格管理体制。

　　长期实行这样的体制，不仅使经济缺乏活力，而且使政府背上沉重的包袱。政府为保持消费品价格的稳定，必须给予大量的财政补贴。到难以为继时，不得不调整价格，同时，也就不得不对价格体制实行改革。

　　价格体制改革大致经历了以下历程：

　　1978年—1984年，主要是提高农副产品的价格，开放小商品的品种范围。

　　改革的特点是调放结合，以调为主，推进价格结构的调整，开始发挥价格对经济发展的调节作用。

　　1982年1月15日，经国务院批准，国产机械手表、黑白电视机、半导体收音机和弹力呢等纯涤纶织物四类商品开始陆续降低零售价格。

　　1984年，国务院决定把生产企业所需物资分成计划内和计划外两部分，同一种商品，两种不同价格，即所谓双轨制。

　　1985年—1988年，由调放结合、以调为主转为以放为主。即除粮食、食用植物油的合同定购部分及棉花、烤烟、糖料等少数几种关系国计民生的重要农产品价格由国家制定外，绝大部分农产品价格放开，并放开了少数工业消费品价格，对生产资料和消费品实行双轨制定价。

　　这些改革，是在完善传统的计划价格体制中引入市场机制，形成了价格双轨制。这种双轨制在保持国家对价格总体控制，避免物价大涨的情况下，逐步发挥市场的引导和对资源的配置作用，是改革进程中的一种过渡手段和过渡方式。

　　但是，双轨制也造成一定程度的市场混乱，为"官倒"和腐败创造了条件。加之宏观经济总量失衡，通货膨胀有所加剧，导致价格总水平上涨。

　　为了解决双轨制问题，1988年决定实行价格闯关，将双轨并为单轨。8月15日—17日，中央政治局会议在北戴河召开，讨论并原则通过《关于价格、工资改革的初步方案》。但由于准备工作不够严密，广大群众对价格改革缺乏思想准备，结果引发严重的抢购风潮和通货膨胀，闯关失败。10月24日，国务院作出《关于加强物价管理严格控制物价上涨的决定》。

　　从1988年下半年开始，国民经济进行治理整顿。价格改革也进入治理整顿时期。

　　改革的重点是建立和改善价格宏观调控体系，方式是控中求改，相机调放。积极探索政府对市场价格的调控手段，初步形成了直接调控和间接调控相结合的价格管理机制。在加强对价格总水平控制的同时，以遏制通货膨胀为中心，放宽了价格调整的部分，形成了以市场调节为主、以政府定价和政府指导价为辅的价格结构形式。

1992 年—2003 年，价格改革进入以建立健全适应发展社会主义市场经济要求的价格管理体制新阶段。

改革的措施主要包括三个方面：一是继续放开消费品价格，包括粮食价格和工业消费品价格；二是生产资料双轨价格逐渐转为按市场供求定价，截至 2004 年，全国各省、自治区和直辖市产品价格由市场决定的程度达到92.8%；三是进行要素市场价格形成机制的改革探索，在劳动力价格、房地产价格以及资金、技术和信息价格等方面，出台了相应措施以加速其市场化进程。

这一阶段不仅形成了国家定价、国家指导价和市场调节价三种价格形式，而且确定了直接管理和间接调控相结合的价格管理方式，还加强了政府价格主管部门对价格的监督检查。

在这一阶段，建立社会主义市场价格体制的目标模式最终确立，并占据主导地位，价格改革的广度和深度都超过以往，以市场价格为基础的新的价格形成机制已经确立，并发挥着重要的作用。

2004 年之后，价格体制改革进一步深化。

政府在资源市场化、垄断和公共产品定价机制上的改革迈出了新的步伐，推进了水价改革，深化了煤电价格改革，实施了煤电价格联动，并积极推进石油、天然气等资源产品价格改革。

2002 年，国务院发布《电力体制改革方案》，拉开电力体制改革大幕，核心就是要打破垄断、引入竞争。随后，2003 年出台的《电价改革方案》，提出长期目标是要在进一步改革电力体制的基础上，将电价划分为上网电价、输电价格、配电价格和终端销售电价；发电、售电价格由市场竞争形成；输电、配电价格由政府制定。为理顺电价关系，引导居民节约用电，从 2012 年7 月 1 日全面试行居民阶梯电价制度。

十八大以来，价格体制改革明显加快，已有近98%的商品和服务价格放开由市场决定，市场决定价格的机制基本建立。

为了促进合理用水，节约用水，一些地区实行阶梯水价制度。2014 年年初，国家发改委、住建部联合发文，要求 2015 年年底前，全国设市城市原则上全面实行居民阶梯水价制度。

2013 年 3 月底，出台完善后的成品油价格形成机制。按照新机制，国内汽柴油价格根据国际市场原油价格变化每 10 个工作日调整一次，当调价幅度低于每吨 50 元时，不作调整，纳入下次调价时累加或冲抵。新机制运行一年半，中国国内成品油零售价格经历了 12 涨 17 跌 12 次搁浅共计 41 轮调价周期。

2013 年和 2014 年，两度调整非居民用存量气价格。2015 年非居民用存量气和增量气价格实现并轨，非居民用气价格逐步放开，居民生活用气也建立起阶梯价格制度。

2015 年 9 月 23 日，国务院决定压减《中央定价目录》，具体定价项目从约 100 项减至 20 项，并改进定价方法，规范定价行为，定期修订定价目录。

经过 40 年的改革，我国消费品价格几乎全部市场化，生产资料价格绝大部分市场化，要素价格也基本市场化。

随着市场经济体制改革的深化，未来的价格改革还需要进一步深化，抑制无序价格竞争，加强对价格水平的宏观调控，防止通货膨胀；强化价格监测，通过制定规则规范各类价格行为，防止市场主体滥用定价权，打击各类价格违法和价格垄断行为，切实维护广大人民群众的利益。

十九大要求"加快要素价格市场化改革"。为此，正在深化资源性产品、垄断行业等领域要素价格形成机制改革，进一步破除各种形式的自然垄断和行政垄断，根据水、石油、天然气、电力、交通、电信等不同行业特点实行网运分开和公共资源市场化配置。放开竞争性业务和竞争性价格，同时强化价格领域反垄断执法。

四、财税体制改革

财政是国家治理的基础和重要支柱，税收是国家财政的主要来源，财税体制在治国安邦中始终发挥着基础性、制度性、保障性作用。某种意义上，财税体制是社会运行的枢纽和指挥棒。

1949 年到 1979 年的 30 年间，中国的财政体制总体上实行"统收统支"的体制，辅以短期实行过的收支挂钩和收入分成型的财政体制。这种财政体制有利于中央政府集中财力，但却难以调动地方、企业和个人的积极性，致使经济社会缺乏活力。

所以，改革开放以来，特别是随着建设和完善社会主义市场经济，财税体制也进行了重大改革，在不同阶段解决了面临的一些突出问题。

以 1994 年实施的分税制为分水岭，我国财税体制改革经历了两个阶段。

1978 年—1993 年，是第一阶段，改革的主要特征是放权让利，目的在于刺激地方政府及其他经济主体的积极性，从而提高经济效益。

其中，财政体制经历了三次改革，核心是实行财政包干的管理体制。

1980 年—1984 年，实行分灶吃饭的财政管理体制，财政支出按隶属关系加以划分，明确中央和地方财政收支范围等。

1985 年—1987 年，实行划分税种、核定收支、分级包干的财政管理体制，按照利改税新要求重新划分中央和地方的财政收入。

1988 年—1993 年，实行包干财政管理体制。

税收体制方面，主要改革是实行利改税。

1983 年实施第一步利改税，主要举措侧重于在税利并存的情况下逐步扩大上交税收的比重，目的在于理顺国家与企业的分配关系。

1984 年实施第二步利改税，由税利并存向完全以税代利过渡。发布国营企业所得税、调节税、产品税、增值税、营业税、盐税、资源税等一系列行政法规。这是改革开放后第一次大规模的税制改革，为后来的税制改革奠定了基础。

从 20 世纪 80 年代末到 90 年代初，实行财税大包干体制。主要特点是税收由地方负责征缴，超过收入基数的增量部分，按一定比例上缴中央财政。

这种体制对激发地方和企业的活力发挥了积极作用，但是也"包死了"中央财政，致使中央财力不足。中央财政收入占国家财政收入的比重和国家财政收入占 GDP 的比重，从 1985 年的 39.68% 和 22.79%，到 1993 年分别降为 22% 和 12.6%。全国 4000 多亿元的预算收入，中央集中不到 1000 亿元。

于是，从 1994 年开始，实行分税制改革，这是财税体制改革的第二阶段。

1993 年 7 月，时任国务院副总理朱镕基在全国财政会议上首提分税制改革的想法。1993 年 9 月，朱镕基带领国家体改办、财政部、国税总局及银行的 60 多位干部到多个省份商谈改革问题。

1993 年 12 月 15 日，国务院作出《关于实行分税制财政管理体制的决定》，确定从 1994 年 1 月 1 日起，改革地方财政包干体制，对各省、自治区、直辖市以及计划单列市实行分税制财政管理体制。

1994 年，进行了分税制财政体制改革。从 1995 年开始，又对政府间财政转移支付制度进行了改革，逐步建立了较为规范的政府间财政转移支付体系。

这一阶段改革的主要目的，是建立适应社会主义市场经济发展的新型财税管理体制和运行机制。根据改革设想，将所有税收按税种划分为中央税、地方税和共享税。一个重要目标，就是增强财政的再分配能力和中央财政的宏观调控能力，具体要求是提高财政收入占 GDP 的比重和中央财政收入占全国财政收入的比重。

财政体制改革分两个步骤，一是 1994 年开始实行分税制改革，中央和地方按事权范围和支出内容合理划分财政收入，并确定中央财政对地方的税收返还数额，建立过渡期的转移支付制度；二是 1998 年确立公共财政体系建设的改革目标，这是 1994 年后中国财政领域力度较大、范围最广的一项变革，其特征在于规范化、法治化和体制的相对稳定性。

1994 年以来的税收体制改革，主要是建立以增值税为主体、消费税和营业税为补充的新的流转税制度；健全和完善所得税制度，统一内资企业所得税和个人所得税；改革和完善其他税种等。

1994 年，国务院决定省及省以下税务局分设为国税局和地税局，全国 31 个省级行政区都分设了国税局和地税局。

第二阶段的改革，是新中国成立以来一次力度最大、成效显著、影响深远的改革。改革的成效，一是规范了国家、企业与个人之间以及中央与地方之间的分配关系；二是建立了财政收入稳定增长的机制，中央财政有大幅度的增长。中央财政收入在全国财政收入中所占比重，从 1994 年前平均 30% 左右上升到 1994 年的 55.7% 的水平，以后一直稳定在 50% 左右。

但分税制带来了新的问题，从中央到地方，都层层将财权上收，而事权不变，地方财政满足不了开支需要，越到基层，财权和事权不对称的问题越是突出。地方财政的增长速度赶不上中央财政。

此后，在坚持分税制的基础上，继续对财税体制进行一定的改革。

2008年12月18日，国务院发出通知，决定实施成品油价格和税费改革，逐步有序取消政府还贷的二级公路收费。成品油价格改革即日起实施，税费改革从2009年1月1日起实施。2009年1月1日起，增值税转型改革在全国推行。

2011年6月30日，十一届全国人大常委会二十一次会议通过关于修改个人所得税法的决定，自本年9月1日起，将个人所得税减除费用标准由每月2000元提高到3500元。

2011年9月21日，国务院常务会议通过关于修改资源税暂行条例的决定，在现有资源税从量定额计征基础上增加从价定率的计征办法。

由于长期财权与事权不对称，地方一直强烈要求改革现行的财税体制。同时，由于地方财政过多地倚重于土地转让费，在相当程度上引发了房价疯涨，社会日益不满。在此情况下，经过长期犹豫徘徊，终于再次将财税体制改革提上日程。

2013年的十八届三中全会，提出新一轮财税体制改革，主要围绕"改进预算管理制度、完善税收制度、建立事权和支出责任相适应的制度"三大任务，有序有力有效推进。

2014年6月30日，中央政治局审议通过《深化财税体制改革总体方案》，这是中国财税体制改革的再出发。

2014年，国务院印发的文件还有《关于改进加强中央财政科研项目和资金管理的若干意见》《关于加强地方政府性债务管理的意见》《关于加强审计工作的意见》《关于改革和完善中央对地方转移支付制度的意见》等。

中央要求，这一轮改革，重点推进三个方面的改革：

（一）改进预算管理制度，强化预算约束、规范政府行为、实现有效监督，加快建立全面规范、公开透明的现代预算制度；

（二）深化税收制度改革，优化税制结构、完善税收功能、稳定宏观税负、推进依法治税，建立有利于科学发展、社会公平、市场统一的税收制度体系，充分发挥税收筹集财政收入、调节分配、促进结构优化的职能作用；

（三）调整中央和地方政府间财政关系，在保持中央和地方收入格局大体稳定的前提下，进一步理顺中央和地方收入划分，合理划分政府间事权和支出责任，促进权力和责任、办事和花钱相统一，建立事权和支出责任相适应的制度。

这次深化财税体制改革的目标是"建立现代财政制度"，即建立统一完整、法治规范、公开透明、运行高效，有利于优化资源配置、维护市场统一、促进社会公平、实现国家长治久安的可持续的现代财政制度。

新一轮财税体制改革的时间表是，2016 年基本完成重点工作和任务，2020 年基本建立现代财政制度。

十九大明确提出："加快建立现代财政制度，建立权责清晰、财力协调、区域均衡的中央和地方财政关系。建立全面规范透明、标准科学、约束有力的预算制度，全面实施绩效管理。深化税收制度改革，健全地方税体系。"

经过实施改革方案，财税体制改革已经取得重要进展，预算制度改革、税制改革和财政体制改革"三位一体"的改革框架已经基本建立，机制层面、管理层面的改革也在同步推进。2015 年正式实施了新修订的预算法，以四本预算构建的全口径政府预算体系得以建立。增值税、消费税、资源税、环境税、个人所得税、房地产税六个税种的改革正在推进。实施了《全面推行营改增试点后调整中央与地方增值税收入划分过渡方案》《关于推进中央与地方财政事权和支出责任划分改革的指导意见》《基本公共服务领域中央与地方共同财政事权和支出责任划分改革方案》。

在 2018 年的国家机构改革中，确定和部署了各地的国税与地税机构实行合并。2018 年 3 月，中共中央印发的《深化党和国家机构改革方案》规定："为降低征纳成本，理顺职责关系，提高征管效率，为纳税人提供更加优质高效便利服务，将省级和省级以下国税地税机构合并，具体承担所辖区域内各项税收、非税收入征管等职责。""国税地税机构合并后，实行以国家税务总局为主与省（自治区、直辖市）政府双重领导管理体制。"

五、住房制度改革

"安得广厦千万间，大庇天下寒士俱欢颜，风雨不动安如山！"唐朝诗人杜甫的一首《茅屋为秋风所破歌》，道出了住房对于天下之人的重要价值。

数千年来，中国的建筑形式不断发展，产生了宫殿、陵墓、坛庙、民居、寺观、坊表、园林等蔚为壮观的多种建筑、多种风格。其中，民居，乃是直接满足人们生存需要的基本居所。

民居，就是老百姓的住房。民居或住房的最主要功能，就是把人类与外部自然界相对分割开来，以保障人类生存的安全和舒适。但是，历史证明，要真正满足绝大多数人的这种功能需求，却并不是一件简单的事情。

在当代中国，住房，涉及土地问题、产权问题、分配问题、财税问题、工程问题、交通问题、服务问题，等等。而最直接的，首先是住房制度问题。

住房制度，简言之，就是以何种方式解决人们住房问题的制度安排。

住房制度，自古以来，经过了复杂的演化过程。总体上，分为私有和公有两大类。新中国成立以来，基本上是房屋公有，国家分配。其中当然夹杂着非常复杂的产权形式。

这种住房制度，表面上使几乎所有人都有了一个居所，但这种居所是极其简陋的，而且长期没有得到什么改善。从数据来看，改革开放之前，我国的住宅建设投资占非生产性投资的比重，"三五"计划时期只有 4%，"四五"计划期间只有 5.7%。加之人口多，所以，住房建设始终不能满足城镇职工居民的需求。到 1978 年，全国城镇居民人均居住面积仅 3.6 平方米，缺房户达 869 万，占城市总户数的 47.5%。城市居民住房十分拥挤。

至于农村的居民住房，基本无人过问。既有逐渐盖起了砖瓦房的，也有长期住破茅草房的。

所以，中国的贫穷落后，从住房就可以直接感受到。

同时，由于长期实行低租金的福利分房制度，国家和企业为解决职工住房问题背上了沉重的包袱，没有经济力量加快建设居民住房进程。

实践表明，计划经济体制下住房完全靠国家包下来，实行福利分配的路子走不通。要真正解决中国人的住房问题，就不能不实行改革。

所以，住房制度改革是我国经济体制改革的一项重要内容，它是对城镇居民传统的福利住房保障体制的改革。目的是建立与社会主义市场经济相适应的新的城镇住房体制，实现住房的商品化和社会化。住房制度改革以及与此密切相关的房地产行业涉及城镇几乎所有居民，其影响和意义远远超出经济范畴。

迄今为止，中国的住房制度改革经过了艰难曲折的历程。改革的目标、任务、内容和重点也多有变化，难点很多，非常复杂，始终处在多方因素博弈的状态下。

从 1978 年开始，国家和企业一方面增加住房投资，加快住房建设步伐，另一方面开始探索改革住房制度。

这年 9 月，中央召开的城市住宅建设会议传达了邓小平的一次重要谈话，主要思路是：解决住房问题能不能路子宽些，譬如允许私人建房或者私建公助，分期付款；在长期规划中，必须把建筑业放在重要位置。

1980 年 4 月，邓小平明确指出，住房改革要走商品化的路子。由此，揭开了住房制度改革的大幕。

1982 年，国家有关部门设计了"三三制"的补贴出售新建住房方案，即由政府、企业和个人各承担 1/3，并在郑州、常州、四平、沙市试点。但由于资金问题等，到 1985 年，停止了试点。

1986 年，选定烟台、唐山、蚌埠进行房改试点，试行"提租补贴、租售结合、以租促售、配套改革"的方案。这种方式，从根本上动摇了根深蒂固的住房福利观念、等级观念和消费观念，为全国的住房改革提供了思路。

1988 年，国务院召开第一次全国住房制度改革工作会议，印发《关于在全国城镇分期分批推行住房制度改革的实施方案》，决定从 1988 年起，用三五年的时间，在全国城镇分期分批把住房制度改革推开。但因发生严重通货膨胀，目标没有实现。

1991 年 6 月，国务院发出《关于继续积极稳妥地进行城镇住房制度改革的通知》。11 月，国务院下发《关于全面进行城镇住房制度改革的意见》，确定房改的总目标是：从改革公房低租金制度入手，从公房的实物福利分配逐步转变为货币工资分配，由住户通过买房或租房取得住房的所有权或使用权，使住房作为商品进入市场，实现住房资金投入、产出的良性循环。这是我国住房制度改革的一个纲领性文件。

1994 年 7 月，国务院下发《关于深化城镇住房制度改革的决定》（以下简称《决定》），确定房改的根本目标是：建立与社会主义市场经济体制相适应的新的城镇住房制度，实现住房商品化、社会化；加快住房建设，改善居住条件，满足城镇居民不断增长的住房需求。

《决定》的出台，开启了城镇住房商品化的大门，标志着我国住房市场化改革的全面推进。其最大意义，在于稳步推进公有住房的出售，通过向城镇职工出售原公有住房，逐步完成了我国住房私有化的进程。

《决定》出台后，各地纷纷制定本地区的房改实施方案，在建立住房公积金、提高公房租金、出售公房等方面取得较大进展。到1998年中，全国城镇自有住房比例已经超过50%，部分省市已超过60%。

1998年7月，国务院发布《关于进一步深化城镇住房制度改革加快住房建设的通知》，宣布从同年下半年开始全面停止住房实物分配，实行住房分配货币化，首次提出建立和完善以经济适用住房为主的多层次城镇住房供应体系。

到1998年年底，全国全面停止实物分房，中国城镇住房制度发生了一次根本性的转变。但在改革中，也出现了很多问题，经济适用住房并没有成为供应主渠道。

2003年以后，一方面继续推进住房制度改革，另一方面加大对房地产市场的调控力度。国务院先后颁发"前国八条""后国八条""国六条"等一系列文件，提出在高度重视稳定住房价格工作、稳定住房价格（特别是普通商品住房和经济适用住房价格）的同时，加快建立和完善适合我国国情的住房保障制度。

2007年10月，十七大提出，要加快推进以改善民生为重点的社会建设，努力使全体人民"住有所居"。由于部分城市低收入家庭住房还比较困难，所以，2007年之后，中央进一步加大宏观调控的力度。8月，国务院发布《关于解决城市低收入家庭住房困难的若干意见》，决定加大保障性住房建设力度，进一步鼓励普通商品住房消费。

2007年11月，温家宝在新加坡国立大学明确阐述了我国住宅政策的原则：首先，政府最重要的职责是搞好廉租房建设，让那些买不起房或进城打工的农民工能够租得起房、住得上房；其次，是建设主要面向中产阶级的经济适用房；最后，高档住房主要靠市场调节，但必须有国家的宏观调控，防止利用房地产炒作，造成市场混乱。这一谈话被称为"房产新政"，为随后的住房建设和改革指明了方向。但可惜的是，这一思路后来没有得到很好的贯彻。

2008 年 12 月，国务院办公厅发布《关于促进房地产市场健康发展的若干意见》，决定加大保障性住房建设力度，进一步鼓励普通商品住房消费。

但在住房制度改革的进程中，特别是在住房已经商品化，人民生活日益改善、对住房需求进一步加大的情况下，受各种复杂因素的影响，商品房的价格迅速上升，成为影响经济社会发展和人民生活的一个重大问题。所以，随后住房制度的改革重点，转为如何遏制房价过快上涨。

2010 年 1 月 7 日，国务院办公厅发出《关于促进房地产市场平稳健康发展的通知》。4 月 17 日，国务院发出《关于坚决遏制部分城市房价过快上涨的通知》，提出一系列政策措施，遏制部分城市房价过快上涨。

2010 年 9 月 17 日，李克强出席加快保障性安居工程建设工作座谈会，强调着力推进保障性安居工程，加快发展公共租赁住房，促进人民群众安居乐业。

2011 年 1 月 21 日，国务院公布《国有土地上房屋征收与补偿条例》。

2011 年 1 月 26 日，国务院办公厅发出《关于进一步做好房地产市场调控工作有关问题的通知》，强调进一步做好房地产市场调控工作，大力推进保障性住房建设，逐步解决城镇居民住房问题，促进房地产市场平稳健康发展。

2011 年 9 月 28 日，国务院办公厅发布《关于保障性安居工程建设和管理的指导意见》。

2009 年—2011 年年底，全国共开工建设城镇保障房 2100 多万套，基本建成 1100 万套。保障房覆盖面提高到 11%。

2012 年 2 月 6 日，李克强主持召开保障性住房公平分配工作座谈会并讲话。

2013 年 7 月，国务院印发《关于加快棚户区改造工作的意见》，提出 2013 年—2017 年改造各类棚户区 1000 万户。2015 年 6 月，国务院印发文件，提出棚改三年计划，即从 2015 年—2017 年，改造各类棚户区住房 1800 万套。2017 年 5 月，国务院确定实施 2018 年—2020 年三年棚改攻坚计划，再改造各类棚户区住房 1500 万套。

十八大之后，针对房价日益疯涨的状况，习近平总书记明确提出房子是用来住的、不是用来炒的。政府加大遏制房价过快上涨的政策力度，先后出台了一系列政策。特别是 2017 年，出台更加有力的"新政"措施，使房价上涨势头趋于平稳。但围绕房子和房价的博弈仍在继续。

至于中国农村的农民住房，尚无实质性改革和变化。如何处理城镇居民住房与农村农民住房的关系，仍是住房制度改革的一个难题。

梳理历史，总的来说，我国从 1980 年提出住房制度改革，经多年酝酿和准备，于 1992 年—1994 年间启动实质性改革。随后历经发展、变化和调整，目前已基本停止实物分房，逐步实行了以建立住房公积金制度、发放一次性住房补贴或按月发放住房公积金补贴等形式的住房货币化补贴制度，初步建立了收入高的家庭购买或租赁市场价商品房、中低收入家庭购买经济适用住房或普通商品住房、最低收入家庭租赁由政府或单位提供的廉租住房的住房供应体系。

住房制度改革的最大成果，是绝大多数城镇居民都有了属于自己的住房，住房条件也不断改善。但此后出现的房价过高问题，给整个社会带来了极为复杂的影响。如何破解新的房改难题，依然是一项艰巨的任务。

六、金融体制改革

1991 年 1 月，邓小平视察上海。当时的市委书记朱镕基向他汇报开发开放浦东实行金融先行的一些做法。邓小平听后，精辟地指出：

"金融很重要，是现代经济的核心。金融搞好了，一着棋活，全盘皆活。"[1]

他还要求上海："上海过去是金融中心，是货币自由兑换的地方，今后也要这样搞。中国在金融方面取得国际地位，首先要靠上海。"[2]

金融，确实是现代经济的核心。金融的运行不仅直接影响着经济建设的进程，而且在非常大的程度上关系着整个社会的发展和稳定。

因此，金融体制改革是我国改革开放的重要内容之一，40 年来，我国的金融体制改革，基本上遵循着先机构、后市场、再产品的顺序，渐进而稳妥地向前发展。

1983 年 9 月，国务院作出《关于中国人民银行专门行使中央银行职能的

①《邓小平文选》第 3 卷，人民出版社 1993 年版，第 366 页。
②同上书，第 366—367 页。

决定》，规定中国人民银行专门行使中央银行职能，不再办理工商信贷和储蓄业务。这是我国银行体制的一项重大改革。

随后，金融体制改革的主要任务是建立金融机构的框架体系，中国工商银行、中国建设银行、中国农业银行、中国银行等商业银行相继成立。

到 20 世纪 80 年代后期和 90 年代初，逐步形成了多元金融机构并存的格局。其中，监管系统是中国人民银行；银行系统包括国家专业银行、股份制银行、区域性银行和信用合作社；非银行金融机构主要有保险公司、信托投资、租赁公司以及各大企业集团财务公司。

1993 年 12 月 25 日，国务院作出《关于金融体制改革的决定》，提出金融体制改革的目标是：建立在国务院领导下，独立执行货币政策的中央银行宏观调控体系；建立政策性金融与商业性金融分离，以国有商业银行为主体、多种金融机构并存的金融组织体系；建立统一开放、有序竞争、严格管理的金融市场体系。

按照这一思路，从 20 世纪 90 年代中后期到 2002 年，金融体制改革迅速发展，形成了分业经营、分业监管的格局。监管系统发展到一行三会，即中国人民银行、银监会、证监会、保监会。在银行系统中，又成立了三大政策性银行，发展了股份制银行，建立了区域性城市商业银行。外资银行在 2001 年中国入世后也加快了进入步伐。再加上农村信用社及其他存款贷款类金融机构，整个银行系统呈现出多层次并存和竞争的格局。

非银行金融机构也得到空前发展，出现了一些非银行金融中介，如证券公司、金融资产管理公司、社保基金等。

同时，逐步建立了股票市场、债券市场、外汇市场、期货市场，改变了以前金融体系有机构无市场的境况。分别于 1990 年年底和 1991 年 4 月在上海和深圳成立的两个交易所，标志着中国资本市场的初步形成，成为中国金融体制市场化改革中一个重要的里程碑。

2003 年之后，开始对金融机构进行企业化改造，使其成为自负盈亏、自担风险的市场主体。具体内容包括，剥离国有商业银行呆坏账，国家向国有银行注资，建立商业银行资产经营负债体系，强化以资产负债比为主要内容的专业监管；引进国外战略投资者，进行股份制改造，等等。

工商银行、中国银行、建设银行、交通银行、农业银行先后完成股份制改造，并成功上市。

与此同时，一些新型的服务于直接融资的金融中介机构，如各种基金管理公司、产业基金、私募股权基金等也快速发展。各种新的金融产品、金融衍生产品不断创新，大量出现。这些新机构、新产品，既为金融市场带来了活力，也带来了风险。

2012年1月，全国金融工作会议召开，强调要坚持金融服务实体经济的本质要求，坚持市场配置金融资源的改革导向，坚持创新与监管相协调的发展理念，坚持把防范化解风险作为金融工作生命线，坚持自主渐进安全共赢的开放方针。

十八大以后，金融体制改革继续深化。

2013年7月20日，中国人民银行决定，除个人住房贷款利率浮动区间暂不调整外，金融机构贷款利率管制全面放开。2015年10月24日，中国人民银行决定取消对商业银行和农村合作金融机构等的存款利率浮动上限。至此，中国的利率市场化改革取得关键性进展。

针对地方政府债务问题，2014年，国务院印发《关于加强地方政府性债务管理的意见》。

2015年8月11日，中国人民银行决定改革完善人民币兑美元汇率中间价报价机制，明确中间价报价参考前一天收盘价。12月11日，发布人民币汇率指数，加大参考一篮子货币的力度。2016年2月，形成"收盘汇率＋一篮子货币汇率变化"的人民币兑美元汇率中间价形成机制。

2016年10月1日，人民币正式加入国际货币基金组织的特别提款权货币篮子。

2017年7月14日—15日，全国金融工作会议召开。习近平总书记强调，必须加强党对金融工作的领导，坚持稳中求进工作总基调，遵循金融发展规律，紧紧围绕服务实体经济、防控金融风险、深化金融改革三项任务，创新和完善金融调控，健全现代金融企业制度，完善金融市场体系，推进构建现代金融监管框架，加快转变金融发展方式，健全金融法治，保障国家金融安全，促进经济和金融良性循环、健康发展。会议决定设立国务院金融稳定发展委员会。

2017年9月4日，中国人民银行、中央网信办、工业和信息化部、工商总局、银监会、证监会、保监会发布公告，要求任何组织和个人不得非法从事代币发行融资活动，各类代币发行融资活动应当立即停止。

40年来的金融改革取得了显著的成就。通过从计划管制到市场化、从封闭到开放的渐进改革，形成了以中国人民银行为领导、国有商业银行为主体、多种金融机构并存、分工合作的金融机构体系，以及由货币、证券、保险、外汇组成的金融市场体系；实现了宏观金融调控从直接控制信贷规模，到利用利率等货币政策工具进行间接调控的转变；金融监管明显加强，外汇管理体制改革取得显著成效，人民币汇率稳定，形成了面向全球开放的金融市场新格局；为整个经济社会发展和中国对外开放，发挥了重要作用。

七、精神文明建设

精神文明建设，是社会主义现代化建设的一项重要战略任务。

早在1979年，邓小平就指出："我们要在建设高度物质文明的同时，提高全民族的科学文化，发展高尚的丰富多彩的文化生活，建设高度的社会主义精神文明。"[①]

根据这一重要思想，我国社会主义现代化建设的战略目标和党的基本路线中，始终有一个"文明"。

1986年9月，十二届六中全会专门研究精神文明建设问题，作出了《中共中央关于社会主义精神文明建设指导方针的决议》。

时隔10年之后，1996年，十四届六中全会又再次专门研究精神文明建设问题，作出了《中共中央关于加强社会主义精神文明建设若干重要问题的决议》，系统地制定了跨世纪精神文明建设的发展战略。

精神文明建设的根本任务，是适应改革开放和社会主义现代化建设的需要，培育有理想、有道德、有文化、有纪律的社会主义新人，提高整个中华民族的思想道德素质和科学文化素质。

按照精神文明建设的指导方针和部署，40年来，在不同时期开展了多种形式和内容的工作，使精神文明建设始终处于比较活跃的状态。

---

① 《邓小平文选》第2卷，人民出版社1994年版，第208页。

1981 年 2 月 25 日，全国总工会等 9 个单位，联合向全国人民特别是青少年发出倡议：开展以讲文明、讲礼貌、讲卫生、讲秩序、讲道德和心灵美、语言美、行为美、环境美为内容的"五讲""四美"文明礼貌活动。

1981 年 6 月 23 日，首届中国电影"金鸡奖"和"百花奖"的评选结果揭晓。《巴山夜雨》《天云山传奇》获最佳故事片奖。此后，文艺界连续几十年开展了多种形式的评奖活动。

1983 年 3 月 7 日，共青团中央在北京授予张海迪"优秀共青团员"的光荣称号，邓小平题词"学习张海迪，做有理想、有道德、有文化、守纪律的共产主义新人！"表彰先进模范，成为弘扬正气、树立新风的重要方式。

1992 年 5 月 20 日，中央宣传部颁发"五个一工程"组织工作奖和入选作品奖。"五个一工程"，即一本好书、一台好戏、一部优秀影片、一部优秀电视剧（片）、一篇或几篇有创见有说服力的文章。此后多年，一直开展此项评奖活动，"五个一"有时扩大为"七个一"，有时又有所减少。

1999 年 9 月 18 日，中共中央、国务院、中央军委举行大会，隆重表彰为研制"两弹一星"作出突出贡献的科技专家。

2001 年 2 月 19 日，中共中央、国务院举行国家科学技术奖励大会，授予吴文俊、袁隆平 2000 年度国家最高科学技术奖。根据中共中央、国务院的决定，自 2000 年起设立国家最高科学技术奖。2001 年—2011 年，国家科学技术奖共奖励 3022 项成果、27772 人和 1 个国际组织。其中，国家最高科学技术奖授予 16 人。

2001 年 9 月 20 日，中共中央印发《公民道德建设实施纲要》，提出要在全社会大力倡导"爱国守法、明礼诚信、团结友善、勤俭自强、敬业奉献"的基本道德规范。

2004 年 4 月，中央启动马克思主义理论研究和建设工程工作，一直持续至今，取得重大阶段性成果，推动了党的思想理论建设，推动了哲学社会科学繁荣发展。成为十六大以来我国思想理论建设的标志性工程。

2005 年 12 月 31 日，中共中央、国务院发出《关于推进社会主义新农村建设的若干意见》，提出要按照"生产发展、生活宽裕、乡风文明、村容整洁、管理民主"的要求，协调推进农村各方面建设。

2006 年 3 月 4 日，胡锦涛提出，要教育广大干部群众特别是广大青少年树立以"八荣八耻"为主要内容的社会主义荣辱观。此后，广泛开展了有关"八荣八耻"的教育活动。

2010年9月20日，第二届全国道德模范名单公布，表彰模范个人55名。2011年9月20日，第三届全国道德模范名单公布，表彰模范个人54名。

2011年12月20日，全国精神文明建设工作表彰大会召开，授予27个"全国文明城市（区）"、899个"全国文明村镇"、1794个"全国文明单位"称号，继续保留23个城市（区）的"全国文明城市（区）"荣誉称号。

2011年12月29日，第三次全国文物普查工作电视电话会议召开。从2007年4月—2011年12月，进行了第三次全国文物普查。共调查、登记不可移动文物766722处，其中新发现登记不可移动文物536001处，复查登记不可移动文物230721处。

与此同时，由中央党史研究室组织，开展了全国革命遗址普查。普查工作于2008年6月正式启动，2011年12月结束。共普查登记1949年前革命遗址近5万处，相关联的其他遗址5000余处。

2012年2月9日，中共中央办公厅发布《关于深入开展学雷锋活动的意见》。3月2日，深入开展学雷锋活动座谈会召开。授予鞍山钢铁集团职工郭明义"当代雷锋"荣誉称号。

十八大以后，精神文明建设进一步加强。中央先后出台了《中共中央关于繁荣发展社会主义文艺的意见》《关于培育和践行社会主义核心价值观的意见》《关于实施中华优秀传统文化传承发展工程的意见》《关于加快构建中国特色哲学社会科学的意见》等一系列文件，为中国特色社会主义文化建设搭建起全面系统、科学完整的工作体系。

2013年8月，全国宣传思想工作会议举行。习近平总书记强调，宣传思想工作一定要把围绕中心、服务大局作为基本职责，胸怀大局、把握大势、着眼大事；要巩固马克思主义在意识形态领域的指导地位，巩固全党全国人民团结奋斗的共同思想基础。

2013年12月11日，中共中央办公厅印发《关于培育和践行社会主义核心价值观的意见》。25日，中共中央办公厅、国务院办公厅印发《关于进一步把社会主义核心价值观融入法治建设的指导意见》。

2014年9月13日，第十三届精神文明建设"五个一工程"表彰座谈会举行，《中国合伙人》等186部作品获奖。2017年9月27日，第十四届精神文明建设"五个一工程"表彰座谈会举行，《将改革进行到底》等67部作品获奖。

2014年9月24日，习近平总书记出席纪念孔子诞辰2565周年国际学术研讨会暨国际儒学联合会第五届会员大会，强调从延续民族文化血脉中开拓前进，推进人类各种文明交流交融、互学互鉴。27日，全球孔子学院建立10周年之际，首个"孔子学院日"启动仪式在北京举行，习近平总书记致贺信。

2014年8月31日，十二届全国人大常委会十次会议通过《关于设立烈士纪念日的决定》，将9月30日设立为烈士纪念日。9月30日，习近平总书记等在首个"烈士纪念日"之际，同首都各界代表一起出席向人民英雄纪念碑敬献花篮仪式。

2014年10月15日，习近平总书记主持召开文艺工作座谈会，强调文艺是时代前进的号角，最能代表一个时代的风貌，最能引领一个时代的风气；广大文艺工作者要坚持以人民为中心的创作导向，创作更多无愧于时代的优秀作品。2015年10月3日，中共中央印发《关于繁荣发展社会主义文艺的意见》。

2015年1月12日，中共中央办公厅、国务院办公厅印发《关于加快构建现代公共文化服务体系的意见》。2016年12月25日，十二届全国人大常委会二十五次会议通过《中华人民共和国公共文化服务保障法》。

2015年4月28日，中共中央、国务院举行庆祝"五一"国际劳动节暨表彰全国劳动模范和先进工作者大会。习近平总书记强调，要弘扬劳模精神，弘扬劳动精神，弘扬我国工人阶级和广大劳动群众的伟大品格。在实现"两个一百年"奋斗目标的伟大征程上再创新的业绩，以劳动托起中国梦。刘云山宣读《中共中央、国务院关于表彰全国劳动模范和先进工作者的决定》。

2015年12月25日，中共中央印发《关于建立健全党和国家功勋荣誉表彰制度的意见》，对党和国家功勋荣誉表彰制度进行整体设计，决定成立党和国家功勋荣誉表彰工作委员会。12月27日，十二届全国人大常委会十八次会议通过《中华人民共和国国家勋章和国家荣誉称号法》，决定设立"共和国勋章""友谊勋章"和国家荣誉称号。2017年8月8日，中共中央印发《中国共产党党内功勋荣誉表彰条例》，设立"七一勋章"；中共中央、国务院印发《国家功勋荣誉表彰条例》。

2016 年 5 月 17 日，习近平总书记主持召开哲学社会科学工作座谈会，强调坚持和发展中国特色社会主义，必须高度重视哲学社会科学，结合中国特色社会主义伟大实践，加快构建中国特色哲学社会科学。2017 年 3 月 5 日，中共中央印发《关于加快构建中国特色哲学社会科学的意见》。

2016 年 12 月 7 日—8 日，全国高校思想政治工作会议举行。习近平总书记强调，要把思想政治工作贯穿教育教学全过程，开创我国高等教育事业发展新局面。此前，4 日，中共中央、国务院印发《关于加强和改进新形势下高校思想政治工作的意见》。

2017 年 7 月 7 日、8 日，青海可可西里、"鼓浪屿：历史国际社区"入选《世界遗产名录》。至此，中国有 52 个项目列入《世界遗产名录》，位列世界第二；31 个项目列入人类非物质文化遗产代表作名录，7 个项目列入急需保护名录，1 个项目列入优秀实践名册，总数位列世界第一。

八、文化体制改革

文化是一种生产力，是综合国力的重要组成部分。深入推进文化体制改革，是发展社会主义文化、建设社会主义精神文明、全面建成小康社会的重要任务，也是中国改革开放的重要内容。

新中国的文化体制是在解放区文化体制的基础上建立的，后来参考了苏联模式，与计划经济体制相适应，在历史上发挥了积极作用，产生了许多优秀作品和优秀人才。但这种体制的弊端也很多，主要是实行单一公有制，全部文艺团体由国家财政包起来；在分配上，实行平均主义"大锅饭"，演出等活动与收入没有联系；没有正常的人员流动和淘汰机制，机构臃肿，冗员过多；实行行政化、机关化管理，文化工作者的积极性很难发挥。

改革开放后，为了更好地建设社会主义精神文明，发展社会主义文化，对文化体制进行了改革。主要过程分为四个阶段。

第一阶段，1978 年—1992 年。

"文化大革命"结束之后，文化部门和文艺界首先拨乱反正，平反冤假错案，从而迎来了文化领域的春天。1979 年 10 月，邓小平代表党中央在中国文学艺术工作者第四次代表大会上祝辞，提出了新时期文学艺术事业发展的一系列指导方针，为文化体制改革奠定了理论基础。

1980 年 2 月的全国文化局长会议认为：艺术表演团体的体制和管理制度方面的问题很多，明确提出要"坚决地有步骤地改革文化事业体制，改革经营管理制度"。1983 年国务院《政府工作报告》提出，文艺体制需要有领导、有步骤地进行改革。

1985 年，中央办公厅、国务院办公厅批转文化部《关于艺术表演团体的改革意见》，要求调整艺术部门和艺术团体的布局。

各地参照经济体制改革的经验，在文化单位推行以承包经营责任制为主要内容的改革，解决统得过死和吃大锅饭等弊端。同时实行以文补文、多业助文等改革措施。

1988 年，国务院批转文化部《关于加快和深化艺术表演团体体制改革的意见》，1989 年，中共中央下发《关于进一步繁荣文艺的若干意见》，都提出了实行"双轨制"的改革意见，即一轨为国家扶持的少数全民所有制院团，另一轨为多种所有制的艺术团体。

随着文化功能日趋多样化和丰富，文化市场活跃起来。1987 年，文化部、公安部、国家工商行政管理局发布《关于改进舞会管理的通知》，正式认可营业性舞会等文化娱乐经营性活动。1988 年，文化部、国家工商行政管理局发布《关于加强文化市场管理工作的通知》，正式提出文化市场的概念，同时明确了文化市场的管理范围、任务、原则和方针。1989 年，国务院批准在文化部设置文化市场管理局，全国文化市场管理体系开始建立。

第二阶段，1993 年—2002 年。

1992 年，改革开放和现代化建设进入新阶段，促进了文化自身的体制改革。

1996 年，十四届六中全会通过的《中共中央关于加强社会主义精神文明建设若干重要问题的决议》，提出了文化体制改革的任务和一系列方针。认为"改革文化体制是文化事业繁荣和发展的根本出路"，"改革的目的在于增强文化事业的活力，充分调动文化工作者的积极性，多出优秀作品，多出优秀人才"。强调改革要符合精神文明建设的要求，遵循文化发展的内在规律，发挥市场机制的积极作用。改革要区别情况、分类指导，理顺国家、单位、个人之间的关系，逐步形成国家保证重点、鼓励社会兴办文化事业的发展格局。

2000年10月，十五届五中全会关于"十五"计划的建议，第一次在中央正式文件里提出了"文化产业"这一概念。

2001年，中共中央批转中宣部、广电总局、新闻出版总署《关于深化新闻出版广播影视业改革的若干意见》，提出文化体制改革要以发展为主题，以结构调整为主线，以集团化建设为重点和突破口，着重在宏观管理体制、微观运行机制、政策法律体系、市场环境、开放格局5个方面积极进行探索创新，以进一步壮大实力，增强活力，提高竞争力。

在实践中，改革的重点，一是深化文化单位的内部改革，建立健全激励竞争机制，改革干部人事管理制度、工资奖金分配制度，努力增强生机和活力。艺术演出院团进行演出补贴改革和考评聘任制改革；二是培育文化市场，规范市场行为，完善运行机制，初步建立起包括文艺演出市场、电影电视市场、音像市场、文化娱乐市场、文化旅游市场在内的文化市场体系；三是文化管理部门转变职能，提高效率，加强和改进对文化事业的宏观管理；四是完善文化经济政策，逐步建立了有利于文化单位把社会效益放在首位的保障机制。

文化法治建设得到加强，陆续制定和颁发了200多部法律法规、政策性文件或部门规章，涵盖了舞台艺术、新闻出版、广播影视、互联网、文化经济等诸多领域，如《中华人民共和国著作权法》《广播电视管理条例》《电影管理条例》《出版管理条例》《音像制品管理条例》《印刷业管理条例》等。

组建文化集团，是这一阶段文化体制改革的突破口。到2002年年初，共组建了包括中国广电集团和中国出版集团在内的文化集团70多家。从地域上讲，涵盖到北京、上海、广东、江苏、浙江、四川等地；从主要经营业务上讲，有报业集团38家，出版集团10家，发行集团5家，广电集团12家，电影集团5家。在电影改革中还组建了电影院线30多条。

第三阶段，2002年—2012年。

2002年的十六大，第一次将文化分成文化事业和文化产业，强调要积极发展文化事业和文化产业。明确了整个文化体制改革的方向和目标，要求抓紧制定文化体制改革的总体方案。

2003年，十六届三中全会又将文化体制改革的目标进一步深化和明确，要求逐步建立党委领导、政府管理、行业自律、企事业单位依法运营的文化管理体制。第一次明确提出要形成一批大型文化企业集团。

2004 年，十六届四中全会通过的《中共中央关于加强党的执政能力建设的决定》提出了"深化文化体制改革，解放和发展文化生产力"的重要命题，这也是中央正式文件中第一次出现"解放和发展文化生产力"的提法，还具体要求加强文化发展战略研究，抓紧制定文化发展纲要和文化体制改革总体方案。

在这些精神指导下，文化体制改革试点工作顺利开展。2003 年 6 月，在北京召开全国文化体制改革试点工作会议。北京、重庆、广东、深圳、沈阳、西安、丽江等 9 个省市和 35 个宣传文化单位参加改革试点。

2005 年 12 月 23 日，中共中央、国务院发出《关于深化文化体制改革的若干意见》，提出要形成科学有效的宏观文化管理体制，富有效率的文化生产和服务的微观运行机制，以公有制为主体、多种所有制共同发展的文化产业格局，统一、开放、竞争、有序的现代文化市场体系，完善的文化创新体系，以民族文化为主体、吸收外来有益文化，推动中华文化走向世界的文化开放格局。

2007 年，十七大进一步指出："在时代的高起点上推动文化内容形式、体制机制、传播手段创新，解放和发展文化生产力，是繁荣文化的必由之路。"要"深化文化体制改革，完善扶持公益性文化事业、发展文化产业、鼓励文化创新的政策，营造有利于出精品、出人才、出效益的环境"。

2008 年 4 月 10 日—11 日，全国文化体制改革工作会议召开。十七大后至 2012 年 10 月，共召开了 4 次全国文化体制改革工作会议、1 次全国文化体制改革经验交流会和 1 次文化体制改革试点城市经验交流会。

2009 年 8 月 17 日，国务院发布《文化产业振兴规划》。

2011 年 10 月 15 日—18 日，十七届六中全会审议通过《关于深化文化体制改革推动社会主义文化大发展大繁荣若干重大问题的决定》，明确文化改革发展的指导思想、重要方针、目标任务和政策举措。

2011 年 12 月 29 日，中共中央办公厅、国务院办公厅印发《国家"十二五"时期文化改革发展规划纲要》，明确 9 大工程 50 个重点项目。

2012 年 9 月 26 日，全国文化体制改革工作表彰大会召开。李长春讲话。会议指出，经过 10 年不懈探索，基本完成中央确定的阶段性改革任务，文化建设开创了新局面，初步走出了一条中国特色社会主义文化发展道路。

第四阶段，十八大以来。

十八大以来，习近平总书记站在民族复兴的高度，发表一系列重要讲话，为推进文化改革发展、建设社会主义文化强国指明了方向。

2014 年 2 月，中央全面深化改革领导小组第二次会议通过《深化文化体制改革实施方案》。按照这新一轮文化体制改革的路线图、时间表和任务书，经过 4 年多努力，300 多项文化体制改革任务已基本完成。

2015 年 1 月 12 日，中共中央办公厅、国务院办公厅印发《关于加快构建现代公共文化服务体系的意见》。同年，还印发了《关于推动国有文化企业把社会效益放在首位、实现社会效益和经济效益相统一的指导意见》。2016 年 12 月 25 日，十二届全国人大常委会二十五次会议通过《中华人民共和国公共文化服务保障法》。

2017 年，十九大继续强调："要深化文化体制改革，完善文化管理体制，加快构建把社会效益放在首位、社会效益和经济效益相统一的体制机制。"并提出："健全现代文化产业体系和市场体系，创新生产经营机制，完善文化经济政策，培育新型文化业态。"

九、医药卫生体制改革

健康是国民素质的重要体现，是人的全面发展的基础，关系千家万户的安宁与幸福。全民健康水平不断提高，是人民生活质量改善的重要标志，是中国特色社会主义现代化建设的重要目标。

多年来，我国医疗卫生事业取得了显著成就，基本形成了公共卫生和医疗卫生服务体系，国民健康状况不断改善。但与此同时，我国医疗卫生服务与人民日益增长的健康需求还很不适应，存在着看病难、看病贵的问题。

所以，改革开放以来，在不同的阶段，针对不同的突出问题，对医药卫生体制相继进行了一系列改革。

医疗卫生体制本身就是一个复杂的概念。对其如何界定，直接关系医疗卫生体制改革的范围和内容问题。1998 年，开始推行"三项改革"，即医疗保险制度改革、医疗卫生体制改革、药品生产流通体制改革。2007 年 1 月，全国卫生工作会议提出四大基本制度，即基本卫生保健制度、医疗保障制度、国家基本药物制度和公立医院管理制度。2007年10月，十七大报告中首次明确提出卫生医疗领域的"四大体系"，即"覆盖城乡居民的公共卫生服务体系、医疗服务体系、医疗保障体系、药品供应保障体系"。"四大体系"的提出为医疗卫生体制改革构建了新的框架。2016年8月，在全国卫生与健康大会上，习近平总书记进一步要求："推进基本医疗卫生制度建设，努力在分级诊疗制度、现代医院管理制度、全民医保制度、药品供应保障制度、综合监管制度5项基本医疗卫生制度建设上取得突破。"所以，按照最新界定，医疗卫生领域的改革统称为"医药卫生体制改革"，而重点是5项制度的改革和建设。

40年来的医药卫生体制改革，先后经历了若干比较大的阶段和过程，范围和内容比较广泛，也很复杂。

前20年改革的内容和成绩主要有：

针对卫生资源严重短缺导致的"看病难、住院难和手术难"问题，鼓励多渠道筹资、多种形式办医，逐步形成了公有制为主体，多种形式、多种渠道办医的新格局。

医疗机构通过一系列激励措施，明显调动了医疗机构和医务人员的积极性，使我国医疗服务规模、条件、水平和能力有了明显改善，医疗卫生服务供给大幅度增加，有效缓解了"看病难、住院难、手术难"等突出矛盾。

针对职工医疗保险基本由国家和企事业单位包揽的弊端，对公费医疗和劳保医疗制度进行改革，建立了城镇职工基本医疗保险制度。

同时，逐步建立了新型农村合作医疗制度、城镇居民基本医疗保险制度和城乡医疗救助制度，初步形成我国医疗保障体系。

但是，医药卫生体制深层次的一些问题依然没有从根本上解决，并出现一些新的问题，再次推进医药卫生体制改革势在必行。

2006年6月30日，国务院决定成立16个部门参加的深化医药卫生体制改革部际协调工作小组。2009年3月17日，中共中央、国务院公布《关于深化医药卫生体制改革的意见》。18日，国务院印发《医药卫生体制改革近期重点实施方案（2009—2011年）》，提出切实缓解看病难、看病贵的五项重点改革措施和建立健全覆盖城乡居民的基本医疗卫生制度的长远目标。4月

10 日，召开深化医药卫生体制改革工作会议。2010 年 5 月，还举办了全国深化医药卫生体制改革工作会议暨省部级领导干部深化医药卫生体制改革专题研讨班。

这次改革实现了五个方面的重大创新：一是在改革的理念上，首次提出"把基本医疗卫生制度作为公共产品向全民提供"；二是在改革的基本原则上，明确强调政府主导与发挥市场机制作用相结合，强调坚持公平与效率的统一；三是在改革的重点上，突出保基本、强基层、建机制，强调面向农村，惠及群众；四是在改革的基本思路上，远近结合，把解决群众看病就医突出问题与建立完善基本制度体系结合起来；五是在改革的方法步骤上，强调试点先行，稳步推进。

2009 年—2011 年，重点抓好五项改革：一是加快推进基本医疗保障制度建设；二是初步建立国家基本药物制度；三是健全基层医疗卫生服务体系；四是促进基本公共卫生服务逐步均等化；五是推进公立医院改革试点。

2012 年 3 月 14 日，国务院印发《"十二五"期间深化医药卫生体制改革规划暨实施方案》。4 月 17 日，召开全国深化医药卫生体制改革工作会议。李克强讲话强调，"十二五"期间深化医改要抓住医保、医药、医疗 3 个重点环节，实行"三轮驱动"。

十八大之后，医药卫生体制改革继续深化。

2015 年 4 月 23 日，国务院办公厅印发《关于全面推开县级公立医院综合改革的实施意见》。5 月 6 日，国务院办公厅印发《关于城市公立医院综合改革试点的指导意见》。至 2015 年年底，县级公立医院改革全面推开，2016 年年底，城市公立医院改革试点扩大到 200 个城市。

2016 年 1 月 3 日，国务院印发《关于整合城乡居民基本医疗保险制度的意见》，要求城乡居民医保制度政策实现统一覆盖范围、统一筹资政策、统一保障待遇、统一医保目录、统一定点管理、统一基金管理。

2016 年 8 月 19 日—20 日，全国卫生与健康大会举行。习近平强调，要把人民健康放在优先发展的战略地位，以普及健康生活、优化健康服务、完善健康保障、建设健康环境、发展健康产业为重点，加快推进健康中国建设，努力全方位、全周期保障人民健康。10 月 17 日，中共中央、国务院印发《"健康中国 2030"规划纲要》。

2017 年 8 月 31 日，国家医保异地结算系统与所有省份和新疆生产建设兵团以及医疗保险统筹地区连通。9 月底，全面完成全国联网和跨省直接结算。

十九大以"实施健康中国战略"来统揽医疗卫生和医药卫生体制改革。强调人民健康是民族昌盛和国家富强的重要标志。为此：

要完善国民健康政策，为人民群众提供全方位全周期健康服务。

深化医药卫生体制改革，全面建立中国特色基本医疗卫生制度、医疗保障制度和优质高效的医疗卫生服务体系，健全现代医院管理制度。

加强基层医疗卫生服务体系和全科医生队伍建设。

全面取消以药养医，健全药品供应保障制度。

坚持预防为主，深入开展爱国卫生运动，倡导健康文明生活方式，预防控制重大疾病。

实施食品安全战略，让人民吃得放心。

坚持中西医并重，传承发展中医药事业。

支持社会办医，发展健康产业。

促进生育政策和相关经济社会政策配套衔接，加强人口发展战略研究。

积极应对人口老龄化，构建养老、孝老、敬老政策体系和社会环境，推进医养结合，加快老龄事业和产业发展。

十、百万大裁军

以十一届三中全会为标志，党和国家从"以阶级斗争为纲"转向以经济建设为中心，并开始了改革开放的伟大革命，国防和军队建设事业也进行了改革。最大、最早的改革是什么？应该说，就是响亮的百万大裁军。

中华人民共和国成立后的几十年间，基于冷战局势和对国际形势的判断，中国军队始终处于临战准备状态，军队的数量规模非常庞大。

到了 20 世纪 80 年代，虽然战争危险依然存在，但和平力量日益增长。邓小平在科学分析国际形势的基础上，提出和平与发展是世界两大主题的重要论断。基于这一重要判断，中央军委调整军事战略方针，把国防和军队建设由临战状态转到以现代化为中心的相对和平时期的建设轨道上来。

为了从根本上增强中国的国力，邓小平认为，国家经济建设是大局，必须硬着头皮把经济搞上去，一切要服从这个大局。"大局好起来了，国力大大增强了，再搞一点原子弹、导弹，更新一些装备，空中的也好，海上的也好，陆上的也好，到那个时候就容易了。"①

由于历史原因，人民解放军的"臃肿"问题由来已久。虽进行过4次精简整编，但"消肿"问题一直未能得到很好解决。至1985年，人民解放军军费只有191亿元人民币，仅占同年美军军费的2%，不及苏联军费的零头，但人民解放军的员额却是美军的两倍，与苏军持平。

因此，1975年—1984年，邓小平数十次谈到"消肿"问题。他说，虚胖子能打仗？军队要多节省开支，改善武器装备，更要提高军政素质，这就必须减少数量。

1985年5月23日—6月6日，中央军委扩大会议在北京召开，讨论裁军问题。6月4日，中央军委主席邓小平在会上郑重宣布：中国政府决定，人民解放军减少员额100万。

邓小平指出：与其说是"精兵"，不如说是"精官"。"这是个得罪人的事情，我来得罪吧，不把这个矛盾交给新的军委主席。"②

会议通过了《军队体制改革、精简整编方案》，提出的精简人员与改革体制编制、改革有关制度同步进行的原则，随后逐步推进大裁军和军队体制改革。

1985年中—1987年年底期间，在时任中央军委主席邓小平的领导下，百万大裁军全面展开。

首先，压缩了军队总规模，调整了编成比例。中央军委所属的三总部和各大军区的机关人员精简了近一半；撤销了武汉、昆明、福州、新疆4个大军区，保留北京、沈阳、济南、南京、成都、广州、兰州等7个大军区；减少军级以上单位31个；撤销师、团级单位4054个；县、市人民武装部改为地方建制，其干部战士退出现役；军队内部管理的76种干部职务改由战士担任，官兵比例达到1∶3.3。到1987年，军队的总员额由423.8万减少到323.5万。

其次，把陆军军改编为集团军，并充实扩编了通信、防化、运输分队，增编了电子对抗分队。与原陆军的军相比，集团军的火力、突击力、机动能

①《邓小平文选》第3卷，人民出版社1993年版，第99—100页。
②《邓小平军事文集》第3卷，军事科学出版社、中央文献出版社2004年版，第263页。

力都有所加强，提高了现代条件下的合成训练和作战能力。

此外，全军撤销或合并了一些初级指挥院校和专业技术院校。院校数量精简 12%，人员数量减少 20% 以上。

结合精简整编，按照革命化、年轻化、知识化、专业化的方针，调整配备了三总部、大军区、军兵种的领导班子。三总部领导班子人数比原来减少23.8%，大军区领导班子人数比原来减少一半。平均年龄由原来的 64.9 岁下降到 56.7 岁，每个班子中都有 40 岁、50 岁、60 岁左右的干部，基本上形成了梯次结构年龄。知识结构也进一步改善，60% 的干部具有大专以上文化程度，75% 的干部经过院校培训。

至 1988 年，还完成筹备并推行军衔制、军队文职干部制度和军官服役条例。

1987 年 4 月 4 日，在六届全国人大五次会议举行的中外记者招待会上，人民解放军副总参谋长徐信宣布："中国人民解放军精简整编的任务已基本完成！裁减员额 100 万后，军队的总定额为 300 万。"

减少 100 万，实际上并没有削弱军队的战斗力，而是增强了军队的战斗力。按照邓小平提出的方针，人民解放军改革体制编制，在精兵、合成、高效方面前进了一大步。

十一、建设现代化正规化革命军队

人民解放军在中国革命建设的历程中，发挥了巨大的作用。进入改革开放和现代化建设新时期后，邓小平科学分析国内外形势，全面回答了军队和国防建设的一系列重大问题，形成了新时期军队和国防建设的理论，明确要求"把我军建设成为一支强大的现代化、正规化的革命军队"[1]，充分利用大仗打不起来的有利时机，以现代化建设为中心，走有中国特色的精兵之路，不断增强国防实力。

按照这一战略思想，人民解放军在建设强大的现代化正规化革命军队的道路上奋力前进。

---

[1]《邓小平文选》第 2 卷，人民出版社 1994 年版，第 395 页。

1981 年 9 月 19 日，邓小平在检阅华北某地举行军事演习的人民解放军部队时提出，必须把我军建设成为一支强大的现代化、正规化的革命军队。

1983 年 4 月 5 日，中国人民武装警察部队总部成立。

1984 年 10 月 1 日，首都举行庆祝中华人民共和国成立 35 周年的阅兵仪式和群众游行。邓小平检阅受阅部队并发表讲话。

1985 年—1987 年，军队裁减员额 100 万。

1986 年 8 月 10 日，解放军总参谋部、总政治部、总后勤部发出通知，规定预备役部队正式列入人民解放军建制序列。

1988 年 4 月 27 日，中央军委颁发《中国人民解放军文职干部暂行条例》。8 月 1 日起，文职干部制度在全军正式施行。

1988 年 7 月 1 日，七届全国人大常委会二次会议通过《中国人民解放军军官军衔条例》，10 月 1 日起，人民解放军实行新的军衔制。12 月 17 日，《中国人民武装警察部队实行警官警衔制度的具体办法》发布，武警部队实行警官警衔制。至 2010 年 7 月 19 日，共有 129 名高级军官武警警官被授予上将军衔警衔。自 1955 年首次实行军衔制和 1988 年实行新的军衔制警衔制以来，被授予上将军衔、警衔的高级军官和武警警官共有 186 人次。

1990 年 12 月 1 日，江泽民在全军军事工作会议上提出"政治合格、军事过硬、作风优良、纪律严明、保障有力"的军队建设"五句话"总要求。

1993 年 1 月 13 日—19 日，中央军委扩大会议制定新时期积极防御的军事战略方针，要求把军事斗争准备的基点放在打赢现代技术特别是高技术条件下的局部战争上。

1995 年 12 月，中央军委提出实施科技强军战略，强调依靠科技进步提高军队建设质量，逐步实现由数量规模型向质量效能型、人力密集型向科技密集型的转变。

1997 年 12 月，江泽民在中央军委扩大会议上提出，打赢未来高技术战争，保持人民军队的性质、本色和作风，是新时期军队建设的两个历史性课题。解决好"打得赢""不变质"这两个历史性课题，是部队一切工作的出发点和落脚点。

1998 年 4 月 3 日，中央军委决定组建中国人民解放军总装备部。

1999 年 10 月 1 日，首都举行庆祝中华人民共和国成立 50 周年的阅兵仪式和群众游行。江泽民检阅受阅部队并发表讲话。

1999 年 12 月，中央军委扩大会议决定，积极推进中国特色军事变革。核心和方向是建设信息化军队，打赢信息化战争；发展道路是以机械化为基础、以信息化为主导，实现军队现代化跨越式发展；重要原则是坚持一切从国情军情出发，走自己的路，始终不渝地坚持人民军队的政治优势。

2004 年 12 月 24 日，胡锦涛在中央军委扩大会议上讲话，对新世纪新阶段人民解放军的历史使命提出新要求：为中国共产党巩固执政地位提供重要的力量保证，为维护国家发展的重要战略机遇期提供坚强的安全保障，为维护国家利益提供有力的战略支撑，为维护世界和平与促进共同发展发挥重要作用。

2008 年 3 月 10 日，胡锦涛出席十一届全国人大一次会议解放军代表团全体会议时指出，富国和强军都是中国现代化建设的战略任务，是发展中国特色社会主义、实现中华民族伟大复兴的重要基石。要走出一条中国特色军民融合式发展路子。

2009 年 4 月 23 日，庆祝人民海军成立 60 周年海上阅兵活动在青岛举行。胡锦涛检阅由中国海军和多国海军组成的舰艇编队，并会见参加活动的 29 国海军代表团团长。24 日晚，胡锦涛在京会见海军老同志和英模代表。

2009 年 10 月 1 日，首都举行庆祝中华人民共和国成立 60 周年的阅兵仪式和群众游行。胡锦涛检阅受阅部队并发表讲话。

2010 年 12 月，胡锦涛在军队有关会议上提出，以推动国防和军队建设科学发展为主题，以加快转变战斗力生成模式为主线，不断增强有效履行新世纪新阶段军队历史使命能力，为全面建设小康社会提供重要力量支撑和坚强安全保障。

2011 年 9 月 6 日，胡锦涛会见全军非战争军事行动总结研讨暨成果展示活动的代表。近五年，全军和武警部队先后出动官兵 150 多万人、民兵预备役人员 530 多万人，参加抗击南方低温雨雪冰冻灾害、汶川和玉树地震、舟曲泥石流等重大自然灾害救灾行动 600 多次，抢救转移群众 1200 多万人次。精心组织维权护航、联合国维和、国际救援等重大活动。

2012 年 9 月 25 日，中国第一艘航空母舰辽宁舰正式交付海军。胡锦涛出席交接入列仪式并登舰视察，温家宝宣读中共中央、国务院、中央军委贺电。

十八大之后，人民解放军在习近平主席的领导下，又迈开了新的步伐。

第 九 章

稳步有序的政治体制改革

一、政治体制改革

十年"文化大革命",带给人们深沉的思索:为什么会发生"文化大革命"这样的错误?怎样避免类似的灾难再次发生?

1980年8月,意大利记者奥琳埃娜·法拉奇问邓小平:如何避免类似"文化大革命"那样可怕的事情?

邓小平回答:"这要从制度方面解决问题。我们过去的一些制度,实际上受了封建主义的影响,包括个人迷信、家长制或家长作风,甚至包括干部职务终身制。我们现在正在研究避免重复这种现象,准备从改革制度着手。"[①]

邓小平的回答,抓住了中国政治体制问题的症结,指出了完善中国政治体制的方向。

中国的改革是全面的改革。邓小平明确指出,我们提出改革时,就包括政治体制改革。

一般来说,所谓政治,就是一定的阶级或社会集团,为维护其根本利益,为执掌、组织和巩固国家政权,并运用这个国家政权治理国家而进行的全部活动。

而政治体制,则是一个以政治权力配置为中心内容,以国家治理和社会管理为主要职能,由各种政治组织、政治设施以及相应的政治规范构成的社会政治体系。

政治体制是社会基本政治制度具体表现形式的总和。它的运行状态如何,不仅对经济体制有很大影响,而且关系整个社会主义事业的方向和命运。

所以,政治体制改革是中国改革开放的重要组成部分。

1978年12月13日,邓小平在中共中央工作会议闭幕会上所作的题为《解放思想,实事求是,团结一致向前看》的重要讲话中,提出制度与人的关系问题,认为应该使制度不因领导人的改变而改变、不因领导人看法的改变而改变。随即召开的十一届三中全会,不仅指出要改变同生产力不相适应的生产关系和上层建筑,而且实际上采取了一些属于政治体制改革范畴的具体

---

① 《邓小平文选》第2卷,人民出版社1994年版,第348页。

措施。

以十一届三中全会为开端，党掌握了拨乱反正的主动权，开始了全面的大规模的拨乱反正，有步骤地解决了许多历史遗留问题和实际生活中出现的新问题。

党和国家的集体领导和民主集中制得到改善。地方和基层组织的权力逐步扩大。恢复、制定和施行了一系列重要的法律、法令和条例，包括中华人民共和国成立以来一直没有制定的刑法、刑事诉讼法。加强了司法、检察和公安机关的工作。平反了大批冤假错案，为无数受牵连的人们解除了政治枷锁。

为加强各级领导班子建设，十一届五中全会增补了中央政治局常委、委员，成立了中央书记处。相继建立了中央和各级纪律检查委员会，颁布了《关于党内政治生活的若干准则》。决定废除干部领导职务实际上的终身制，改变权力过分集中的状况，要求在坚持革命化的前提下逐步实现各级领导人员的年轻化、知识化和专业化。由于调整了国务院的领导成员并实行党政分开，中央和地方政府工作得到加强。

1982年修改制定了《中华人民共和国宪法》，突出强调国家的一切权力属于人民。恢复设置中华人民共和国主席。在县级以上地方各级人大设立常委会，赋予省级人大及其常委会制定地方性法规的权力。取消各级革命委员会，建立人民政府。改变农村人民公社政社合一的体制，设立乡人民政府和人民代表大会等。

为了加强各级人民代表大会的工作，省、县两级人民代表大会增设了常设机构，实行县级和县级以下人大代表由选民直接选举的制度。把原来属于全国人大的一部分职权交由它的常委会行使，扩大了全国人大常委会的职权，加强了它的组织。

在改革实践的同时，中国共产党不断思考和研究政治体制改革问题。

十一届四中全会通过的叶剑英代表中共中央在庆祝中华人民共和国成立30周年大会上的讲话，初步总结了新中国成立后的历史经验，提出我们要在改革和完善社会主义经济制度的同时，改革和完善社会主义政治制度，发展高度的社会主义民主和完备的社会主义法制。

1979年10月，邓小平指出，要在大幅度提高社会生产力的同时，改革和完善社会主义的经济制度和政治制度，发展高度的社会主义民主和完备的社会主义法制。

1980 年 8 月，中央政治局扩大会议集中讨论党和国家领导体制的改革问题。邓小平发表题为《党和国家领导制度的改革》的重要讲话，在全面总结"文化大革命"教训的基础上，对政治体制改革的必要性、意义、方向、方针、政策、内容和步骤等作了深刻的论述。

邓小平特别强调，过去发生的各种错误，固然与某些领导人的思想、作风有关，但是组织制度、工作制度方面的问题更重要。这些方面的制度好可以使坏人无法任意横行，制度不好可以使好人无法充分做好事，甚至会走向反面。不是说个人没有责任，而是说领导制度、组织制度问题更带有根本性、全局性、稳定性和长期性。这种制度问题，关系党和国家是否改变颜色，必须引起全党的高度重视。

针对制度上的问题，邓小平提出了对党和国家领导制度实行重大改革的一系列措施。建议修改宪法；设立中央顾问委员会；党政分开；真正建立从国务院到地方各级政府从上到下的强有力的工作系统；各级党委要真正实行集体领导和个人分工负责相结合的制度，明确哪些问题应当由集体讨论，哪些问题应当由个人负责，重大问题一定要由集体讨论和决定。

邓小平这篇经中央政治局讨论通过的讲话，成为指导我国政治体制改革的纲领性文件。

十二届三中全会以后，经济体制改革的步子进一步加快，现行政治体制与之不相适应的问题日益突出。因此，1986 年，邓小平又从与经济体制改革关系的角度，多次提出政治体制改革问题。

邓小平说，1980 年就提出政治体制改革，但没有具体化，现在应该提到日程上来。改革，不仅应该包括政治体制的改革，而且应该把它作为改革向前推进的一个标志。我们所有的改革最终能不能成功，还是决定于政治体制的改革。

关于政治体制改革的内容，邓小平提出主要有三个方面：首先是党政要分开，解决党如何善于领导的问题。这是关键，要放在第一位。其次是权力要下放，解决中央和地方的关系，同时地方各级也都有一个权力下放问题。最后是精简机构，这和权力下放有关。

1987 年 7 月 1 日，中共中央决定重新发表邓小平《党和国家领导制度的改革》的讲话。

十二届七中全会讨论并原则同意《政治体制改革总体设想》，并决定将其主要内容写入十三大报告。

十三大根据邓小平的政治体制改革思想，明确提出政治体制改革的长远目标是建立高度民主、法制完备、富有效率、充满活力的社会主义政治体制，近期目标是建立有利于提高效率、增强活力和协调各方面积极性的领导体制。

十四大规定，同经济体制改革和经济发展相适应，必须按照民主化和法制化紧密结合的要求，积极推进政治体制改革，使社会主义民主和法制建设有一个较大的发展。要下决心进行行政管理体制和机构改革，切实做到转变职能、理顺关系、精兵简政、提高效率。

十五大要求继续推进政治体制改革，并提出了当前和今后一段时间的五项主要任务：健全民主制度，加强法制建设，推进机构改革，完善民主监督制度，维护安定团结。十五大后，各项民主制度建设稳步推进。民主集中制建设、人民代表大会制度建设、多党合作与政治协商制度建设、以转变政府职能为主的机构改革、干部人事制度改革、建立国家公务员制度、基层民主建设、法制建设等，都取得较大进展。

十六大指出："发展社会主义民主政治，最根本的是要把坚持党的领导、人民当家作主和依法治国有机统一起来。"①强调"政治体制改革是社会主义政治制度的自我完善和发展"，并从九个方面提出了改革的具体措施。大会还提出建设社会主义政治文明。

十六大后，党提出科学发展观的重大战略思想。社会主义民主制度进一步完善，中国各民主党派和无党派人士积极参政议政，中国共产党就重大问题同各民主党派和无党派人士进行民主协商、征求意见成为制度，并成为中国特色社会主义的重要内容，保持国家长治久安的重要法律法规相继出台，全国各民族平等互助和谐发展。

2007 年的十七大提出，人民民主是社会主义的生命；政治进步与经济进步是一个互相促进的过程；改革的根本目标是扩大民主，保证人民当家作主；

①《十六大以来重要文献选编》上，中央文献出版社 2011 年版，第 72 页。

要重点推进基层民主；把树立社会主义民主政治、自由平等、公平正义理念确定为发展社会主义民主政治的一项重大任务；试行党代会的常任制、任期制、票决制，完善差额选举办法；保障公民的知情权、参与权、监督权、表达权；建议逐步实行城乡按相同人口比例选举人大代表；明确中国民主政治建设的发展途径；为实现法治国家提供较完善的制度保障；等等。

十八大后，习近平总书记提出了一系列深化改革开放的重要思想，强调改革开放只有进行时没有完成时。必须以更大的政治勇气和智慧，不失时机深化重要领域改革，努力把改革开放推向前进。

十八大后，民主法治建设迈出新步伐。政治体制改革继续推进。实行城乡按相同人口比例选举人大代表。基层民主不断发展。中国特色社会主义法律体系形成，社会主义法治国家建设成绩显著。爱国统一战线巩固壮大。行政体制改革深化，司法体制和工作机制改革取得新进展。党的建设全面加强。党风廉政建设和反腐败斗争取得新成效。

十九大要求"积极稳妥推进政治体制改革"。按照习近平新时代中国特色社会主义思想，十九大后对政治体制又进行了重要调整和改革。2018年3月，对现行宪法作了重大修改，充实了习近平新时代中国特色社会主义思想的许多内容。在国家机构中，增设了国家监察委员会。2018年，对国家机构进行了新一轮大规模的改革。

二、社会主义民主建设

民主，就其最基本的含义来说，是指一种按照预定的程序，根据多数人的意愿作出决定并允许少数人保留意见的机制。

民主概念可以使用于多个领域、多个方面，但其最主要还是指国家政治制度问题，是指体现在国家政治制度中的由人民决定和管理国家事务的机制。至于其他的"民主生活""民主精神""民主方法""民主作风"等等，都是由民主的基本含义派生出来的。

民主，历来是我们党奋斗的基本目标之一。新中国成立后，我国的民主政治建设曾经取得过很大的成绩，也走过了一段曲折的道路。所以，改革开放后，发展社会主义民主，调动广大人民的积极性，成为我国政治体制改革的重要内容之一。

1978 年 12 月，在中央工作会议上，邓小平提出要改变民主太少的状况，为解放思想创造重要条件。他还提出一个重要的思想："必须使民主制度化、法律化，使这种制度和法律不因领导人的改变而改变，不因领导人的看法和注意力的改变而改变。"①1979 年 3 月，邓小平提出了一个极为重要的论断："没有民主就没有社会主义，就没有社会主义的现代化。"②

改革开放以来，中国特色社会主义民主不断发展，不断取得成绩。

从选举来说，1979 年，全国人大通过了选举法，恢复民主选举制度，把直接选举的范围扩大到县级，改革等额选举为差额选举。1980 年 10 月，中国首次在区县级直接选举人大代表。1982 年第一次修改选举法，对农村地区人大代表和少数民族代表产生的比例作出适当调整；1986 年第二次修改选举法，简化选民登记手续，限制委托投票次数，防止非正常选举；1995 年第三次修改选举法，降低农村与城市代表分配名额之间的比例，规范了地方人大代表名额，进一步完善差额选举。2004 年 8 月，十届全国人大常委会对选举法再次进行修改，防止选举过程中暗箱操作和贿选情况的发生。十七大后，实行了城乡按相同人口比例选举人大代表。通过选举，人民民主意识逐渐深入人心。

从现实生活中，我们也不时可以看到这种前进的步伐、飘逸的浪花。

1985 年 2 月 28 日，《蛇口通讯报》在第三期头版发表《该注重管理了——向袁庚同志进一言》的文章，还配发了《"恐惧"，告别吧！》的评论。此文发表之前，总编辑要给袁庚送审，袁庚以"不用送审"作出回答。此文获得 1985 年度全国好新闻特等大奖。此后，舆论监督成为中国民主监督体系的重要组成部分。

1987 年 10 月，中央电视台首次全部录像播出十三大召开的 11 次记者招待会。特别是大会闭幕第二天，新当选的政治局 5 名常委在记者酒会上公开露面，这是过去从未有过的。该场景经电视播出后在国内外引起极大反响。后来，在历次党代会上，这种新闻发布会，特别是新当选的领导人与记者和广大观众见面，已经成为固定的程序。

①《邓小平文选》第 2 卷，人民出版社 1994 年版，第 146 页。
②同上书，第 168 页。

1998 年 10 月 5 日，中国签署《公民权利和政治权利国际公约》。这一举措，表明中国认可了国际社会许多基本的民主规范和价值理念，并以中国特色的民主样式站到世界政治舞台上。

1998 年 11 月 12 日，美国卡特中心代表团的全体成员胸佩旁听证，目睹、旁听了四川大足县宝顶镇第七次镇人大代表换届选举大会。他们观摩、了解了镇人大代表对上一届镇政府的工作评议，对新一届镇人民代表大会主席、副主席和新一任镇长、副镇长的提名、推荐、酝酿直至投票选举的全过程。

美国卡特中心代表团团长说："我们现场观摩了乡镇代表依法行使自由选举的权利，中国官员和百姓对我们既友好又坦诚，畅所欲言地表达自己的思想。我们学到不少经验。这将加深美国人民对中国民主制度的理解，改进我们的选举，并对世界的选举制度作出贡献。"

共产党执政就是领导和支持人民掌握管理国家的权力，实行民主选举、民主决策、民主管理和民主监督，保证人民依法享有广泛的权利和自由，尊重和保障人权。建设中国特色社会主义政治，就是在中国共产党领导下，在人民当家作主的基础上，依法治国，发展社会主义民主政治。

改革开放以来，通过政治体制改革，中国特色的社会主义民主建设取得了一系列成绩：

改革和完善党和国家的领导制度，废除了实际上存在的干部领导职务终身制，确保党和国家领导机关正常换届和领导人有序更替。

坚持和完善人民代表大会制度，坚持国家一切权力属于人民，不断扩大公民有序政治参与，保证和实现内容广泛的人民当家作主。

坚持和完善中国共产党领导的多党合作和政治协商制度，深入开展政治协商、民主监督、参政议政，巩固和发展最广泛的爱国统一战线。

改革和调整权力过分集中、党政不分、政企不分的领导体制，推进行政体制、司法体制、企业事业单位体制和相关机制改革，形成职能明确、协调配合、运行高效的体制机制。

确立和贯彻依法治国基本方略，形成和完善以宪法为统帅的中国特色社会主义法律体系，保证国家机关依法行使职权、履行职责。

尊重和保障人权，维护社会公平正义，依法保证全体社会成员平等参与、平等发展的权利。

改革和完善决策机制，增强决策透明度和公众参与度，促进决策科学化、民主化、法治化。

改革干部人事制度，建立健全广纳群贤、人尽其才、能上能下、充满活力的用人机制，为各方面优秀人才建功立业开辟广阔渠道和发展空间。

建立健全权力运行机制制约和监督体制机制，形成惩治和预防腐败体系，保证人民赋予的权力始终用来为人民谋利益。

改革和完善党的领导方式和执政方式，坚持党总揽全局、协调各方的领导核心作用，提高科学执政、民主执政、依法执政的能力和水平。

十九大再次强调："要长期坚持、不断发展我国社会主义民主政治，积极稳妥推进政治体制改革，推进社会主义民主政治制度化、规范化、程序化，保证人民依法通过各种途径和形式管理国家事务，管理经济文化事业，管理社会事务，巩固和发展生动活泼、安定团结的政治局面。"同时指出，要"扩大人民有序政治参与，保证人民依法实行民主选举、民主协商、民主决策、民主管理、民主监督"。只要坚定地朝这个方向努力，中国特色社会主义民主的水平就会越来越高。

三、社会主义法制建设

湖南省有个市曾经发生过一起民告官的案例。

一位农民为了一亩九分地的事，以一纸诉状将市长告上了法庭。一场既唇枪舌剑、又依理依法的官司打下来，原告没有胜诉，老百姓都以为，这一下，原告肯定日子难过了，作为"父母官"的被告市长，当然要给既无权又输了官司的原告一点颜色看看了。

可实际的结果却大出意外：作为原告的这位农民，与作为被告的市长，竟然成了一对好朋友。作为原告的农民谈："现在的市长素质高了。官司打完后，我和市长成了朋友……"市长说："市民们法制意识增强，行政依法办事，这是维护社会稳定的途径。"

民敢于告官，领导干部又能正确对待此事，充分反映了中国法制建设的进步和成就。

1978 年的十一届三中全会,总结历史的经验教训,特别是汲取"文化大革命"的惨痛教训,指出:"为了保障人民民主,必须加强社会主义法制","做到有法可依,有法必依,执法必严,违法必究"。

从此,发展民主,健全法制,就成为改革开放以来党和国家坚定不移的基本方针,也成为政治体制改革的重要内容。

1978 年 3 月 5 日,五届全国人大一次会议通过宪法修正案。决定设置人民检察院。在当年 6 月份之前,地方各级人民检察院陆续开始工作。中国人民大学法律系、北京政法学院、西南政法学院、西北政法学院和湖北财经学院法律系复办并恢复招生。

1979 年 2 月 23 日,五届全国人大常委会六次会议决议设立"法制委员会",协助全国人大常委会加强法制工作。彭真担任法制委员会首任主任。

1979 年 7 月 1 日,在五届全国人大二次会议上,7 部旨在加强民主与法制建设的法律一次性通过,分别为《中华人民共和国全国人民代表大会和地方各级人民代表大会选举法》《中华人民共和国地方各级人民代表大会和地方各级人民政府组织法》《中华人民共和国人民法院组织法》《中华人民共和国人民检察院组织法》《中华人民共和国刑法》《中华人民共和国刑事诉讼法》和《中华人民共和国中外合资经营企业法》。新时期中国大规模立法工作的序幕由此拉开。

1980 年 8 月 30 日—9 月 10 日,五届全国人大三次会议通过《中华人民共和国婚姻法》《中华人民共和国个人所得税法》等。特别引人注目的是,通过了关于修改宪法第四十五条的决议,取消关于公民"有运用'大鸣、大放、大字报、大辩论'的权利"的规定,保留了"言论、通信、出版、集会、结社、游行、示威、罢工的自由"。后来,"罢工自由"在 1982 年宪法中取消。

1980 年 9 月—10 月,世界法学家大会在荷兰举行,教育部派韩德培、龚祥瑞、罗豪才三人赴会,韩德培为团长。这是改革开放后中国法律学者第一次参与国际学术会议,韩德培还取代台湾地区代表担任该届世界法学家大会执行委员会委员。会后,龚祥瑞和韩德培还应瑞典商业银行邀请,赴瑞士就议会督察专业制度进行为期一周的考察。

1982 年 11 月 26 日—12 月 10 日,五届全国人大五次会议通过新修改的《中华人民共和国宪法》。新宪法规定:

第一，加强人民代表大会制度。除基本法律应由全国人大制定外，其他法律由全国人大常委会制定。人大常委会委员不得担任国家行政机关、审判机关和检察机关的职务。

第二，恢复设立国家主席和副主席。

第三，国家设立中央军事委员会，领导全国武装力量。

第四，国务院实行总理负责制；总理、副总理、国务委员和秘书长组成国务院常务会议；总理召集和主持国务院全体会议和国务院常务会议。国务院增设审计机关。

第五，在中央的统一领导下，加强地方政权的建设。

第六，改变农村人民公社的政社合一的体制，设立乡政权。

第七，规定国家主席、副主席，全国人大常委会委员长、副委员长，国务院总理、副总理等国家领导人连续任职不得超过两届。

1982 年通过的宪法，为新时期改革开放和社会主义现代化建设提供了根本保障，标志着中国开始迈出健全和完善社会主义法制的步伐。全国人大及其常委会根据中国经济、政治和文化发展的需要，进行了大规模的立法活动。中国的法制建设全面恢复，并进入快速发展阶段。先后制定了民法通则等一系列重要法律，为中国特色社会主义法律体系的形成奠定了重要基础。

加强法制的根本问题还是教育人。所以，1985 年 6 月 9 日—15 日，首次全国法制宣传教育工作会议召开，通过《关于向全体公民基本普及法律常识的五年规划》。此后，连续实施了多个五年普法规划。

到 1995 年年底，全国共有 7 亿人参与了普法学习，各级干部带头学习已蔚然成风。各级各部门党委（党组）理论学习中心组学习制度，领导干部法制讲座制度、学法合格证制度、学法档案制度、选任干部学法用法情况考试等制度不仅建立，而且得到普遍推广。

1992 年，十四大明确提出社会主义市场经济体制的建立和完善必须有完备的法制来规范和保障。立法机关加快经济立法，以规范市场主体、维护市场秩序、加强宏观调控、促进对外开放。同时修订刑法，修改刑事诉讼法，制定其他法律，等等。

自 1994 年 12 月开始，中央领导同志每年要在中南海听取两次法制讲座。由著名法学专家、教授给包括中央政治局常委在内的中央领导同志作法制讲座，这充分说明中国加强法制建设的决心与信心。

从改革开放开始，我国的法制建设就不断取得成就。到 1999 年 10 月，全国人大及其常委会共制定了 350 多件法律和有关法律问题的决定。其中仅八届人大的五年任期内，就制定法律 85 件，有关法律问题的决定 32 件，总计 117 件，立法总数为历届人大之冠。

四、党和国家领导制度改革

当我们从"文化大革命"中走出来后，全党全国人民都在思考：为什么在社会主义制度建立这么多年以后，还会发生这样的灾难？今后怎样才能有效地防止这样的悲剧重演？

经验教训告诉我们，领导制度、组织制度是带有根本性、全局性、稳定性和长期性的问题。

1980 年 8 月 18 日—23 日，中央政治局召开扩大会议。邓小平作《党和国家领导制度的改革》的重要讲话，在全面总结"文化大革命"教训的基础上，深刻分析我们党和国家领导体制的主要弊端，明确指出必须对党和国家领导制度实行重大改革。

这篇讲话包括五个部分：

（一）关于国务院负责人人选的调整，中央做这样的考虑，一是权力不宜过分集中；二是兼职、副职不宜过多；三是着手解决党政不分、以党代政的问题；四是从长远着想，解决好交接班的问题。

（二）改革党和国家领导制度及其他制度，是为了充分发挥社会主义制度的优越性，加速现代化建设事业的发展。

（三）党和国家现行的一些具体制度中，还存在不少的弊端，只有对这些弊端进行有计划、有步骤而又坚决彻底的改革，人民才会信任我们的领导，才会信任党和社会主义。

（四）这些弊端多少都带有封建主义色彩。现在应该明确提出继续肃清思想政治方面的封建主义残余影响的任务，并在制度上做一系列切实的改革。

（五）中央经多次酝酿，现在正考虑逐步进行如下重大改革：不允许权力过分集中；设立一个顾问委员会；真正建立从国务院到地方各级政府从上到下的强有力的工作系统；有准备有步骤地改变党委领导下的厂长负责制、经理负责制；各企业事业单位普遍成立职工代表大会或职工代表会议；各级党委要真正实行集体领导和个人分工负责相结合的制度。

这篇讲话史称"8·18讲话"，是我国政治体制改革的纲领性文件。

这篇讲话对党和国家领导体制的改革提出了一系列重要原则和重大措施。所以，新时期以来，我国党和国家领导制度的改革，基本上都是建立在这篇讲话的基础之上的。改革开放的一个重要内容，就是对党和国家领导制度进行改革。

1980年2月23日—29日，十一届五中全会决定重新设立中央书记处，选举胡耀邦为中央委员会总书记；通过《关于党内政治生活的若干准则》；通过为刘少奇平反的决议；建议全国人大修改宪法第四十五条，取消关于公民"有运用大鸣、大放、大辩论、大字报的权利"的规定。

1982年2月，中央颁布了《关于建立老干部退休制度的决定》，大批老干部离退休或退居二线。同时，按照革命化、年轻化、知识化、专业化的干部队伍"四化"方针选拔年轻干部，实施干部队伍的新老交替。

1982年五届全国人大五次会议通过的宪法规定：恢复设立国家主席、副主席；国家设立中央军事委员会；国家主席、副主席、全国人大常委会委员长、副委员长、国务院总理、副总理等国家领导人连续任职不得超过两届。这意味着实际存在的干部领导职务终身制被废除。

十二大再次强调要按照民主集中制的原则，继续改革和完善国家的政治体制和领导体制，使人民能够更好地行使国家权力，使国家机关能够更有效地领导和组织社会主义建设。

十二大通过的党章明确规定党中央不设主席，只设总书记，中央和省一级设顾问委员会作为新老干部交替的过渡性机构。

十三大根据邓小平的改革思想，明确提出政治体制改革的长远目标和近期目标，确定政治体制改革的任务是，实行党政分开，进一步下放权力，改革政府工作机构，改革干部人事制度，建立社会协商对话制度，完善社会主义民主的若干制度等。

此后，党的历次代表大会都对改革党和国家领导制度提出了明确要求和任务。

十六大提出着重加强制度建设，实现社会主义民主政治的制度化、规范化和程序化。

十七大进一步指出，要坚持用制度管权、管事、管人，建立健全决策权、执行权、监督权既相互制约又相互协调的权力结构和运行机制。

党和国家领导制度的改革和完善，为推动中国改革开放和社会主义现代化建设事业提供了重要的制度保障。

党和国家领导制度的改革，是一项复杂的系统工程。建立顾问委员会，就是其中一项特殊的措施。

1982年7月30日，邓小平在中央政治局扩大会议上提出：设顾问委员会是废除领导职务终身制的过渡办法，是我们干部领导职务从终身制走向退休制的一种过渡。1982年，十二大决定设立中央顾问委员会，定位是中央委员会政治上的助手和参谋。省一级也设立顾问委员会。顾问委员会实际上是一种过渡性质的组织形式，其目的是解决当时中央和省一级领导机构的新老交替问题。

1982年9月13日，中共中央顾问委员会举行第一次全体会议。

中央顾问委员会的组成原则是：委员须入党40年以上，在党内有深厚的资历；中央顾问委员会每届任期和中央委员会相同，常务委员会和主任、副主任，由中央顾问委员会全体会议选举，并报中央委员会批准；中央顾问委员会委员可以列席中央委员会全体会议，副主任可以列席中央政治局全体会议；必要时，中央顾问委员会的常务委员也可以列席政治局全体会议。

中央顾问委员会的职能作用是：对党的方针、政策的制定和执行提出建议，协助中央委员会调查处理某些重要问题，宣传党的重大方针、政策；承担中央委员会委托的其他任务。

中央顾问委员会第一届任期1982年—1987年，主任邓小平，副主任：薄一波、许世友、谭震林、李维汉，委员172名。第二届任期1987年—1992年，主任陈云，副主任：薄一波、宋任穷，委员200名。

1992年十四大决定，不再设立党的中央顾问委员会和各省、市、自治区顾问委员会。

顾问委员会制度对废除领导干部终身制、推进中国政治建设和政治体制改革发挥了积极作用。

五、坚持和完善人民代表大会制度

在山西省平顺县西沟村，有一位名叫申纪兰的农村妇女，一直是海内外关注的热点人物。因为她是我国现在尚健在的唯一一位从第一届全国人大，一直到现在都连任的全国人大代表，而且是一位从偏僻山区的泥土中走向人民大会堂参与讨论国家重大事务的农民代表。直到今天，她依然十分热恋生她养她的这片黄土地，依然十分关注和关心乡村的经济和社会发展。

人民代表大会制度是我国的根本政治制度。我国人民主要通过全国人民代表大会和地方各级人民代表大会实现当家作主的政治权利。各级人大都由民主选举产生，对人民负责，受人民监督；各级人大及其常委会实行民主集中制，集体行使权力、决定问题，以真正集中人民意志，代表人民利益；国家行政机关、审判机关、检察机关都由人大产生，并对它负责、受它监督；在中央统一领导下，实行中央和地方的合理分权，发挥两个积极性；各少数民族聚居的地方实行区域自治，设立自治机关，享有比一般地方国家机关更大的自主权。

从 1954 年一届全国人大一次会议以来，人大制度经历了长期的发展过程。虽然曾经受到破坏，但总的来说，它仍然构成了我国民主的基本框架。由于它的作用发挥得不够，所以在新的历史时期，我国政治体制改革的一个重要内容，就是坚持和完善人民代表大会制度。人民代表大会制度进入了以"坚持、巩固、改革、完善"为特点的新的发展阶段。

1978 年 2 月 26 日—3 月 5 日，五届全国人大一次会议举行，开始正常地履行自己的职能。

1979 年 6 月 18 日—7 月 1 日召开的五届全国人大二次会议，对宪法关于地方人大的规定作了三项重要修改：一是将地方各级革命委员会改为地方各级人民政府；二是在县和县以上的地方各级人民代表大会设立常务委员会；三是将县级人民代表大会代表改为由选民直接选举，并由这次会议通过的相关法律规定了实施细则。

1982 年 11 月 26 日—12 月 10 日，五届全国人大五次会议召开，通过新修改的《中华人民共和国宪法》。新修改的宪法加强了人民代表大会制度，扩大了全国人大常委会的职权。主要有：将原来属于全国人大的一部分职权交由常委会行使，加强了全国人大常委会的立法功能，同时增设一些专门委员会，在全国人大和它的常委会领导下研究、审议和拟订有关议案，并规定人大常委会委员不得同时在政府、法院和检察院担任职务。

1983年6月，召开六届全国人大一次会议，这以后，每五年一次的人大换届选举完全正常化了。

1988年3月25日—4月13日，七届全国人大一次会议举行。会议通过宪法修正案，还决定设立海南省、建立海南经济特区，批准了国务院机构改革方案。

2008年3月19日，十一届全国人大常委会举行第一次会议。至2012年8月，十一届全国人大常委会共举行28次会议，制定和修改一批重要法律，听取和审议"一府两院"多个工作报告，多次组织开展执法检查、专题询问和专题调研，先后针对香港特别行政区基本法和澳门特别行政区基本法有关条款作出解释，围绕香港和澳门有关问题作出一系列决定。

2010年3月5日—14日，十一届全国人大三次会议通过《关于修改〈中华人民共和国全国人民代表大会和地方各级人民代表大会选举法〉的决定》，实行城乡按相同人口比例选举人大代表。2013年开始的十二届全国人大，其代表的选举成为2010年修改选举法后，首次实行城乡按相同人口比例进行的选举。

2012年3月5日—14日，十一届全国人大五次会议举行。十一届全国人大共举行5次会议，审议和批准上年度中央和地方预算执行情况和本年度中央和地方预算草案的报告，听取和审议全国人大常委会工作报告、政府工作报告、最高人民法院工作报告、最高人民检察院工作报告。

2012年12月4日，首都各界纪念现行宪法公布施行30周年大会举行。习近平总书记强调，要恪守宪法原则、弘扬宪法精神、履行宪法使命，把全面贯彻实施宪法提高到一个新水平。

2013年3月19日，十二届全国人大常委会一次会议举行，强调要坚定不移走中国特色社会主义政治发展道路，坚持和完善人民代表大会制度，坚持依法治国，推动人大工作迈出新步伐、迈上新台阶。至2017年9月，十二届全国人大常委会共举行29次会议；十二届全国人大及其常委会共制定法律

22 件、修改法律 110 件次、通过有关法律问题和重大问题的决定 37 件、作出法律解释 9 件。

2014 年 9 月 5 日，中共中央、全国人大常委会举行庆祝全国人民代表大会成立 60 周年大会。习近平总书记强调，要高举人民民主的旗帜，毫不动摇坚持人民代表大会制度，也要与时俱进完善人民代表大会制度，坚定不移走中国特色社会主义政治发展道路，继续推进社会主义民主政治建设、发展社会主义政治文明。

改革开放 40 年来，人民代表大会制度不断发展、完善。按照宪法赋予的职权，各级人民代表大会及其常务委员会发挥作为国家权力机关的作用，成为同人民群众保持密切联系的代表机关。全国人大及其常委会和各级人大及其常委会也重视自身建设，不断提高了代表人民行使国家权力的能力。

六、中国共产党领导的多党合作和政治协商制度

中国共产党领导的多党合作和政治协商制度，是中国的基本政治制度。这一制度是在中国革命、建设、改革的长期实践中形成和发展起来的。它既不同于西方国家的两党制或多党制，也有别于有的国家的一党制，是中国特色社会主义民主政治的重要组成部分。

在中国的政治制度中，中国共产党是执政党，各民主党派是参政党。当代中国的 8 个民主党派分别是：中国国民党革命委员会，简称"民革"；中国民主同盟，简称"民盟"；中国民主建国会，简称"民建"；中国民主促进会，简称"民进"；中国农工民主党，简称"农工党"；中国致公党，简称"致公党"；九三学社；台湾民主自治同盟，简称"台盟"。

中国的各民主党派在反帝爱国、争取民主和反对独裁专制的斗争中先后建立，在从旧民主主义到新民主主义，从新民主主义到社会主义和中国特色社会主义的建设过程中，不断发展，发挥独特作用，走过了不平凡的历程。

进入改革开放新时期之后，各民主党派围绕中心、服务大局，发挥了多方面作用：

积极发挥参政议政的政治优势，就事关国计民生的重大问题开展考察调研，建言献策，促进决策的科学化、民主化；

发挥人才荟萃的智力优势，深入老少边穷和中西部地区开展咨询服务、项目协调、投资推介、兴教办学、捐资救灾等智力支边和公益事业，促进城乡、区域协调发展；

发挥协调关系的功能优势，加强对各自成员和所联系群众的思想引导，反映涉及各界群众切身利益的现实问题，协助中国共产党和政府做好沟通思想、理顺情绪的工作，及时消除影响社会稳定的各种因素，努力促进社会和谐；

发挥联系广泛的资源优势，积极拓展与港澳同胞、台湾同胞、海外侨胞和国际社会的联系，帮助引进资金、技术、人才和管理经验，促进我国与世界各国的交流合作，营造良好外部环境。

中国共产党在长期的革命、建设、改革中，形成和发展了中国共产党领导的多党合作和政治协商制度。

1979年10月，邓小平在《各民主党派和工商联是为社会主义服务的政治力量》的讲话中，第一次将多党合作制度提升到政治制度层面，指出："在中国共产党的领导下，实行多党派的合作，这是我国具体历史条件和现实条件所决定的，也是我国政治制度中的一个特点和优点。"[1]

1982年9月，十二大确立了中国共产党同民主党派"长期共存、互相监督、肝胆相照、荣辱与共"的方针。

1987年，邓小平在审阅十三大报告稿时，在"中国共产党领导的多党合作"一句旁亲笔加上"协商"两个字，从而奠定了"共产党领导下的多党合作和政治协商制度"这一重要概念的基础。

1989年12月30日，中共中央颁发《关于坚持和完善中国共产党领导的多党合作和政治协商制度的意见》，明确指出"中国共产党领导的多党合作和政治协商制度是我国一项基本政治制度"，与中国共产党长期合作的民主党派则是"参政党"。

1993年3月，八届人大一次会议将"中国共产党领导的多党合作和政治协商制度将长期存在和发展"载入宪法，形成了多党合作和政治协商制度的宪法依据。

---

[1]《邓小平文选》第2卷，人民出版社1994年版，第205页。

2005 年 2 月，中共中央颁发《中共中央关于进一步加强中国共产党领导的多党合作和政治协商制度建设的意见》，在认真总结实践经验的基础上，着眼于推进社会主义政治文明建设，推进多党合作和政治协商的制度化、规范化、程序化，提出了许多新的理论观点和政策措施，成为新世纪新阶段指导多党合作事业发展的纲领性文件。

2007 年 10 月的十七大指出："要贯彻长期共存、互相监督、肝胆相照、荣辱与共的方针，加强同民主党派合作共事，支持民主党派和无党派人士更好履行参政议政、民主监督职能，选拔和推荐更多优秀党外干部担任领导职务。"

2012 年 12 月，习近平总书记和俞正声等专程走访各民主党派中央和全国工商联并进行座谈，明确强调两个"坚定不移"，即"中共中央将坚定不移坚持和完善中国共产党领导的多党合作和政治协商制度，坚定不移贯彻长期共存、互相监督、肝胆相照、荣辱与共的方针，加强同民主党派合作共事，支持民主党派更好履行参政议政、民主监督职能"。

2013 年 2 月，习近平总书记在中南海邀请各民主党派中央、全国工商联新老领导人和无党派人士代表欢聚一堂，共迎新春，强调："各民主党派是同中国共产党通力合作的中国特色社会主义参政党，无党派人士是我国政治生活中的一支重要力量。""实现我们的奋斗目标，需要全国上下共同努力，需要加强中国共产党同各民主党派和无党派人士的团结合作。"

作为中国共产党领导的多党合作和政治协商制度的重要组成部分，中国人民政治协商会议在改革开放以来，也积极发挥爱国统一战线组织的重要作用，不断得到完善和发展。

1982 年，人民政协的性质、作用被庄严载入宪法，为人民政协履行职能、开展工作提供了宪法保障。

1994 年 3 月，全国政协八届二次会议修订后的政协章程明确规定：人民政协的主要职能是政治协商和民主监督，组织参加本会的各党派、团体和各族各界人士参政议政。从此，参政议政与政治协商、民主监督一并被列为人民政协的三项主要职能。

1995 年年初，中共中央转发《政协全国委员会关于政治协商、民主监督、参政议政的规定》，人民政协的各项工作也从经常化走向制度化、规范化、程序化。

2005 年以后，中共中央在颁布《关于进一步加强中国共产党领导的多党合作和政治协商制度建设的意见》的基础上，又颁布了《关于加强人民政协工作的意见》《关于巩固和壮大新世纪新阶段统一战线的意见》等重要文件。其中，《关于加强人民政协工作的意见》是中共中央第一次专门就人民政协工作颁发的文件。

十七大则从发展社会主义民主政治、建设社会主义政治文明的战略高度，对加强和改进人民政协工作作出了部署。

十八大要求充分发挥人民政协作为协商民主重要渠道作用，围绕团结和民主两大主题，推进政治协商、民主监督、参政议政制度建设，更好协调关系、汇聚力量、建言献策、服务大局。

十九大对社会主义协商民主提出一系列要求。2018 年 3 月，按照十九大精神，全国政协十三届一次会议对政协章程作了重大修改。

现在，人民政协以其组织上的广泛性和政治上的巨大包容性，成为开展统一战线活动的政治舞台和社会各方面团结合作、协调关系最重要的场所。

经过长期探索和发展，中国共产党领导的多党合作和政治协商制度与其他几项制度一起，共同构成了中国特色社会主义的民主政治制度，在中国的政治和社会生活中显示出独特的政治优势和生命力，发挥了不可替代的重大作用。

七、社会主义协商民主

社会主义协商民主，是在中国共产党领导下，人民内部各方面围绕改革发展稳定重大问题和涉及群众切身利益的实际问题，在决策之前和决策实施之中开展广泛协商，努力形成共识的重要民主形式。

社会主义协商民主是中国社会主义民主政治的特有形式和独特优势，是党的群众路线在政治领域的重要体现，是深化政治体制改革的重要内容。中国特色协商民主为实现人民当家作主提供了重要形式，也为人类政治文明提供了新型的民主形式。

1991 年 3 月，江泽民在七届全国人大四次会议、全国政协七届四次会议党员负责人会议上的讲话中指出："人民通过选举、投票行使权利和人民内部各方面在选举、投票之前进行充分协商，尽可能就共同性问题取得一致意见，是我国社会主义民主的两种形式。"

这两种民主形式，一种可以简称为票决民主（也有称选举民主的，但不很准确），另一种可以简称为协商民主。

协商民主，又可以作广义和狭义之分。从广义来说，协商民主体现在我国政治生活的方方面面。凡在决策过程中，对国家政治、经济、文化、社会、生态建设的重大事项，进行不同形式的协商，都可以称为协商民主。从狭义来说，由多党合作和政治协商制度、特别是人民政协体现和实施的政治协商制度，是最具代表性的一种协商民主。

2006年2月通过的《中共中央关于加强人民政协工作的意见》，以党的文件形式，第一次明确指出："人民通过选举、投票行使权利和人民内部各方面在重大决策之前进行充分协商，尽可能就共同性问题取得一致意见，是我国社会主义民主的两种重要形式。"

2009年9月20日，在庆祝中国人民政治协商会议成立60周年大会上，胡锦涛指出，人民政协要牢牢把握团结和民主两大主题，紧紧围绕党和国家工作大局，继续扎实有效地履行好政治协商、民主监督、参政议政职能，切实发挥好协调关系、汇聚力量、建言献策、服务大局的重要作用。

2012年的十八大，把"健全社会主义协商民主制度"正式写入党代会的报告中，强调社会主义协商民主是我国人民民主的重要形式，并对如何坚持协商民主提出了一系列要求。

十八届三中全会强调，要在党的领导下，以经济社会发展重大问题和涉及群众切身利益的实际问题为内容，在全社会开展广泛协商，坚持协商于决策之前和决策实施之中。

2014年9月21日，中共中央、全国政协在全国政协礼堂举行庆祝中国人民政治协商会议成立65周年大会，习近平总书记在大会上讲话强调，社会主义协商民主，是中国社会主义民主政治的特有形式和独特优势，是中国共产党的群众路线在政治领域的重要体现。要推进社会主义协商民主广泛多层制度化发展。人民政协要发挥专门协商机构的作用，把协商民主贯穿履行职责全过程。

2015 年 1 月 5 日，中共中央印发《关于加强社会主义协商民主建设的意见》，对新形势下开展政党协商、人大协商、政府协商、政协协商、人民团体协商、基层协商、社会组织协商等作出全面部署，推进社会主义协商民主广泛多层制度化发展。

2017 年 10 月 18 日，在十九大报告中，习近平总书记指出，发挥社会主义协商民主重要作用。有事好商量，众人的事情由众人商量，是人民民主的真谛。协商民主是实现党的领导的重要方式，是我国社会主义民主政治的特有形式和独特优势。要推动协商民主广泛、多层、制度化发展，保证人民在日常政治生活中有广泛持续深入参与的权利。

按照发展协商民主的要求，实践中充分运用了多种协商形式。中国共产党就党和国家重要方针政策、重大问题召开专题协商座谈会，沟通思想、交换意见、通报重要情况，特别是在每次党代会和中央全会之前，都就有关文件和议题与民主党派协商。民主党派中央每年以调研报告、建议等形式直接向中共中央提出意见和建议。

各级人大依法行使职权，在重大决策之前根据需要进行充分协商，更好汇聚民智、听取民意，支持和保证人民通过人民代表大会行使国家权力。深入开展立法工作中的协商，健全立法论证、听证、评估机制，拓宽了公民有序参与立法途径，健全法律法规草案公开征求意见和公众意见采纳情况反馈机制。

围绕有效推进科学民主依法决策加强政府协商，增强决策透明度和公众参与度，解决好人民最关心最直接最现实的利益问题，推进政府职能转变，提高政府治理能力和水平。专业事项坚持专家咨询论证。涉及经济社会发展重大问题、重大公共利益或重大民生的，重视听取社会各方面的意见和建议，吸纳社会公众特别是利益相关方参与协商。

人民政协充分发挥协商民主重要渠道和专门协商机构的作用，坚持团结和民主两大主题，推进政治协商、民主监督、参政议政制度建设，不断提高人民政协协商民主制度化、规范化、程序化水平。加强政协协商与党委和政府工作的有效衔接。认真落实由党委、人大、政府、民主党派、人民团体等提出议题的规定，探索由界别和委员联名提出议题。规范年度协商计划的制定，由党委常委会会议专题讨论并列入党委年度工作要点。

政协在协商民主中不断探索和运用成功的协商形式。如十二届全国政协在继承"双周座谈会"历史传统基础上，创设了"双周协商座谈会"的新的协商形式。2013 年 10 月 22 日，全国政协召开第一次双周协商座谈会，就如何统筹稳增长、调结构、促改革，保持经济发展良好势头议政建言。俞正声主持并讲话。至 2017 年 9 月，十二届全国政协共召开了 74 次双周协商座谈会。

八、民族区域自治制度

人民币对我们每一个人来说，太熟悉了。但对上面的图案，我们注意观察了吗？

1955 年 3 月 1 日公布发行的第二套人民币共 10 种，其中 5 元的正面图案是各民族大团结。全套人民币背面的少数民族文字共有 3 种：蒙古文、维吾尔文、藏文。

1987 年 4 月开始发行的第四套人民币共 9 种面额、14 种票券。这套人民币体现了一个共同的主题思想，就是在中国共产党领导下，全国各族人民意气风发，团结一致，建设中国特色的社会主义。在印制工艺上，主景全部采用了大幅人物头像水印，其中 5 元的正面图案是藏族女子和回族男子头像。

第三套人民币发行时使用了 6 种文字，即汉文、维吾尔文、藏文、蒙古文、壮文及汉语拼音。第四套人民币新增加了盲文，使得当时创造了一个新的纪录——新中国拥有 7 种文字的纸币。

1999 年 10 月 1 日，在中华人民共和国成立 50 周年之际发行的第五套人民币，共 8 种面额。背面主景图案分别选用了人民大会堂、布达拉宫、桂林山水、长江三峡、泰山、杭州西湖。文字为汉语、蒙古文、维吾尔文、藏文、壮文，仍有盲文面额标记。通过选用富有民族特色的图案，充分表现了我们祖国悠久的历史和壮丽的山河，弘扬了伟大的民族文化。

这些人民币的图案、文字等，都真实反映了中国是一个民族大家庭的现实。

中国是统一的多民族国家，除汉族外，55 个少数民族主要聚居和杂居在内蒙古、新疆、广西、宁夏、西藏及云南、贵州、四川、青海、吉林、甘肃、湖南等省区。如何加强各民族人民的大团结，一直是中国共产党不断思考和探索的重大问题。

1949 年的《中国人民政治协商会议共同纲领》规定，各少数民族聚居地区应实行民族区域自治，即在国家的统一领导下，各少数民族聚居地方实行区域自治，设立自治机关，行使自治权。这标志着民族区域自治作为国家的基本政治制度在我国确立。

1954 年，一届全国人大通过的宪法将民族区域自治制度载入其中。此后历次宪法修改，都载明坚持实行这一制度。民族区域自治制度是我国的基本政治制度之一，是建设中国特色社会主义政治的重要内容。

1949 年 9 月—1954 年 9 月，一批相当于专区、县以及区、乡的民族自治地方相继成立。

1949 年 12 月 2 日，成立于 1947 年 5 月的内蒙古自治政府改称内蒙古自治区人民政府；

1955 年 10 月 1 日，新疆维吾尔自治区成立；

1958 年 3 月 5 日，广西僮族自治区宣告成立，1965 年 10 月 12 日改称广西壮族自治区；

1958 年 10 月，宁夏回族自治区成立；

1965 年 9 月，西藏自治区成立。

在成立自治区的同时，又先后成立了一批自治州、自治县（旗）。

截至 1980 年，全国建起了 5 个自治区，29 个自治州和 72 个自治县，3 个自治旗。

改革开放以来，党和国家继续坚持和完善民族区域自治制度，巩固和发展社会主义的民族关系，根据各少数民族的特点和需要，实行一系列优惠政策，不断加大对少数民族地区的扶持力度，帮助少数民族地区加速发展。

1982 年 12 月修订的《中华人民共和国宪法》规定："国家根据各少数民族的特点和需要，坚持不懈地帮助各少数民族地区加速经济和文化的发展，以促进全国各民族的共同繁荣。"

1984 年 5 月 31 日，六届全国人大二次会议通过《中华人民共和国民族区域自治法》。2001 年，对《民族区域自治法》作了修改，进一步适应了形势发展的需要。九届全国人大常委会二十次会议通过新修订的《民族区域自治法》，明确规定"民族区域自治是国家的一项基本政治制度"。截至 2011 年，在其他 234 件现行有效法律中，涉及民族区域自治制度及其相关规定的有 70 余件。

1992 年 1 月 14 日—18 日，中央召开民族工作会议，强调要加快发展少数民族和民族地区的经济文化等各项事业，促进各民族的共同繁荣。

1993 年 11 月 3 日—7 日，全国统战工作会议强调，要继续巩固和发展社会主义的民族关系，坚持和完善民族区域自治制度，加快民族地区的经济发展和社会进步；要全面、正确地贯彻执行党的宗教政策，依法加强对宗教事务的管理，积极引导宗教与社会主义社会相适应。

2003 年 3 月 4 日，胡锦涛在参加全国政协十届一次会议少数民族界委员联组讨论时强调，各民族共同团结奋斗、共同繁荣发展是新世纪新阶段民族工作的主题。

十六大以后，中共中央、国务院发布了《关于进一步加强民族工作加快少数民族和民族地区经济社会发展的决定》。国务院颁发了《实施〈中华人民共和国民族区域自治法〉若干规定》，专门制定实施了扶持人口较少民族发展规划和《少数民族事业"十一五"规划》。

2009 年 9 月 29 日，国务院第五次全国民族团结进步表彰大会举行。胡锦涛讲话指出，60 年的经验归结到一点，就是必须坚持一切从我国民族问题实际出发，坚定不移走中国特色解决民族问题的正确道路。

2014 年 9 月 28 日—29 日，中央民族工作会议暨国务院第六次全国民族团结进步表彰大会举行。习近平总书记分析民族工作面临的国内外形势，阐述当前和今后一个时期我国民族工作的大政方针。会议强调，要坚持把维护民族团结和国家统一作为各民族最高利益，把各族人民智慧和力量最大限度凝聚起来，同心同德为实现"两个一百年"奋斗目标、实现中华民族伟大复兴的中国梦而奋斗。10 月 12 日，中共中央、国务院印发《关于加强和改进新形势下民族工作的意见》。

2015 年 9 月 30 日，习近平总书记会见来自内蒙古、广西、西藏、宁夏、新疆 5 个自治区的 13 位基层民族团结优秀代表，强调中华民族一家亲，同心共筑中国梦，这是全体中华儿女的共同心愿，也是全国各族人民的共同目标。

民族区域自治制度的实行，促进了各民族地区经济、文化建设事业的巨大发展。改革开放以来，党和国家在民族地区安排了青藏铁路、"西电东送"、"西气东输"等重大建设项目，民族地区基础设施落后的状况得到明显改善。民族地区的经济有了长足发展，扶贫开发工作取得很大进展，民族传统文化得到保护和弘扬，社会建设取得重大成就，各族群众收入稳步增长，生活水平不断提高。民族地区的面貌发生了翻天覆地的变化，实现了历史性跨越。

九、基层群众自治制度

基层群众自治制度，是指城乡居民群众以相关法律法规政策为依据，在城乡基层党组织领导下，在居住地范围内，依托基层群众自治组织，直接行使民主选举、民主决策、民主管理和民主监督等权利，实行自我管理、自我服务、自我教育、自我监督的民主制度和管理模式。当代中国的基层群众自治制度，是由多种形式的基层自治组织构成的。

基层民主是社会主义民主的重要组成部分，也是国家政治民主的基础。因此，党和国家一直致力于发展基层民主，特别是改革开放以来，把发展基层民主作为一项重大的战略任务，进行了长期的探索、实践和创新，取得了显著的成果。

1981年6月，十一届六中全会通过的《关于建国以来党的若干历史问题的决议》指出：要"在基层政权和基层社会生活中逐步实现人民的直接民主"。1982年9月，十二大报告指出："社会主义民主要扩展到政治生活、经济生活、文化生活和社会生活的各个方面，发展各个企业事业单位的民主管理，发展基层生活的群众自治。"

1982年12月，五届全国人大五次会议通过的《中华人民共和国宪法》，把城市居民委员会和村民委员会作为基层群众性自治组织载入宪法。

1987年10月，十三大报告指出："社会主义民主政治的本质和核心，是人民当家作主，真正享有各项公民权利，享有管理国家和企事业的权力。现阶段社会主义民主政治建设，必须着眼于实效，着眼于调动基层和群众的积极性，要从办得到的事情做起，致力于基本制度的完善。"

继1987年11月通过《村民委员组织法（试行）》后，1989年12月全国人大常委会又通过了《中华人民共和国城市居民委员会组织法》。基于这两部法律，1992 年 10 月召开的十四大，第一次把中国基层民主的制度形式划定为三大组成部分，即村委会、居委会和职代会。

1997 年 9 月，十五大报告指出："扩大基层民主，保证人民群众直接行使民主权利，依法管理自己的事情，创造自己的幸福生活，是社会主义民主最广泛的实践。城乡基层政权机关和基层群众性自治组织，都要健全民主选举制度，实行政务和财务公开，让群众参与讨论和决定基层公共事务和公益事业，对干部实行民主监督。"

这一文件不仅充分肯定了居（村）民自治及其基本内容，为基层社会自治的发展指明了方向，而且指出扩大基层民主的最直接表现就是把城乡基层政权的民主建设纳入基层民主范畴；同时，在民主选举、民主决策、民主管理和民主监督的原则下，扩大了基层民主的运行空间。

2002 年 11 月，十六大报告提出："扩大基层民主，是发展社会主义民主的基础性工作。健全基层自治组织和民主管理制度，完善公开办事制度，保证人民群众依法直接行使民主权利，管理基层公共事务和公益事业，对干部实行民主监督。完善村民自治，健全村党组织领导的充满活力的村民自治机制。完善城市居民自治，建设管理有序、文明祥和的新型社区。坚持和完善职工代表大会和其他形式的企事业民主管理制度，保障职工的合法权益。"

2007 年 10 月，十七大进一步提升了基层民主的战略地位，把发展基层民主、保障人民享有更多更切实的民主权利作为社会主义政治建设的一项重大任务，并要求把它作为发展社会主义民主政治的基础性工程重点推进。对各类基层民主形式提出了要求，还把"社会组织"纳入了扩大基层民主的范围。

2009 年 4 月 24 日，中共中央办公厅、国务院办公厅发出《关于加强和改进村民委员会选举工作的通知》。

2010 年 8 月 26 日，中共中央办公厅、国务院办公厅发布《关于加强和改进城市社区居民委员会建设工作的意见》。

2012 年 11 月，十八大报告指出："要健全基层党组织领导的充满活力的基层群众自治机制，以扩大有序参与、推进信息公开、加强议事协商、强化权力监督为重点，拓宽范围和途径，丰富内容和形式，保障人民享有更多更切实的民主权利。"

十九大再次要求加强基层民主制度建设。

广大城乡群众和企事业单位职工通过基层自治制度，依法直接行使民主选举、民主决策、民主管理、民主监督的民主权利，管理基层公共事务和公益事业，实行自我管理、自我服务、自我教育、自我监督，对干部实行民主监督，成为我国最直接、最广泛、最生动的民主实践，有利于人民群众依法管理自己的事务和民主素质的提高。

自20世纪80年代以来，中国的基层群众自治在党和政府主导下，坚持正确的政治方向，循序渐进，稳定发展，取得了很大的进步。

基层群众自治的实践，从做得到的事情做起，从群众最关心的事情入手，由点到面、由浅入深，逐步推开。基层群众自治的各项制度、法律和法规，在适应改革开放和经济社会发展过程中日益健全完善，呈现出规范化、程序化和制度化的良好态势。人民群众通过基层民主实践的许多环节，逐步提高了参政议政能力，学会了依法、理性地行使民主权利。

基层群众自治的渐进式发展，使得国家能够集中精力解决发展尤其是经济发展问题，也使得群众在基层民主实践中逐步提高自身素质，既锻炼了议事能力，也维护了自身权益，体现了民主目的性与手段性的统一。

实践证明，发展基层民主，是提高人民群众政治素质和管理能力的重要途径，是人民实现有序政治参与的重要渠道，是推进我国社会主义民主政治建设的重要内容。

十、依法治国方略

1997年11月，陕西省某市某区一个法庭的副庭长，遇上了一件他做法官以来从未遇上的尴尬事：他依法向一家企业法人代表发出第二天到庭的传票，但第二天，该公司派人送来一纸公函称：依据区委办公室、区政府办公室联合发〔1997〕31号文件之有关规定，鉴于你庭送达传票时未经区领导同意，我（公）司法人代表、总经理某某同志将不能按时到庭。特此函告，原传票退还。

副庭长大为惊讶。连忙找出有关文件，一看，确有如此规定："如有必要传唤法人代表，必须征得区委、区政府主要领导同意，并出具有主要领导签发的书面通知方可执行。"文件后附 20 户享有这一"待遇"的骨干企业名单。

尽管法律早已规定人民法院依法独立行使审判权，不受行政机关、社会团体和个人的干涉，但该法庭还是向区委分管政法的副书记打了一份报告："被告以区委〔1997〕31 号文件为由未能到庭，请书记审批。"该副书记当天即作了批示："同意受理。"有了这四个字，该公司法人代表的委托代理人才终于到庭。

这件事，真实地反映了中国走向法治道路上的艰难和困惑。

治理国家用什么方式？是用法治还是人治？这是任何政党执政和治理国家必须回答的一个最基本问题，也是判断一个国家基本性质的重要标准。

过去很长一段时间，中国共产党治理国家曾较多地倚重于政策，习惯于发红头文件、讲领导指示、搞思想教育。这是在特定的历史条件下形成的，曾经发挥过重要作用。即使到今天，也自有其灵活、实际、管用、有效的一面，但从科学性、规范性、稳定性的角度来看，这种做法当然就有很多缺陷。特别是，它往往会随着领导人的改变而改变，随着领导人看法和注意力的改变而改变，造成政策多变的情况，甚至发生以人代法、以言代法的现象。

对于法治和人治，也曾经有过不同的选择和看法，甚至有人认为法治是资产阶级的，我们应该用人治，人治方便、管用。

改革开放后，党和国家总结历史的经验教训，把法制建设摆在重要位置上，取得了明显的成效。

随着认识的提高和改革的推进，党和国家逐步用"法治"一词代替了"法制"一词。一个"制度"的"制"，一个"治理"的"治"，两者有内在联系和基本内容，但也有着重大的差别。前者侧重于建立制度，后者侧重于运用制度治理国家，并特别强调一切行为都要在法律的轨道上运行。因此，比较起来，法治的要求比法制的要求更高了。

在实践和理论发展进步的基础上，党和国家进一步提升了法治的地位，提出了依法治国的方略。

1996 年 2 月 8 日，中共中央第三次法制讲座在中南海举行。江泽民在讲座的总结讲话中第一次提出："加强社会主义法制建设，依法治国，是邓小平建设有中国特色社会主义理论的重要组成部分，是我们党和政府管理国家和社会事务的重要方针。"①"依法治国"一词，在党的领导人的讲话中第一次出现。

1996年3月，八届全国人大四次会议把"依法治国，建设社会主义法制国家"作为一条基本方针，写进《国民经济和社会发展"九五"计划和2010年远景目标纲要》。

1997年9月，十五大对依法治国作出进一步阐述，把依法治国确定为治理国家的基本方略，并明确提出到2010年形成中国特色社会主义法律体系。强调依法治国是党领导人民治理国家的基本方略，是发展社会主义市场经济的客观需要，是社会文明进步的重要标志，是国家长治久安的重要保障。

与此前法制讲座有所不同的是，十五大报告中，"社会主义法制国家"表述为"社会主义法治国家"。

1999年3月，"依法治国"的基本方略和奋斗目标被写入宪法。

什么是依法治国？

依法治国的最直接要求，就是依照宪法和法律的规定来治理国家，管理社会事务，保证国家一切事务都在法治的轨道上运行，严格做到有法可依，有法必依，执法必严，违法必究，实现国家政治生活、经济生活、社会生活的法治化和规范化。

依法治国的本质，就是崇尚体现广大人民意志的法律在国家生活中的权威，不仅将法律手段作为治理国家的最基本方式之一，而且要求治理国家的行为本身都要有法律依据，严格遵照法律的规定进行。

治理国家是一项非常复杂的系统工程，需要运用多种手段和方式，如行政手段、经济手段、军事手段、文化手段、政策手段，等等。但所有这些手段，都必须以法治为基础，建立在法治的轨道之上，才能够保证其规范性、合理性、统一性、稳定性、权威性。因此，治理国家的各种方式和手段是相辅相成的关系。而法治手段，由于它特有的规范性、强制性、统一性、权威性，已经无一例外地成为现代国家治理国家和社会的一种最普遍、最有效的方式。

把依法治国作为治国方略，标志着中国共产党的执政方式从主要依靠政

①《江泽民文选》第1卷，人民出版社2006年版，第511页。

策等手段转变为主要依靠法治等手段，把国家和社会的管理工作都纳入法治的范围，以法律为基础，将各种手段结合起来，形成完整、统一、和谐的管理机制和治理体系，共同维护国家的长治久安。

在依法治国的基础上，还要使我们的国家完全成为严格的法治国家。所以，建设社会主义法治国家，是依法治国所要实现的政治目标。它要求有比较完备的赖以遵循的法律体系；政府和公职人员严格依法行政，依法办事，依法管理国家的政治、经济、文化和其他各项社会事务；司法机关严格执法，确保法律的统一实施，维护法律的严肃性和权威性；全体公民有良好的法律意识和素质，能够自觉守法，运用法律武器维护自身合法权益，与各种违法犯罪行为作斗争。

确立依法治国、建设社会主义法治国家的方略和目标，标志着我们党治理国家的水平进一步提高，标志着社会主义民主法制建设进入了一个新阶段。党和国家在依法治国的道路上继续向前。

2002 年，十六大提出，发展社会主义民主政治，最根本的是要把坚持党的领导、人民当家作主和依法治国有机统一起来。12 月 4 日，举行首都各界纪念宪法公布施行 20 周年大会，进一步凸显了宪法的地位。

2004 年 3 月 14 日，十届全国人大二次会议通过《宪法修正案》，将"国家尊重和保障人权"等规定载入宪法。

2004 年 3 月 22 日，国务院印发《全面推进依法行政实施纲要》，要求经过 10 年左右坚持不懈的努力，基本实现建设法治政府的目标。

2007 年，十七大提出，依法治国是社会主义民主政治的基本要求，强调要全面落实依法治国基本方略，加快建设社会主义法治国家。

2008 年 12 月 5 日，中共中央转发《关于深化司法体制和工作机制改革若干问题的意见》。

2010 年 8 月 27 日，全国依法行政工作会议召开，强调：贯彻依法治国基本方略，推进依法行政，建设法治政府，是我们党治国理政从理念到方式的革命性变化，是我国政治体制改革迈出的重要一步。10 月 10 日，国务院发布《关于加强法治政府建设的意见》。同年 5 月 12 日，国务院还发布了《关于加强市县政府依法行政的决定》。

2012 年，十八大提出，法治是治国理政的基本方式，要加快建设社会主义法治国家，全面推进依法治国。要求到 2020 年，依法治国基本方略全面落实，法治政府基本建成，司法公信力不断提高，人权得到切实尊重和保障。

十八届三中全会进一步提出，建设法治中国，必须坚持依法治国、依法执政、依法行政共同推进，坚持法治国家、法治政府、法治社会一体建设。

2014 年 10 月的十八届四中全会，把法治建设作为中央全会的专门议题，讨论通过了《中共中央关于全面推进依法治国若干重大问题的决定》，对全面推进依法治国作出了系统部署，从而标志着中国的法治建设进入了一个新时代。

十一、中国特色社会主义法律体系

依法治国，建设社会主义法治国家，必须以完备的法律为基础，也就是要建设和完善以宪法为核心的中国特色社会主义法律体系。

改革开放以来，我国的立法工作大大加快，取得了明显的成绩。1997 年，党的十五大明确提出了到 2010 年形成中国特色社会主义法律体系的目标。

按照这一要求，全国人大及其常委会进一步加强立法工作，不断提高立法质量。为规范国家立法活动，健全立法制度，制定了立法法，把实践证明行之有效的立法原则、立法体制、立法权限、立法程序等制度系统化、法律化。为保证法律有效实施，还对一批法律的有关规定作出法律解释。

与全国人大及其常委会制定各项法律相适应，根据宪法和法律规定的立法权限，国务院、地方人大及其常委会还制定了大量行政法规和地方性法规。

为了维护国家法制统一，促进法律体系科学和谐统一，各级立法机关先后多次开展法律法规清理工作。2009 年以来，全国人大常委会、国务院、地方人大及其常委会集中开展了对法律法规的全面清理工作。对于一些不适宜的法律法规予以废止或修改，基本解决了法律法规中存在的明显不适应、不一致、不协调等问题。

经过长期不懈的努力，立法工作取得了举世瞩目的成就。

2008 年 3 月，在十一届全国人大一次会议上，吴邦国指出：以宪法为核心，以法律为主干，包括行政法规、地方性法规等规范性文件在内的，由 7

个法律部门、3 个层次法律规范构成的中国特色社会主义法律体系已经基本形成。

2011 年，在十一届全国人大四次会议期间，吴邦国进一步宣布："党的十五大提出的到 2010 年形成中国特色社会主义法律体系的立法工作目标如期完成。"

截至 2012 年 12 月底，中国已制定现行宪法和有效法律共 243 部、行政法规 721 部、地方性法规 9200 多部，涵盖社会关系各个方面的法律部门已经齐全，各个法律部门中基本的、主要的法律已经制定，相应的行政法规和地方性法规比较完备，法律体系内部总体做到科学和谐统一。①

在此基础上，继续努力，至 2017 年 9 月，十二届全国人大及其常委会共制定法律 22 件、修改法律 110 件次、通过有关法律问题和重大问题的决定 37 件、作出法律解释 9 件。我国现行有效法律共 260 件。

中国特色社会主义法律体系的建成，为进一步建设中国特色社会主义法治体系奠定了重要基础。

中国特色社会主义法律体系包含哪些内容？

中国特色社会主义法律体系，是以宪法为统帅，以法律为主干，以行政法规、地方性法规为重要组成部分，由宪法相关法、民法、商法、行政法、经济法、社会法、刑法、诉讼与非诉讼程序法等多个部门的法律规范组成的有机统一整体。

从法的渊源和位次来说，中国特色社会主义法律体系分成如下层次：

（一）宪法是中国特色社会主义法律体系的统帅。宪法是国家的根本法，在中国特色社会主义法律体系中具有最高的法律效力，一切法律、行政法规、地方性法规的制定都必须以宪法为依据，遵循宪法的基本原则，不得与宪法相抵触。全国各族人民、一切国家机关和武装力量、各政党和各社会团体、各企业事业组织，都必须以宪法为根本的活动准则，并负有维护宪法尊严、保证宪法实施的职责。

（二）法律是中国特色社会主义法律体系的主干。全国人大及其常委会制定的法律确立了国家建设各个方面重要的基本的法律制度，解决的是国家发

①《2012 年中国人权事业的进展》，中华人民共和国国务院新闻办公室，2013 年 5 月。

展中带有根本性、全局性、稳定性和长期性的问题，是国家法治的基础，行政法规和地方性法规不得与法律相抵触。

（三）行政法规是中国特色社会主义法律体系的重要组成部分。国务院根据宪法和法律，制定行政法规，将法律规定的相关制度具体化，是对法律的细化和补充。

（四）地方性法规是中国特色社会主义法律体系的又一重要组成部分。根据宪法和法律，省、自治区、直辖市和设区市的人大及其常委会可以制定地方性法规。这是人民依法参与国家事务管理、促进地方经济社会发展的重要途径和形式，是对法律、行政法规的细化和补充，是国家立法的延伸和完善。

从法律涉及的领域和门类来说，中国特色社会主义法律体系包括如下基本类别：

（一）宪法及相关法。宪法是根本大法，是中国特色社会主义法律体系的统帅和核心。宪法相关法是与宪法相配套、直接保障宪法实施和国家政权运作等方面的法律规范，调整的是国家政治关系。主要包括国家机构的产生、组织、职权和基本工作原则方面的法律，民族区域自治制度、特别行政区制度、基层群众自治制度方面的法律，维护国家主权、领土完整、国家安全、国家标志象征方面的法律，保障公民基本政治权利方面的法律。截至2011年8月底，中国已制定宪法相关法方面的法律38部和一批行政法规、地方性法规。

（二）民法、商法。民法是调整平等主体的公民之间、法人之间、公民和法人之间的财产关系和人身关系的法律规范，遵循民事主体地位平等、意思自治、公平、诚实信用等基本原则。商法调整商事主体之间的商事关系，遵循民法的基本原则，同时秉承保障商事交易自由、等价有偿、便捷安全等原则。截至2011年8月底，中国已制定民法、商法方面的法律33部和一大批规范商事活动的行政法规、地方性法规。

（三）行政法。行政法是关于行政权的授予、行政权的行使以及对行政权的监督的法律规范，调整的是行政机关与行政管理相对人之间因行政管理活动发生的关系，遵循职权法定、程序法定、公正公开、有效监督等原则，既保障行政机关依法行使职权，又注重保障公民、法人和其他组织的权利。截至2011年8月底，中国已制定行政法方面的法律79部和一大批规范行政权力的行政法规、地方性法规。

（四）经济法。经济法是调整国家从社会整体利益出发，对经济活动实行干预、管理或者调控所产生的社会经济关系的法律规范。经济法为国家对市场经济进行适度干预和宏观调控提供法律手段和制度框架，防止市场经济的自发性和盲目性所导致的弊端。截至 2011 年 8 月底，中国已制定经济法方面的法律 60 部和一大批相关行政法规、地方性法规。

（五）社会法。社会法是调整劳动关系、社会保障、社会福利和特殊群体权益保障等方面的法律规范，遵循公平和谐和国家适度干预原则，通过国家和社会积极履行责任，对劳动者、失业者、丧失劳动能力者以及其他需要扶助的特殊人群的权益提供必要的保障，维护社会公平，促进社会和谐。截至 2011 年 8 月底，中国已制定社会法方面的法律 18 部和一大批规范劳动关系和社会保障的行政法规、地方性法规。

（六）刑法。刑法是规定犯罪与刑罚的法律规范。它通过规范国家的刑罚权，惩罚犯罪，保护人民，维护社会秩序和公共安全，保障国家安全。刑法确立了罪刑法定、法律面前人人平等、罪刑相适应等基本原则。截至 2011 年 8 月底，中国已制定 1 部统一的刑法、8 个刑法修正案和 9 个有关刑法规定的法律解释，进一步完善了刑事法律制度，加强了对人权的保护，体现了中国社会文明的发展和国家民主法治的进步。

（七）诉讼与非诉讼程序法。诉讼与非诉讼程序法是规范解决社会纠纷的诉讼活动与非诉讼活动的法律规范。诉讼法律制度是规范国家司法活动、解决社会纠纷的法律规范，非诉讼程序法律制度是规范仲裁机构或者人民调解组织解决社会纠纷的法律规范。截至 2011 年 8 月底，中国已制定了诉讼与非诉讼程序法方面的法律 10 部。

上述法律部门确立的各项法律制度，涵盖了社会关系的各个方面，把国家各项工作、社会各个方面纳入了法治化轨道，为全面依法治国、建设社会主义法治国家提供了坚实的基础。

十二、党的建设新的伟大工程

中国共产党 1921 年成立。经过 100 年的奋斗，已经从一个只有 50 多人的小党，发展成为拥有 9514.8 万名党员的大党。

历经革命、建设和改革，中国共产党已经从领导人民为夺取全国政权而奋斗的党，成为领导人民掌握全国政权并长期执政的党；已经从受到外部封锁和实行计划经济条件下领导国家建设的党，成为对外开放和发展社会主义市场经济条件下领导国家建设的党。

办好中国的事情，关键在党。要把改革开放不断推向前进，要实现中华民族伟大复兴，关键更在党。中国共产党在中国特色社会主义事业中，必须发挥领导核心作用。为此，就必须不断加强党的领导，使党始终保持自己的先进性，始终走在时代的前列。

新民主主义革命时期，毛泽东把党的建设称为中国革命的三大法宝之一，同时又称作是一项"伟大的工程"。这项工程，对于中国革命的胜利和中华人民共和国的诞生，发挥了历史性的作用。

改革开放以来，我们党进一步形成了思想、政治、组织、作风、纪律、制度、反腐倡廉各方面建设相辅相成、全面推进，新形势下加强党的建设的整体部署。十四届四中全会将其称为"新的伟大的工程"。所以，改革开放以来的党的建设，都统称为"党的建设新的伟大工程"。

改革开放 40 年来，每个阶段，党的建设都根据当时的党情国情世情，提出党的建设的重要任务，着力解决面临的一系列问题，推动党的建设不断前进。先后经历了几个阶段：

第一阶段，从 1978 年到 1989 年。

十一届三中全会后，以邓小平为核心的第二代中央领导集体，作出把工作中心转移到经济建设上来的重大决策，坚持四项基本原则，实行改革开放，开辟了中国特色社会主义道路。针对改革开放的新形势，邓小平明确提出"执政党应该是一个什么样的党，执政党的党员应该怎样才合格，党怎样才叫善于领导"[①] 的问题。在坚持党的领导的同时，着力改善党的领导，对党的思想、组织、作风进行全面整顿，大力推进干部队伍"四化"建设，使党在改革开放和社会主义现代化建设中经受了考验，发挥了领导核心作用。

其间，1980 年，十一届五中全会通过《关于党内政治生活的若干准则》。

---

① 《邓小平文选》第 2 卷，人民出版社 1994 年版，第 276 页。

1982 年，十二大系统总结历史经验，对党的建设提出了一系列任务和要求，制定了新党章。

从 1983 年 10 月到 1987 年 5 月，用 3 年时间进行整党，分期分批对党的作风和党的组织进行了一次全面整顿。

针对改革开放中出现的不正之风和腐败现象，采取了一系列重要的举措。

第二阶段，从 1989 年到 2002 年。

十三届四中全会后，以江泽民为核心的第三代中央领导集体，在国际国内风云变幻的条件下，坚持十一届三中全会以来的路线不动摇，从容应对复杂局面的考验，深入思考和创造性地回答了建设一个什么样的党、怎样建设党的问题，提出"三个代表"重要思想，鲜明地把新时期党的建设称之为"新的伟大工程"。按照党的建设的总目标，作出了由思想建设、组织建设、作风建设几个方面相辅相成的新形势下加强党的建设的总体部署，认真解决提高领导水平和执政水平、增强拒腐防变能力两大课题，不断把党的建设新的伟大工程推向前进。

1989 年 8 月 28 日，中央政治局会议通过《关于加强党的建设的通知》，要求聚精会神抓党的建设，提出开展清查和清理工作、认真考察干部、搞好思想整顿等一系列措施。

1990 年 3 月 9 日—12 日，十三届六中全会通过《关于加强党同人民群众联系的决定》，强调人民群众是党的力量源泉和胜利之本，要求切实解决群众最为关心而又有条件解决的问题，以实际行动密切党群关系。

1990 年 5 月 25 日，中共中央印发《关于县以上党和国家机关党员领导干部民主生活会的若干规定》，要求县以上各级党组织认真组织开好民主生活会。

1990 年 6 月 27 日，中共中央印发《中国共产党基层组织选举工作暂行条例》。

1994 年 9 月 25 日—28 日，十四届四中全会通过《关于加强党的建设几个重大问题的决定》，把党的建设提到新的伟大工程的高度，明确了党的建设的总目标和总任务。

1995 年 1 月 7 日，中共中央印发《中国共产党党员权利保障条例（试行）》。2004 年 9 月 22 日，该条例经修订后重新颁布。

十五大进一步阐述了推进党的建设新的伟大工程的重大意义，明确了党的建设新的伟大工程的总目标。

1998年11月21日，中共中央发出《关于在县级以上党政领导班子、领导干部中深入开展以"讲学习、讲政治、讲正气"为主要内容的党性党风教育的意见》。"三讲"教育由此开始，到2000年年底基本结束。

2001年7月1日，中共中央举行庆祝中国共产党成立80周年大会。江泽民发表讲话，系统总结建党80年来的奋斗业绩和基本经验，全面阐述"三个代表"重要思想的科学内涵。

2001年9月24日—26日，十五届六中全会通过《关于加强和改进党的作风建设的决定》，提出作风建设"八个坚持、八个反对"的要求。

第三阶段，从2002年到2012年。

十六大以来，以胡锦涛为总书记的党中央，把伟大事业与伟大工程更加紧密地结合起来，在全面建设小康社会的进程中，全面推进党的建设新的伟大工程。深入思考和回答了实现什么样的发展、怎样发展的问题，提出和贯彻科学发展观，把党的执政能力和先进性建设作为主线，以改革创新精神不断推进党的思想建设、组织建设、作风建设、制度建设和反腐倡廉建设，开创了党的建设新的伟大工程的新局面。

十六大强调，必须毫不放松地加强和改善党的领导，全面推进党的建设新的伟大工程，特别强调把加强党的执政能力建设、提高党的执政能力和执政水平作为新时期党的建设的重要任务。

2004年9月16日—19日，十六届四中全会通过《关于加强党的执政能力建设的决定》，强调要不断提高五方面的执政能力，使党始终成为立党为公、执政为民的执政党，成为科学执政、民主执政、依法执政的执政党，成为求真务实、开拓创新、勤政高效、清正廉洁的执政党。

2004年11月7日，中共中央发出《关于在全党开展以实践"三个代表"重要思想为主要内容的保持共产党员先进性教育活动的意见》。教育活动从2005年1月开始，到2006年6月基本结束。

2005年1月14日，中共中央举行新时期保持共产党员先进性专题报告会。胡锦涛发表讲话，提出并深刻阐述加强党的先进性建设的思想，强调先进性是马克思主义政党的根本特征，也是马克思主义政党的生命所系、力量所在，党的先进性建设是马克思主义政党自身建设的根本任务。

2006 年 6 月 30 日，中共中央举行庆祝中国共产党成立 85 周年暨总结保持共产党员先进性教育活动大会。胡锦涛发表讲话，进一步阐述加强党的先进性建设的思想。

十七大要求以改革创新精神全面推进党的建设新的伟大工程，强调必须把党的执政能力建设和先进性建设作为主线，坚持党要管党、从严治党，贯彻为民、务实、清廉的要求，使党始终成为立党为公、执政为民，求真务实、改革创新，艰苦奋斗、清正廉洁，富有活力、团结和谐的马克思主义执政党。

2008 年 2 月 16 日，中共中央印发《关于进一步完善地方党委领导班子配备改革后工作机制的意见》。

2008 年 2 月 17 日—19 日，全国组织工作会议召开，胡锦涛、习近平讲话。胡锦涛强调，要坚持以改革创新精神全面推进党的建设新的伟大工程，使党的建设工作更富有时代气息、更富有实际成效。

2008 年 5 月 5 日，中共中央印发《中国共产党全国代表大会和地方各级代表大会代表任期制暂行条例》。

2008 年 9 月 14 日，中共中央发出《关于在全党开展深入学习实践科学发展观活动的意见》。教育活动从 2008 年 9 月开始，分 3 批展开，每批半年左右，到 2010 年 2 月底基本结束。2010 年 4 月 6 日召开了总结大会。

2008 年 9 月 24 日，胡锦涛会见全军大单位党委书记座谈会代表，强调坚持从严治党要在思想教育上从严、在贯彻党章和党的制度上从严、在遵守党的纪律上从严、在干部教育和管理上从严。

2009 年 7 月 2 日，中共中央印发《中国共产党巡视工作条例（试行）》。2009 年 12 月 18 日，召开中央巡视工作领导小组第一次会议。

2009 年 9 月 15 日—18 日，十七届四中全会通过《中共中央关于加强和改进新形势下党的建设若干重大问题的决定》，对当前和今后一个时期加强和改进党的建设作出部署，要求不断提高党的建设科学化水平。

2009 年 12 月 25 日，中共中央办公厅印发《关于推进学习型党组织建设的意见》。

2011 年 7 月 1 日，庆祝中国共产党成立 90 周年大会举行。胡锦涛讲话，回顾中国共产党 90 年的光辉历程和取得的伟大成就，总结党和人民创造的宝贵经验，提出新的历史条件下提高党的建设科学化水平的目标任务，阐述在新的历史起点上把中国特色社会主义伟大事业全面推向前进的大政方针。习近平宣读《关于表彰全国先进基层党组织和优秀共产党员、优秀党务工作者的决定》。

反腐败斗争是改革开放以来党的建设新的伟大工程的重要内容。几十年来，我们党一直高度重视党风廉政建设。十一届三中全会后恢复重建了各级纪委。20 世纪 80 年代，针对改革开放进程中出现的一些消极现象，强调必须把廉政工作作为一件大事摆到重要议事日程上来，强调要从党和国家生死存亡、改革开放兴衰成败的高度认识党风廉政建设的重要性和紧迫性。严肃认真、扎扎实实地抓。随后又开始使用"腐败"这个概念，不断加大反腐败斗争的力度。2001 年 9 月，十五届六中全会通过《关于加强和改进党的作风建设的决定》，提出作风建设"八个坚持、八个反对"的要求。2005 年 1 月，党中央制定并颁发《建立健全教育、制度、监督并重的惩治和预防腐败体系实施纲要》。其间，查处了一大批腐败分子。

十八大之后，中国特色社会主义进入新时代，党的建设新的伟大工程也进入了全面从严治党的新时代。

十三、政府机构改革

行政管理体制和政府机构改革，是政治体制改革的一个重要方面，也是深化经济体制改革、建立社会主义市场经济体制和加快现代化建设的重要条件。

长期以来，在高度集中的计划经济体制下，政府对社会生产、流通、分配和销售的管理，以及对政治、文化等各类社会事务的管理，主要是通过行政机关，依靠指令性计划和行政命令的手段来进行的。这种高度集中的政府行政管理体制，不可避免地带来了数量庞大、机构臃肿、人浮于事的现象。1981 年，国务院的工作部门有 100 个，达到新中国成立以来的最高峰。

针对长期形成的积弊，改革开放一开始，就把机构改革作为一个重大问题提上了日程。后来又下决心进行行政管理体制和机构改革，转变政府职能、理顺关系、精兵简政。先后在 1982 年、1988 年、1993 年、1998 年、2003 年、2008 年、2013 年进行了 7 次以机构改革为主要内容的行政管理体制改革。2018 年，又开始了第 8 次机构改革。

（一）1982 年的机构改革。

这是进入改革开放新时期之后的第一次机构改革。1981 年 12 月，五届全国人大四次会议通过的政府工作报告决定，从国务院各部门首先做起，进行机构改革，限期完成。1982 年 3 月 8 日，五届全国人大常委会二十二次会议通过《关于国务院机构改革问题的报告》。

这次改革历时 3 年，主要内容：

一是改革领导体制，减少了副总理人数，设置了国务委员，由总理、副总理、国务委员和秘书长组成国务院常务会议。

二是精简机构和人员，较大幅度撤并经济管理部门，并将其中一些改成经济组织。

三是按照干部"四化"方针，精干领导班子，减少副职人数。明确规定了各级各部的职数、年龄和文化结构，加快了干部队伍的年轻化，提高了干部素质。

四是废除实际存在的干部领导职务终身制，实行干部离退休制度。

五是下放经济管理权限、财政收支权限、人事管理权限。

与此相应，地方政府机构和人员编制也进行了精简和核定。

这次改革是新中国成立以来规模较大、目的性较强的一次改进行政体制的努力。国务院工作机构由改革前的 100 个减少到 61 个。省、自治区政府工作部门从 50 个—60 个减为 30 个—40 个；直辖市政府机构稍多于省政府工作部门；城市政府机构从 50 个—60 个减为 45 个左右；行署办事机构从 40 个左右减为 30 个左右，县政府部门从 40 多个减为 25 个左右。

在人员编制方面，国务院各部门机关工作人员由 51000 多人核减为38300 人，精简 25%；省、自治区、直辖市党政机关人员从 18 万人减为 12万余人。市县机关工作人员约减 20%；地区机关精简幅度更大一些。

这次改革，开始废除领导干部职务终身制，精简了各级领导班子，加快了干部队伍年轻化建设步伐。但没有触动高度集中的计划经济管理体制，没有实现政府职能的转变。

（二）1988 年的机构改革。

1982 年改革之后，机构很快又呈膨胀趋势。因此，1988 年 4 月 9 日，七届全国人大一次会议批准国务院机构改革方案，启动了新一轮的机构改革。

这次改革的主要内容：

一是第一次提出了转变政府职能的目标，核心是政企分开、下放权力，转向行业管理。弱化专业经济部门分钱、分物、直接干预企业经营活动的职能，增强政府宏观调控能力。

二是合并计委和经委两个最大的综合部门，撤并了多个专业经济管理部门，组建了一些新的部委，解决部门间职能交叉重复问题。

三是第一次对各部门实行定职能、定机构、定编制的"三定"，合理设置内设机构和人员编制。

通过改革，国务院组成部门由 45 个减少为 41 个，直属机构由 22 个减少为 19 个，办事机构由 4 个调整为 5 个。人员编制在原有 5 万余人的基础上，裁减了 9700 余人。

这次改革采取了自上而下，先中央政府后地方政府，分步实施的方式进行。由于后来一系列复杂的政治经济原因，原定于 1989 年开展的地方机构改革暂缓进行。

（三）1993 年的机构改革。

这次机构改革是在确立社会主义市场经济体制的背景下进行的，核心任务是在推进经济体制改革、建立市场经济的同时，建立起有中国特色的、适应社会主义市场经济体制的行政管理体制。

这次改革的指导思想是，适应建立社会主义市场经济体制的要求，按照政企职责分开和精简、统一、效能的原则，转变职能，理顺关系，精兵简政，提高效率。改革的重点是转变政府职能。

党的十四大提出了新的机构改革的框架。十四届三中全会进一步提出了机构改革的模式，这是第一次在中央全会上讨论通过机构改革方案。1993 年 3 月 22 日，八届全国人大一次会议审议通过了《关于国务院机构改革方案的决定》。

这次改革的主要内容：

一是改革综合经济部门，把工作重点真正转到宏观调控上来。

二是改革专业经济部门，将之改为经济实体或行业总会。

三是改革国务院直属部门办事机构。

四是精简机构和人员。

经过改革，国务院组成部门设置 41 个，直属机构和办事机构从原来的 86 个减少到 59 个，非常设机构由 85 个减少到 26 个。国务院机构人员由 37000 人缩减为 29600 余人，精简 20% 左右。通过改革，全国共精减 200 万人。

1994 年，继续推进并力求尽早完成中央政府机构改革，积极推进地方政府机构改革。重点是转政府职能，并做好三个方面的工作：一是把属于企业经营自主权范围的职能切实还给企业；二是把配置资源的基础性职能转移给市场；三是把经济活动中社会服务性和相当一部分监督性职能转交给市场中介组织。

1995 年，机构改革的工作重点是抓好省级机构改革的方案和市地县乡的改革，制定事业单位机构改革的方案和主要措施，推动事业单位改革的不断深化。

事业单位的改革是机构改革工作的一个重点。到 1994 年年底，中国有 130 多万个事业单位，2600 多万从业人员。改革的原则是政事分开和社会化。目标是建立符合事业单位自身发展规律、充满生机与活力的管理体制和运行机制。重点是搞好事业单位的分类管理。

（四）1998 年的机构改革。

这次改革是改革开放以来机构变动较大、人员调整较多的一次。改革的目标是：建立办事高效、运转协调、行为规范的政府行政管理体系，完善国家公务员制度，建设高素质的专业化行政管理队伍，逐步建立适应社会主义市场经济体制的有中国特色的政府行政管理体制。

1998 年 3 月 10 日，九届全国人大一次会议审议通过了《关于国务院机构改革方案的决定》，决定调整和减少专业经济部门，加强宏观调控和执法监管部门。改革的原则和特点：

一是把政府职能切实转变到宏观调控、社会管理和公共服务方面来。

二是加强宏观调控部门，调整和减少专业经济管理部门，适当调整社会服务部门，加强执法监督部门，发展社会中介组织。撤销了几乎所有的工业专业经济部门，共 10 个。

三是按照权责一致的原则，明确划分部门之间的职能分工，相同或相近的职能交由一个部门承担。

四是加强行政体系的法制建设。

经过改革，国务院组成部门由 40 个减少到 29 个，部门内设司局机构减少 215 个，人员编制由 3.2 万减为 1.67 万，精简 47.5%。

国务院机构改革于 1998 年首先开始进行。随后，党中央各部门和其他国家机关及群众团体的机构改革陆续展开。1999 年以后，省级政府和党委的机构改革分别展开；2000 年，市县乡机构改革全面启动。

截至 2002 年 6 月，经过 4 年半的改革，全国各级党政群机关共精简行政编制 115 万名；市县乡在机构改革中还清退超编人员约 43 万人。

（五）2003 年的机构改革。

2003 年 3 月 10 日，十届全国人大一次会议通过了关于国务院机构改革方案的决定。方案特别提出了"决策、执行、监督"三权相协调的要求。改革的目的是：进一步转变政府职能，改进管理方式，推进电子政务，提高行政效率，降低行政成本。

这次改革的特点是，抓住当时社会经济发展阶段的突出问题，进一步转变政府职能。重点是，深化国有资产管理体制改革，完善宏观调控体系，健全金融监管体制，继续推进流通体制改革，加强食品安全和安全生产监管体制建设。主要内容：

一是设立国务院国有资产监督管理委员会；二是将国家发展计划委员会改组为国家发展和改革委员会；三是设立中国银行业监督管理委员会；四是组建商务部；五是组建国家食品药品监督管理局；六是将国家计划生育委员会更名为国家人口和计划生育委员会。

经过改革，国务院组成部门设置 28 个。地方政府机构也按要求逐级推进改革。

（六）2008 年的机构改革。

2008 年 2 月 25 日—27 日，十七届二中全会通过《关于深化行政管理体制改革的意见》和《国务院机构改革方案》。明确提出到 2020 年建立起比较完善的中国特色社会主义行政管理体制。2008 年 3 月 15 日，十一届全国人大一次会议通过关于国务院机构改革方案的决定。

改革的主要内容是：围绕转变政府职能和理顺部门职责关系，探索实行职能有机统一的大部门体制，合理配置宏观调控部门职能，加强能源环境管理机构，整合完善工业和信息化、交通运输行业管理体制，以改善民生为重点加强与整合社会管理和公共服务部门。

这次改革突出了三个重点：一是加强和改善宏观调控，促进科学发展；二是着眼于保障和改善民生，加强社会管理和公共服务；三是按照探索职能有机统一的大部门体制要求，对一些职能相近的部门进行整合，实行综合设置，理顺部门职责关系。

这次改革调整变动机构 15 个，减少正部级机构 4 个。改革后，除国务院办公厅外，国务院组成部门设置 27 个。

2008 年 8 月 20 日，中共中央、国务院印发《关于地方政府机构改革的意见》。2009 年 1 月 27 日，中共中央办公厅、国务院办公厅转发《关于深化乡镇机构改革的指导意见》。地方机构改革于 2009 年年底基本完成。

（七）2013 年的机构改革。

2013 年 2 月 28 日，十八届二中全会通过《国务院机构改革和职能转变方案》。2013 年 3 月 14 日，十二届全国人大一次会议通过了关于国务院机构改革和职能转变方案的决定。

这次改革的重点是，围绕转变职能和理顺职责关系，稳步推进大部门制改革，充分发挥市场在资源配置中的基础性作用，强调政府职能转变是深化行政体制改革的核心。实行铁路政企分开，整合加强卫生和计划生育、食品药品、新闻出版和广播电影电视、海洋、能源管理机构。

通过改革，国务院正部级机构减少 4 个，其中组成部门减少 2 个，副部级机构增减相抵数量不变。改革后，除国务院办公厅外，国务院设置组成部门 25 个。

2017 年，十九大就深化机构改革作出重要部署。2018 年，十九届三中全会研究深化党和国家机构改革问题并作出决定。随之，又开始进行了新一轮党和国家机构的改革，是改革开放以来的第 8 次机构改革。其范围不仅限于政府机构，而且包括党的机构、国家权力机构以及社会组织等。

十四、干部人事制度改革

打一个通俗但不一定很准确的比方，如果说机构是"庙"的话，机构中的官员们就是"和尚"了。机构要改，有些"庙"要拆，那么"和尚"们也就得动一动了。

这其实并不仅仅是"动一动"的问题。与机构改革配套的，是干部人事制度改革。

"干部"，是中国数千万人的头衔。所谓干部制度，是指对干部的各种管理使用制度的总称。具体地说，就是对干部的编制、规划、录用、调配、培养、考核、晋升、奖惩、工资、福利、退休、退职等方面的事务所规定的方针、政策、标准、原则、规章和实施办法。

所谓人事制度，有狭义和广义之分。从狭义上说，是指关于国家公职人员（或国家工作人员）的吸收录用、调配交流、任免升降、任期任届、培训教育、考核奖惩、工资福利、辞职辞退、退职退休等方面的管理制度。如果从广义上理解，人事制度还包括对其他劳动力（如企业工人）的组织管理。

目前，我们经常把干部人事制度合称，但说到干部人事制度改革时，主要还是指干部制度的改革。

改革开放前的干部人事制度，一方面起了很大的积极作用，另一方面也有很大的弊端。主要表现在，国家干部这个概念过于笼统，队伍过于庞杂，管人与管事相脱节；管理方式陈旧单一，不利于人才成长；管理制度不健全，用人缺乏法治；存在着干部领导职务事实上的终身制；干部待遇干多干少、干好干坏一个样；单位和部门所有制，人才难以流动。总的问题是，缺乏活力，不利于人才成长，难以做到择优汰劣。

邓小平对干部人事制度的弊端作过透彻的分析，并提出了改革的思路和要求。他明确指出："关键是要健全干部的选举、招考、任免、考核、弹劾、轮换制度，对各级各类领导干部（包括选举产生、委任和聘用的）职务的任期，以及离休、退休，要按照不同情况，作出适当的、明确的规定。任何领导干部的任职都不能是无限期的。"①

十一届三中全会以来，随着机构改革和经济体制、政治体制、教育体制等等的改革，干部人事制度和干部工作也进行了一系列重大改革。

最初的改革主要是解决干部新老交替和"四化"问题。

1980 年 4 月 23 日，中共中央政治局通过《中共中央关于丧失工作能力的老同志不当十二大代表和中央委员会候选人的决定》。这是废除实际上存在的干部职务终身制和逐步更新领导班子的一个重要步骤。

1981 年，陈云、邓小平先后提出成千上万地提拔培养中青年干部，强调这是个战略问题，是决定我们命运的问题。要把这个问题当作第一位的任务来解决。1982 年 1 月，在中共中央政治局会议上，邓小平提出干部队伍革命化、年轻化、知识化、专业化的"四化"方针。1982 年 9 月，十二大通过的党章明确提出要实现干部队伍的"四化"。同年底，五届全国人大五次会议通过的新宪法，对各类国家机构领导干部的任免、职责、任期等作出了明确的规定。之后，一大批年富力强的干部走上了领导岗位。

1982 年 2 月 20 日，中共中央作出《关于建立老干部退休制度的决定》。1985 年 9 月 16 日，十二届四中全会同意一批老同志不再担任中央委员会、中央顾问委员会和中央纪律检查委员会委员的请求。1985 年 9 月 18 日—23日，中国共产党全国代表会议对中央委员会、中央顾问委员会和中央纪律检查委员会的成员进行了调整。

1989 年 11 月 13 日，邓小平在人民大会堂会见 1989 年度日中经济协会访华团时对外宣布：我想利用这个机会，正式向政治生涯告别。你们这个团是我见的最后一个正式的代表团。1990 年 3 月，七届全国人大三次会议决定接受邓小平辞去国家中央军委主席职务的请求。

1987 年的十三大至 1992 年的十四大，干部管理进入了法制化轨道，重点是推行国家公务员制度。

我国长期使用的"国家干部"概念过于宽泛、庞杂，必须对其进行分解。党的十三大决定将建立和推行国家公务员制度作为干部人事制度改革的重点。其后，全国人大、国务院将建立国家公务员制度列入议事日程，着手起草相

---

① 《邓小平文选》第 2 卷，人民出版社 1994 年版，第 331—332 页。

关的行政法规。1993 年 8 月 14 日，《国家公务员暂行条例》发布，并于 10 月 1 日开始施行。9 月，党中央、国务院专门召开全国推行国家公务员制度工作会议，进行具体部署。11 月，《国家公务员制度实施方案》也由国务院颁发。国家公务员制度开始在全国范围内正式推行。2005 年 4 月 27 日，十届全国人大常委会十五次会议通过《中华人民共和国公务员法》。

同时，企事业单位人事制度的改革全面展开，事业单位的管理人员实行职员制，专业技术人员实行专业技术职务聘任制；国有企业也积极探索建立现代企业人事制度，实行按岗位管理。

对干部选拔、任用、交流等也作出了制度规定。1990 年 7 月 7 日，中共中央作出《关于实行党和国家机关领导干部交流制度的决定》。1995 年 2 月 9 日，中共中央印发《党政领导干部选拔任用工作暂行条例》。2002 年 7 月 9 日，该条例经修订后重新颁布。

1997 年十五大以后，党中央和国务院着力加强对干部的任用管理及考核监督，出台了一批法规性文件。

2000 年 6 月，中共中央办公厅印发《深化干部人事制度改革纲要》（2001—2010 年）（以下简称《纲要》），对干部人事制度改革作出了全面部署，这是新中国成立以来第一次作出深化干部人事制度改革的总体规划。

《纲要》明确了干部人事制度改革的 5 个基本目标：（1）建立能上能下、能进能出、有效激励、严格监督、竞争择优、充满活力的用人机制；（2）完善干部人事工作统一领导、分级管理、有效调控的宏观管理体系；（3）形成符合党政机关、国有企业和事业单位不同特点的、科学的分类管理体制，建立各具特色的管理制度；（4）健全干部人事管理法规体系，努力实现干部人事工作的依法管理，有效遏制用人上的不正之风和腐败现象；（5）创造尊重知识，尊重人才，有利于优秀人才脱颖而出、健康成长的社会环境，实现人才资源的整体开发与合理配置。[1]

2003 年年底，中共中央和国务院召开新中国历史上第一次全国人才工作会议，通过《关于进一步加强人才工作的决定》，提出了实施人才强国战略的基本要求。

---

[1]《深化干部人事制度改革纲要》，《人民日报》2000 年 8 月 21 日。

2007 年，十七大提出"提高选人用人公信度"，努力构建"靠制度选人、重民意用人"的选人用人机制。2009 年 9 月，十七届四中全会通过的《中共中央关于加强和改进新形势下党的建设若干重大问题的决定》明确提出："坚持民主、公开、竞争、择优，提高选人用人公信度，形成充满活力的选人用人机制，促进优秀人才脱颖而出，是培养造就高素质干部队伍的关键。"

2010 年年初，中共中央办公厅印发《2010—2020 年深化干部人事制度改革规划纲要》，对今后 10 年深化干部人事制度改革作出了全面规划，对努力建设一支包括党政干部、企业经营管理干部、科学技术干部和其他战线干部在内的高素质的干部队伍，加强对干部人事制度改革的领导提出了明确要求。

中央先后出台了一系列干部管理的制度。包括 2009 年 6 月的《关于实行党政领导干部问责的暂行规定》，2010 年 3 月的《党政领导干部选拔任用工作责任追究办法（试行）》，2010 年 5 月的《关于对配偶子女均已移居国（境）外的国家工作人员加强管理的暂行规定》，2010 年 5 月的《关于领导干部报告个人有关事项的规定》，2010 年 6 月的《2010—2020 年干部教育培训改革纲要》，2010 年 8 月的《关于严厉整治干部选拔任用工作中行贿受贿行为的通知》，2010 年 8 月的《关于建立党委新闻发言人制度的意见》，2010 年 10 月的《党政主要领导干部和国有企业领导人员经济责任审计规定》，2011 年 4 月的《关于加强市（地、州、盟）党政正职管理的若干规定》等。

2012 年 11 月，十八大指出："要坚持党管干部原则，坚持五湖四海、任人唯贤，坚持德才兼备、以德为先，坚持注重实绩、群众公认，深化干部人事制度改革，使各方面优秀干部充分涌现、各尽其能、才尽其用。"

十八大以来，以习近平同志为核心的党中央全面从严治党，在坚决开展反腐败斗争的同时，标本兼治，努力扎牢制度笼子。

2014 年 1 月 14 日，中共中央印发修订后的《党政领导干部选拔任用工作条例》。

2015 年 7 月 19 日，中共中央办公厅印发《推进领导干部能上能下若干规定（试行）》。至 2017 年 5 月底，通过问责处理、调整不适宜担任现职干部等 6 种"下"的渠道，共调整县处级以上干部 22355 人。

2015 年 1 月 15 日，中共中央办公厅、国务院办公厅印发《关于县以下机关建立公务员职务与职级并行制度的意见》。

十五、反腐倡廉建设

改革开放使中国整个社会都活了起来。社会发展的动力机制大为增强。无论干部还是群众，党内还是党外，都焕发出蓬勃的活力，改革、创新、发展的主动性、积极性都大为提高。但是在社会运行机制大变革的进程中，党内党外也出现了一些消极腐败现象。一些领导干部经不起各种考验，在改革开放的进程中倒了下去。

因此，始终不懈地开展反腐倡廉建设，就成为改革开放以来党的建设的一项重大任务。伴随着改革开放进程，党和国家采取了一系列措施，来遏制腐败现象的发生和扩展。

1980 年 11 月，陈云在中央纪律检查委员会座谈会上指出，执政党的党风问题是有关党的生死存亡的问题，党风问题必须抓紧搞，永远搞。

1982 年 1 月 11 日，中共中央发出《紧急通知》，传达中央政治局常委关于对一些干部走私贩私，贪污受贿，把大量国家财产窃为己有等严重违法犯罪行为采取紧急措施的指示。

1982 年 4 月 10 日，邓小平在讲话中指出：经济犯罪这股风来得很猛。如果我们党不严重注意，不坚决刹住这股风，那末，我们的党和国家确实要发生会不会"改变面貌"的问题。这不是危言耸听。

从 1983 年 10 月到 1987 年 5 月，用 3 年时间分期分批对党的作风和党的组织进行了一次全面整顿。

1984 年 12 月 3 日，中共中央、国务院发出《关于严禁党政机关和党政干部经商、办企业的决定》。

1985 年 3 月 13 日，国务院发出《关于坚决制止就地转手倒卖活动的通知》。1985 年 7 月，海南倒卖汽车案受到公开通报。海南区党委、区政府一些主要领导成员受到处分。

1985 年 8 月 20 日，国务院发出《关于进一步清理和整顿公司的通知》，强调党政机关和党政机关干部办的公司，要实行政企分开，并使公司在经济上与党政机关脱钩；党政机关干部担任公司职务的，要辞去一头。

1985 年 11 月 26 日，中共中央办公厅、国务院办公厅发出通知，要求各级机关纠正不正之风，扎扎实实地解决好党政机关争相购买和更换进口小轿车、滥派人员出国、挥霍公款、铺张浪费等 6 个严重问题。

1986 年 6 月 5 日，国务院办公厅发出《关于严禁在社会经济活动中牟取非法利益的通知》，指出：当前在社会经济活动中，以"回扣""佣金""红包""提成费""好处费"等名目非法收受"酬金"的现象相当严重，必须严加禁止。

由于在价格改革中一度实行双轨制的过渡办法，同一种商品，会有两种不同价格，许多人便利用关系倒卖紧俏物资。中央国家机关系统也开办了大量各类公司，许多党政官员在其中兼职，倒买倒卖成为公司主要运作方式。从 1987 年到 1988 年上半年，国家工商局共查处了 95 起倒卖生产资料的大案，其中 58 起属于物资主管部门所为。

1988 年 6 月 1 日，中共中央发出《关于党和国家机关必须保持廉洁的通知》，强调必须把廉政工作作为一件大事摆到重要议事日程上来，严肃认真、扎扎实实地抓。

1990 年 11 月 4 日，中共中央批转中央纪委《关于加强党风和廉政建设的意见》，指出在执政和改革开放条件下加强党风和廉政建设，是一项长期而艰巨的任务；强调要从党和国家生死存亡、改革开放兴衰成败的高度认识党风廉政建设的重要性和紧迫性。

1993 年 8 月 20 日—25 日，十四届中央纪委第二次全会召开，江泽民发表讲话。此后至 2002 年 1 月十五届中央纪委第七次全会止，江泽民连续 10 次在中央纪委全会上讲话。

1993 年 10 月 5 日，中共中央、国务院作出《关于反腐败斗争近期抓好几项工作的决定》。

1997 年 3 月 28 日，中共中央印发《中国共产党党员领导干部廉洁从政若干准则（试行）》。2010 年 1 月 18 日，该准则经修订后重新颁布。

1997 年 5 月 25 日，中共中央、国务院颁发《关于党政机关厉行节约制止奢侈浪费行为的若干规定》。

1998 年 7 月，中共中央作出军队、武警部队和政法机关一律不再从事经商活动的决定。年底，军队、武警部队和各级政法机关与所办经营性企业彻底脱钩。到 2000 年 3 月，这项工作基本结束。

1998 年 11 月 21 日，中共中央、国务院印发《关于实行党风廉政建设责任制的规定》。2010 年 11 月 10 日，该规定经修订后重新颁布。

2003 年 2 月 17 日—19 日，十六届中央纪委第二次全会召开，胡锦涛发表讲话。至 2011 年 1 月第十七届中央纪委第六次全会止，胡锦涛连续 9 次在中央纪委全会上讲话。

2003 年 12 月 31 日，中共中央印发《中国共产党党内监督条例（试行）》和 1997 年 2 月 27 日开始试行的《中国共产党纪律处分条例》。

2005 年 1 月 3 日，中共中央印发《建立健全教育、制度、监督并重的惩治和预防腐败体系实施纲要》。

2007 年，十七大首次在党的文献中将"反腐倡廉工作"提升为"反腐倡廉建设"，并从作风建设中单列出来，明确指出：要"把反腐倡廉建设放在更加突出的位置，旗帜鲜明地反对腐败"。

2008 年 5 月 13 日，中共中央印发《建立健全惩治和预防腐败体系 2008—2012 年工作规划》。2012 年 8 月 21 日，召开了贯彻落实《建立健全惩治和预防腐败体系 2008—2012 年工作规划》成果交流会。

2012 年 10 月，中央反腐败协调小组第二十二次会议召开。贺国强出席并讲话指出，十七大以来，反腐倡廉建设取得新进展新成效。查办案件工作力度不断加大、领域不断拓展、质量和水平明显提高、治本功能有效发挥、领导体制和工作机制进一步完善，取得了新的成绩，积累了新的经验。

当然，由于种种复杂的原因，腐败现象仍然不断滋生蔓延，没有能得到明显的遏制。所以，十八大以后，以习近平同志为核心的党中央，进一步加大了反腐败斗争的力度，展示了党和国家反腐败的决心。

建立经济
对外
出
对外
加入世贸
『走出
引进
全方位多层次宽
政策
互利共赢的
应对国际
和平发
开发
经济全
自由
时代

第 十 章

面向世界的开放和合作

一、时代主题

改革是与开放联系在一起的。开放也是改革。所以，40 年来，中国不仅坚持不懈地推动改革深化发展，而且不断扩大开放，加强与世界的合作和交流。

对外开放的基本国策，既是总结了历史的经验教训，也是与时代主题的变化联系在一起的。时代主题的变化，给中国的改革开放提供了战略机遇和空间。而中国的改革开放，则是顺应时代潮流、抓住战略机遇的历史性决策和举措。

时代主题，是指人类社会某一发展阶段中带有全球性、战略性和关乎全局的核心问题，是国际社会在一个较长时段里所面临的主要任务和主要课题。

在改革开放进程中，邓小平密切关注世界形势的变化，紧紧把握战略全局，对时代发展的潮流和国际形势的走向作出了科学的分析和判断，提出了和平和发展是当今世界两大问题的著名论断。在此基础上，提出了解决当今国际问题的一系列大思路、大政策，也充分说明了实行改革开放基本国策的必要性和重要性。

1984 年 5 月 29 日，在会见巴西总统菲格雷多时，邓小平指出："现在世界上问题很多，有两个比较突出。一是和平问题……二是南北问题。"[①]

同年 10 月 31 日，在会见缅甸总统吴山友时，邓小平进一步指出："国际上有两大问题非常突出，一个是和平问题，一个是南北问题。还有其他许多问题，但都不像这两个问题关系全局，带有全球性、战略性的意义。"[②]

1985 年 3 月 4 日，邓小平在会见日本客人时，将南北问题归结为发展问题，并用高度概括的语言指出："现在世界上真正大的问题，带全球性的战略问题，一个是和平问题，一个是经济问题或者说发展问题。和平问题是东西问题，发展问题是南北问题。概括起来，就是东西南北四个字。南北问题是核心问题。"[③]

---

① 《邓小平文选》第 3 卷，人民出版社 1993 年版，第 56 页。
② 同上书，第 96 页。
③ 同上书，第 105 页。

提出和平和发展两大问题，抓住了当代世界最突出的矛盾、最根本的变化和最主要的特征，向我们提供了观察和解决世界各种问题的基本着眼点和立足点，同时也指明了世界人民所要解决的最主要任务。对于我们认识和解决当今世界各种复杂的问题，具有非常重要的意义。

讲和平与发展是时代的主题，并不是说世界已经完全处于和平与发展的状态，天下已经到处是莺歌燕舞，满目春光。实际上，所谓主题，应该包含有两重含义，一重是指"发展中的趋势"，另一重是指"有待解决的课题"。

所以，所谓和平与发展是时代的主题，包含着两方面的含义，它既是世界发展的基本趋势，同时又是有待解决的两大课题。这两者只有结合起来，互相补充，全面理解，才能完整地表达时代主题的含义。忽略了任何一个方面，都会出现片面性。

中国作为一个有 13 多亿人口的大国，是在与世界的双向互动中建设中国特色社会主义的。中国的发展离不开世界，中国的建设离不开外部环境，中国的国家战略、国际战略都要依据对世界战略形势的判断和认识来确定。

历史上，我们曾经有过由于对世界形势的判断发生失误造成国家发展战略出现偏差的教训。由于邓小平对世界主题及其整个战略形势作出新的科学认识和判断，我们才能够一心一意地坚持以经济建设为中心，实施"三步走"的发展战略，才能够正确应对国际形势的各种变化，处剧变而不乱，遇压力而不惊，冷静观察，沉着应付，韬光养晦，有所作为，引导中国的航船驶向成功的彼岸。

在改革开放的进程中，党和国家一再强调时代主题没有改变。

十七大指出："当今世界正处在大变革大调整之中。和平与发展仍然是时代主题，求和平、谋发展、促合作已经成为不可阻挡的时代潮流。"

十八大指出："当今世界正在发生深刻复杂变化，和平与发展仍然是时代主题。"

十九大指出："世界正处于大发展大变革大调整时期，和平与发展仍然是时代主题。"

因此，党的基本路线不能变，对外开放的基本国策也不能变。

就国家战略来说，我们必须紧紧抓住世界总体上处于和平态势的机遇，充分利用外部世界一切可以利用的条件和资源，集中精力全面建成小康社会，建设社会主义现代化强国，实现中华民族的伟大复兴。

就国际战略来说，我们必须继续高举和平的旗帜，发展、合作、共赢的旗帜，同心协力，构建人类命运共同体，建设持久和平、普遍安全、共同繁荣、开放包容、清洁美丽的世界。

二、经济全球化

中国的对外开放，是在经济全球化的大潮中推进的。只有准确认识和判断经济全球化的趋势和特点，才能正确地坚持对外开放，促进中国经济社会的全面发展和进步。

什么是全球化？国内外有很多定义和阐释。从最基本的含义来说，全球化是指世界各个民族、国家和地区，超越经济、政治、文化的差异及地理的分割，形成紧密联系、相互制约的国际社会或世界共同体的一种全球整合现象。

全球化的内容广泛，包括经济、科技、政治、文化等各个方面，发展最为迅猛的则是经济全球化。

政治上、文化上有没有全球化？从逻辑上来说，当然有。但为了避免全球化产生的负面影响，我们现在一般不提政治、文化的全球化，而主要强调经济全球化。所以，通常我们所说的全球化，主要指经济全球化。

经济全球化可以简单地分为生产全球化、贸易全球化和金融全球化。联合国贸发会议的报告称全球化包括市场、资本流动、贸易和信息的一体化。

在经济全球化的潮流中：

——传统的国际分工演变为世界性的分工，形成世界性的生产网络，各国的生产成为世界生产的组成部分和全球商品价值链中的一个环节；

——跨国公司空前发展，几乎哪里有生产与经营活动，哪里就有跨国公司的存在。全世界前500家跨国公司控制着世界一半以上的生产资本，占一半以上的GDP的总量；

——国际贸易的增长速度遥遥领先于经济增长速度，世界多边贸易体制形成并发挥着重要作用，服务贸易快速增长；

——国际资本流动达到空前的规模，全球跨国直接投资遍及全球，超巨型跨国商业银行和投资银行不断涌现，金融市场迅猛扩大。全球外汇市场交易量迅猛增长。

全球化是人类社会发展的必然趋势。纵观人类发展的全部历史，就是一部各个民族、国家和地区由彼此孤立、分散走向彼此联系、相互制约的历史。马克思当年称作是由民族历史走向世界历史的进程。用今天的语言来说，实际上就是全球化特别是经济全球化的进程。

全球化给世界带来了巨大的变化和进步。

在全球化大潮中，世界各国之间的相互联系、相互交往、相互依存不断加深，形成一种你中有我、我中有你、大家谁也离不开谁的局面。这种相互依存的深度和广度达到了人类历史上前所未有的程度。

世界已在相当意义上发展成一种"利益共同体"。任何国家哪怕是最强大的国家也不可能独善其身、单打独斗。任何国家的行为不仅事关自己，也会对其他国家产生重要影响。为了解决各种复杂问题，各种各样的峰会越来越多，不同形式的对话也越来越多。

在全球化大潮中，科技革命不断取得突破。世界范围的科技合作越来越多，科技成果通过各种方式加速在世界范围扩散和传播，科学技术越来越成为世界发展的第一推动力。科学技术的一个个重大突破，都推动形成一个个新的产业，催生着世界范围社会生产力的历史性飞跃。

在全球化大潮中，包括中国在内的发展中大国，特别是亚太新兴国家和平崛起的势头不可阻挡。中国以世界上少有的速度发展起来，经济实力、综合国力不断增强，基础设施和城乡面貌发生巨大变化，人民生活总体上达到小康水平。新兴国家的相互联系与合作日益紧密，并已经成为维护和平推动发展的强大力量。

在全球化大潮中，也出现了一些利弊共生的新变化。气候、能源、资源、粮食、金融安全等全球性问题更加突出。全球非传统安全因素增加，跨境犯罪现象日益突出。围绕市场、资源、人才、技术、标准的竞争更加激烈，世界各国加快发展模式转型和发展方式转变的压力普遍增强。频频发生的各种危机往往造成国际性的影响，呼唤更加有力和合理的全球治理。

对于不同的国家来说，全球化的利弊得失不完全一样。总体是既有机遇，也有挑战，而机遇大于挑战。

习近平总书记指出：经济全球化是社会生产力发展的客观要求和科技进步的必然结果，不是哪些人、哪些国家人为造出来的。宇宙只有一个地球，人类共有一个家园。人类生活在同一个地球村里，生活在历史和现实交汇的同一个时空里。面对动荡不定的大世界，面对百年不遇的大变局，没有哪个国家能够独自应对人类面临的各种挑战，也没有哪个国家能够退回到自我封闭的孤岛。经济全球化是历史大势，一定要推动经济全球化朝着更加开放、包容、普惠、平衡、共赢的方向发展。

全球化的发展也不会一帆风顺，在不同的历史条件和内外环境下，也必然会出现一些曲折，甚至短时间的逆转。这是没有任何奇怪的。反全球化的动作再大，也不过是大浪汹涌中的一朵浪花。经济全球化的历史趋势必将在曲折中不断发展。

中国要把握自己的命运，就必须坚持对外开放的基本国策，不断提高对外开放的水平。

三、引进外资

中国对外开放的一个重要形式，是引进外资。中国最早的对外开放举措之一，也是引进外资。

引进外资，是指利用国外和港、澳、台地区的资金（包括设备、材料、技术）在国内进行的固定资产投资，包括利用中国银行、中国国际信托投资公司筹集的外国资金。

改革开放启动之时，中国现代化建设面临的一个严重问题，就是资金不足。吸引和利用国外资金，是缓解国内资金短缺的一条有效途径。所以，对外开放一开始，邓小平提出的就是吸引外资问题。"吸收外国资金、外国技术，甚至包括外国在中国建厂，可以作为我们发展社会主义社会生产力的补充。"[1]

1978年7月6日—9月9日，国务院召开务虚会，研究加快四个现代化建设问题，强调要放手利用国外资金，大量引进国外先进技术设备。会议还

---

[1]《邓小平文选》第2卷，人民出版社1994年版，第351页。

讨论了经济管理体制改革问题。

1979 年 1 月 17 日，邓小平约见胡厥文、胡子昂、荣毅仁、周叔弢、古耕虞等工商业家，座谈如何加快经济建设。邓小平谈起合资问题："现在经济建设的摊子铺得大了，感到知识不够，资金也不足。""现在搞建设，门路要多一点，可以利用外国的资金和技术，华侨、华裔也可以回来办工厂。吸收外资可以采取补偿贸易的办法，也可以搞合营，先选择资金周转快的行业做起。"

邓小平还特意点将，对荣毅仁说：你来牵头办实体，搞成对外开放的窗口。

在邓小平的鼓励下，几位实业家很快就向中央提交了建立国际信托投资公司的报告。1979 年 10 月，公司成立，很快成为中国对外开放的一个窗口，也开始了中国吸引外资的历程。

1979 年 6 月，五届人大二次会议通过的《政府工作报告》正式提出"采用国际通用的各种合理的形式吸收国外资金"的重要政策。从此，吸引外资的工作全面展开。

1983 年 9 月 20 日，国务院发布《中华人民共和国中外合资经营企业法实施条例》。

1986 年 10 月 11 日，国务院发布《关于鼓励外商投资的规定》。

2010 年 4 月 6 日，国务院发布《关于进一步做好利用外资工作的若干意见》，强调进一步提高利用外资质量和水平，更好地发挥利用外资在推动科技创新、产业升级、区域协调发展等方面的积极作用。至 2011 年年底，全国实际使用外资金额累计 11672 亿美元，连续 19 年居发展中国家吸收外资首位。

我国引进外资的方式主要有：（1）来样加工、来料加工和来件装配；（2）补偿贸易；（3）合营企业；（4）独资经营的外资企业；（5）借用国外贷款和接受赠款；（6）在国外发行债券募集资金。

引进外资，缓解了现代化建设急需的资金问题，而且引进了国外境外的技术和设备以及先进的管理经验，对推动中国的现代化建设起了巨大的作用。

例如，治黄史上具有里程碑意义的黄河小浪底工程，于 1997 年 10 月 28 日 10 时 28 分实现了截流。2001 年，小浪底工程完成，它将能防御千年一遇的洪水，并产生供水、灌溉、发电、防凌、减淤等巨大效益。

而小浪底这一世界公认最具挑战性的工程，同时也是中国对外开放的一个缩影，是中国与世界相连接的一个重要的支点。小浪底工程使用了11亿多美元的世界银行贷款，采用了国际招标的方式。意大利波吉罗公司为首的黄河承包商、德国旭普林公司为首的中德意联合体、法国杜美思公司为首的小浪底联营体，分别成为大坝、泄洪、引水发电工程的标主。

小浪底也是中国第三个尝试，同时又是第一个完全彻底实施菲迪克（FIDIC）（国际土木工程师联合会）条款的水电工程。

于是，700名外商和上万名中国工人云集小浪底，分别担任业主、监理、设计、承包商四种角色，人称"三国四方"。外商和劳务人员来自近50个国家，使用多种语言，成为中国水电工程史上破天荒外商云集的景观，人称"小联合国"。

中国人并没有因为敞开国门而引来洪水猛兽。恰恰相反，引来的是先进的技术、管理经验、急需的资金和现代化的观念。对外开放，给我们创造了无数的机会。

多年的实践证明，利用外资扩大了中国同各国之间经济技术的交流与合作，促进了国内经济的发展。

四、对外贸易

对外贸易，亦称"国外贸易"或"进出口贸易"，简称"外贸"，是指一个国家（地区）与另一个国家（地区）之间的商品、劳务和技术的交换活动。这种贸易由进口和出口两个部分组成。

国际贸易亦称"世界贸易"，泛指国际间的商品和劳务（或货物、知识和服务）的交换。它由各国（地区）的对外贸易构成，是世界各国对外贸易的总和。

对外贸易是我国开放型经济体系的重要组成部分和国民经济发展的重要推动力量。只有通过扩大贸易，才能获得广阔的国际市场，增加外汇收入，实现贸易收支平衡，还可以掌握更多的技术信息，获得现代化建设必需的设备或产品。对外贸易对于推动我国经济社会发展、提高国家综合实力和国际影响力、加强与世界经济融合，发挥着不可取代的重要作用。

改革开放以来，我国对外贸易形成了如下方式：（1）对等贸易：买方承担向卖方购买同等价值商品或劳务；（2）展卖：在本国举办和参加国外举办的各种国际性博览会或集市，集中一段时间进行进出口贸易；（3）加工贸易：来料加工、来件装配、来样加工，被称为"三来贸易"；（4）补偿贸易：我方先以赊购的形式，从国外进口机器设备和技术等，待投产后，用所生产的产品和劳务偿还贷款的本金和利息。补偿贸易和加工贸易结合，通常称为"三来一补"；（5）技术贸易：技术转让、技术引进。

经过改革开放 40 年的发展，我国对外贸易取得举世瞩目的成就，2013 年跃居世界第一货物贸易大国。

新形势下，世界经济仍处在国际金融危机后的深度调整期，全球总需求不振，大规模国际产业转移明显放缓，世界科技和产业革命孕育新突破，贸易保护主义持续升温。中国经济进入新时代，外贸发展既面临重要机遇期，出口竞争优势依然存在，也面临严峻挑战，传统竞争优势明显削弱，新的竞争优势尚未形成。企业创新能力亟待增强，品牌产品占比偏低，同质化竞争较为普遍。参与国际贸易规则制定的能力有待提升，外贸体制和营商环境需进一步改进。

为巩固外贸传统优势、加快培育竞争新优势，实现我国对外贸易持续健康发展，推动我国由贸易大国向贸易强国转变，2015 年 5 月，国务院正式发布《国务院关于加快培育外贸竞争新优势的若干意见》，要求推动我国由贸易大国向贸易强国转变。"十三五"规划要求："实施优进优出战略，推动外贸向优质优价、优进优出转变，加快建设贸易强国。"十九大又进一步提出："拓展对外贸易，培育贸易新业态新模式，推进贸易强国建设。"

建设贸易强国的目标任务是：巩固贸易大国地位，推进贸易强国进程。努力提高新兴市场、中西部地区、一般贸易、服务贸易和品牌产品在我国外贸中的占比。力争到 2020 年，外贸传统优势进一步巩固，竞争新优势培育取得实质性进展。

改革开放以来，在大力发展对外贸易的同时，我国的对外贸易体制也进行了重大的改革。过去的对外贸易，基本上是由国家垄断的，具体由国营外贸企业实行专营。但经过多次改革，对外贸易的主体已经基本放开。1994 年 1 月 11 日，国务院又作出《关于进一步深化对外贸易体制改革的决定》，提出外贸体制改革的目标是：统一政策、放开经营、平等竞争、自负盈亏、工贸结合、推行代理制，建立适应国际经济通行规则的运行机制。

五、出国留学

早在 19 世纪末 20 世纪初，中国就曾派出青年到国外去留学，开始了出国留学的艰难历史过程。新中国成立后，中国政府又向苏联东欧国家派出了一大批留学生。这些留学生都为国家的发展和进步作出了不小贡献。但由于"左"倾错误的发展，出国留学的大门，后来曾经被长期关闭。

1978 年，改革开放的浪潮开始在中国大地兴起，百业待兴，急需大量人才，更需睁开眼睛认识世界、学习世界。出国留学这扇大门，如同整个国门一样被打开了，而且成为中国整个对外开放的一个独特的渠道、形式和标志。

1978 年 6 月 23 日，邓小平作出了扩大派遣留学生的重要指示，强调："要成千上万地派，不是只派十个八个。请教育部研究一下，在这方面多花些钱是值得的。"[1] 还说，这是五年内快见成效、提高中国科教水平的重要方法之一。

7 月 11 日，教育部向中央提交了《关于加大选派留学生的数量的报告》。当年 12 月 26 日，也就是十一届三中全会结束的第 4 天，改革开放后中国首批 52 名访问学者踏上了前往美国的旅途，中国历史上从未有过的留学大潮由此兴起。

扩大派遣留学生，成为中国对外开放的前奏曲，也成为邓小平为中国设计的改革开放宏伟蓝图的重要组成部分。在短短时间内，中国陆续与英国、埃及、加拿大、荷兰、意大利、日本、联邦德国、法国、比利时、澳大利亚等国政府达成交换留学生的协议。

1981 年 1 月，国务院批准了教育部等部门《关于自费出国留学的请示》等文件，第一次提出自费出国留学是培养人才的途径之一。1985 年，国家取消了"自费出国留学资格审核"，自费留学的限制被进一步放宽，中国向外留学的大门完全打开。

---

① 《邓小平年谱（1975—1997）》上，中央文献出版社 2004 年版，第 331 页。

扩大出国留学，是一个解放思想的过程。改革开放之前，出国留学，有着严格的政治条件。能否出国，不是依据品德、才华和需要，而是根据政治身份。这种不平等的规则，到改革开放之后终于被废除。

曾有人担心留学生出国后难以管理，万一有人叛逃不好交代。对此，邓小平认为，不能把留学生圈起来，要让他们广泛地接触外国的社会和群众。除了科学知识，留学生还应该了解国外的社会状况。即使个别人出了问题也没什么了不起。

在此之后，出国留学被进一步纳入国家对外开放、科教兴国、人才强国的战略之中。党和国家领导人多次强调：人才资源是第一资源。人才问题是关系党和国家事业发展的关键问题。要把实施科教兴国、人才强国战略作为党和国家一项重大而深远的任务抓紧抓好。鼓励出国留学，学习国外先进的科技文化知识，是国家培养人才的重要途径。

相应地，党和国家的政策也一再调整和放宽，坚持贯彻支持留学、鼓励回国、来去自由的方针，鼓励留学人员以不同方式为祖国服务。

伴随着改革开放的进程，出国留学的规模越来越大，成为改革开放和中外交流的重要窗口。从国家到地方，从高等院校到科研院所，逐步建立起一整套与社会经济发展相适应的出国留学管理和运行机制，形成了国家公费、单位公费和自费出国留学的三大主渠道，优势互补，发挥着各自不同的作用。

外派留学生的专业，初期适应现代化建设的需要，主要集中在科技领域。随着社会主义市场经济的建立和发展，有更多的留学生选择了经济学、市场营销和企业管理等专业。进入21世纪后，留学生的学习兴趣日趋多元化，专业也更加细化，反映了国家和个人需求的新变化。

出国留学，不仅是去读大学、研究生，还有越来越多的人在中学阶段就自费出国了。

改革开放以来，我国出国留学人员已经达上百万，分布在世界100多个国家和地区。留学的学科覆盖了几乎所有学科。派遣的规模和强度不仅在中国历史上，就是在世界范围内也是前所未有的。出国留学，已经成为我国人才培养的一条重要渠道。

在出国留学事业发展过程中，如何对待和解决留学生回国问题，成为长期困扰人们的突出问题。解决这一问题，同样需要有长远的眼光和大度的胸怀，并通过时代进步和国家发展来逐步解决。

1992年，邓小平视察珠海留学人员高科技企业时，表示："希望所有出国学习的人回来"，广大留学人员是我们国家的宝贵财富，"不管他们过去的政治态度怎么样，都可以回来，回来后妥善安排。"滞留在外不归，无疑是一大损失。"要做出贡献，还是回国好。"[①]

根据邓小平谈话的精神，国务院办公厅发布由国家教委起草的《关于在外留学人员有关问题的通知》。1993年，"支持留学，鼓励回国，来去自由"的十二字出国留学方针被写入党的十四届三中全会的文件。

党和政府高度重视留学人员回国工作，采取多种措施和政策，积极引导和支持优秀留学人员回国工作或以多种方式为国服务。教育部实施了一系列具有示范作用的重大项目，如"留学回国人员科研启动基金""跨世纪优秀人才培养计划""春晖计划""长江学者奖励计划""海外留学人才学术休假回国工作项目"，等等。

很多部门和地方，创新人才引进方式，采取灵活多样的方式吸引海外高层次人才回国工作。同时创新人才使用机制，组织在外优秀留学人员回国开展学术交流、合作研究等，以多种形式为国家服务。中央办公厅、国务院办公厅印发的《2002—2005年全国人才队伍建设规划纲要》强调，要进一步加强和改进留学人员创业园区建设，为留学人员回国工作或为国服务提供发展空间。

2008年12月，中央人才工作协调小组对实施引进海外高层次人才的"千人计划"作出部署。对引进的高层次创业人才，中央财政给予每人人民币100万元的资助，有关地方提供配套支持；给予多次出入境签证；国家和地方科技型中小企业技术创新基（资）金给予优先支持；可承担国家重点科技、产业、工程项目任务，其产品符合要求的，纳入政府采购目录。创业人才在作出突出贡献后，国家有关部门予以表彰，并在永久居留、医疗、保险等方面给予特殊待遇。

最早国家公派出国留学的学生，都是从各高校和科研院所选拔产生的。这些"精英"们，通过留学，带回了国外先进的知识和技术，也带回了先进

---

① 《邓小平文选》第3卷，人民出版社1993年版，第378页。

的理念和国际化的视野。据前几年统计，中国科学院院士中的81%、中国工程院院士中的51%、国家重点项目学科带头人中的72%，以及中国大学校长的77%，均有留学经历。他们成为中国在科技、文化、教育等领域最急需的骨干人员。国家发展的蓝图也在他们的参与下一步步变成现实。

今天，奔驰在高速铁路上的"和谐号"列车，时速达到300多公里，像傅志寰这样的留学生们的许多梦想都已经实现。

出国留学的人员，被称为"海归"，已经是当代中国一个重要的精英群体。"海归"承载着中外文明交流的使命，以巨大的热情参与和改变着中国社会进步和发展的历史进程，为国家和社会带来了众多的新思想、新观念、新知识、新技术。他们构成了国家现代化建设的新要素，成为推动改革开放进一步深化的新力量。

正是在对外开放的进程中，正是伴随着治国思路和方略的进步，正是从人类文明的高度拓展了视野，中国的出国留学事业才在经过了艰难曲折之后，获得生机，不断发展，成为中华文明与世界其他文明沟通、交流的一座桥梁。

2013年10月21日，欧美同学会成立100周年庆祝大会举行。习近平总书记提出支持留学、鼓励回国、来去自由、发挥作用的新时期留学人员工作方针，希望广大留学人员脚踏着祖国大地，胸怀着人民期盼，为实现中华民族伟大复兴的中国梦书写出无愧于时代、无愧于人民、无愧于历史的绚丽篇章。

六、建立经济特区

中国对外开放，最有特色、最引起世界瞩目的，是在南海边"画"了几个圈——建立了几个经济特区。当然，这个圈可不是那么轻而易举地"画"出来的，它是一个沉甸甸的战略决策。

1977年11月，刚刚复出不久的邓小平，从北京乘专机到广州，下榻于松园宾馆，指导起草即将召开的军委全会的有关文件。

在广州期间，邓小平听取广东省领导干部的工作汇报。当汇报到当时广东所面临的一个难题，就是靠港澳边境地区偷渡风猖獗，边防部队防不胜防时，邓小平当即插话："这是我们的政策有问题，不是部队所能管得了的。"①

1978年4月10日—5月6日，受国务院委派，国家计委和外经贸部组织考察组，对港澳实地调研。考察组回京后向中央提交《港澳经济考察报告》，提出：可借鉴港澳的经验，把靠近港澳的广东宝安、珠海划为出口基地，力争经过三五年努力，在内地建设具有相当水平的对外生产基地、加工基地和吸引港澳同胞的游览区。

与此同时，1978年，习仲勋还没有平反，就到广东主持工作。根据调研情况和吴南生等人的意见，萌发出在更大范围实行特殊政策的念头。

1979年1月31日，中共中央、国务院批准交通部关于招商局筹建蛇口工业区的意见，决定在广东蛇口建立全国第一个对外开放工业区——蛇口工业区。

1979年4月，在中央工作会议期间，习仲勋代表省委正式向中央提出广东要求实行特殊政策、灵活措施以及创办贸易合作区的建议。

邓小平非常赞同广东富有新意的设想。当他听说贸易合作区的名称定不下来，大家意见不一致时，就说："还是叫特区好，陕甘宁开始就叫特区嘛！中央没有钱，可以给些政策，你们自己去搞，杀出一条血路来。"②

根据邓小平的提议，中央工作会议作出决定。5月11日—6月5日，谷牧带工作组到广东、福建考察，研究试办特区问题。7月15日，中共中央、国务院批转广东和福建两个省委的报告，同意对广东实行特殊政策和灵活措施，试办深圳、珠海、汕头三个出口特区，积极吸收侨资、外资，引进国外先进技术和管理经验。

1980年3月24日—30日，谷牧受中共中央、国务院的委托，在广州主持召开广东、福建两省会议，采纳了广东省的建议，把"出口特区"改名为具有更丰富内涵的"经济特区"。

同年，广东、福建两省利用地处沿海、毗邻港澳、交通便利的特点，吸收国际上自由贸易区和出口加工区的经验，在深圳、珠海、汕头、厦门划出一定地区，建立了经济特区。

1980年8月，五届全国人大常委会十五次会议正式批准国务院提出的在

---

① 吴南生：《经济特区的创立》，《广东党史》1998年第6期。
② 《邓小平年谱（1975—1997）》上，中央文献出版社2004年版，第510页。

粤、闽四市设立经济特区的建议，同时批准《广东省经济特区条例》，完成了设立经济特区的立法程序。

经济特区的管理，在坚持四项基本原则和不损害国家主权的条件下，采取与内地不同的体制和政策。主要的特殊政策和管理体制包括：

一是建设资金以引进外资为主，所有制结构为多种形式共存，产业结构以工业为主，产品以出口外销为主。

二是特区的经济活动，在国家宏观指导下以市场调节为主。

三是管理体制有更大的自主权，在投资项目审批、外贸、企业经营等方面都给予优惠待遇，财政和外汇收入实行定额包干。

四是积极吸收侨资、外资，引进国外先进技术和管理经验。对来特区投资的外商，在税收、土地使用、出入境等方面实行优惠政策和灵活措施。

建立经济特区的目的，主要是进行改革开放的试验。改革开放是一个大战略，没有经验。很多新政策，不可能立即在全国大范围推进。所以，以建立经济特区的形式，先在一定的范围内先行先试，取得经验，证明成功，再在更大范围推行。如果实践不成功，影响范围也有限，按邓小平的设想，关掉就行。

所以，特区的功能是窗口，是技术的窗口，管理的窗口，知识的窗口，也是对外政策的窗口。后来，进一步成为中国建立和完善社会主义市场经济的窗口。

短短几年工夫，特区建设就取得了重要成就。深圳这个昔日的边陲小镇迅速发展成初具规模的现代化城市，成为国内外关注的改革开放热土。珠海、厦门、汕头也有很大的发展。

1984年1月24日—2月15日，邓小平先后视察了深圳、珠海、厦门3个经济特区，对特区建设的成就给予了充分肯定，并分别为3个经济特区欣然挥笔题词。回到北京后，他特意就办好经济特区同中央几位负责同志谈话，指出："我们建立经济特区，实行开放政策，有个指导思想要明确，就是不是收，而是放。"[1] "特区是个窗口，是技术的窗口，管理的窗口，知识的窗口，也是对外政策的窗口。"[2]

①《邓小平文选》第3卷，人民出版社1993年版，第51页。
②同上书，第51—52页。

随着改革开放的深入，又相继开放沿海 14 个城市，在长江三角洲、珠江三角洲、闽东南地区、环渤海地区开辟经济开放区。1988 年 4 月，中央又正式决定在海南建省，并将海南岛设立为经济特区。1990 年 4 月，中央正式批准开发开放浦东，在浦东实行经济技术开发区和某些经济特区的政策。

这样，在全国范围内基本形成了"经济特区—沿海开放城市—沿海经济开发区—沿江和内陆开放城市—沿边开放城市"的全方位对外开放格局。到 1993 年，全国对外开放地带总面积达 50 万平方公里，包括 339 个县市，3.2 亿人口。

实践证明，特区是中国改革开放的排头兵。建立经济特区的思想和决策是完全正确的。它不仅使这些地区的经济得到快速发展，而且在推进对外开放，引进境外资金、先进技术及管理经验，扩大对外经济交流，深化改革，建立社会主义市场经济体制等方面，发挥了窗口的作用、试验的作用和排头兵的作用。

七、设立海南省

1988 年 4 月 13 日，七届全国人大一次会议通过了国务院提出的关于设立海南省和建立海南经济特区的议案。这是中国对外开放的一个重大举措。

海南，简称"琼"。海南岛是仅次于台湾岛的中国第二大岛。1950 年后，海南的建置为行政区，一直隶属广东省。

20 世纪 80 年代初，在开放深圳、珠海、汕头、厦门四个经济特区的同时，中央开始考虑海南岛的开发开放问题。1980 年 6 月 30 日—7 月 11 日，国务院在北京召开了海南岛问题座谈会，并形成会议纪要，决定加速海南岛的开发与建设。标志海南建岛方针实现了从国防前哨向开放前沿的重大转变，结束了海南长期封闭的历史，特别是赋予海南在对外经济活动中以较大权力，实施"准特区"政策，开启了海南以对外开放促开发建设的新时代。

1982 年 12 月，在四个经济特区走上正轨之际，中共中央、国务院决定进一步研究海南岛的开放开发问题。1983 年 2 月，时任中央书记处书记谷牧到海南岛调研。4 月 1 日，中共中央、国务院批转《关于加快海南岛开发建设问题讨论纪要》，并发出通知，决定加快海南岛的开发建设，明确提出"放权"思想，从 8 个方面给海南在对外经济合作方面以较大的自主权，并指示中央各有关部门采取积极态度，从人、财、物方面给海南岛以必要的直接支持。

1984 年 5 月，六届全国人大二次会议审议了国务院关于成立海南行政区人民政府的议案，决定成立副省级的海南行政区人民政府。由此，海南经济社会发展迎来第一次高潮。

1984 年 2 月 24 日，邓小平在视察深圳、珠海等经济特区回京后，同中央几位负责同志谈话中，高度评价了经济特区的成就，提出应进一步开放沿海港口城市。对于海南的开发，他指出："我们还要开发海南岛，如果能把海南岛的经济迅速发展起来，那就是很大的胜利。"[1] 同时提出了用 20 年时间把海南岛的经济发展到台湾的水平的设想。

为贯彻落实邓小平指示精神，中央书记处和国务院在北京召开沿海部分城市座谈会。决定开放由北至南的 14 个沿海港口城市，同时也讨论了进一步搞好对海南岛的开发建设。

1985 年 7 月，邓小平再次谈到海南问题，说四个特区办得好，为今后扩大开放积累了经验，如果说有不足，就是没有把海南岛也列入特区。邓小平对海南的关注，促使中央和国务院领导将海南的开发提上议事日程。

1986 年 2 月 5 日—14 日，国务院领导深入海南岛的两市、八县考察，同当地干部群众一起商讨开发海南的方针政策。

1986 年 8 月，中央同意海南在国家计划中单列户头，赋予海南相当于省级的经济管理权限。

1986 年 10 月，刚卸任深圳市委书记兼市长的梁湘，奉命去海南调研，随后提出报告建议，将海南从广东分出去，单独建省，并使海南成为一个自由港。1987 年 4 月，香港李嘉诚等几位华商向谷牧提出，将整个海南岛辟为特别行政区，采取自由港的管理办法，由港商负责投资开发。

中央和国务院领导人在研究了梁湘的报告和李嘉诚等人的建议后认为，这基本上是"一国两制"下的香港模式，缺乏可行性，于是责成谷牧进一步研究提出新的方案。5 月，谷牧专程前往广东，与有关同志仔细研究和讨论，

①《邓小平文选》第 3 卷，人民出版社 1993 年版，第 52 页。

提出了《关于海南岛进一步开放的一些初步设想》报送中央。《设想》建议，将原来的海南行政区单独建省，同时将海南全省办成经济特区，在经济政策和经济管理体制上更放开一些。中共中央、国务院完全同意这个设想，并责成谷牧着手筹办海南岛经济特区。

1987年6月12日，邓小平在会见南斯拉夫客人时提出，"我们正在搞一个更大的特区，这就是海南岛经济特区……海南岛好好发展起来，是很了不起的"。

按照中央的指示，谷牧先后同广东、海南和国务院的25个部门，还有多位专家，进行了详细研究论证工作，并召开专门会议进行研究论证。

1987年9月26日，中共中央、国务院发出《关于建立海南省及其筹建工作的通知》，对建省问题的一些原则问题作出规定和部署，将给海南省更多的自主权，规定更为优惠的政策，使海南省成为我国最大的经济特区。并为此成立了海南建省筹备组。

1988年4月13日，七届全国人大一次会议通过了国务院提出的议案，批准设立海南省，撤销海南行政区，海南省人民政府驻海口市。

海南经济特区，是中国5个（海南、深圳、厦门、珠海、汕头）经济特区中面积最大的经济特区和唯一的省级经济特区。海南经济特区的范围为海南本岛。

海南省的行政区域包括海南岛和西沙群岛、南沙群岛、中沙群岛的岛礁及其海域。全省陆地总面积3.54万平方公里，其中海南岛陆地面积3.39万平方公里，海域面积约200万平方公里。

1988年4月26日，海南省委省政府正式挂牌。5月4日，国务院批准和公布了谷牧主持制定的《关于海南岛进一步对外开放加快经济建设座谈会纪要》和《关于鼓励投资开发海南岛的规定》。从此，海南省和海南经济特区揭开了扩大开放、深化改革、加快发展的新的一页。

30年来，在党中央坚强领导和全国大力支持下，海南经济特区坚持锐意改革，勇于突破传统经济体制束缚，经济社会发展取得了令人瞩目的成绩。1987年，海南地区生产总值仅有57.28亿元，地方财政收入不到3个亿。到2017年，海南地区生产总值达到4462.5亿元，人均地区生产总值7179美元，地方一般公共预算收入674亿元，地区生产总值、人均生产总值、地方财政收入分别增长 21.8 倍、14.3 倍、226.8 倍，现代服务业、热带农业、新型工业迅速成长，交通、电力、水利、通信等基础设施日趋完备。改革开放取得重要突破，在农垦体制改革、"多规合一"改革、省直管市县的行政管理体制改革、航权开放等方面走在全国前列。国际交流合作空前扩大，成功举办了18 届博鳌亚洲论坛年会。在全国率先建设生态省，大气和水体质量保持领先水平。人民生活明显改善，教育、卫生、文化等社会事业加快发展，城乡面貌发生深刻变化。

经过 30 年不懈努力，海南已从一个边陲海岛发展成为我国改革开放的重要窗口。

2018 年 4 月 13 日，习近平总书记在庆祝海南建省办经济特区 30 周年大会上发表重要讲话，充分肯定经济特区建设的历史功绩，并郑重宣布："党中央决定支持海南全岛建设自由贸易试验区，支持海南逐步探索、稳步推进中国特色自由贸易港建设"，分步骤、分阶段建立自由贸易港政策和制度体系。

这是党中央着眼于国际国内发展大局，深入研究、统筹考虑、科学谋划作出的重大决策，是彰显我国扩大对外开放、积极推动经济全球化决心的重大举措。

八、开发开放浦东

开发开放浦东，是 20 世纪 90 年代初，中共中央、国务院决策、上海市委市政府组织实施的一项国家战略。

浦东，位于黄浦江和长江入海口的交汇处，指上海黄浦江以东、长江口西南、紧靠市区的一块三角形地区，面积 552 平方公里，约相当于上海陆地面积的 1/10。

开发开放浦东，几经酝酿，经历了一个从地方发展战略上升为面向世界的国家战略的过程。

自 20 世纪 80 年代前期起，上海市委市政府就不断探索重振上海雄风的道路，先后探讨了北上、南下、西扩、东进等多种方案。

1984 年 12 月和 1986 年 7 月，上海在先后上报中央的《上海经济发展战略汇报提纲》《上海市城市总体规划方案》中，就提出了开发浦东、筹划新区的设想。

党中央、国务院对这一设想十分重视，在有关批复中明确指出，要创造条件开发浦东，有计划地建设和改造浦东新区，使浦东新区成为现代化新区。

为落实国务院的批示，1987年，上海市开始组织进行大规模的可行性研究。1988年，组织召开了有140多位国内外专家参加的"浦东新区开发国际研讨会"时任市委书记江泽民、市长朱镕基等与专家学者共商开发浦东大计。江泽民强调要把浦东建设成为国际化、枢纽化、现代化的世界第一流新市区。1989年10月，时任市委书记、市长朱镕基在上海市市长国际企业家咨询会议上表示要加速开发浦东。

1990年年初，朱镕基向在沪的邓小平提出开发开放浦东的战略设想，得到重视和支持。同年2月，上海市委市政府正式向党中央、国务院上报《关于开发浦东的请示》，提出了浦东开发开放的基本构想。

邓小平高度重视、积极支持开发开放上海浦东的战略决策。他先后多次指出："上海是我们的王牌，把上海搞起来是一条捷径。"①"开发浦东，这个影响就大了，不只是浦东的问题，是关系上海发展的问题，是利用上海这个基地发展长江三角洲和长江流域的问题。""中国在金融方面取得国际地位，首先要靠上海。"②要抓住机会，及时决策。

1990年，国务委员邹家华、国务院副总理姚依林先后带领有关部委负责人，对浦东开发问题进行实地调研和专题研究。在反复论证基础上，党中央审时度势，作出了科学的战略决策。

1990年4月18日，李鹏代表党中央、国务院在上海大众汽车成立五周年大会上，正式宣布中央同意上海加快浦东开发，在浦东实行经济技术开发区和某些经济特区的政策。强调开发开放浦东，是我们为深化改革、扩大开放作出的又一重大部署。6月2日，国务院正式批复，原则同意上海关于开发开放浦东的请示，指出，开发和开放浦东是一件关系全局的大事，一定要切实办好。

于是，浦东开发开放就从上海地方发展战略上升为国家发展战略。上海浦东成为中国改革开放的前沿阵地。

①《邓小平文选》第3卷，人民出版社1993年版，第355页。
②同上书，第366页。

1990 年 4 月 30 日，上海市政府宣布开发浦东的 10 项优惠政策与措施。同年 9 月 10 日，上海市宣布了新区的 9 项具体政策规定，浦东开发开放进入实质性启动阶段。

一如预期，开发开放浦东产生了重大的国际影响，特别是在当时西方国家的封锁中打开了一个巨大的裂口。《纽约时报》报道的标题是"中国仍然在从事经济建设"，认为这是中国坚持走改革开放道路的一个重大信号。

1991 年 2 月，邓小平再次来上海时，感叹道："浦东如果像深圳经济特区那样，早几年开发就好了。"[①] 他认为，广东的开发是对香港的，福建厦门特区的开发是对台湾的，但是上海的开发可以面向全世界。

1992 年 10 月，国务院批复设立上海市浦东新区。1993 年 1 月，浦东新区正式成立（党工委和管委会）。

1992 年，十四大进一步确立了上海"一个龙头、三个中心"的国家战略地位，即以浦东开发开放为龙头，把上海建设成为经济、金融、贸易中心，从而带动长江经济带实现跨越式发展。

2005 年 6 月，国务院办公会议批准浦东新区为中国大陆第一个综合配套改革试验区。

2009 年 5 月，国务院同意撤销上海市南汇区，将其行政区域并入上海市浦东新区。浦东新区面积增加一倍。

根据不同时期的形势任务，党中央、国务院对浦东开发开放多次提出要求，特别是 2013 年 8 月 22 日，党中央、国务院决定设立中国（上海）自由贸易试验区。涵盖外高桥保税区、外高桥保税物流园区、洋山保税港区和上海浦东机场综合保税区，总面积 28.78 平方公里。浦东开发开放又展开了新的宏图。

九、全方位多层次宽领域对外开放格局

对外开放，是新时期我国社会主义现代化建设的一项基本国策。其内容主要包括：引进外资和先进技术设备、先进的管理方式和经验，积极开展对

[①]《邓小平文选》第 3 卷，人民出版社 1993 年版，第 366 页。

外贸易和科技文化交流，创办经济特区等。

创办经济特区，是对外开放的一项重大举措。20 世纪 80 年代初，首先建立了深圳、珠海、汕头、厦门 4 个经济特区，发挥了良好的窗口和排头兵、试验田的作用。

在经济特区的带动下，进一步扩大开放的区域和类型。

1984 年 5 月 4 日，中共中央、国务院批转《沿海部分城市座谈会纪要》，决定进一步开放大连、秦皇岛、天津、烟台、青岛、连云港、南通、上海、宁波、温州、福州、广州、湛江、北海 14 个沿海港口城市，并扩大这些地方经济管理权限，对外商投资实行类似经济特区的政策。

同时，还提出逐步兴办经济技术开发区。1984 年—1988 年，国务院批准大连等 14 个国家级经济技术开发区。至 2011 年 5 月，共建成 122 个国家级经济技术开发区。

1985 年 2 月 18 日，中共中央、国务院批转《长江、珠江三角洲和闽南厦漳泉三角地区座谈会纪要》，决定将长江三角洲、珠江三角洲和闽南厦漳泉三角地区开辟为沿海经济开放区。

1988 年 3 月 18 日，国务院发出《关于扩大沿海经济开放区范围的通知》，决定将 140 个市、县，包括杭州、南京、沈阳 3 个省会城市划入沿海经济开放区。

1988 年年初，还决定将辽东半岛和山东半岛全部对外开放。

同年 4 月，中央决定在海南建省，并将海南岛设立为经济特区。

1990 年 4 月，中央正式决定开发开放浦东。

20 世纪 90 年代以后，对外开放逐步由沿海向沿江、沿边、沿路及内陆城市延伸发展。

2001 年，中国加入世界贸易组织，这是我国对外开放取得的新进展和标志性成果。

几十年来，中国的对外开放在实践中不断发展、扩大和深化。对外开放格局的形成，也经历了一个不断扩大和深化发展的过程。

从步骤上来说，是从扩大进出口贸易到借用国外贷款和吸收外商的直接投资，从允许客商在我国举办合资、合作和独资企业，到兴办经济特区，再开放沿海和内地城市。

从地域上来说，是从南到北、从东到西、从沿海到内地逐步开放，大体是按经济特区—沿海开放城市—沿海经济开发区—长江三角洲及沿江经济区—内地中心城市—铁路公路交通沿线、沿江和沿边地带这样的序列推进。

通过多年的努力，到邓小平南方谈话和党的十四大召开前后，逐步形成了全方位、多层次、宽领域的对外开放格局。此后，在这一格局基础上继续探索前进，不断提高对外开放的水平。

所谓全方位，就是不论对资本主义国家还是社会主义国家，对发达国家还是发展中国家，都实行对外开放政策。各民族各国家，无论大小、发展程度如何、属于什么性质和类型，都有自己的长处，只要可以和中国互通有无，中国都在平等互利的基础上积极发展同它们的经济贸易关系。基于这样的原则，改革开放以来中国已经与绝大多数国家和地区开展了贸易往来。

所谓多层次，就是根据各地区的实际和特点，通过经济特区、沿海开放城市、经济技术开发区、沿海经济开放区、沿边和沿江地区以及内陆省区等不同程度不同形式的开放，形成全国范围的对外开放格局。这种格局的形成是一个在不断总结经验的基础上，有重点、有层次，由点到面、逐步推进、全面展开的过程。

所谓宽领域，就是立足于中国国情，对国际商品市场、国际资本市场、国际技术市场、国际劳务市场的开放，把对外开放拓宽到能源、交通等基础产业以及金融、保险、房地产、科技、教育、文化、服务业等。

对外开放水平的不断提高，有力地促进了我国社会生产力的发展，也为世界经济的发展作出了越来越大的贡献。

十、"走出去"战略

开放，连接起了中国与世界。

开放，不仅意味着引进来，也意味着走出去。

实行对外开放以来，我们总的是以"引进来"为主，包括引进外资、引进先进技术、引进管理经验、引进重大项目、引进国外人才等。这对当时的中国来说，是非常必要的。但到了一定阶段，光是被动地单方引进就不够了。为了进一步提高对外开放水平，就必须适时地研究和实施"走出去"的战略。

因此，党和国家适时提出，要抓紧研究和实施"走出去"的战略。这是一个新的全局性的战略决策。

在对外开放初期，邓小平的思想中，就在一定程度上包含有走出去的思想。胡耀邦提出的"两个市场、两种资源"，实际奠定了"走出去"的理论基础。但在当时的条件下，最主要是引进来，走出去的要求还不紧迫，条件也不充裕，所以走出去的规模是有限的。

随着对外开放的扩展和自身力量的增强，走出去的要求逐步增强。

1992年，十四大指出，要"积极扩大我国企业的对外投资和跨国经营"。

1997年，十五大提出："更好地利用国内国外两个市场、两种资源。""积极参与区域经济合作和全球多边贸易体系。""鼓励能够发挥我国比较优势的对外投资。"

同年，在全国外资工作会议上，江泽民比较完整地提出了"引进来"与"走出去"相结合的思想，他说："我们不仅要积极吸引外国企业到中国来投资办厂，也要积极引导和组织国内有实力的企业走出去，到国外投资办厂，利用当地的市场和资源。"[1]"'引进来'和'走出去'，是我们对外开放方针的两个紧密联系、相互促进的方面，缺一不可。"[2]

2000年年初，江泽民在向中央政治局通报"三讲"情况的讲话中，在全面总结我国对外开放经验的基础上，首次把"走出去"战略上升到"关系我国发展全局和前途的重大战略之举"的高度。

同年2月，江泽民在广东考察工作时指出："随着我国经济水平的提高和现代化建设的推进，我们必须加快实施'走出去'的战略。这同西部大开发一样，也是关系我国经济和整个现代化建设发展全局的战略。"

江泽民进一步分析说："'走出去'和'引进来'，是对外开放政策相辅相成的两个方面，二者缺一不可……现在情况与二十多年前不同了，实施'走出去'战略的条件更具备了，要求也更迫切了。我国加入世贸组织后，将会为实施这一战略带来更多的机遇。必须不失时机地'走出去'，让我们的企业到国际经济舞台上去施展身手。这个战略实施好了，对增强我国经济发展的

---

[1] 中共中央文献研究室：《江泽民论有中国特色社会主义（专题摘编）》，中央文献出版社2002年版，第190页。
[2] 同上书，第191页。

动力和后劲，促进我国的长远发展，具有极为重大的意义。"

2000 年 3 月，全国人大九届三次会议把"走出去"战略提高到国家战略层面。2001 年，写入了我国《国民经济和社会发展第十个五年计划纲要》。

2002 年，十六大提出："坚持'引进来'和'走出去'相结合，积极参与国际经济技术合作和竞争，不断提高对外开放水平。"要适应经济全球化和加入世界贸易组织的新形势，在更大范围、更广领域和更高层次上参与国际经济技术合作和竞争，充分利用国际国内两个市场，优化资源配置，拓宽发展空间，以开放促改革促发展。

此后，中国一直坚定地按照将"走出去"与"引进来"相结合的方针，积极实施"走出去"的战略。

2003 年 10 月，十六届三中全会通过的《关于完善社会主义市场经济体制若干问题的决定》指出："继续实施'走出去'战略。"

胡锦涛多次要求："要支持我国有条件的企业走出去，按照国际通行规则到境外投资并做大做强，注意处理好企业利益、国家利益、驻在国利益的关系。"[1]"积极推动利用国际国内两个市场、两种资源，积极推动实施'走出去'战略，努力开拓海外经贸市场、能源资源市场，大力引进先进技术和优秀人才。"[2]

十八大要求："加快走出去步伐，增强企业国际化经营能力，培育一批世界水平的跨国公司。"

习近平总书记提出"一带一路"倡议，包含了丰富的"走出去"的内容。党的十九大指出："要以'一带一路'建设为重点，坚持引进来和走出去并重，遵循共商共建共享原则，加强创新能力开放合作，形成陆海内外联动、东西双向互济的开放格局。"

在新的形势下，中国已经有条件"走出去"，适度地对外投资，建厂办企业，扩大劳务输出，深化各种对外经济合作。适时地"走出去"，才能弥补我们国内资源和市场的不足，才能逐步形成我们自己的跨国公司，才能更好地参与经济全球化进程。通过"走出去"，不仅可以更好地学习外国经验，利用外国技术，还可以进一步贡献中国经验、中国技术、中国智慧。

---

①《胡锦涛文选》第 2 卷，人民出版社 2016 年版，第 514 页。
②《胡锦涛文选》第 3 卷，人民出版社 2016 年版，第 239 页。

"走出去"与"引进来",是我们对外开放政策相辅相成的两个方面,缺一不可。

企业生存的空间在于整个世界。

以前,中国的企业还缺少在国际经济舞台上竞争的实力和勇气。随着改革开放的发展,逐步造就了一大批敢于"走出去"搏风击浪的勇士。

越来越多的企业,逐步发展成为集科研、生产、贸易、投资于一体的多元化、高科技、国际化的大型企业集团。

随着开放意识的增强,它们把创造世界名牌、参与国际竞争作为自己的一个重要战略,在国际化的旗帜下,以其高科技、高质量的产品,进军世界市场,弄潮国际商海,打入了许多国家,建成了颇具规模的海外销售、生产、投资、运营网络。它们实行严格的质量管理,通过了国际审评机构的认证,其产品受到国外消费者的欢迎。它们积极参与国际投资,奋力开拓世界市场,组建海外集团,设立海外工厂,开展国际贸易。它们属于中国,也属于世界。

十一、加入世界贸易组织

中国是世界上最大的螺丝、螺母和螺栓等碳钢紧固件生产国,欧盟是这些产品的主要市场。

2009 年 1 月,欧盟决定对中国碳钢紧固件产品征收 26.5%—85% 的反倾销税。中国认为欧盟的决定不符合世贸组织规则,因此于 2009 年 7 月 31 日将欧盟有关立法及反倾销措施诉诸世贸组织争端解决机制。

此案成为中国在世贸组织起诉欧盟的第一案。

经过一系列非常复杂的程序,2011 年 7 月 15 日,世贸组织上诉机构发布报告,最终裁定中国在与欧盟关于紧固件的贸易争端中胜诉。

中国商务部条约法律司负责人评论称,此案中方胜诉具有重大意义,将有助于改善中国企业在包括欧盟在内的国际市场的竞争环境,也将增强世贸成员对世贸规则和多边贸易体制的信心。

改革开放以来,中国对外开放的大门越开越大。加入世界贸易组织,就是中国进一步向世界开放和融入世界经济体系的重要步骤和重要标志。

世界贸易组织(简称 WTO)是与世界银行、国际货币基金组织并列的现今全球最具广泛性的三大国际经济组织之一。其前身为 1948 成立的关税与贸易总协定（GATT）。中国曾为 GATT 的 23 个创始缔约国之一，由于历史的原因，中国一度失去了这一地位，与关贸总协定之间的正式关系长期中断。

改革开放的发展，把与世界建立正常的经济贸易关系提上了日程。围绕加入世贸组织问题，中国进行了长达 15 年的谈判。

1984 年 1 月，中国正式成为关贸总协定下属的国际纺织品贸易协议的成员。

1986 年 7 月，中国政府向世界关税及贸易总协定总干事提交关于恢复中国关贸总协定缔约国地位的申请，并准备就此问题同关贸总协定缔约各方进行谈判。

1994 年 4 月，中国同其他 122 个缔约方一道，签署了《乌拉圭回合谈判结果最后文件》和《建立世界贸易组织协议》。在之后的首次中国复关谈判中，鉴于世界贸易组织将成立，中国代表团表示希望成为 WTO 的创始成员国。然而，由于一些西方国家的反对，中国未能就这一问题与其他缔约国达成协议，因而，未能实现复关的目标。

1995 年，世贸组织取代关贸总协定，中国复关谈判也转为入世谈判。

在加入世贸组织的谈判过程中，中国始终坚持三个原则：第一，中国加入世贸组织是中国经济发展和改革开放的需要，同样世贸组织也需要中国，没有十几亿人口的中国参加，世贸组织是不完整的，也不利于世界经济的发展；第二，中国是一个发展中国家，社会生产力还不发达，只能以发展中国家的条件加入世贸组织；第三，中国加入世贸组织，权利和义务一定要平衡。

1997 年 8 月，中国与新西兰签署了世贸组织市场准入谈判的双边协议，新西兰成为第一个与中国结束双边谈判的西方国家。1999 年 11 月，中美两国就中国加入世贸组织问题达成双边协议，这是中国进入 WTO 的关键性一步。2000 年 5 月，中国与欧盟就中国加入世贸组织问题达成双边协议。2001 年 9 月，中国与墨西哥结束了关于中国加入世贸组织的双边谈判，至此，全部完成了与世贸组织成员的双边市场准入谈判。

2001 年 11 月 10 日，在卡塔尔多哈举行的世界贸易组织第四届部长级会议，以全体协商一致的方式，通过了中国加入世贸组织的法律文件，标志着经过 15 年的艰苦努力，中国终于成为世贸组织新成员。同年 12 月 11 日，中国正式加入世界贸易组织，成为其第 143 个成员。

加入世贸组织，是具有历史意义的一件大事，标志着中国对外开放事业进入一个新的阶段。

加入世贸组织，充分展示了我国顺应经济全球化潮流、主动参与国际竞争与合作的积极姿态。中国加入世贸组织与改革开放和建设社会主义市场经济体制的目标是一致的。加入世贸组织，为我国赢得了更加良好的国际环境，有力地扩大了对外开放，促进了经济体制改革和经济结构的战略性调整，有利于增强我国经济发展活力和国际竞争力，总体上符合我国的利益需要。

成功加入世贸组织启示我们：要在激烈的国际竞争中掌握主动，必须坚定不移地把我们自己的事情办好，不断增强中国的综合国力和国际竞争力；必须坚持改革开放，建立和完善社会主义市场经济体制；必须善于从国际国内政治大局出发考虑问题，切实维护我国的国家安全和根本利益。

加入世贸组织后，中国严格遵守世贸组织规则，认真履行所作出的承诺，与世贸组织其他成员一道，为多边贸易体系和世界经济贸易的发展作出了贡献。

2011 年 12 月 11 日，胡锦涛出席中国加入世界贸易组织 10 周年高层论坛并讲话，充分肯定 10 年取得的成就，强调要实行更加积极主动的开放战略。

2018 年 6 月 28 日，国务院新闻办公室发布《中国与世界贸易组织》白皮书，用大量事实说明了中国自加入世贸组织以来遵守国际规则的情况，驳斥了西方某些国家对中国的不实攻击。

加入世贸组织后，还留有一个中国市场经济地位的问题。西方国家迄今还抓住这个问题做文章。中国仍在努力争取之中。

近年来，美国扬言要退出世贸组织，中国和其他许多国家、包括欧洲国家一起，正在为捍卫多边主义原则，捍卫世贸组织体系而进行斗争。

十二、互利共赢的开放战略

经过 40 年的改革开放，中国已经日益紧密地与外部世界联系在一起。中国与世界双方的依存度都达到了相当的水准。

《今日美国报》曾经以人们一天的活动为例，生动地描述了美国人对中国商品的依赖程度：

早上起床，闹钟把你叫醒，一看，钟是 Made in China（中国产）；刷牙洗脸，牙膏牙刷和毛巾是中国产；上班，公文包、拎包或背包都是中国产；如果下雨，打的雨伞中国产；办公室里，文具甚至电脑，可能都是中国产；吃快餐，调料是中国产；回家，便鞋是中国产，甚至耐克鞋也可能中国产；晚上在家用餐，刀叉等餐具中国产；看电视，遥控器中国产；上床睡觉，睡衣、拖鞋、床单又是中国产。

也许这番描述有些夸张。中国商品也有质量较差、款式陈旧、缺乏名牌、不完全适合美国消费者口味等问题。但中国商品如此深入而广泛地渗入美国人的生活中，不能不说是中国经济与世界经济日益融合的一个标志。

当然，这种融合完全是按市场规律所发生的融合。在对外开放的过程中，中国商品不断提升国际竞争力。同时，很大一部分也是外资企业所生产的商品。

有些外国人曾做过一项试验：坚持不用中国商品，看看日常生活能否维持下去。结果发现：做不到。这说明，任何商品要在国际市场上站住脚，一定要靠自身的竞争力，而不是大打贸易战。

归根结底，中国实行的，不是单向取利的开放战略，而是互利共赢的开放战略。

十六届五中全会在关于"十一五"规划的建议中首先明确提出：实行互利共赢的开放战略，统筹国内发展和对外开放，不断提高对外开放水平，增强在扩大开放条件下促进发展的能力。

十七大进一步确认："中国将始终不渝奉行互利共赢的开放战略。"具体的立场和政策是："继续以自己的发展促进地区和世界共同发展，扩大同各方利益的汇合点，在实现本国发展的同时兼顾对方特别是发展中国家的正当关切。""继续按照通行的国际经贸规则，扩大市场准入，依法保护合作者权益。""支持国际社会帮助发展中国家增强自主发展能力、改善民生，缩小南北差距。""支持完善国际贸易和金融体制，推进贸易和投资自由化便利化，通过磋商协作妥善处理经贸摩擦。""中国决不做损人利己、以邻为壑的事情。"

十七届五中全会在关于"十二五"规划的建议中要求，实施互利共赢的开放战略，进一步提高对外开放水平，与国际社会共同应对全球性挑战、共同分享发展机遇。

十八大进一步重申和强调，中国将始终不渝地奉行互利共赢的开放战略，通过深化合作促进世界经济强劲、可持续、平衡增长，从而使这一战略更加成熟和完善。

十八届五中全会关于"十三五"规划的建议指出：全面建成小康社会必须遵循的原则之一是：坚持统筹国内国际两个大局。"十三五"规划对坚持互利共赢的开放战略作出了切实的部署，强调"十三五"期间的开放是全面开放、深度开放，是利用国内国际两个市场、两种资源的开放，是对内、对外同步双向的开放。

十九大进一步指出，"必须统筹国内国际两个大局，始终不渝走和平发展道路、奉行互利共赢的开放战略，坚持正确义利观，树立共同、综合、合作、可持续的新安全观，谋求开放创新、包容互惠的发展前景，促进和而不同、兼收并蓄的文明交流，构筑尊崇自然、绿色发展的生态体系，始终做世界和平的建设者、全球发展的贡献者、国际秩序的维护者"。

十九大还把这些原则和要求列入坚持和发展中国特色社会主义的基本方略中。

习近平总书记对互利共赢问题作了多次阐述和强调。他指出："我们要坚持开放的发展，让发展成果惠及各方。在经济全球化时代，各国要打开大门搞建设，促进生产要素在全球范围更加自由便捷地流动。各国要共同维护多边贸易体制，构建开放型经济，实现共商、共建、共享。"[1]

坚持互利共赢的开放战略，就是既要通过对外开放实现自身发展，又要通过自身发展促进地区和世界共同发展。

坚持互利共赢的开放战略是推动建设人类命运共同体的必然要求。经济全球化的发展，是生产力发展的必然趋势。全世界不同地区和国家在全球化的进程中形成了谁也离不开谁的命运共同体。彼此开放、彼此开展经济交流和合作，对大家有利，对世界有利。任何国家试图谋取单赢的结局几乎是不

---

[1] 习近平：《在联合国成立 70 周年系列峰会上的讲话》，人民出版社 2015 年版，第 3 页。

可能的。在国际交往中实现双赢、共赢，符合时代潮流，符合全球化的客观规律和要求，体现了一种积极的开放观，有利于扩大同各方的利益汇合点，有利于推动建设持久和平、共同繁荣的和谐世界。

坚持互利共赢的开放战略也是我国长远发展的战略要求。改革开放 40 年来，我国经济社会持续快速发展的一条重要经验，就是始终坚持互利共赢的开放战略。通过实施对外开放的基本国策，中国从世界获得了资金、资源、技术、管理经验，使中国获得了前所未有的发展。同时，中国对外开放，也有利于世界经济的发展，有利于国际资本的流动和发挥效益，也为世界各国提供了大量必需的商品，为世界经济作出了重大贡献。坚持互利共赢的开放战略，符合中国人民的根本利益和世界人民的共同利益。既可以实现自身发展，也为其他国家提供了发展机遇，既可以给中国人民带来实惠，也可以为世界人民提供机遇。

中国 40 年的高速发展，最根本原因是改革开放，改革开放已经成为中国发展的必由之路。习近平总书记在十八届中央政治局第二次集体学习时指出："改革开放只有进行时没有完成时。没有改革开放，就没有中国的今天，也就没有中国的明天。"

2015 年 11 月 18 日，在马尼拉亚太经合组织工商领导人峰会上的主旨演讲中，习近平指出："我愿重申，中国利用外资的政策不会变，对外商投资企业合法权益的保护不会变，为各国企业在华投资兴业提供更好服务的方向不会变。中国开放的大门永远不会关上！"

十三、自由贸易区

中国扩大对外开放、提高对外开放水平的一个战略举措，是建立自由贸易区。

自由贸易区，是指由国家指定的交易贸易区，主权国家或地区在其关境内外，划出特定的区域，准许外国商品豁免关税、自由进出。实质上是采取自由港政策的关税隔离区，是一种比世贸组织相关规定更加优惠的贸易安排。狭义仅指提供区内加工出口所需原料等货物的进口豁免关税的地区，类似出口加工区。广义还包括自由港和转口贸易区。

　　中国自由贸易区是指在国境内关外设立的，以优惠税收和海关特殊监管政策为主要手段，以贸易自由化、便利化为主要目的的多功能经济性特区。原则上是指在没有海关"干预"的情况下允许货物进口、制造、再出口。

　　自由贸易区从自由港发展而来。通常设在港口的港区或邻近港口地区，尤以经济发达国家居多。20世纪60年代后期，一些发展中国家利用这一形式，并建成特殊工业区，发展成出口加工区。20世纪80年代开始，许多国家的自由贸易区向高技术、知识和资本密集型发展，形成"科技型自由贸易区"。

　　自由贸易区范围现已遍及各大洲，是区域经济一体化的主要形式之一。其中，北美自由贸易区是世界上最大的自由贸易区。其他还有中欧自由贸易区、欧盟—拉美自由贸易区等。截至2013年6月19日，全球已有1200多个自由贸易区，其中15个发达国家设立了425个，占35.4%；67个发展中国家共设立775个，占64.6%。

　　20多年前，中国内地第一个保税区在上海外高桥成立。当时，它的英文译名就叫"Free Trade Zone"（自由贸易园区），而不是"Bonded Area"（保税区）。时至今日，包括外高桥保税区在内，中国的海关特殊监管区已有约110个，对促进中国外贸发展起到了巨大作用。

　　十七大把自由贸易区建设上升为国家战略，十八大提出要加快实施自由贸易区战略。十八届三中全会提出要以周边为基础加快实施自由贸易区战略，形成面向全球的高标准自由贸易区网络。

　　2007年12月，中国天津东疆保税港区一期封关后，天津就将自由贸易港区作为自己未来的发展方向，并提上议事日程。

　　2013年上半年，商务部、上海市人民政府会同国务院有关部门，拟定《中国（上海）自由贸易试验区总体方案》（草案），上报国务院审批。2013年7月3日，国务院常务会议讨论并原则通过该方案草案。2013年8月，国务院正式批准设立上海自由贸易试验区。

　　上海自由贸易试验区运行以来，取得较好效果，得到广泛好评。中央决定继续实施一系列深化改革举措，把上海自贸区成功经验逐步推广至全国。

　　2014年12月28日，全国人大常委会授权国务院在广东自由贸易试验区、天津自由贸易试验区、福建自由贸易试验区以及上海自由贸易试验区扩展区域暂时调整有关法律规定。

2015 年 3 月 24 日，中央政治局审议通过广东（三大片区：广州南沙自贸区、深圳蛇口自贸区、珠海横琴自贸区）、天津、福建自由贸易试验区总体方案、进一步深化上海自由贸易试验区改革开放方案。

至 2017 年，自贸试验区试点已扩大至广东、天津、福建、辽宁、浙江、河南、湖北、重庆、四川、陕西等地。

这些自由贸易区正在紧扣制度创新这一核心，进一步对接高标准国际经贸规则，在更广领域、更大范围形成各具特色、各有侧重的试点格局，推动全面深化改革、扩大开放。

2018 年 4 月 13 日，习近平总书记在庆祝海南建省办经济特区 30 周年大会上郑重宣布，党中央决定支持海南全岛建设中国（海南）自由贸易试验区。

除了这类国内自贸区建设外，我国还建立了与国际或海外合作的各种形式的自贸区，涉及几十个国家和地区。2010 年 1 月 1 日，中国—东盟自由贸易区正式全面启动。

建立自由贸易区是中国政府全力打造中国经济升级版的重要举措，其核心是营造一个符合国际惯例的，对内外资的投资都具有国际竞争力的国际商业环境。是顺应全球经贸发展新趋势，更加积极主动对外开放的重大举措。其力度和意义堪与 20 世纪 80 年代建立深圳特区和 20 世纪 90 年代开发浦东相媲美。

十四、政党外交

2017 年 11 月 30 日—12 月 3 日，来自世界 120 多个国家近 300 个政党和政治组织的领导人共 600 多名中外代表，出席中国共产党与世界政党高层对话会。各方一致通过《北京倡议》。

在对话会上，习近平主席发表题为《携手建设更加美好的世界》的主旨演讲，在阐明构建人类命运共同体政党责任的同时，提出了许多政党政治与政党外交新理念，特别是提出建立新型政党关系的倡议，标志着当代中国政党外交进入新时代、达到新境界。

政党，是当今世界普遍存在的一种社会政治现象，是各国国家政权和政治生活的主导力量，也是国际社会中一种非国家的行为主体。发展对外关系，包括发展党与党之间的关系。

如何正确处理党与党之间的关系，是国际共产主义运动的一个大问题，也是国际政治的一个大问题。100多年来，各国共产党、工人党在如何处理党际关系问题上走过了曲折的道路。中国共产党自身也有过许多经验教训。

1977年8月30日—9月8日，南斯拉夫总统、南共联盟主席铁托访问中国，中南两党恢复正常关系。

在拨乱反正进程中，邓小平总结经验教训，明确指出："各国的事情，一定要尊重各国的党、各国的人民，由他们自己去寻找道路，去探索，去解决问题，不能由别的党充当老子党，去发号施令。我们反对人家对我们发号施令，我们也决不能对人家发号施令。这应该成为一条重要的原则。"[1]

1980年11月24日，邓小平会见西班牙共产党总书记卡里略时指出：党与党的关系应该是平等的和同志式的关系，不应该是"父子"关系。任何人都不应当把自己的观点和革命经验作为"模式"强加于人。

1982年，十二大正式提出处理党际关系的独立自主、完全平等、互相尊重和互不干涉内部事务四项原则。

根据这四项原则，我们党顺利解决了与很多共产党的历史遗留问题，与这些党的关系实现了正常化。

后来，我们党又把这四项原则扩大运用于同各种类型外国党的关系上，主张党际关系不以社会制度和意识形态的异同为条件。只要愿意遵循四项原则，我们都愿意同他们进行接触、交往和对话。

据此，中国共产党不仅同其他国家共产党，而且同社会民主类型的政党、民族民主类型的政党，以及其他有影响的政党，建立了不同情况不同形式的联系，对争取良好的国际环境起到了积极的作用。

在此基础上，40年来，中国共产党大力开展政党外交，为中国的国际战略服务，并与世界其他政党一起，共同致力于维护世界和平，促进共同发展，共同致力于推动构建和谐世界，推动构建人类命运共同体，取得了显著的成就。

到目前为止，中国共产党与世界上600多个不同类型的政党建立和发展

---

①《邓小平文选》第2卷，人民出版社1994年版，第319页。

了党际关系，形成了全方位、多层次、宽领域的政党外交新格局。

2010 年 3 月 31 日—4 月 1 日，首届中美政党高层对话在北京举行，中国共产党与美国民主、共和两党机制化交往正式启动。至 2011 年 12 月，对话共举行 4 届。

2010 年 5 月 24 日—25 日，首届中欧政党高层论坛在北京举行。李长春出席开幕式并发表《加强政党对话，推动共同发展》的主旨讲话。至 2012 年 5 月，论坛共举行了 3 届。

2016 年 10 月 13 日—15 日，"2016 中国共产党与世界对话会"在重庆举行。刘云山出席开幕式并发表《为完善全球经济治理贡献政党智慧和力量》的主旨讲话。

2017 年 7 月 12 日—19 日，刘云山出席在布加勒斯特举行的"2017 中国—中东欧政党对话会"。

仅仅这几年，中国共产党就举行和参加了"中国共产党与世界对话会""中欧政党高层论坛""中国非洲政党理论研讨会"和"中美政党对话机制"等诸多双边、多边政党交流。

2017 年，中国共产党首次成功举办了"中国共产党与世界政党高层对话会"。这是中国共产党为世界各国政党建立的具有广泛代表性和国际影响力的高端政治对话平台，极大地促进了中国同世界各国人民和政党的对话和交流合作，加强了人文往来和民间友好。

习近平主席指出："不同国家的政党应该增进互信、加强沟通、密切协作，探索在新型国际关系的基础上建立求同存异、相互尊重、互学互鉴的新型政党关系，搭建多种形式、多种层次的国际政党交流合作网络，汇聚构建人类命运共同体的强大力量。"①

十五、和平发展道路

1988 年 9 月，中国正式申请加入联合国维持和平行动特别委员会。

1989 年，中国首次派人参加了联合国纳米比亚过渡时期协助团，帮助纳

---

① 习近平：《携手建设更加美好的世界——在中国共产党与世界政党高层对话会上的主旨讲话》，人民出版社 2017 年版，第 7 页。

米比亚实现从南非独立的进程。

1992年4月，中国第一支"蓝盔"部队——军事工程大队赴柬埔寨执行任务。

2004年10月，中国维和警察防暴队员赴海地维和。这是我国第一次派成建制的防暴警察执行联合国维和行动。

仅至2012年10月，我国就累计向联合国30项维和行动派出各类人员2.1万人次，为维护世界和平作出重要贡献。现在，中国已经是派出维和人员数量最多的国家。

参加联合国维和行动，鲜明地反映了中国对世界和平所作的贡献，也鲜明地表明了中国坚持独立自主的和平外交政策、走和平发展道路的决心。

中国是世界上最大的发展中国家。中国的发展离不开世界，世界也离不开中国。中国走什么样的道路，坚持什么样的国际战略和外交政策，不仅关系中国的改革开放和现代化建设事业，而且关系世界的和平与发展。

改革开放之后，邓小平高屋建瓴，从宏观全局把握国际战略形势，提出了和平和发展是当今世界两大问题的著名论断，制定了独立自主的和平外交战略和政策，打开了外交工作的新局面，改变了长期封闭和孤立的状况，为中国的改革发展创造了有利的国际环境。

1989年以后，国际局势发生急剧变动，中国所处的国际环境发生重大变化。邓小平高瞻远瞩地提出冷静观察、稳住阵脚、沉着应付、决不当头、韬光养晦、有所作为的方针，不仅为我们从容应对严峻复杂的国际局面指明了方向，而且为改革开放进入一个新的发展阶段奠定了思想基础。

进入21世纪后，党和国家进一步提出和平发展道路，强调中国将始终不渝走和平发展道路。2005年年底，中国政府发表《中国的和平发展道路》白皮书，阐述了中国走和平发展之路的立场和决心。

走和平发展道路，就是利用世界和平的有利时机实现自身发展，又以自身的发展更好地维护和促进世界和平；就是在积极参与经济全球化和区域合作的同时，主要依靠自己的力量和改革创新来实现发展；就是坚持对外开放，在平等互利的基础上，积极发展同世界各国的合作；就是聚精会神搞建设，一心一意谋发展，长期维护和平的国际环境和良好的周边环境；就是永远不称霸，永远做维护世界和平和促进共同发展的坚定力量。

十七大明确指出：中国将始终不渝走和平发展道路。这是中国政府和人民根据时代发展潮流和自身根本利益作出的战略抉择。

十八大再次重申：中国将始终不渝走和平发展道路，坚定奉行独立自主的和平外交政策。

十九大再次强调和平发展道路，并将其作为坚持和发展中国特色社会主义基本方略的重要内容。

坚持走和平发展道路，是在对时代主题进行科学判断、深刻把握时代特征和中国国情、统筹国内国际两个大局、研究借鉴其他大国发展经验教训的基础上提出的崭新发展道路，是中国特色社会主义的本质要求。既符合中国人民的根本利益，也符合世界人民的共同愿望；既是我国发展战略的重大抉择，也是我国对外战略的重大宣示。

改革开放以来，中国始终前进在和平发展道路上。

在联合国的舞台上：

1995年10月21日—25日，江泽民赴纽约出席联合国成立50年特别纪念会议。这是中国国家元首首次参加联合国大会。江泽民发表讲话，呼吁《让我们共同缔造一个更美好的世界》。

2005年9月15日，胡锦涛在联合国成立60周年首脑会议上，提出与国际社会共同建设持久和平、共同繁荣的和谐世界。

2009年9月21日—25日，胡锦涛出席在美国纽约举行的联合国气候变化峰会、第六十四届联合国大会一般性辩论、安理会核不扩散与核裁军峰会和在美国匹兹堡举行的二十国集团领导人第三次金融峰会。23日，在联合国大会一般性辩论时，发表《同舟共济，共创未来》的讲话。25日，在金融峰会发表《全力促进增长，推动平衡发展》的讲话。

2015年9月26日，习近平主席出席联合国发展峰会，倡导公平、开放、全面、创新的发展理念。28日，出席第七十届联合国大会一般性辩论，强调要继承和弘扬联合国宪章宗旨和原则，构建以合作共赢为核心的新型国际关系，打造人类命运共同体。

在中美关系上：

1997年10月26日—11月3日，江泽民对美国进行国事访问。两国发表联合声明，决定共同致力于建立中美建设性战略伙伴关系。

2005 年 8 月 1 日，中美首次战略对话在北京举行。至 2008 年 12 月，中美共举行 6 次战略对话。2006 年 12 月—2008 年 12 月，中美还举行了 5 次战略经济对话。

2009 年 7 月 27 日—28 日，首轮中美战略与经济对话在美国华盛顿举行。至 2012 年 5 月，对话共举行 4 轮。

2009 年 11 月 15 日—18 日，美国总统奥巴马对中国进行国事访问。胡锦涛同奥巴马举行会谈，双方发表联合声明，重申致力于建设 21 世纪积极合作全面的中美关系，并将采取切实行动稳步建立应对共同挑战的伙伴关系。

2011 年 1 月 18 日—21 日，胡锦涛对美国进行国事访问，就两国关系未来发展提出五点建议。两国发表联合声明，确认双方将共同努力建设相互尊重、互利共赢的中美合作伙伴关系。

2014 年 11 月 10 日—12 日，美国总统奥巴马对中国进行国事访问。习近平主席同奥巴马会谈，强调把不冲突不对抗、相互尊重、合作共赢的原则落到实处，提出从 6 个重点方向进一步推进中美新型大国关系建设。

2015 年 9 月 22 日—28 日，习近平主席对美国进行国事访问并出席联合国成立 70 周年系列峰会。25 日，同奥巴马举行会晤，强调要推动中美新型大国关系不断向前发展。

2017 年 4 月 6 日—7 日，习近平主席在佛罗里达州海湖庄园同美国总统特朗普会晤，双方同意在新起点上推动中美关系取得更大发展，宣布两国建立外交安全对话、全面经济对话、执法及网络安全对话、社会和人文对话等 4 个高级别对话机制。

在中欧关系上：

1998 年 4 月 2 日，中欧领导人举行首次会晤并签署联合声明，决定建立面向 21 世纪的长期稳定的建设性伙伴关系。2003 年第六次中欧领导人会晤期间，双方决定建立中欧全面战略伙伴关系。至 2010 年 10 月，共举行 13 次中欧领导人会晤。

2008 年 6 月 19 日—20 日，第五届亚欧议会伙伴会议在北京举行。吴邦国出席开幕式并发表演讲。会议通过《第五届亚欧议会伙伴会议宣言》。首届会议于 1996 年举行，至 2012 年共举行 7 届。

2013 年 11 月 20 日—21 日，第十六次中国—欧盟领导人会晤在北京举行。习近平主席会见欧洲理事会主席范龙佩和欧盟委员会主席巴罗佐，强调要准确定位中欧全面战略伙伴关系，实现中欧合作创新发展。李克强同范龙佩、巴罗佐共同主持会晤。双方发表《中欧合作 2020 战略规划》。

十六、应对国际金融危机

改革开放的道路不是一帆风顺的。前进的道路上会经常遇到各种风险和挑战。它们既会来自国内，也会来自国际。

中国曾两次遇到国际性的金融危机。但都正确应对，经受住了特殊的考验，证明了中国特色社会主义的韧性，展示了改革开放的成就。

1997 年 7 月从泰国开始的亚洲金融危机，对全球的经济产生强烈冲击，东南亚各国货币大幅度贬值，并迅速波及日本、韩国、俄罗斯以及拉美等国。一些国家在这场金融危机的冲击下，经济形势严重恶化，甚至导致一些国家出现政治动荡。

中共中央、国务院提出"坚定信心，心中有数，未雨绸缪，沉着应付，埋头苦干，趋利避害"的指导方针，实施积极的财政政策和稳健的货币政策，采取扩大国内需求的一系列措施，保持了人民币汇率稳定。

1996 年 1 月，全国金融工作会议提出了"坚持适度从紧的货币政策"，"加大金融监管力度，切实防范金融风险，维护金融业的合法稳健运行"的任务。

1997 年 1 月，全国金融工作会议再次提出，要"切实整顿金融秩序，防范和化解金融风险，深化金融体制改革，明显提高金融企业的经营管理和服务水平"。并提出将 1997 年作为防范金融风险年。

1997 年 7 月以后，面对中国周边许多国家货币大幅度贬值给中国人民币带来的巨大压力，中国政府权衡利弊，坚持人民币不贬值，确保人民币汇率稳定。

1997 年 11 月，为有效防范和化解金融风险，中共中央、国务院决定对金融系统进行重大改革，同时采取扩大内需和积极的财政政策，以及鼓励出口和吸引外资等多种政策。

中国政府负责任的积极态度，既赢得了国际社会的赞誉，也促进了中国金融业的平稳发展和国民经济的稳定增长，并对亚洲乃至世界金融和经济的稳定发展作出了积极的贡献。

2008 年以来，由美国次贷危机引发的金融危机愈演愈烈，迅速从局部发展到全球，从发达国家传导到新兴市场国家和发展中国家，从金融领域扩散到实体经济领域，酿成了一场历史罕见、冲击力极强、波及范围很广的国际金融危机。

受国际金融危机快速蔓延和世界经济增长明显减速的影响，加上我国经济发展中尚有许多未解决的深层次矛盾和问题，我国经济运行中的困难增加，经济下行压力加大，企业经营困难增多，保持农业稳定发展、农民持续增收难度加大，金融领域潜在风险增加。

2008 年 7 月 25 日，面对复杂多变的经济形势，中央政治局会议决定将宏观调控的首要任务调整为"保持经济平稳较快发展、控制物价过快上涨"。

2008 年 9 月中旬，中共中央、国务院决定实行积极的财政政策和适度宽松的货币政策。11 月 5 日，国务院召开常务会议，确定了进一步扩大内需促进经济平稳较快增长的 10 项措施，制定了两年投资 4 万亿元人民币的计划，其中新增中央财政投资 1.18 万亿元。

11 月 12 日，为落实中央关于扩大内需、促进经济平稳较快增长的决策部署，国务院常务会议决定核准审批固定资产投资项目等 4 项实施措施。此后，国务院又召开多次常务会议确定解决企业困难、稳定农业发展促进农民增收、扩大投资等一系列政策措施。

2008 年 12 月 8 日—10 日，中央经济工作会议召开。针对国际金融危机的严重冲击，会议强调，要把保持经济平稳较快发展作为首要任务，立足扩大内需保持经济平稳较快增长，加快发展方式转变和结构调整提高可持续发展能力，深化改革开放增强经济社会发展活力和动力，加强社会建设加快解决涉及群众利益的难点热点问题，促进经济社会又好又快发展。

2009 年 1 月 14 日，国务院常务会议原则通过汽车产业、钢铁产业调整振兴规划。此后，又相继通过纺织、装备制造、船舶、电子信息、轻工、石化、有色金属、物流等重点产业调整和振兴规划。

2008 年 10 月 24 日—25 日，第七届亚欧首脑会议在北京举行。胡锦涛发表《亚欧携手，合作共赢》的讲话。会议发表《关于国际金融形势的声明》。

2008 年 11 月 15 日，胡锦涛出席在美国首都华盛顿举行的二十国集团领导人金融市场和世界经济峰会，发表《通力合作共度时艰》的讲话。

通过实施这些措施，着力保增长、保民生、保稳定，使我国经济运行出现了积极变化，有利条件和积极因素增多，总体形势企稳向好。

实践证明，中央应对国际金融危机采取的方针和一揽子计划是正确和有效的。

第十一章

新时代的新征程
新变革

一、中国特色社会主义进入新时代

改革开放是一个不断发展和深化的历史进程。

从十一届三中全会到现在，改革开放已经持续了整整 40 年。大致可以分为"3+1"个阶段。

第一个阶段：从十一届三中全会到十三届四中全会，是改革开放起步和全面展开的阶段。

1978 年的十一届三中全会，实现了新中国成立以来党的历史上具有深远意义的伟大转折。从而成为改革开放和现代化建设新时期的开端，也成为中国特色社会主义开始创立的标志。

新时期的改革首先从农村开始。在稳定与发展农业生产责任制的基础上，从 1985 年开始，实行农村经济第二步改革。

十二大后，以城市为重点的经济体制改革全面展开。党的十二届三中全会通过《中共中央关于经济体制改革的决定》。

在改革的同时，实行对外开放的政策。主要形式有利用外资、引进技术、对外贸易、创办经济特区等。

第二个阶段：从十三届四中全会到十六大，是改革开放以建立社会主义市场经济为主线深入发展的阶段。

这 13 年的历史可以分为三个小阶段：1989 年—1992 年—1997 年—2002 年。

以邓小平南方谈话和党的十四大为标志，改革开放和现代化建设事业进入了新的发展阶段。

这一阶段的改革开放是以建立社会主义市场经济体制为主线全面和深入展开的。

党的十四大宣告：中国经济体制改革的目标是建立社会主义市场经济体制。随后，十四届三中全会通过《中共中央关于建立社会主义市场经济体制若干问题的决定》。

按照建立社会主义市场经济的目标和框架，全面推进农村、国有企业、财政、税收、金融、外贸、外汇、投资、价格、社会保障、住房、科技、教育等各方面体制的改革。

第三个阶段：从十六大到十八大，是改革开放沿着科学发展道路继续推进的阶段。

这一段改革开放最显著的特点，是以科学发展观为指导方针，把科学发展、和谐发展、和平发展与深化改革、扩大开放结合起来。

2003年的十六届三中全会，通过《中共中央关于完善社会主义市场经济体制若干问题的决定》。改革开放围绕"完善"社会主义市场经济这个主线不断深化。

新的阶段：十八大之后，特别是十八届三中全会之后，改革开放进入了全面深化的新阶段。

十八大统一提出了全面建成小康社会和全面深化改革开放的目标，强调必须以更大的政治勇气和智慧，不失时机深化重要领域改革。2013年，十八届三中全会就全面深化改革问题作出重要决定，提出了全面深化改革的指导思想、目标任务、重大原则，描绘了全面深化改革的新蓝图、新愿景、新目标。

十八大以来，党中央以巨大的政治勇气和强烈的责任担当，提出一系列新理念新思想新战略，出台一系列重大方针政策，推出一系列重大举措，推进一系列重大工作，解决了许多长期想解决而没有解决的难题，办成了许多过去想办而没有办成的大事，推动党和国家事业发生历史性变革。

成就是全方位的、开创性的，变革是深层次的、根本性的。所以，习近平总书记在十九大上明确而又坚定地指出："经过长期努力，中国特色社会主义进入了新时代，这是我国发展新的历史方位。"

中国特色社会主义是改革开放以来党的全部理论和实践的主题。所以，新时代的改革开放仍然是坚持和完善中国特色社会主义。

这个新时代，是承前启后、继往开来、在新的历史条件下继续夺取中国特色社会主义伟大胜利的时代；是决胜全面建成小康社会、进而全面建设社会主义现代化强国的时代；是全国各族人民团结奋斗、不断创造美好生活、逐步实现全体人民共同富裕的时代；是全体中华儿女勠力同心、奋力实现中华民族伟大复兴中国梦的时代；是我国日益走近世界舞台中央、不断为人类作出更大贡献的时代。

二、全面建成小康社会

新时代的改革开放要继续推进。而在改革开放之路上，树立着两个标牌、两个目标。习近平总书记经常称之为"两个一百年"。

第一个"一百年"，就是到 2020 年中国共产党成立 100 周年的时候，全面建成小康社会。

第二个"一百年"，就是到 2049 年中华人民共和国成立 100 周年时，建成富强民主文明和谐美丽的社会主义现代化强国。

十八大报告的标题是《坚定不移沿着中国特色社会主义道路前进，为全面建成小康社会而奋斗》。其中的"全面建成小康社会"与十六大报告标题《全面建设小康社会，开创中国特色社会主义事业新局面》中的表述相比，只有一个字不同：将"建设"改成了"建成"。

十八大报告中提出，要在十六大、十七大确立的全面建设小康社会目标的基础上，努力实现以下新的要求：

——经济持续健康发展。转变经济发展方式取得重大进展，在发展平衡性、协调性、可持续性明显增强的基础上，实现国内生产总值和城乡居民人均收入比二〇一〇年翻一番。

——人民民主不断扩大。民主制度更加完善，民主形式更加丰富，依法治国基本方略全面落实，法治政府基本建成，司法公信力不断提高，人权得到切实尊重和保障。

——文化软实力显著增强。社会主义核心价值体系深入人心，文化产业成为国民经济支柱性产业，社会主义文化强国建设基础更加坚实。

——人民生活水平全面提高。基本公共服务均等化总体实现，全民受教育程度和创新人才培养水平明显提高，就业更加充分，收入分配差距缩小，社会保障全民覆盖。

——资源节约型、环境友好型社会建设取得重大进展。

全面建成小康社会的目标，是发展目标和改革目标的有机统一。

十八大报告在论述奋斗目标的这一部分，同时强调和论述了发展目标和改革目标两个方面。标题就是"全面建成小康社会和全面深化改革开放的目标"。

根据搜索，十八大报告中，发展这个词一共用了 301 次，改革这个词一共用了 86 次。

报告强调："全面建成小康社会，必须以更大的政治勇气和智慧，不失时机深化重要领域改革，坚决破除一切妨碍科学发展的思想观念和体制机制弊端，构建系统完备、科学规范、运行有效的制度体系，使各方面制度更加成熟更加定型。"然后，又提出了 5 个"加快"改革的要求。与每个领域的发展要求相配套。这些都明确说明了发展与改革的关系。

时间在分分秒秒向 2020 年逼近。在这样的时刻，十九大鲜明地发出了"决胜全面建成小康社会"的号召。

使用"决胜"一词，就是表明到了最后阶段，到了最关键时刻，甚至可以说是到了读秒阶段。在这个时刻，最紧迫、最重大的任务，就是要以巨大的努力，确保全面建成小康社会目标的如期实现。

所以，十九大报告标题的第一句，就是"决胜全面建成小康社会"。将其放在如此突出的地位，表明了这一任务具有多重的分量！

习近平总书记明确指出，从现在到 2020 年，是全面建成小康社会决胜期。要按照十六大、十七大、十八大提出的全面建成小康社会各项要求，紧扣我国社会主要矛盾变化，统筹推进经济建设、政治建设、文化建设、社会建设、生态文明建设，坚定实施科教兴国战略、人才强国战略、创新驱动发展战略、乡村振兴战略、区域协调发展战略、可持续发展战略、军民融合发展战略，突出抓重点、补短板、强弱项，特别是要坚决打好防范化解重大风险、精准脱贫、污染防治的攻坚战，使全面建成小康社会得到人民认可、经得起历史检验。

三、全面深化改革

十八大统一提出了全面建成小康社会和全面深化改革开放的目标，强调必须以更大的政治勇气和智慧，不失时机深化重要领域改革。

十八大之后，习近平总书记第一次到地方调研考察，就选择在改革开放中得风气之先的广东。习近平总书记高度肯定改革开放的伟大意义，明确指出："改革开放是当代中国发展进步的活力之源，是我们党和人民大踏步赶上时代前进步伐的重要法宝，是坚持和发展中国特色社会主义的必由之路。"

习近平总书记指出，改革开放只有进行时，没有完成时。面对新形势新任务，我们必须通过全面深化改革，着力解决我国发展面临的一系列突出矛盾和问题，不断推进中国特色社会主义制度自我完善和发展。①

2013年，十八届三中全会以全面深化改革为议题，作出《中共中央关于全面深化改革若干重大问题的决定》（以下简称《决定》），表明了以习近平同志为核心的党中央坚定不移全面深化改革的决心和勇气。

全会《决定》鲜明地使用了"全面深化改革"的用语和标题。《决定》确定："全面深化改革的总目标是完善和发展中国特色社会主义制度，推进国家治理体系和治理能力现代化"。

这个目标包含了两个内容。一是"完善和发展中国特色社会主义制度"，二是"推进国家治理体系和治理能力现代化"。

"国家治理"这个概念在党的文件中是第一次出现。《决定》中一共24次使用了"治理"概念。包括国家治理、政府治理、国际经济治理、社会治理、社区治理、法人治理、环境治理、综合治理、系统治理、依法治理、源头治理，等等。

全面深化改革，主要包括"六个紧紧围绕"，即紧紧围绕使市场在资源配置中起决定性作用深化经济体制改革，紧紧围绕坚持党的领导、人民当家作主、依法治国有机统一深化政治体制改革，紧紧围绕建设社会主义核心价值体系、社会主义文化强国深化文化体制改革，紧紧围绕更好保障和改善民生、促进社会公平正义深化社会体制改革，紧紧围绕建设美丽中国深化生态文明体制改革，紧紧围绕提高科学执政、民主执政、依法执政水平深化党的建设制度改革。

十八届三中全会之后，中央把全面深化改革的重要举措梳理为336个项目，制定了专门的分工方案。每一项任务都由有关的部门牵头或参加。凡属于重大改革的，由相关专项小组协调；属于具体改革举措的，由主管部门牵头；属于跨部门改革举措的，由有关部门参加。中央全面深化改革领导小组

①《十八大以来重要文献选编》上，中央文献出版社2014年版，第494页。

负责总协调，并进行检查督促。各部门各单位都要按照中央要求，制定落实任务的实施方案。所有分工任务都要提出阶段性时间进度安排。对各项任务，要求做到有布置、有督促、有检查，确保不折不扣完成。

2013 年 12 月 30 日，中央政治局会议决定成立中央全面深化改革领导小组，习近平总书记任组长，李克强、刘云山、张高丽任副组长。

2014 年 1 月 22 日，中央全面深化改革领导小组召开第一次会议。习近平总书记强调，要把握大局、审时度势、统筹兼顾、科学实施，坚定不移朝着全面深化改革目标前进。

会议决定下设经济体制和生态文明体制改革、民主法制领域改革、文化体制改革、社会体制改革、党的建设制度改革、纪律检查体制改革 6 个专项小组。

至 2017 年 8 月，中央全面深化改革领导小组共召开 38 次会议，审议通过一大批重要改革文件，中央和国家机关有关部门推出 1500 多项改革举措，主要领域四梁八柱性质的改革主体框架已经基本确立。

2014 年 2 月 17 日—21 日，省部级主要领导干部学习贯彻十八届三中全会精神全面深化改革专题研讨班举行。习近平总书记强调，要完善和发展中国特色社会主义制度、推进国家治理体系和治理能力现代化。

2015 年 8 月 28 日，中共中央办公厅、国务院办公厅印发《关于在部分区域系统推进全面创新改革试验的总体方案》，京津冀、上海、广东、安徽、四川、武汉、西安、沈阳等 8 个区域被确定为全面创新改革试验区。

十九大在回顾和总结过去五年的工作时，明确指出的一项成就是：全面深化改革取得重大突破。蹄疾步稳推进全面深化改革，坚决破除各方面体制机制弊端。改革全面发力、多点突破、纵深推进，着力增强改革系统性、整体性、协同性，压茬拓展改革广度和深度，推出 1500 多项改革举措，重要领域和关键环节改革取得突破性进展，主要领域改革主体框架基本确立。中国特色社会主义制度更加完善，国家治理体系和治理能力现代化水平明显提高，全社会发展活力和创新活力明显增强。

同时，十九大还把"坚持全面深化改革"作为新时代坚持和发展中国特色社会主义基本方略的第三条。强调只有社会主义才能救中国，只有改革开放才能发展中国、发展社会主义、发展马克思主义。必须坚持和完善中国特色社会主义制度，不断推进国家治理体系和治理能力现代化，坚决破除一切不合时宜的思想观念和体制机制弊端，突破利益固化的藩篱，吸收人类文明有益成果，构建系统完备、科学规范、运行有效的制度体系，充分发挥我国社会主义制度优越性。

进入新时代、新航程，十九大对各方面改革作出了进一步部署。要求深化供给侧结构性改革，建设现代化经济体系，把发展经济的着力点放在实体经济上，把提高供给体系质量作为主攻方向，显著增强我国经济质量优势。

在以习近平同志为核心的党中央领导下，改革开放在新的历史起点上以更大的规模全面展开。蹄疾步稳、全面发力、多点突破、纵深推进，向着全面建设现代化强国的目标铺展。在增强改革系统性、整体性、协同性上下功夫。

我们相信，中国改革开放的潮流会不断向着未来奔流，中国特色社会主义制度会更加完善，国家治理体系和治理能力现代化水平会明显提高，全社会发展活力和创新活力会明显增强。

四、全面依法治国

法律是治国之重器，法治是国家治理体系和治理能力的重要依托，是人类社会文明的重要内容。一个现代化的社会，必须是一个法治体系规范、严密、完备的社会。

2012年，十八大提出，法治是治国理政的基本方式，要加快建设社会主义法治国家，全面推进依法治国。要求到2020年，依法治国基本方略全面落实，法治政府基本建成，司法公信力不断提高，人权得到切实尊重和保障。

十八大闭幕不久的2012年12月4日，习近平总书记出席首都各界纪念现行宪法公布施行30周年大会并发表重要讲话，明确提出"坚持依法治国、依法执政、依法行政共同推进，坚持法治国家、法治政府、法治社会一体建设"的重大论断，强调，"依法治国是党领导人民治理国家的基本方略，法治是治国理政的基本方式"。

2014年10月23日，十八届四中全会一致通过《中共中央关于全面推进依法治国若干重大问题的决定》。这是中国共产党依法治国的宣言，也是建设社会主义法治国家的号角。

这是中国共产党成立将近100年、中华人民共和国成立将近70年来，第一次专题研究法治建设的中央全会。全会决定也是由中央全会通过的第一个关于加强法治建设的专门决定。因此，用历史的眼光来看，十八届四中全会在中国建设社会主义法治国家的征程上树起了一座新的里程碑。

该决定直面我国法治建设领域的突出问题，明确提出了全面推进依法治国的指导思想、总目标、基本原则，提出了关于依法治国的一系列新观点、新举措，回答了党的领导和依法治国的关系等一系列重大理论和实践问题，对科学立法、严格执法、公正司法、全民守法、法治队伍建设、加强和改进党对全面推进依法治国的领导作出了全面部署，有针对性地回应了人民群众呼声和社会关切，成为我国法治建设的纲领性文件。

全会确定，全面依法治国的总目标是，建设中国特色社会主义法治体系，建设社会主义法治国家。这就是，在中国共产党领导下，坚持中国特色社会主义制度，贯彻中国特色社会主义法治理论，形成完备的法律规范体系、高效的法治实施体系、严密的法治监督体系、有力的法治保障体系，形成完善的党内法规体系，坚持依法治国、依法执政、依法行政共同推进，坚持法治国家、法治政府、法治社会一体建设，实现科学立法、严格执法、公正司法、全民守法，促进国家治理体系和治理能力现代化。

全面依法治国的重大任务是：完善以宪法为核心的中国特色社会主义法律体系，加强宪法实施；深入推进依法行政，加快建设法治政府；保证公正司法，提高司法公信力；增强全民法治观念，推进法治社会建设；加强法治工作队伍建设；加强和改进党对全面推进依法治国的领导。

据此，全会确定了180多项重大改革举措。在十八大后的五年中，民主法治建设迈出重大步伐。科学立法、严格执法、公正司法、全民守法深入推进，法治国家、法治政府、法治社会建设相互促进，中国特色社会主义法治体系日益完善，全社会法治观念明显增强。国家监察体制改革试点取得实效，行政体制改革、司法体制改革、权力运行制约和监督体系建设有效实施。

2014年11月1日，十二届全国人大常委会十一次会议通过《中华人民共和国反间谍法》；通过《关于设立国家宪法日的决定》，将12月4日设立为国家宪法日。

2014年11月6日，我国首个知识产权法院——北京知识产权法院正式履行法定职责。此前，8 月 31 日，十二届全国人大常委会十次会议通过《关于在北京、上海、广州设立知识产权法院的决定》。

2015 年 5 月 1 日，全国法院实行立案登记制，对依法应当受理的案件，做到有案必立、有诉必理，保证当事人诉权。

2016 年 2 月 26 日，十二届全国人大常委会首次举行宪法宣誓仪式，张德江监誓。9 月 18 日，国务院首次举行宪法宣誓仪式，李克强监誓。

2016 年 7 月 20 日，最高人民法院、最高人民检察院、公安部、国家安全部、司法部联合印发《关于推进以审判为中心的刑事诉讼制度改革的意见》。

2017 年 8 月 18 日，全国首家互联网法院——杭州互联网法院正式揭牌成立。

其他还有很多实际的举措，如实行司法责任制（团队办案）、努力破解执行难的问题，推进法院检察院人员分类管理改革，深化司法公开（全国法院公开裁判文书 1570 万份，直播庭审 13 万次）。此外，还加强国际追逃。健全冤错案件源头防范和发现纠错机制，对多个案件的抗诉受到了社会的广泛关注和好评。还积极探索公益诉讼问题，对生态环境和资源保护、国有资产流失、食品药品安全问题提起公益诉讼。

2017 年的十九大，将"坚持全面依法治国"作为坚持和发展中国特色社会主义的一条基本方略。强调"全面依法治国是国家治理的一场深刻革命"，要求深化依法治国实践。坚持厉行法治，推进科学立法、严格执法、公正司法、全民守法。为此，还专门成立了中央全面依法治国领导小组，加强对法治中国建设的统一领导。还特别要求，各级党组织和全体党员要带头尊法学法守法用法，任何组织和个人都不得有超越宪法法律的特权，绝不允许以言代法、以权压法、逐利违法、徇私枉法。

五、全面从严治党

十八大以来，以习近平同志为核心的党中央就党要管党、从严治党作出了一系列部署，采取了一系列举措。习近平总书记明确提出"全面从严治党"的要求，对如何全面从严治党发表了一系列重要讲话。

这些部署、举措和论述，坚持了长期以来党的建设的基本要求和基本格局，但也明显地表现出一些新的特点。这些特点可以从不同角度概括。但最为集中的，是表现在"全面、从严、治党"这六个字三个词上。

党中央把全面从严治党纳入"四个全面"战略布局，全面加强党的领导和党的建设，推动管党治党走向"严紧硬"。

一是突出加强思想政治建设。组织党员干部深入学习贯彻习近平总书记系列重要讲话精神和治国理政新理念新思想新战略，坚定"四个自信"、树牢"四个意识"，在思想上政治上行动上同以习近平同志为核心的党中央保持高度一致。

接续开展党的群众路线教育实践活动，开展"三严三实"专题教育，开展"两学一做"学习教育，推动党内教育从"关键少数"向广大党员拓展，从集中性教育向经常性教育延伸。严格党的组织生活，加强党内政治文化建设。

有针对性地开展干部日常教育培训，五年参加脱产培训的各级各类干部近1亿人次。

二是落实新时期好干部标准，修订颁布干部任用条例，改进民主推荐方法，规范竞争性选拔方式，完善政绩考核体系，着力解决唯票、唯分、唯GDP、唯年龄取人等突出问题，树立正确用人导向。

实行"凡提四必"、廉洁把关"双签字"等制度，防止干部的"带病提拔"。在十九大前全国市县乡换届中，有9300多名干部因为审核不过关被拦了下来。

制定推进领导干部能上能下若干规定，努力构建能者上、庸者下、劣者汰的选人用人机制，依据这个规定调整县处级以上干部2.2万多人。

结合巡视开展选人用人的专项检查，实现对省区市和中央单位的全覆盖。

三是落实从严治吏要求，完善干部管理监督制度体系。抓早抓小抓预防，严格日常管理监督，到十九大前，各级组织人事部门共提醒、函询、诫勉干部60多万人次。

建立健全领导干部报告个人有关事项制度，报告内容突出与领导干部权力行为关联紧密的家事、家产等情况，突出查核结果运用和责任追究，已累计查核125万人次、处理12.5万人。

集中开展对超职数配备干部、"裸官"、干部档案造假等突出问题专项整治，规范党政领导干部亲属经商办企业行为。

建立县以下机关公务员职务与职级并行制度。依照这个制度，到十九大有 100 多万名基层公务员晋升了职级。

四是推动全面从严治党向基层延伸，按照"控制总量、优化结构、提高质量、发挥作用"的总要求，严把发展党员关口，保持党员队伍适度规模，优化党员队伍结构。与 2012 年相比，五年间，党员总数一共增加 432 万名，年均增幅 1.2%，实现了总量调控目标。

严格党员日常教育管理，落实"三会一课"等组织生活制度，统筹推进各领域基层党建工作，扩大非公企业、社会组织党的组织和党的工作的全覆盖。

做好抓党建促脱贫攻坚工作，选派 19.5 万名优秀干部担任贫困村第一书记。

普遍开展市县乡三级党委书记抓基层党建述职评议考核，并向机关、企业、高校等领域延伸。

深化人才发展体制机制改革，向用人主体放权，为人才松绑，激发人才创新创造活力。到十九大，人才资源总量达到 1.75 亿人，较五年前增长 43.8%。

推进党的建设制度改革，基本完成十八届党中央部署的党的建设改革任务。十八届六中全会审议通过《关于新形势下党内政治生活的若干准则》和《中国共产党党内监督条例》。

十九大宣布，中国特色社会主义进入了新时代。党和党的建设也一定要有新气象新作为。习近平总书记说："打铁必须自身硬。党要团结带领人民进行伟大斗争、推进伟大事业、实现伟大梦想，必须毫不动摇坚持和完善党的领导，毫不动摇把党建设得更加坚强有力。""全面从严治党永远在路上。"

因此，十九大对党的建设和全面从严治党作出了系统的部署。

新时代党的建设的总要求是：坚持和加强党的全面领导，坚持党要管党、全面从严治党，以加强党的长期执政能力建设、先进性和纯洁性建设为主线，以党的政治建设为统领，以坚定理想信念宗旨为根基，以调动全党积极性、主动性、创造性为着力点，全面推进党的政治建设、思想建设、组织建设、作风建设、纪律建设，把制度建设贯穿其中，深入推进反腐败斗争，不断提高党的建设质量，把党建设成为始终走在时代前列、人民衷心拥护、勇于自我革命、经得起各种风浪考验、朝气蓬勃的马克思主义执政党。

为此，要抓好 8 个方面的建党治党工作。其中，第一次提出把党的政治建设摆在首位，强调政治建设是党的根本性建设。党的政治建设的首要任务是保证全党服从中央，坚持党中央权威和集中统一领导。

六、反腐败斗争

全面从严治党的一个重要内容，是深入开展党风廉政建设和反腐败斗争。

坚持"老虎""苍蝇"一起打，坚决遏制腐败蔓延势头，反腐败斗争压倒性态势已经形成并巩固发展。

根据中纪委提交十九大的报告，十八大以来的五年间，经党中央批准立案审查的省军级以上党员干部及其他中管干部 440 人。其中，十八届中央委员、候补委员 43 人，中央纪委委员 9 人。全国纪检监察机关共接受信访举报 1218.6 万件（次），处置问题线索 267.4 万件，立案 154.5 万件，处分 153.7 万人，其中厅局级干部 8900 余人，县处级干部 6.3 万人，涉嫌犯罪被移送司法机关处理 5.8 万人。

以反腐败斗争为重点，党风廉政建设全面推进。

2012 年 12 月 4 日，中央政治局会议审议通过《十八届中央政治局关于改进工作作风、密切联系群众的八项规定》。11 日，中共中央印发这一规定，这是党的十八大召开以后制定的第一部重要党内法规。各地区各部门陆续制定相应规定、细则并严格贯彻落实中央八项规定精神。至 2017 年 8 月底，全国累计查处违反中央八项规定精神问题 18.4 万起，处理党员干部 25 万人，给予党纪政纪处分 13.6 万人，包含省部级干部 20 人。[①]

2013 年 1 月 17 日，习近平总书记在新华社《网民呼吁遏制餐饮环节"舌尖上的浪费"》材料上作出批示，要求厉行节约、反对浪费。11 月 18 日，中共中央、国务院印发《党政机关厉行节约反对浪费条例》。依据这个条例，相继就党政机关经费管理、国内差旅、因公临时出国（境）、培训、公务接待、公务用车、会议活动、办公用房、基层党建活动、资源节约等方面出台系列党内法规和规范性文件。

---

① 《党的十八大以来大事记》，《人民日报》2017 年 10 月 16 日。

2013年5月17日—18日，中央巡视工作动员暨培训会议举行。十八届中央共开展12轮巡视，巡视277个地方、单位党组织，对16个省区市开展"回头看"，对4个单位进行"机动式"巡视，实现对省区市和新疆生产建设兵团、中央和国家机关、国有重要骨干企业、中央金融单位和中管高校的巡视全覆盖。巡视工作聚焦坚持党的领导、加强党的建设、全面从严治党，以"四个意识"为政治标杆，以党章党纪党规为尺子，坚定"四个自信"，查找政治偏差，充分发挥政治"显微镜"和政治"探照灯"作用。

2014年6月27日，中央决定设立中央反腐败协调小组国际追逃追赃工作办公室。2015年3月26日，办公室首次启动针对外逃腐败分子的"天网"行动；4月22日，国际刑警组织中国国家中心局集中公布100名涉嫌犯罪外逃国家工作人员、重要腐败案件涉案人等人员的红色通缉令。至2017年8月31日，通过"天网行动"先后从90多个国家和地区追回外逃人员3339人，其中国家工作人员628人，"百名红通人员"44人，追回赃款93.6亿元。[①]

2015年10月18日，中共中央印发《中国共产党廉洁自律准则》和《中国共产党纪律处分条例》。把党章党规中的纪律要求具体化，明确政治纪律、组织纪律、廉洁纪律、群众纪律、工作纪律和生活纪律等六项纪律。把政治纪律放在首位，坚持纪严于法、纪在法前，划出党组织和党员不可触碰的底线。全面加强纪律建设，实现由"惩治极少数"向"管住大多数"拓展。印发严重违纪违法中管干部忏悔录，剖析典型案例，发挥警示教育作用。5年共立案审查违反政治纪律案件1.5万件，处分1.5万人，其中中管干部112人。[②]

2016年9月13日，十二届全国人大常委会二十三次会议通过关于辽宁省人大选举产生的部分十二届全国人大代表当选无效的报告、关于成立辽宁省十二届人大七次会议筹备组的决定，依法确定45名拉票贿选的全国人大代表当选无效。此前，中央先后通报了查处的湖南衡阳破坏选举案、四川南充拉票贿选案、辽宁拉票贿选案，其中辽宁拉票贿选案是新中国成立以来查处的第一起发生在省级层面严重违反党纪国法、严重违反政治纪律和政治规矩、严重违反组织纪律和换届纪律、严重破坏党内选举制度和人大选举制度的重大案件。

---

① 《党的十八大以来大事记》，《人民日报》2017年10月16日。
② 《一份全面从严治党的优异答卷》，新华社2017年10月30日。

强化制度建设，推进标本兼治。组织制定修改 90 余部党内法规。将《中国共产党党员领导干部廉洁从政若干准则》修改为《中国共产党廉洁自律准则》。修订党纪处分条例。着力形成不敢腐的惩戒机制、不能腐的防范机制、不易腐的保障机制。中央组织部印发《关于进一步规范党政领导干部在企业兼职（任职）问题的意见》。还印发《配偶已移居国（境）外的国家工作人员任职岗位管理办法》《关于严禁超职数配备干部的通知》《关于加强干部选拔任用工作监督的意见》等文件，连续集中开展违反干部任用标准和程序、领导干部违规兼职、"裸官"等重点整治工作。

到十九大，反腐败斗争已经取得压倒性态势。十九大之后，反腐败斗争又在继续前进。

七、开启全面建设社会主义现代化国家新征程

全面建成小康社会，是万里长征中的重要一步。再往前，从第一个一百年到第二个一百年之间还有 30 年的时间。这 30 年的路怎么走？应该确定什么样的目标？采取什么样的步骤？这已经是迫在眉睫、必须回答的问题了。

1964 年 12 月，在三届人大的《政府工作报告》中，周恩来正式向世界宣布："要在不太长的历史时期内，把我国建设成为一个具有现代农业、现代工业、现代国防和现代科学技术的社会主义强国，赶上和超过世界先进水平。"

"文化大革命"的发生，打断了现代化的进程。但中国共产党并没有放弃现代化的目标和理想。1975 年，在毛泽东委托邓小平负责起草的《政府工作报告》中，周恩来再次向世界宣布："在本世纪内，全面实现农业、工业、国防和科学技术的现代化，使我国国民经济走在世界的前列。"

1978 年，十一届三中全会把全党工作的着重点转移到社会主义现代化建设上来，明确指出我们当前以及今后相当长一个历史时期的主要任务，就是搞现代化建设。以十一届三中全会为起点，中国人民为实现民族振兴、国家富强和人民幸福，开始了以社会主义现代化为目标的一场新的伟大革命。

作为改革开放的总设计师，邓小平旗帜鲜明地将现代化建设放到国家发展的重要位置上，强调现代化建设是要做的三件大事之一，是最大的政治，

"我们党在现阶段的政治路线，概括地说，就是一心一意地搞四个现代化"①。

此前，我国实现现代化的时间，大都定在 20 世纪末。有的甚至定在几年之内、几个五年计划之内。1964 年，根据毛泽东的提议，周恩来提出分两步走在 20 世纪内实现现代化。此后一直到 20 世纪 80 年代以前，仍沿用这样的时间和步骤。

但由于曾经有过的失误和折腾，特别是"文化大革命"的十年，大大延缓了我国实现现代化的时间。到改革开放启动之时，中国的底子还很薄，按原定时间表实现现代化已经不可能。

所以，邓小平在 1979 年时"改了个口，叫中国式的现代化，就是把标准放低一点"。不是像发达国家那样的现代化，"而是'小康之家'"。后来，又明确将实现现代化的时间推迟到了 21 世纪中叶，即新中国成立 100 周年之时，为了留有余地，还是"基本实现"，"达到中等发达国家水平"。

现代化是一个美好的愿景，但怎样实现？ 20 世纪 80 年代，邓小平高瞻远瞩，设计了分"三步走"基本实现社会主义现代化的战略。十三大明确提出"三步走"的战略。

随着"三步走"战略目标的一个个递次实现，十九大高瞻远瞩，第一次明确规划了从 2020 年到本世纪中叶总共 30 年的战略目标和战略步骤，将 30 年分成两个阶段来安排。

第一个阶段，从 2020 年到 2035 年，在全面建成小康社会的基础上，再奋斗 15 年，基本实现社会主义现代化。

原来"三步走"的战略目标，是到 21 世纪中叶基本实现现代化，而现在提前到 2035 年就基本实现，提前了 15 年。

到 2035 年这个目标实现时，我国经济实力、科技实力将大幅跃升，跻身创新型国家前列；人民平等参与、平等发展权利得到充分保障，法治国家、法治政府、法治社会基本建成，各方面制度更加完善，国家治理体系和治理能力现代化基本实现；社会文明程度达到新的高度，国家文化软实力显著增强，中华文化影响更加广泛深入；人民生活更为宽裕，中等收入群体比例明显提高，城乡区域发展差距和居民生活水平差距显著缩小，基本公共服务均

①《邓小平文选》第 2 卷，人民出版社 1994 年版，第 276 页。

等化基本实现，全体人民共同富裕迈出坚实步伐；现代社会治理格局基本形成，社会充满活力又和谐有序；生态环境根本好转，美丽中国目标基本实现。

第二个阶段，从 2035 年到本世纪中叶，在基本实现现代化的基础上，再奋斗 15 年，把我国建成富强民主文明和谐美丽的社会主义现代化强国。

这个目标用的是"现代化强国"。显然，已不是"中等发达国家水平"，而是世界领先的强国。标准更高了，要求更高了。

"强国"的前面，用了 5 个修饰词。其中，"富强民主文明"是十三大在基本路线中用的；"和谐"是十七大加的；"美丽"是十九大加的。这五大目标，与"五大建设"相对应，与"五位一体"相吻合。

在十九大报告中，"强国"一词出现了 19 次。其中 5 次是"建设社会主义现代化强国"。报告还明确提出要建设制造强国、科技强国、质量强国、航天强国、网络强国、交通强国、海洋强国、贸易强国、文化强国、体育强国、教育强国、人才强国，一共 12 个强国。

到 21 世纪中叶，这个强国目标实现时，我国物质文明、政治文明、精神文明、社会文明、生态文明将全面提升，实现国家治理体系和治理能力现代化，成为综合国力和国际影响力领先的国家，全体人民共同富裕基本实现，我国人民将享有更加幸福安康的生活，中华民族将以更加昂扬的姿态屹立于世界民族之林。

从全面建成小康社会到基本实现现代化，再到全面建成社会主义现代化强国，是一个新的"两步走"战略。这是新时代中国特色社会主义发展的战略安排，是为未来 30 多年中国发展构画的宏伟蓝图。

八、供给侧结构性改革

2015 年 11 月 10 日，习近平总书记在中央财经领导小组第十一次会议上强调，要在适度扩大总需求的同时，着力加强供给侧结构性改革。

于是，在新时代的改革开放中，出现了一个热门的概念和话题，这就是"供给侧结构性改革"。供给侧结构性改革是十八大以来经济社会等体制改革的特点和重点。

供给侧结构性改革，就是从提高供给质量出发，用改革的办法推进结构调整，矫正要素配置扭曲，扩大有效供给，提高供给结构对需求变化的适应性和灵活性，提高全要素生产率，更好满足广大人民群众的需要，促进经济社会持续健康发展。

供给侧结构性改革，目的在于调整经济结构，使要素实现最优配置，提升经济增长的质量和数量。其中，需求侧改革主要抓住投资、消费、出口"三驾马车"，供给侧则主要抓住劳动力、土地、资本、制度创造、创新等要素。

改革开放以来，中国经济持续高速增长，成功步入中等收入国家行列，已成为名副其实的经济大国。但随着人口红利衰减、"中等收入陷阱"风险累积、国际经济格局深刻调整等一系列内因与外因的作用，经济发展进入新常态。

中国供需关系正面临着不可忽视的结构性失衡。一方面，过剩产能已成为制约中国经济转型的一大包袱；另一方面，中国的供给体系与需求侧严重不配套，总体上是中低端产品过剩，高端产品供给不足。"供需错位"已成为阻挡中国经济持续增长的最大路障。

中国的结构性问题主要包括产业结构、区域结构、要素投入结构、排放结构、经济增长动力结构和收入分配结构六个方面的问题。这六个方面的结构性问题既相对独立、又相互叠加，需要通过结构性改革有针对性地解决。

经过几十年的高速发展后，中国经济已由高速增长阶段转向高质量发展阶段，正处在转变发展方式、优化经济结构、转换增长动力的攻关期。世界科技和产业深刻变革，供给体系调整加快。我国经济结构正在发生重大变化，供给体系质量亟待提升。

因此，2015年11月10日，习近平总书记主持召开中央财经领导小组第十一次会议，研究经济结构性改革和城市工作。2016年1月27日，习近平总书记主持召开中央财经领导小组第十二次会议，研究供给侧结构性改革方案。

习近平总书记强调，供给侧结构性改革的根本目的是提高社会生产力水平，落实好以人民为中心的发展思想。

2017年10月，十九大报告指出，以供给侧结构性改革为主线，推动经济发展质量变革、效率变革、动力变革。大会对深化供给侧结构性改革进行了部署，强调，建设现代化经济体系，必须把发展经济的着力点放在实体经济上，把提高供给体系质量作为主攻方向，显著增强我国经济质量优势。

国际金融危机以来，世界不少国家看到了结构性改革的必要性，但总体进展缓慢。中国则发挥制度优势，在推进供给侧结构性改革方面迈出了坚定步伐，取得了明显成效，部分行业供求关系改善。但完成供给侧结构性改革的任务仍然非常艰巨。所以，十九大在供给侧结构性改革的前面加上了"深化"两字。

深化供给侧结构性改革，包含着丰富的内容。

如果用一个公式来描述人们口头上所说的"供给侧改革"，那就是"供给侧 + 结构性 + 改革"。其含义是：用改革的办法推进结构调整，减少无效和低端供给，扩大有效和中高端供给，增强供给结构对需求变化的适应性和灵活性，提高全要素生产率，使供给体系更好适应需求结构变化。

供给侧改革实质上就是改革政府公共政策的供给方式，也就是改革公共政策的产生、输出、执行以及修正和调整方式，更好地与市场导向相协调，充分发挥市场在配置资源中的决定性作用。说到底，供给侧改革就是按照市场导向的要求来规范政府的权力。

推进供给侧结构性改革，就要在适度扩大总需求的同时，去产能、去库存、去杠杆、降成本、补短板。

推进供给侧结构性改革，主要包括：调整完善人口政策，夯实供给基础；推进土地制度改革，释放供给活力；加快金融体制改革，解除金融抑制；实施创新驱动战略，开辟供给空间；深化简政放权改革，促进供给质量；构建社会服务体系，推进配套改革。

推进供给侧结构性改革，宏观政策要稳，营造稳定的宏观经济环境；产业政策要准，准确定位结构性改革方向；微观政策要活，激发企业活力和消费潜力；改革政策要实，加大力度推动改革落地；社会政策要托底，守住民生保障的底线。

落实深化供给侧结构性改革的任务，主要举措是，继续扩大去产能，因城施策去库存，积极稳妥去杠杆，综合施策降成本，扎实有效补短板。

九、创新驱动发展战略

在实施科教兴国战略、建设创新型国家的基础上，以习近平同志为核心的党中央进一步提出了"创新驱动发展战略"。这是党和国家在新的发展阶段确立的立足全局、面向全球、聚焦关键、带动整体的国家重大发展战略。

创新驱动的含义，就是将创新作为引领发展的第一动力，坚持科技创新与制度创新、管理创新、商业模式创新、业态创新和文化创新相结合，推动发展方式向依靠持续的知识积累、技术进步和劳动力素质提升转变，促进经济向形态更高级、分工更精细、结构更合理的阶段演进。

实施创新驱动发展战略具有重大的意义。创新驱动是国家命运所系，是世界大势所趋，是发展形势所迫。在我国加快推进社会主义现代化、实现"两个一百年"奋斗目标和中华民族伟大复兴中国梦的关键阶段，必须始终坚持抓创新就是抓发展、谋创新就是谋未来，让创新成为国家意志和全社会的共同行动，走出一条从人才强、科技强到产业强、经济强、国家强的发展新路径，为我国未来十几年乃至更长时间创造一个新的增长周期。

2012年，十八大把"实施创新驱动发展战略"作为"加快完善社会主义市场经济体制和加快转变经济发展方式"的重要内容和措施之一，强调科技创新是提高社会生产力和综合国力的战略支撑，必须摆在国家发展全局的核心位置。

2014年6月9日—13日，在中国科学院第十七次院士大会、中国工程院第十二次院士大会上，习近平总书记强调，要实施创新驱动发展战略，坚定不移走中国特色自主创新道路，坚持自主创新、重点跨越、支撑发展、引领未来的方针，加快创新型国家建设步伐。

2015年3月13日，中共中央、国务院印发《关于深化体制机制改革加快实施创新驱动发展战略的若干意见》。

2015年5月8日，国务院印发《中国制造2025》，提出通过"三步走"实现制造强国的战略目标：第一步，到2025年迈入制造强国行列；第二步，到2035年整体达到世界制造强国阵营中等水平；第三步，到新中国成立100年时综合实力进入世界制造强国前列。

为了加快实施创新驱动发展战略，2016年1月，中共中央、国务院又印发了《国家创新驱动发展战略纲要》（以下简称《纲要》），要求各地区各部门结合实际认真贯彻执行。

《纲要》把实施创新驱动的战略目标分成三步走：

第一步，到2020年进入创新型国家行列，基本建成中国特色国家创新体系，有力支撑全面建成小康社会目标的实现。

第二步，到 2030 年跻身创新型国家前列，发展驱动力实现根本转换，经济社会发展水平和国际竞争力大幅提升，为建成经济强国和共同富裕社会奠定坚实基础。

第三步，到 2050 年建成世界科技创新强国，成为世界主要科学中心和创新高地，为我国建成富强民主文明和谐美丽的社会主义现代化强国、实现中华民族伟大复兴的中国梦提供强大支撑。

《纲要》还规定了八个方面的战略任务：（一）推动产业技术体系创新，创造发展新优势；（二）强化原始创新，增强源头供给；（三）优化区域创新布局，打造区域经济增长极；（四）深化军民融合，促进创新互动；（五）壮大创新主体，引领创新发展；（六）实施重大科技项目和工程，实现重点跨越；（七）建设高水平人才队伍，筑牢创新根基；（八）推动创新创业，激发全社会创造活力。

实施创新驱动发展战略，要求实现六大转变：发展方式从以规模扩张为主导的粗放式增长向以质量效益为主导的可持续发展转变；发展要素从传统要素主导发展向创新要素主导发展转变；产业分工从价值链中低端向价值链中高端转变；创新能力从"跟踪、并行、领跑"并存、"跟踪"为主向"并行""领跑"为主转变；资源配置从以研发环节为主向产业链、创新链、资金链统筹配置转变；创新群体从以科技人员的小众为主向小众与大众创新创业互动转变。

十九大要求加快建设创新型国家。强调，创新是引领发展的第一动力，是建设现代化经济体系的战略支撑。要求瞄准世界科技前沿，强化基础研究，实现前瞻性基础研究、引领性原创成果重大突破。加强应用基础研究，拓展实施国家重大科技项目，突出关键共性技术、前沿引领技术、现代工程技术、颠覆性技术创新，为建设科技强国、质量强国、航天强国、网络强国、交通强国、数字中国、智慧社会提供有力支撑。加强国家创新体系建设，强化战略科技力量。深化科技体制改革，建立以企业为主体、市场为导向、产学研深度融合的技术创新体系，加强对中小企业创新的支持，促进科技成果转化。倡导创新文化，强化知识产权创造、保护、运用。培养造就一大批具有国际水平的战略科技人才、科技领军人才、青年科技人才和高水平创新团队。

根据创新驱动发展战略，在关系国家安全和长远发展的重点领域，部署了一批重大科技项目和工程。

面向 2020 年，继续加快实施已部署的国家科技重大专项，聚焦目标、突出重点，攻克高端通用芯片、高档数控机床、集成电路装备、宽带移动通信、油气田、核电站、水污染治理、转基因生物新品种、新药创制、传染病防治等方面的关键核心技术，形成若干战略性技术和战略性产品，培育新兴产业。

面向 2030 年，坚持有所为有所不为，尽快启动航空发动机及燃气轮机重大项目，在量子通信、信息网络、智能制造和机器人、深空深海探测、重点新材料和新能源、脑科学、健康医疗等领域，充分论证，把准方向，明确重点，再部署一批体现国家战略意图的重大科技项目和工程。

十、行政审批制度改革

行政审批是现代国家管理社会政治、经济、文化等各方面事务的一种重要的事前控制手段。

中国长期实行高度集中的管理体制，各种审批制度覆盖所有领域。改革开放后，通过放开、搞活，审批制度有所放松。特别是随着社会主义市场经济的建立和完善，市场对于资源配置的作用大大增强。但由于体制和观念的惯性，审批制度仍然很多。这与广大人民群众的意愿不相适应，与社会主义市场经济的要求不相适应，与现代文明发展进步的要求也不相适应。因此，迫切需要对行政审批制度进行改革。

2001 年 9 月 24 日，国务院办公厅下发通知，成立国务院行政审批制度改革工作领导小组，行政审批制度改革工作全面启动。

2001 年 10 月 9 日，中央有关部门联合提交《关于行政审批制度改革工作的实施意见》。10 月 18 日，国务院下发《国务院批转关于行政审批制度改革工作实施意见的通知》。

2002 年 4 月，国务院行政审批制度改革工作领导小组办公室布置 15 个大中城市率先开展行政审批制度改革课题研究，此后又组织国务院各部门开展这项工作。各地各部门以多种形式开展了调研和研讨活动。

2002 年 6 月 25 日，国务院召开行政审批制度改革工作会议。

2003 年 9 月 18 日，国务院行政审批制度改革工作领导小组办公室下发

《关于进一步推进省级政府行政审批制度改革的意见》。次日，国务院办公厅转发这一意见。

2008 年 8 月 5 日，行政审批制度改革工作部际联席会议在北京召开第一次全体会议，审议通过了《行政审批制度改革工作部际联席会议工作规则》《关于深入推进行政审批制度改革工作的意见》和《全国行政审批制度改革工作电视电话会议方案》三个文件，明确了当前及今后一个时期行政审批制度改革的工作思路和主要任务。

2008 年，中央有关部门提交《关于深入推进行政审批制度改革的意见》。10 月 17 日，国务院办公厅转发监察部等部门《关于深入推进行政审批制度改革意见的通知》。

2011 年 11 月 14 日，在北京召开国务院深入推进行政审批制度改革工作电视电话会议，总结行政审批制度改革工作，研究部署下一阶段行政审批工作，进一步推进政府职能转变和管理创新。

2012 年 8 月 23 日，国务院批准广东省"十二五"时期在行政审批制度改革方面先行先试，对行政法规、国务院及部门文件设定的部分行政审批项目在本行政区域内停止实施或进行调整。

2013 年 5 月 31 日，国务院常务会议围绕转变政府职能通过一批法律修正案草案和废止、修改部分行政法规的决定。至 2017 年 8 月，为转变政府职能、推动"简政放权、放管结合、优化服务"改革，全国人大常委会共修改有关法律 54 部，国务院废止行政法规 6 部、修改行政法规 125 部。

2013 年 6 月，国务院明确行政审批制度改革工作牵头单位由监察部调整为中央编办，国务院审改办设在中央编办。

2015 年 5 月 12 日，国务院召开推进简政放权放管结合职能转变工作电视电话会议。李克强强调，必须坚持简政放权、放管结合、优化服务"三管齐下"，深化行政体制改革，切实转变政府职能。

2015 年 12 月 28 日，国务院办公厅印发《国务院部门权力和责任清单编制试点方案》，开展国务院部门权力和责任清单编制试点。此外，31 个省区市到 2017 年均已公布省市县三级政府部门权力清单和责任清单。

在党中央国务院的领导和强力推动下，行政审批制度改革取得明显进展，大量审批事项被分批取消。

2002 年 10 月，第一批取消 789 项行政审批项目。

2003 年 2 月，第二批取消 406 项行政审批项目，改变 82 项行政审批项目的管理方式。

2004 年 5 月 19 日，第三批取消和调整 495 项行政审批项目，其中取消 409 项；改变管理方式 39 项；下放 47 项。在取消和调整的行政审批项目中有 25 项属于涉密事项，按规定另行通知。

2007 年 10 月 9 日，第四批取消和调整 186 项行政审批项目。其中取消 128 项；下放 29 项；改变管理方式 8 项；合并 21 项。另有 7 项拟取消或者调整的行政审批项目是由有关法律设立的，国务院将依照法定程序提请全国人大常委会审议修订相关法律规定。

2010 年 7 月 4 日，第五批取消和下放行政审批项目 184 项。其中取消 113 项；下放 71 项。

2012 年 8 月 22 日，第六批取消和调整部门行政审批项目 314 项，其中取消 184 项；下放 117 项；合并 13 项。重点对投资领域、社会事业和非行政许可审批项目，特别是涉及实体经济、小微企业发展、民间投资等方面的审批项目进行了清理。

至 2012 年 8 月，国务院已分 6 批共取消和调整了 2497 项行政审批项目，占原有总数的 69.3%。

十八大后，行政审批制度改革继续推进。2013 年 5 月 15 日，取消和下放 117 项行政审批项目等事项。其中，取消行政审批项目 71 项；下放管理层级行政审批项目 20 项；取消评比达标表彰项目 10 项；取消行政事业性收费项目 3 项；取消或下放管理层级的机关内部事项和涉密事项 13 项。

2017 年 5 月 7 日，国务院印发《关于进一步削减工商登记前置审批事项的决定》。至此，本届政府成立之初的 226 项工商登记前置审批事项，已有 87% 改为后置审批或取消。

2017 年 12 月 15 日，国务院新闻办公室发表的《中国人权法治化保障的新进展》白皮书，介绍了我国深入推进行政审批制度改革取得的进展。

根据白皮书介绍，十八大以来，国务院部门累计取消行政审批事项 618 项，彻底清除非行政许可审批，中央指定地方实施行政许可事项目录清单取消 269 项，国务院行政审批中介服务清单取消 320 项，国务院部门设置的职业资格许可和认定事项削减比例达 70% 以上，3 次修订政府核准的投资项目目录，中央层面核准的投资项目数量累计减少 90%。实施权力清单、责任清单制度，将政府职能、法律依据、职责权限等内容以权力清单的形式向社会公开，截至 2016 年，全国 31 个省级政府部门均已公布权力清单。

在改革中，积极创新管理方式，对能够通过市场机制解决的事项，采取招标、拍卖等市场运作方式；对应由统一的管理规范和强制性标准取代个案审批的事项，制定并组织实施相应的管理规范和标准；对转为日常监管的事项，加大事中和事后检查力度；对不再实施审批，转由行业组织或社会中介组织自律管理的事项，积极稳妥地做好移交工作。

通过行政审批制度改革，大幅度削减了行政审批项目，明显改变了审批事项过多过滥的状况，增强了市场配置资源的决定性作用。进一步转变了政府职能，规范了政府行为，提高了行政效能，完善了政府系统预防和治理腐败的体制机制。还加强了对行政审批行为的监督制约，行政审批权力的运行逐步规范。

十一、户籍制度改革

户籍制度，是一项基本的国家行政制度。传统户籍制度是与土地直接联系的、以家庭为本位的人口管理方式。现代户籍制度是国家依法收集、确认、登记公民出生、死亡、亲属关系、法定地址等公民人口基本信息的法律制度，以保障公民在就业、教育、社会福利等方面的权益，以个人为本位的人口管理方式。

户籍制度改革，是指对以《中华人民共和国户口登记条例》为法律依据确立的一整套户口管理制度进行的广泛深入改革的一项重大举措。

1951 年 7 月 16 日，公安部公布《城市户口管理暂行条例》，规定了对人口出生、死亡、迁入、迁出、"社会变动"（社会身份）等事项的管制办法。这是新中国成立后第一部户口管理条例，基本统一了全国城市的户口登记制度。

1955 年，《国务院关于建立经常户口登记制度的指示》，统一了全国城乡的户口登记工作，规定全国城市、集镇、乡村都要建立户口登记制度，户口登记的统计时间为每年一次。

1958年1月，全国人大常委会通过《中华人民共和国户口登记条例》，第一次明确将城乡居民区分为"农业户口"和"非农业户口"两种不同户籍，奠定了我国现行户籍管理制度的基本格局。

1964年8月，《公安部关于处理户口迁移的规定（草案）》出台，集中体现了该时期户口迁移的两个"严加限制"基本精神，即对从农村迁往城市、集镇的要严加限制；对从集镇迁往城市的要严加限制。

由此，中国城乡分隔的二元结构终于完全形成。国家严格按照户口身份来执行科教、卫生、医疗、就业等一系列政策。广大农民实际上备受歧视。城乡居民的流动和迁徙也都受到户籍的严格限制。这样的做法，虽然有助于社会管理和社会稳定，但对中国社会的发展进步产生了极为深远的影响和阻碍。

因此，长期以来，整个社会特别是广大农民都迫切要求改革这种划分"农业人口"和"非农业人口"的不合理户籍制度。虽然进展始终非常缓慢，但改革开放的推进和市场经济的发展，还是在这种户籍制度上一步步打开了缺口。

首先是实施居民身份证制度，小城镇户籍逐步放开。

1984年10月，《国务院关于农民进入集镇落户问题的通知》颁布，规定农民可以自理口粮进集镇落户，并同集镇居民一样享有同等权利，履行同等义务。户籍严控制度开始松动。

1985年7月，《公安部关于城镇暂住人口管理的暂行规定》出台，标志着城市暂住人口管理制度走向健全。

同年9月，居民身份证制度颁布实施，成为人口管理现代化的基础。

1997年6月，《国务院批转公安部小城镇户籍管理制度改革试点方案和关于完善农村户籍管理制度意见的通知》出台，规定已在小城镇就业、居住并符合一定条件的农村人口，可以在小城镇办理城镇常住户口。

1998年7月，《国务院批转公安部关于解决当前户口管理工作中几个突出问题意见的通知》，让户籍制度进一步松动。根据此通知，新生婴儿随父落户、夫妻分居、老人投靠子女以及在城市投资、兴办实业、购买商品房的公民及随其共同居住的直系亲属，凡在城市有合法固定的住房、合法稳定的职业或者生活来源，已居住一定年限并符合当地政府有关规定的，可准予落户。

2001年3月颁布的《国务院批转公安部关于推进小城镇户籍管理制度改革意见的通知》，标志着小城镇户籍制度改革全面推进。通知规定，对办理小城镇常住户口的人员不再实行计划指标管理。

接着，是确立新型户籍制度的改革目标，并迈出实质性步伐，建立城乡统一的户口登记制度。

2011年2月26日，国务院办公厅发出《关于积极稳妥推进户籍管理制度改革的通知》。

2012年2月，《国务院办公厅关于积极稳妥推进户籍管理制度改革的通知》指出，要引导非农产业和农村人口有序向中小城市和建制镇转移，逐步满足符合条件的农村人口落户需求，逐步实现城乡基本公共服务均等化。

2013年11月，《中共中央关于全面深化改革若干重大问题的决定》指出，要"创新人口管理，加快户籍制度改革，全面放开建制镇和小城市落户限制，有序放开中等城市落户限制，合理确定大城市落户条件，严格控制特大城市人口规模"。

2014年6月30日，中央政治局召开会议，审议通过了《关于进一步推进户籍制度改革的意见》（以下简称《意见》）。会议指出，加快户籍制度改革是涉及亿万农业转移人口的一项重大措施。要坚持积极稳妥、规范有序，尊重群众意愿，不搞指标分配，不搞层层加码。要优先解决好进城时间长、就业能力强、可以适应城镇和市场竞争环境的人，使他们及其家庭在城镇扎根落户，有序引导人口流向。

会议强调，户籍制度改革是一项十分复杂的系统工程，要坚持统筹谋划，协同推进相关领域配套政策制度改革。要完善农村产权制度，维护好农民的土地承包经营权、宅基地使用权、集体收益分配权。要区别情况、分类指导，由各地根据中央的总体要求和政策安排，因地制宜地实行差别化落户政策。要促进大中小城市和小城镇合理布局、功能互补，增强中小城市和小城镇经济集聚能力，为农业转移人口落户城镇创造有利条件。

2014年7月24日，国务院印发了该《意见》，提出全面放开建制镇和小城市落户限制，有序放开中等城市落户限制，合理确定大城市落户条件，严格控制特大城市人口规模。7月30日，《意见》正式发布。规定进一步调整户口迁移政策，统一城乡户口登记制度，全面实施居住证制度，稳步推进义务教育、就业服务、基本养老、基本医疗卫生、住房保障等城镇基本公共服务覆盖全部常住人口。到2020年，基本建立新型户籍制度，努力实现1亿左右农业转移人口和其他常住人口在城镇落户。

《意见》中的最大亮点，是建立城乡统一的户口登记制度。这意味着，以"农业"和"非农业"区分户口性质的城乡二元户籍制度将成为历史，由此衍生的蓝印户口等户口类型也将作古，今后每一位中国公民的户口均统一登记为居民户口。

《意见》的出台，标志着进一步推进户籍制度改革开始进入全面实施阶段，标志着我国实行了半个多世纪的"农业"和"非农业"二元户籍管理模式将退出历史舞台。

2014年11月，全国进一步推进户籍制度改革工作电视电话会议召开，对推进户籍制度改革的工作进行部署，各地随即出台了省级深化户籍制度改革的实施意见。大多数省份都按照中央要求，计划在2020年建立起新型户籍制度。

十二、深化国防和军队改革

十八大以来，习近平总书记深刻阐明了新的历史条件下国防和军队建设的战略目标、使命任务、指导方针、强大动力、根本保证、科学方法，回答了"新形势下为什么强军、怎样强军，未来打什么仗、怎样打胜仗"的基本问题。以习近平同志为核心的党中央，深化国防和军队改革，强军兴军，使军队和国防建设的面貌发生了巨大变化。

2013年3月11日，习近平主席出席十二届全国人大一次会议解放军代表团全体会议，指出："建设一支听党指挥、能打胜仗、作风优良的人民军队，是党在新形势下的强军目标。"

11月9日—12日，十八届三中全会对全面深化改革作出整体部署，决定把深化国防和军队改革纳入全面深化改革的总体布局。

2014年3月15日，中央军委深化国防和军队改革领导小组召开第一次全体会议。习近平主席强调，要坚持用强军目标审视改革、以强军目标引领改革、围绕强军目标推进改革，确保深化国防和军队改革工作起好步、开好局。

4月10日，中央军委印发《关于贯彻落实军委主席负责制建立和完善相关工作机制的意见》。

10月30日—11月2日，全军政治工作会议在福建古田举行。这是新世纪举行的第一次全军政治工作会议。12 月 30 日，中共中央转发了《关于新形势下军队政治工作若干问题的决定》。

12 月 3 日—4 日，全军装备工作会议举行。习近平主席强调，要加快构建适应履行使命要求的装备体系，为实现强军梦提供强大物质技术支撑。

2015 年 2 月 21 日，中央军委印发《关于新形势下深入推进依法治军从严治军的决定》。

3 月 12 日，习近平主席出席十二届全国人大三次会议解放军代表团全体会议，明确提出把军民融合发展上升为国家战略，努力开创强军兴军新局面。

7 月 22 日、29 日，习近平主席分别主持召开中央军委常务会议和中央政治局常委会议，审议和审定《深化国防和军队改革总体方案》。

9 月 3 日，纪念中国人民抗日战争暨世界反法西斯战争胜利 70 周年大会在北京天安门广场举行。习近平主席在讲话中宣布，中国将裁减军队员额 30 万。

11 月 23 日，中央军委印发《领导指挥体制改革实施方案》。

11 月 24 日—26 日，中央军委改革工作会议举行。习近平主席强调，要全面实施改革强军战略，坚定不移走中国特色强军之路，建设同我国国际地位相称、同国家安全和发展利益相适应的巩固国防和强大军队。

11 月 28 日，中央军委印发《关于深化国防和军队改革的意见》，指出要牢牢把握"军委管总、战区主战、军种主建"的原则，以领导管理体制、联合作战指挥体制改革为重点，协调推进规模结构、政策制度和军民融合深度发展改革。

此后，习近平主席先后签发中央军委命令，调整组建军委机关各部门，组建各战区机关、陆军机关、各战区陆军机关、战略支援部队机关，调整组建战区海军、战区空军机关，组建中央军委纪律检查委员会派驻纪检组，组织实施海军、空军、火箭军、武警部队机关整编，组建武汉联勤保障基地及 5 个联勤保障中心，调整组建 13 个集团军、海军陆战队，调整组建新的军事科学院、国防大学、国防科技大学和其他军队院校、科研机构、训练机构。

12 月 31 日，中国人民解放军陆军领导机构、火箭军、战略支援部队成立大会举行。习近平主席授军旗并致训词，强调要努力建设一支强大的现代化新型陆军、一支强大的现代化火箭军、一支强大的现代化战略支援部队。

2016 年 1 月 11 日，习近平主席接见调整组建后的军委机关各部门负责同志，强调要讲政治、谋打赢、搞服务、作表率，努力建设"四铁"军委机关。这次军委机关调整，把原来的总参谋部、总政治部、总后勤部、总装备部4个总部改为15个职能部门。

2月1日，中国人民解放军战区成立大会举行。习近平主席向东部、南部、西部、北部、中部战区授予军旗并发布训令，命令各战区要毫不动摇听党指挥，聚精会神钻研打仗，高效指挥联合作战，随时准备领兵打仗。

2月16日，中央军委印发《关于军队和武警部队全面停止有偿服务活动的通知》，计划用3年左右时间，分步骤停止军队和武警部队一切有偿服务活动。

2月24日，习近平主席出席中央军委扩大会议，提出更加注重聚焦实战、更加注重创新驱动、更加注重体系建设、更加注重集约高效、更加注重军民融合的军队建设发展战略指导。

2月29日，全军按新的领导指挥体制运行，实现我军领导指挥体制历史性变革。

5月1日，中共中央、国务院、中央军委印发《关于经济建设和国防建设融合发展的意见》。

9月13日，中央军委联勤保障部队成立大会举行。习近平主席向武汉联勤保障基地和无锡、桂林、西宁、沈阳、郑州联勤保障中心授予军旗并致训词，强调要按照联合作战、联合训练、联合保障的要求加快部队建设，努力建设一支强大的现代化联勤保障部队。

12月2日—3日，中央军委军队规模结构和力量编成改革工作会议举行。习近平主席强调，要推动我军由数量规模型向质量效能型、由人力密集型向科技密集型转变，部队编成向充实、合成、多能、灵活方向发展，构建能够打赢信息化战争、有效履行使命任务的中国特色现代军事力量体系。

2016年，中共中央、国务院、中央军委还印发了《关于做好深化国防和军队改革期间军队转业干部安置工作的通知》。

2017年1月22日，中央政治局会议决定设立中央军民融合发展委员会，习近平主席任主任。6月20日，习近平主席主持召开中央军民融合发展委员会第一次全体会议并讲话，强调要加强集中统一领导，加快形成全要素、多领域、高效益的军民融合深度发展格局。

4月18日，习近平主席接见全军新调整组建84个军级单位主官并对各单位发布训令，强调要坚持政治建军、改革强军、依法治军，聚焦能打仗、打胜仗推进各项工作，聚精会神锻造召之即来、来之能战、战之必胜的精兵劲旅。

7月30日，庆祝中国人民解放军建军90周年阅兵在朱日和联合训练基地举行。习近平主席检阅部队并讲话。这是人民军队整体性、革命性变革后的全新亮相。

8月1日，庆祝中国人民解放军建军90周年大会举行。习近平主席强调，要坚定不移走中国特色强军之路，把强军事业不断推向前进，努力实现党在新形势下的强军目标，并围绕推进强军事业、把人民军队建设成为世界一流军队，提出必须毫不动摇坚持党对军队的绝对领导、必须坚持政治建军改革强军科技兴军依法治军等必须牢牢把握的6点根本要求。

深化国防和军队改革，是以往历次改革的继续和深化，但又是历史上最大的一次国防和军队改革，是十八大以来改革开放最重大的举措之一。

十九大强调，面对国家安全环境的深刻变化，面对强国强军的时代要求，必须坚持走中国特色强军之路，全面贯彻习近平强军思想，贯彻新形势下军事战略方针，建设强大的现代化陆军、海军、空军、火箭军和战略支援部队，打造坚强高效的战区联合作战指挥机构，构建中国特色现代作战体系，全面推进国防和军队现代化，把人民军队建设成为世界一流军队。

十三、修改宪法

改革开放以来，中国社会发生了巨大的变化。1982年，修改制定了新的《中华人民共和国宪法》，即为"八二宪法"。此后，为了准确反映改革开放的成果，更好地规范国家运行和国家生活，1988年、1993年、1999年、2004年，全国人民代表大会4次通过《中华人民共和国宪法修正案》，对宪法进行修改。

2018年3月11日，十三届全国人大一次会议经投票表决，通过了《中华人民共和国宪法修正案》，对宪法进行了改革开放以来的第五次修改，也是最大的一次修改。

推进国家治理体系和治理能力现代化，关键是坚持全面依法治国，首要的是坚持依宪治国。十八大以来，习近平总书记高度重视发挥宪法在治国理政中的重要作用，在多个场合作出一系列论述，阐明宪法的精髓要义。

自 2004 年宪法修改以来，党和国家事业又有了许多重要发展变化。进入新时代，中国特色社会主义事业发展对修改宪法提出了要求。

2017 年 9 月 29 日，中南海怀仁堂。习近平总书记主持召开中央政治局会议，决定启动宪法修改工作，成立宪法修改小组。宪法修改小组由张德江任组长，王沪宁、栗战书任副组长。

党中央明确指出宪法修改要遵循四个原则：

——坚持党对宪法修改的领导。把坚持党中央集中统一领导贯穿于宪法修改全过程，确保宪法修改的正确政治方向。

——严格依法按程序推进宪法修改。先形成《中共中央关于修改宪法部分内容的建议（草案）》，经党中央全会审议和通过；再依法形成《中华人民共和国宪法修正案（草案）》，由全国人大常委会提请全国人民代表大会审议和通过。

——充分发扬民主、广泛凝聚共识。贯彻科学立法、民主立法、依法立法的要求，注重从政治上、大局上、战略上分析问题，注重从宪法发展的客观规律和内在要求上思考问题。

——坚持对宪法作部分修改、不作大改。保持宪法的连续性、稳定性、权威性。

2017 年 11 月 13 日，党中央发出征求对修改宪法部分内容意见的通知，请各地区各部门各方面在精心组织讨论、广泛听取意见的基础上提出宪法修改建议。

2017 年 12 月 12 日，中共中央办公厅发出通知，就党中央修宪建议草案稿下发党内一定范围征求意见。各地区各部门各方面反馈书面报告 118 份，共提出修改意见 230 条。

2017 年 12 月 15 日，习近平总书记主持召开党外人士座谈会，当面听取各民主党派中央、全国工商联负责人和无党派人士代表的意见和建议。党外人士提交了书面发言稿 10 份。

宪法修改小组举行 13 次工作班子会议、4 次全体会议，对各方面意见和建议汇总梳理、逐一研究。

2018年1月18日—19日，十九届二中全会对宪法修改建议草案进行讨论，充分吸收与会同志的意见和建议，并作进一步修改完善后予以通过。

1月26日，中共中央向全国人大常委会提出《中国共产党中央委员会关于修改宪法部分内容的建议》。

1月29日—30日，十二届全国人大常委会召开第三十二次会议，中共中央政治局常委、宪法修改小组副组长栗战书受中共中央委托，就党中央修宪建议向常委会作了说明。会议讨论了党中央修宪建议，全票通过了全国人大常委会关于提请审议宪法修正案草案的议案和宪法修正案草案，决定提请十三届全国人大一次会议审议。

受十二届全国人大常委会委托，十二届全国人大常委会副委员长兼秘书长王晨向大会作关于宪法修正案草案的说明。

为了加强人大在推进宪法实施中的作用，十九届三中全会提出将全国人大法律委员会更名为全国人大宪法和法律委员会。根据十九届三中全会的决定，全国人大会议把这项内容纳入了宪法修正案。

代表们对宪法修正案草案进行了全面而细致的审议。出席全国政协十三届一次会议的全国政协委员，也围绕宪法修正案草案展开了讨论。

大家一致表示，坚决拥护党中央关于宪法修改的决策部署，一致赞同党中央确定的这次宪法修改的总体要求、原则和修正案草案的各项内容，一致认为修正案草案已经成熟，建议本次会议审议通过。有些代表也提出了一些修改意见，对每一条意见和建议，大会秘书处都作了认真研究并给出回应。

2018年3月11日下午，十三届全国人大一次会议经投票表决，通过了《中华人民共和国宪法修正案》。

当天，十三届全国人大一次会议主席团发布公告："中华人民共和国宪法修正案已由中华人民共和国第十三届全国人民代表大会第一次会议于2018年3月11日通过，现予公布施行。"

十四、国家监察体制改革

深化国家监察体制改革，成立国家监察委员会，这是以习近平同志为核心的党中央作出的一个重大政治决策，也是十九大之后正式实施的一项重大改革。

2016 年 1 月 12 日，习近平总书记在十八届中央纪委六次全会上发表重要讲话，提出要完善监督制度，做好监督体系顶层设计，"既加强党的自我监督，又加强对国家机器的监督"。

这次会议部署的 2016 年的主要任务中，明确提出研究修改《中华人民共和国行政监察法》，建立覆盖国家机关和公务人员的国家监察体系，使党内监督和国家监察相互配套，依法治国和依规治党相互促进、相得益彰。

2016 年 6 月—10 月，习近平总书记先后 6 次主持召开中央全面深化改革领导小组会议、中央政治局常委会会议和中央政治局会议，专题研究深化国家监察体制改革、国家监察相关立法问题，确定了制定监察法的指导思想、基本原则和主要内容，明确了国家监察立法工作的方向和时间表、路线图。

10 月，十八届六中全会的公报指出："各级党委应当支持和保证同级人大、政府、监察机关、司法机关等对国家机关及公职人员依法进行监督。"引人注目的是，监察机关被前所未有地放置于政府和司法机关之间。

10 月 27 日，就在十八届六中全会闭幕当天，中央纪委负责同志即率队来到全国人大机关，对接监察法立法相关事宜。

11 月 4 日，中共中央办公厅印发《关于在北京市、山西省、浙江省开展国家监察体制改革试点方案》，部署在 3 个省（市）设立省、市、县三级监察委员会。

12 月 25 日，十二届全国人大常委会二十五次会议通过关于在北京市、山西省、浙江省开展国家监察体制改革试点工作的决定。到 2017 年 4 月，试点地区全面完成了省、市、县三级监察委员会组建和转隶工作。

2017 年 6 月下旬，十二届全国人大常委会二十八次会议对监察法草案进行了首次审议。随后，全国人大常委会法制工作委员会将草案送 23 个中央国家机关以及 31 个省、自治区、直辖市人大常委会征求意见；2017 年 7 月 18 日，还专门召开专家会，听取了宪法、行政法和刑事诉讼法方面专家学者的意见。

十九大对深化国家监察体制改革作出新的部署，明确要求制定国家监察法，依法赋予监察委员会职责权限和调查手段，用留置取代"两规"措施。十九大要求深化国家监察体制改革，将试点工作在全国推开，组建国家、省、市、县监察委员会，同党的纪律检查机关合署办公，实现对所有行使公权力的公职人员监察全覆盖。

中央纪委提交十九大的报告说，为贯彻党中央深化国家监察体制改革重大决策部署，推进国家监察体制改革，中央纪委召开了 26 次会议深入研究，起草改革方案，抓好贯彻落实。成立中央深化国家监察体制改革试点工作领导小组。同全国人大常委会密切配合，研究制定《中华人民共和国监察法（草案）》。

2017 年 10 月，中共中央办公厅印发《关于在全国各地推开国家监察体制改革试点方案》。当年 11 月，十二届全国人大常委会三十次会议通过了关于在全国各地推开国家监察体制改革试点工作的决定。

2018 年 2 月 25 日，广西崇左市大新县监察委员会挂牌成立。至此，全国 31 个省、自治区、直辖市和新疆生产建设兵团各级监察委员会全部组建完成。

2018 年 2 月 26 日—28 日，十九届二中全会审议通过了《中共中央关于深化党和国家机构改革的决定》和《深化党和国家机构改革方案》。3 月 21 日，中共中央公布了《深化党和国家机构改革方案》（以下简称《方案》）。其中第一项改革内容，就是组建国家监察委员会。

《方案》指出，为加强党对反腐败工作的集中统一领导，实现党内监督和国家机关监督、党的纪律检查和国家监察有机统一，实现对所有行使公权力的公职人员监察全覆盖，将监察部、国家预防腐败局的职责，最高人民检察院查处贪污贿赂、失职渎职以及预防职务犯罪等反腐败相关职责整合，组建国家监察委员会，同中央纪律检查委员会合署办公，履行纪检、监察两项职责，实行一套工作机构、两个机关名称。

国家监察委员会的主要职责是，维护党的章程和其他党内法规，检查党的路线方针政策和决议执行情况，对党员领导干部行使权力进行监督，维护宪法法律，对公职人员依法履职、秉公用权、廉洁从政以及道德操守情况进行监督检查，对涉嫌职务违法和职务犯罪的行为进行调查并作出政务处分决定，对履行职责不力、失职失责的领导人员进行问责，负责组织协调党风廉政建设和反腐败宣传等。

国家监察委员会由全国人民代表大会产生，接受全国人民代表大会及其常务委员会的监督。

2018 年 3 月 11 日，十三届全国人大一次会议表决通过了《中华人民共和国宪法修正案》。此次宪法修改共有 21 条，其中 11 条与国家监察体制改革相关，在第三章"国家机构"中新增"监察委员会"一节，确立了监察委员会作为国家机构的宪法地位。其中第一百二十四条规定："中华人民共和国设立国家监察委员会和地方各级监察委员会。"

确立监察委员会作为国家机构的法律地位，这是对中国政治体制、政治权力、政治关系的重大调整。

3 月 18 日，杨晓渡当选为中华人民共和国国家监察委员会主任。

十三届全国人大一次会议对《中华人民共和国监察法（草案）》进行了审议。3 月 20 日，表决通过了《中华人民共和国监察法》。

十五、深化党和国家机构改革

改革开放以来，具体说，1981 年以来，党中央部门进行了 4 次改革，国务院机构进行了 7 次改革，逐步建立起具有我国特点的党和国家机构职能体系。

进入新时代后，党和国家机构设置和职能配置同实现国家治理体系和治理能力现代化的要求还不完全适应。因此，以习近平同志为核心的党中央决心深化党和国家机构改革，以适应党和国家事业长远发展要求。

2013 年 11 月，十八届三中全会通过的《中共中央关于全面深化改革若干重大问题的决定》明确提出，统筹党政群机构改革，理顺部门职责关系。

2015 年，习近平总书记要求中央全面深化改革领导小组对深化机构改革进行调研。

十九大对深化机构改革作出重要部署，要求深化机构和行政体制改革。统筹考虑各类机构设置，科学配置党政部门及内设机构权力、明确职责。

十九大闭幕后，中央政治局常委会、中央政治局决定，十九届三中全会专题研究深化党和国家机构改革问题，并决定成立文件起草组，由习近平担任组长。

2017 年下半年以来，中央改革办、中央编办开展调研论证，组成 10 个调研组，分赴 31 个省区市、71 个中央和国家机关部门，当面听取了 139 位省部级主要负责同志的意见和建议；还向 657 个市县的 1197 位党委和政府主要负责同志个人发放了调研问卷，31 个省区市的改革办、编办都提交了深化地方机构改革调研报告。

2017 年 12 月 11 日，文件起草组召开第一次全体会议，文件起草工作正式启动。其间，中央政治局常委会、中央政治局召开会议审议全会决定稿和方案稿。

2018 年 2 月 1 日，中央办公厅发出《关于对〈中共中央关于深化党和国家机构改革的决定〉稿征求意见的通知》，在党内一定范围征求意见。2 月 6 日，习近平总书记主持召开座谈会，听取各民主党派、全国工商联和无党派人士的意见。

改革开放以来历次三中全会都研究深化改革问题，十八届三中全会专门研究了全面深化改革问题。时隔 5 年后，2018 年 2 月 26 日—28 日，十九届三中全会专门研究深化党和国家机构改革问题。习近平总书记作了说明。全会审议通过了《中共中央关于深化党和国家机构改革的决定》和《深化党和国家机构改革方案》，同意把《深化党和国家机构改革方案》的部分内容按照法定程序提交十三届全国人大一次会议审议。

2018 年 3 月 13 日，《国务院机构改革方案》提请十三届全国人大一次会议审议。国务委员王勇作了说明。3 月 17 日，会议表决通过了关于国务院机构改革方案的决定，批准了这个方案。

3 月 21 日，中共中央公布了《深化党和国家机构改革方案》。

根据方案和有关说明，这次深化党和国家机构改革遵循的原则是：坚持党的全面领导，坚持以人民为中心，坚持优化协同高效，坚持全面依法治国。

这次深化党和国家机构改革的主要内容是：

（一）完善坚持党的全面领导的制度。

加强党对各领域各方面工作领导，是深化党和国家机构改革的首要任务。方案规定，建立健全党对重大工作的领导体制机制；强化党的组织在同级组织中的领导地位；更好发挥党的职能部门作用，优化党的组织、宣传、统战、政法、机关党建、教育培训等部门职责配置，加强归口协调职能，统筹本系统本领域工作；坚持党中央集中统一领导的要求，统筹设置党政机构，有的合并设立或合署办公；推进党的纪律检查体制和国家监察体制改革。

（二）优化政府机构设置和职能配置。

主要是，合理配置宏观管理部门职能，深入推进简政放权，完善市场监管和执法体制，改革自然资源和生态环境管理体制，完善公共服务管理体制，强化事中事后监管，提高行政效率。

（三）统筹党政军群机构改革。

主要是，完善党政机构布局，深化人大、政协和司法机构改革，深化群团组织改革，推进社会组织改革，加快推进事业单位改革，深化跨军地改革。

（四）合理设置地方机构。

主要是，确保集中统一领导，赋予省级及以下机构更多自主权，构建简约高效的基层管理体制，规范垂直管理体制和地方分级管理体制。

（五）推进机构编制法定化。

主要是，完善党和国家机构法规制度，强化机构编制管理刚性约束，加大机构编制违纪违法行为查处力度。

方案要求，加强党对深化党和国家机构改革的领导。

改革后，党中央机构共计减少6个，其中，正部级机构减少4个、副部级机构减少2个。国务院机构共计减少15个，其中，正部级机构减少8个，副部级机构减少7个。党政合计，共计减少21个部级机构，其中，正部级12个，副部级9个。全国人大和全国政协各增加1个专门委员会。

这次改革打破了以往机构改革大多局限于政府机构改革的做法，既横向统筹党政军群，又纵向统筹中央地方乃至基层，充分发挥党总揽全局、协调各方的优势，并使其进一步制度化。

这次改革涉及的中央和国家机关部门、直属单位超过80个。改革调整幅度之大，触及利益之深，为改革开放40年来之最。不是小修小补，而是大刀阔斧；不是细枝末节，而是建梁架柱；不是拆东补西，而是系统重构。既立足当前又着眼长远。

深化党和国家机构改革落地的时间表和路线图是：中央和国家机关机构改革要在2018年年底前落实到位；省级党政机构改革方案要在2018年9月底前报党中央审批，2018年年底前机构调整基本到位；省以下党政机构改革由省级党委统一领导，在2018年年底前报党中央备案。所有地方党政机构改革任务在2019年3月底前基本完成；实施机构改革方案需要制定或修改法律的，要及时启动相关程序；依法依规完善党和国家机构职能，依法履行职责，依法管理机构和编制，确保改革在法治轨道上运行。

十六、建设美丽中国

2007年的十七大第一次使用了"生态文明"的概念，强调必须坚持生产发展、生活富裕、生态良好的文明发展道路，在全社会牢固树立生态文明观念。

生态文明是在人类历史发展过程中形成的人与自然、人与社会环境和谐统一、可持续发展的文化成果的总和，是人与自然交流融通的状态。生态文明建设是经济建设、政治建设、文化建设和社会建设的基础和前提。

2012年的十八大，进一步把生态文明建设纳入中国特色社会主义事业"五位一体"的总体布局，首次把"美丽中国"作为生态文明建设的宏伟目标。十八大还提出了"走向社会主义生态文明新时代"的预言和号召。

于是，美丽一词，成了生态文明的代名词。建设美丽中国，不仅成为建设生态文明的目标，而且上升为建设社会主义现代化强国的战略目标。

"我们既要绿水青山，也要金山银山。""绿水青山就是金山银山。"习近平总书记的这几句话，形象地说出了环境和生态保护的重要价值。

十八大以来，面对环境污染严重、生态系统退化、资源约束趋紧的严峻形势，以习近平同志为核心的党中央，从"五位一体"总体布局的战略高度，加大环境保护的力度，强力推进生态文明建设。

2013年7月19日—21日，生态文明贵阳国际论坛2013年年会举行。习近平总书记致贺信，强调中国将同世界各国携手共建生态良好的地球美好家园。他还指出："走向生态文明新时代，建设美丽中国，是实现中华民族伟大复兴的中国梦的重要内容。"

2013年9月，我国发布实施《大气污染防治行动计划》，提出10个方面的硬措施，并明确了量化目标。保卫蓝天的攻坚战全面打响。随后，"水十条""土十条"相继出台，治污攻坚战向纵深挺进。

2014年4月24日，十二届全国人大常委会八次会议通过修订后的《中华人民共和国环境保护法》。

2015 年 3 月 25 日，习近平总书记主持召开中共中央政治局会议，审议通过了《关于加快推进生态文明建设的意见》。4 月，中共中央、国务院印发《关于加快推进生态文明建设的意见》，明确了生态文明建设的总体要求、目标愿景、重点任务、制度体系。9 月，《生态文明体制改革总体方案》出台。

2015 年 4 月 1 日，东北、内蒙古重点国有林区全部停止天然林商业性采伐。2016 年，天然林商业性采伐在全国范围内停止，标志着我国天然林资源从采伐利用转入保护发展的新阶段。

2015 年 8 月 30 日，中共中央办公厅、国务院办公厅印发《环境保护督察方案（试行）》。至 2017 年 8 月，已开展四批中央环境保护督察，实现对全国各省（区、市）督察全覆盖。2017 年 6 月 1 日，中共中央办公厅、国务院办公厅印发《关于甘肃祁连山国家级自然保护区生态环境问题督查处理情况及其教训的通报》，要求各地区各部门坚决扛起生态文明建设的政治责任，切实把生态文明建设各项任务落到实处。

五年来，中央审议通过 40 多项生态文明和环境保护具体改革方案，各地结合实际推出实施办法，生态文明建设的制度日臻完善。生态文明建设具有顶层设计意义的一系列"四梁八柱"日益完善。

国家出台了"1+6"生态文明体制改革的制度体系，提出到 2020 年，构建起由自然资源资产产权制度、国土空间开发保护制度等八项制度构成的产权清晰、多元参与、激励约束并重、系统完整的生态文明制度体系，推进生态文明领域国家治理体系和治理能力现代化，努力走向社会主义生态文明新时代。

到十九大，生态文明建设更上一层楼。习近平总书记把"坚持人与自然和谐共生"作为 14 条基本方略之一，强调：建设生态文明是中华民族永续发展的千年大计。必须树立和践行绿水青山就是金山银山的理念，坚持节约资源和保护环境的基本国策，像对待生命一样对待生态环境，统筹山水林田湖草系统治理，实行最严格的生态环境保护制度，形成绿色发展方式和生活方式，坚定走生产发展、生活富裕、生态良好的文明发展道路，建设美丽中国，为人民创造良好生产生活环境，为全球生态安全作出贡献。

于是，"美丽"一词被列入全面建设社会主义现代化强国的目标，成为"两个一百年"奋斗目标和中华民族伟大复兴中国梦的内容之一。

这意味着，生态文明建设的力度将会进一步加大。"美丽中国"正在并将继续不断地在我们身边成为现实。

十七、"一带一路"倡议

新形势下，以习近平同志为核心的党中央进一步推动实施更加积极主动的开放战略。其中，最为突出的是提出并实施"一带一路"建设的倡议。

"一带一路"，是"丝绸之路经济带"和"21世纪海上丝绸之路"的简称。

2000多年前，亚欧大陆上勤劳勇敢的人民，探索出多条连接亚欧非几大文明的贸易和人文交流通路，后人将其统称为"丝绸之路"和"海上丝绸之路"。

2013年9月，习近平主席访问哈萨克斯坦。7日，在纳扎尔巴耶夫大学发表演讲时表示：为了使各国经济联系更加紧密、相互合作更加深入、发展空间更加广阔，我们可以用创新的合作模式，共同建设"丝绸之路经济带"，以点带面，从线到片，逐步形成区域大合作。

不到1个月后的10月3日，习近平主席在印尼国会发表演讲时又表示：中国愿同东盟国家加强海上合作，使用好中国政府设立的中国—东盟海上合作基金，发展好海洋合作伙伴关系，共同建设"21世纪海上丝绸之路"。

"一带一路"的倡议由此提出。

"一带一路"不是一个实体和机制，而是合作发展的理念和倡议。实质是借用古代丝绸之路的历史符号，高举和平发展、互利共赢的旗帜，依靠中国与有关国家既有的双多边机制，借助既有的、行之有效的区域合作平台，积极主动地发展与沿线国家的经济合作伙伴关系，共同打造政治互信、经济融合、文化包容的利益共同体、命运共同体和责任共同体，努力实现政策沟通、道路联通、贸易畅通、货币流通和民心相通。

习近平主席和其他中国领导人在多个场合对此倡议加以介绍、论述、讨论，阐明其宗旨和意义，与一系列国家交换了意见。

2014年5月21日，习近平主席在亚信峰会上作主旨发言时指出：中国将同各国一道，加快推进"丝绸之路经济带"和"21世纪海上丝绸之路"建设，尽早启动亚洲基础设施投资银行，更加深入参与区域合作进程，推动亚洲发展和安全相互促进、相得益彰。

2014年11月8日，加强互联互通伙伴关系对话会在北京举行。习近平主席主持并讲话，强调要深化亚洲国家互联互通伙伴关系，共建发展和命运共同体；宣布中国出资400亿美元成立丝路基金，为"一带一路"项目建设提供投融资支持。

2014年12月2日，中共中央、国务院印发《丝绸之路经济带和21世纪海上丝绸之路建设战略规划》，对推进"一带一路"建设工作作出全面部署。

2015年3月，为推进实施"一带一路"，让古丝绸之路焕发新的生机活力，以新的形式使亚欧非各国联系更加紧密，互利合作迈向新的历史高度，中国政府特制定并发布《推动共建丝绸之路经济带和21世纪海上丝绸之路的愿景与行动》，全面阐述了"一带一路"倡议的内涵。

2015年，博鳌亚洲论坛开幕式上，习近平主席发表主旨演讲，表示"一带一路"建设不是要替代现有地区合作机制和倡议，而是要在已有基础上，推动沿线各国实现经济战略相互对接、优势互补。

2016年8月17日，推进"一带一路"建设工作座谈会举行。习近平总书记提出8项要求，强调要聚焦政策沟通、设施联通、贸易畅通、资金融通、民心相通，聚焦构建互利合作网络、新型合作模式、多元合作平台，聚焦携手打造绿色丝绸之路、健康丝绸之路、智力丝绸之路、和平丝绸之路。

2017年5月14日—15日，中国在北京成功地举办了"一带一路"国际合作高峰论坛。这是"一带一路"框架下最高规格的国际活动，也是新中国成立以来由中国首倡、中国主办的层级最高、规模最大的多边外交活动。来自29个国家的国家元首、政府首脑与会，来自130多个国家和70多个国际组织的1500多名代表参会，覆盖了五大洲各大区域。

在论坛上，习近平主席指出，要牢牢坚持共商、共建、共享，将"一带一路"建成和平、繁荣、开放、创新、文明之路。各国领导人普遍对习近平主席的讲话作出积极回应。圆桌峰会联合公报也将有关理念纳入其中，充分体现出广泛的国际共识。

中国积极推动"一带一路"建设。仅从交通上，就开展了亚洲公路网、泛亚铁路网规划和建设，与东北亚、中亚、南亚及东南亚国家开通公路13

条、铁路 8 条。此外，油气管道、跨界桥梁、输电线路、光缆传输系统等基础设施建设取得成果。这些设施建设，为"一带一路"打下了牢固的物质基础。

"一带一路"倡议提出后，合作范围不断扩大，合作领域更为广阔，不仅给参与各方带来了实实在在的合作红利，也为世界贡献了应对挑战、创造机遇、强化信心的智慧与力量。

实施"一带一路"建设，是在中国综合国力发生重大变化的情况下所采取的重大战略举措。它表明，中国在世界经济和政治舞台上，已经不仅仅是应对世界发生的事件，被动地作出自己的反应，而是主动设置议题，采取措施，推动世界经济和政治的发展，以"四两拨千斤"的方式，撬动了世界格局的变化，引发了国际关系的重大变动，使我们处在更加主动的位置上。

十八、京津冀协同发展

北京、河北、天津三地同属京畿重地，濒临渤海，背靠太岳，携揽"三北"，战略地位十分重要。历史上，三地的行政区划多有变动和交叉，关系比较复杂。如何保障北京发挥首都的功能，同时又促进三地的协同发展，一直是中央和三地高度关注的问题。

经过几十年的改革开放，京津冀地区已成为我国经济最具活力、开放程度最高、创新能力最强、吸纳人口最多的地区之一，也是拉动我国经济发展的重要引擎。但京津冀地区的发展也面临诸多困难和问题，特别是北京集聚过多的非首都功能，"大城市病"问题突出，引起全社会广泛关注。这些问题，迫切需要从国家层面加强统筹，有序疏解北京非首都功能，推动京津冀三省市整体协同发展。

2013 年，习近平总书记先后到天津、河北调研，强调要推动京津冀协同发展。5 月，在天津调研时，提出要谱写新时期社会主义现代化的京津"双城记"。8 月，在北戴河主持研究河北发展问题时，他又提出要推动京津冀协同发展。

2014 年 2 月 26 日，习近平总书记在北京考察工作，同时主持召开座谈会，专题听取京津冀协同发展工作汇报。会上，习近平总书记发表重要讲话，全面深刻阐述了京津冀协同发展战略的重大意义、推进思路和重点任务。对推进京津冀协同发展提出 7 点要求，强调京津冀协同发展意义重大，要上升到国家战略层面来认识。

之后，京津冀协同发展领导小组办公室会同党中央、国务院 30 多个部门、三省市和京津冀协同发展专家咨询委员会，经过大量调查研究，集中开展规划纲要编制工作。

2015 年 4 月 30 日，中央政治局召开会议，审议通过《京津冀协同发展规划纲要》。会议指出，推动京津冀协同发展是一个重大国家战略。战略的核心是有序疏解北京非首都功能，调整经济结构和空间结构，走出一条内涵集约发展的新路子，探索出一种人口经济密集地区优化开发的模式，促进区域协调发展，形成新增长极。

2015 年 6 月，党中央国务院颁布《京津冀协同发展规划纲要》，从战略意义、总体要求、定位布局、有序疏解北京非首都功能、推动重点领域率先突破、促进创新驱动发展、统筹协同发展相关任务、深化体制机制改革、开展试点示范、加强组织实施等方面描绘了京津冀协同发展的宏伟蓝图，标志着京津冀协同发展的顶层设计基本完成。

据此，京津冀统一编制"十三五"规划。2016 年，《"十三五"时期京津冀国民经济和社会发展规划》发布实施。京津冀交通、生态、产业等 12 个专项规划和一系列政策意见也相继出台。

有序疏解北京非首都功能是京津冀协同发展战略的核心，习近平总书记对有序疏解北京非首都功能多次作出重要指示批示，明确指出，京津冀协同发展要牵住疏解北京非首都功能这个"牛鼻子"和主要矛盾，降低北京人口密度，实现城市发展与资源环境相适应。

2014 年 2 月，习近平总书记考察北京时对北京的核心功能作出了明确定位：要坚持和强化首都全国政治中心、文化中心、国际交往中心、科技创新中心的核心功能。

2016 年 5 月 27 日，中央政治局会议研究部署规划建设北京城市副中心和进一步推动京津冀协同发展有关工作，审议《关于规划建设北京城市副中心和研究设立河北雄安新区的有关情况的汇报》。

2017 年，国务院批复了《北京城市总体规划（2016 年—2035 年）》。习近平总书记再次在北京考察时强调，北京城市规划要深入思考"建设一个什么样的首都，怎样建设首都"这个问题，把握好战略定位、空间格局、要素配置，坚持城乡统筹，落实"多规合一"，形成一本规划、一张蓝图，着力提升首都核心功能，做到服务保障能力同城市战略定位相适应，人口资源环境同城市战略定位相协调，城市布局同城市战略定位相一致，不断朝着建设国际一流的和谐宜居之都的目标前进。

2017 年 4 月 1 日，中央电视台《新闻联播》播出一则重磅消息：日前，中共中央、国务院印发通知，决定设立河北雄安新区。这一消息立即引起社会的高度关注和强烈反响。

设立河北雄安新区，是深入推进京津冀协同发展的一项重大决策，被定位为"千年大计、国家大事"。

在推进实施京津冀协同发展大战略中，要将北京的非首都功能有力、有序、有效地疏解出去，需要一个集中承载地。除了设立北京城市副中心以外，习近平总书记提出，可以考虑在河北比较适合的地方规划建设一个适当规模的新城。

新区选在哪儿？经过内部调查论证，2016 年 3 月，习近平总书记主持召开中共中央政治局常委会会议，确定了新区规划选址，同意定名为"雄安新区"。

2017 年 2 月 23 日，习近平总书记专程到河北省安新县进行实地考察，主持召开河北雄安新区规划建设工作座谈会。

2017 年 4 月 1 日，中共中央、国务院印发通知，决定设立河北雄安新区。

雄安新区规划范围涉及河北省雄县、容城、安新 3 县及周边部分区域，地处北京、天津、保定腹地，距离北京 105 公里，距离保定只有 30 公里，距离石家庄 155 公里，距离天津 105 公里。

雄安新区规划建设以特定区域为起步区先行开发，起步区面积约 100 平方公里，中期发展区面积约 200 平方公里，远期控制区面积约 2000 平方公里。

雄安新区不同于一般意义上的新区，其定位首先是疏解北京非首都功能集中承载地；雄安新区也不是简单地平地建一个新城市，而是要走出一条用新发展理念建设现代化城市的新路径。

按照党中央要求，雄安新区的建设，正在以新发展理念为引领，高标准高质量展开。

作为推进京津冀协同发展的两项战略举措，规划建设北京城市副中心和河北雄安新区，将形成北京新的两翼，拓展京津冀区域发展新空间。

十九、长江经济带建设

"朝辞白帝彩云间，千里江陵一日还。两岸猿声啼不住，轻舟已过万重山。"

"潮平两岸阔，风正一帆悬。海日生残夜，江春入旧年。"

这些诗句，都是对长江的绝妙勾画和咏叹。

长江，是中国和亚洲的第一大河，世界第三大河。长江流域面积达180万平方公里，约占中国陆地总面积的20%。我们现在所说的长江经济带，是长江流域的主要部分，不完全等同于长江流域，是指长江附近的经济圈。

中国的历朝历代都高度重视长江的利用和开发，又非常警惕它所带来的水患。国家的整体发展和安全，在相当程度上都仰仗于此。中华人民共和国成立以来，长江流域的治理和发展始终摆在国家的重要战略位置上。改革开放以来，长江流域得到更快发展，成为我国综合实力最强、战略支撑作用最大的区域之一。但是，长江经济带在高速发展的同时，也面临着诸多亟待解决的困难和问题。

所以，如何进一步做好长江经济带发展的文章，具有十分重要的意义，因而也成为党和国家整个发展战略必须思考的重要问题。

十八大以来，以习近平同志为核心的党中央着眼大局，面向未来，对长江经济带的发展问题进行了新的思考和勾画，推动万里长江奔涌起新的浪潮。

2013年7月，习近平总书记在武汉调研时指出，长江流域要加强合作，发挥内河航运作用，把全流域打造成黄金水道。

2014年12月，习近平总书记作出重要批示，强调长江通道是我国国土空间开发最重要的东西轴线，在区域发展总体格局中具有重要战略地位，建设长江经济带要坚持一盘棋思想，理顺体制机制，加强统筹协调，更好发挥长江黄金水道作用，为全国统筹发展提供新的支撑。

2016年1月，习近平总书记在重庆召开推动长江经济带发展座谈会并发表重要讲话，全面深刻阐述了长江经济带发展战略的重大意义、推进思路和重点任务。

李克强多次强调，让长江经济带这条"巨龙"舞得更好，关乎当前和长远发展的全局，要结合规划纲要制定，依靠改革创新，实现重点突破，保护好生态环境，将生态工程建设与航道建设、产业转移衔接起来，打造绿色生态廊道，下决心解决长江航运瓶颈问题，充分利用黄金水道航运能力，构筑综合立体交通走廊，带动中上游腹地发展，引导产业由东向西梯度转移，形成新的区域增长极，为中国经济持续健康发展提供有力支撑。

在此期间，党中央、国务院先后出台重要文件，明确提出长江经济带建设的战略，对如何建设长江经济带作出规划、提出要求、进行部署。

2014年9月，国务院印发《关于依托黄金水道推动长江经济带发展的指导意见》。

随意见一并印发的《长江经济带综合立体交通走廊规划（2014—2020年）》提出到2020年，建成横贯东西、沟通南北、通江达海、便捷高效的长江经济带综合立体交通走廊。

2015年的十八届五中全会，在关于"十三五"规划的建议中要求："推进长江经济带建设，改善长江流域生态环境，高起点建设综合立体交通走廊，引导产业优化布局和分工协作。"

2016年3月25日，中央政治局召开会议，审议通过《长江经济带发展规划纲要》。2016年5月底，《长江经济带发展规划纲要》正式印发。纲要从规划背景、总体要求、大力保护长江生态环境、加快构建综合立体交通走廊、创新驱动产业转型升级、积极推进新型城镇化、努力构建全方位开放新格局、创新区域协调发展体制机制、保障措施等方面描绘了长江经济带发展的宏伟蓝图，成为推动长江经济带发展重大国家战略的纲领性文件。

推动长江经济带发展，要遵循5条基本原则：一是江湖和谐、生态文明；二是改革引领、创新驱动；三是通道支撑、协同发展；四是陆海统筹、双向开放；五是统筹规划、整体联动。

长江经济带历来是对外开放的重点区域。为了进一步构建东西双向、海陆统筹的对外开放新格局，规划要求立足上中下游地区对外开放的不同基础和优势，因地制宜提升开放型经济发展水平。

"十三五"规划明确了推进长江经济带发展的三项任务：一是建设沿江绿色生态廊道；二是构建高质量综合立体交通走廊；三是优化沿江城镇和产业布局。

在推动长江经济带发展中，如何切实保护好长江的生态系统，是一件关系千秋万代的大事情。对此，以习近平同志为核心的党中央给出了明确的指示，强调，共抓大保护，不搞大开发。长江经济带发展的基本思路就是生态优先、绿色发展，而不是又鼓励新一轮的大干快上。这是长江经济带发展战略区别于其他战略的最重要的要求，是制定规划的出发点和立足点。

十八大以来，在国家大力推进长江经济带发展战略带动下，沿江各省区市加快改革创新，狠抓政治落实，经济发展取得了辉煌成就。特别是坚持绿色发展，谱写了大保护的新篇章。

二十、国家安全战略

安全是生命的基石，也是发展的前提。国家安全是安邦定国的重要基石，是全国各族人民根本利益所在。

当前，国际形势风云变幻，中国经济社会发生深刻变化，改革进入攻坚期和深水区，社会矛盾多发叠加，各种可以预见和难以预见的安全风险挑战前所未有，必须始终增强忧患意识，做到居安思危。

十八大以来，习近平总书记高度重视国家安全问题，把国家安全放在"四个全面"的战略布局中科学运筹，鲜明提出总体国家安全观重大战略思想，亲自决策并主持制定国家安全战略纲要，为做好国家安全工作提供了根本遵循。

在2014年4月国家安全委员会第一次会议上，习近平总书记首次提出"总体国家安全观"，强调要以人民安全为宗旨，以政治安全为根本，以经济安全为基础，以军事、文化、社会安全为保障，以促进国际安全为依托，走出一条中国特色国家安全道路。

2015年1月23日，中共中央政治局会议审议通过《国家安全战略纲要》。同年 7 月，十二届全国人大常委会十五次会议通过了《中华人民共和国国家安全法》。

十八届五中全会关于"十三五"规划的建议明确提出：贯彻总体国家安全观，实施国家安全战略，落实重点领域国家安全政策，完善国家安全审查制度，完善国家安全法治，建立国家安全体系。依法严密防范和严厉打击敌对势力渗透颠覆破坏活动、暴力恐怖活动、民族分裂活动、极端宗教活动，坚决维护国家政治、经济、文化、社会、信息、国防等安全。

"十三五"规划第七十三章的标题就是"建立国家安全体系"，要求深入贯彻总体国家安全观，实施国家安全战略，不断提高国家安全能力，切实保障国家安全。

其中，在"健全国家安全保障体制机制"方面作出的部署是：制定实施政治、国土、经济、社会、资源、网络等重点领域国家安全政策，明确中长期重点领域安全目标和政策措施，提高应对各种风险挑战的能力。加强国家安全科技和装备建设，建立健全国家安全监测预警体系，强化不同领域监测预警系统的高效整合，提升安全信息搜集分析和处理能力。建立外部风险冲击分类分等级预警制度。加强重大安全风险监测评估，制定国家安全重大风险事件应急处置预案。健全国家安全审查制度和机制。对重要领域、重大改革、重大工程、重大项目、重大政策等进行安全风险评估。建立重点领域维护国家安全工作协调机制，加强国家安全工作组织协调。

在"保障国家政权主权安全"方面作出的部署是：建立健全跨部门跨地区联合工作机制，依法严密防范和严厉打击敌对势力渗透颠覆破坏活动、暴力恐怖活动、民族分裂活动、宗教极端活动。加强反恐怖专业力量建设。加强反恐国际合作。加强反间谍工作。加强网上主权空间对敌斗争和网络舆情管控，遏制敌对势力和恐怖势力利用网络空间进行渗透破坏活动。加强边境技防体系建设。高度重视做好意识形态领域工作，切实维护意识形态安全。

在"防范化解经济安全风险"方面作出的部署是：坚持底线思维、预防为主，维护战略性资源、关键产业、财政金融、资本跨境流动等领域国家经济安全。加强重要经济指标的动态监测和研判，制定重要经济领域风险应对预案。统筹应对去过剩产能、去商品房库存和去债务杠杆过程中的财政金融风险，以可控方式和节奏主动释放风险。加强对金融市场异常波动、风险传递和金融新业态风险的监管应对。完善全口径政府债务管理，推动地方政府融资平台市场化转型，有效化解地方政府债务风险。拓宽银行业不良资产处置渠道，完善流动性风险管理工具和应急预案，严厉打击非法集资。防范企业债务风险。提高能源、矿产资源、水资源、粮食、生态环保、安全生产、网络等方面风险防控能力。健全国家战略物资储备，构建产品产能产地储备相结合的国家战略资源能源储备体系。

在"加强国家安全法治建设"方面作出的部署是：贯彻落实国家安全法，出台相关实施细则。推进国家经济安全、防扩散、国家情报、网络安全、出口管制、外国代理人登记、外资安全审查等涉及国家安全的立法工作，加快健全国家安全法律制度体系，充分运用法律手段维护国家安全。

相关的举措陆续出台。

2016年4月19日，习近平总书记主持召开网络安全和信息化工作座谈会，强调网信事业要在践行创新、协调、绿色、开放、共享的新发展理念上先行一步，推进网络强国建设，让互联网更好造福国家和人民。

2017年6月27日，十二届全国人大常委会二十八次会议通过《中华人民共和国国家情报法》。

2017年9月26日，习近平主席出席国际刑警组织第86届全体大会开幕式并发表主旨演讲，强调高举合作、创新、法治、共赢的旗帜，共同构建普遍安全的人类命运共同体。

十九大把"坚持总体国家安全观"列为基本方略的第十条，强调统筹发展和安全，增强忧患意识，做到居安思危，是我们党治国理政的一个重大原则。必须坚持国家利益至上，以人民安全为宗旨，以政治安全为根本，统筹外部安全和内部安全、国土安全和国民安全、传统安全和非传统安全、自身安全和共同安全，完善国家安全制度体系，加强国家安全能力建设，坚决维护国家主权、安全、发展利益。

贯彻落实十九大精神，全面实施国家安全战略，必须坚持以总体国家安全观为指导，坚决维护国家核心和重大利益，以人民安全为宗旨，在发展和改革开放中促安全，走中国特色国家安全道路。科学统筹国内国际两个安全发展大局，做好各领域国家安全工作，大力推进国家安全各种保障能力建设，把法治贯穿于维护国家安全的全过程。

二十一、群团组织改革

十八大以来，按照中央部署，上海进行群团组织改革的试点。

本着离群众近一点、再近一点的原则，2016年，上海各级工会为职工提供了1.3万件次的法律援助服务，"倒逼"85家企业建立工会、74家企业建立集体协商制度、70家企业建立职代会制度，参与调处群体纠纷147起、涉及职工1.9万人。

上海共青团组织搭建了"青春上海act+"平台和电子团务平台，让团员青年能更方便地找到团的组织、参加团的活动、解决实际问题，日渐从原本的"小天地"中走到互联网的"大舞台"上。

群团组织，是"群众性团体组织"的简称，是当代中国社会团体的一种。中央机构编制委员会办公室管理机构编制的群众团体有中华全国总工会、中国共产主义青年团中央委员会、中华全国妇女联合会等22家。

过去，曾习惯性称工会、共青团、妇联等组织为群众组织。但十九大在修改党章的时候，把原先使用的"群众组织"都改成了"群团组织"。

群团事业是党的事业的重要组成部分，党的群团工作是党治国理政的一项经常性、基础性工作，是党组织动员广大人民群众为完成党的中心任务而奋斗的重要法宝。工会、共青团、妇联等群团组织联系的广大人民群众是全面建成小康社会、坚持和发展中国特色社会主义的基本力量，是全面深化改革、全面推进依法治国、巩固党的执政地位、维护国家长治久安的基本依靠。

在革命、建设、改革各个历史时期，党始终高度重视群团工作，加强群团组织建设，发挥群团组织特殊优势。这些年，党的群团工作在继承创新中不断加强，但与新形势新任务的要求相比仍存在许多不适应的问题。因此，十八大以来，党中央决定对群团组织进行改革。

2014年12月29日，中央政治局会议审议通过《关于加强和改进党的群团工作的意见》，指出："新形势下，党的群团工作只能加强，不能削弱；只能改进提高，不能停滞不前。"2015年1月8日，中共中央印发《关于加强和改进党的群团工作的意见》。

2015年7月6日—7日，中央召开党的群团工作会议。这在党的历史上还是第一次。中央政治局 7 位常委均出席会议。习近平总书记强调，工会、共青团、妇联等群团组织要切实保持和增强党的群团工作和群团组织的政治性、先进性、群众性，开创新形势下党的群团工作新局面。

2015 年 7 月 9 日，新华社授权发布《中共中央关于加强和改进党的群团工作的意见》（以下简称《意见》）。

《意见》要求高度重视做好新形势下党的群团工作，全面提高水平，切实解决问题，不断开创党的群团工作新局面。

《意见》强调，要坚定不移走中国特色社会主义群团发展道路，坚持党对群团工作的统一领导，坚持发挥桥梁和纽带作用，坚持围绕中心、服务大局，坚持服务群众的工作生命线，坚持与时俱进、改革创新，坚持依法依章程独立自主开展工作，确保群团工作始终与党和国家事业同步前进。

《意见》要求：加强党委对群团工作的组织领导，推动群团组织团结动员群众围绕中心任务建功立业，推动群团组织引导群众自觉培育和践行社会主义核心价值观，支持群团组织加强服务群众和维护群众合法权益工作，支持群团组织在社会主义民主中发挥作用，支持群团组织参与创新社会治理和维护社会稳定，推动群团组织改革创新、增强活力，加大对群团工作的支持保障力度，加强群团组织领导班子和干部队伍建设。

中央党的群团工作会议后，中共中央办公厅相继印发了《全国总工会改革试点方案》《共青团中央改革方案》《全国妇联改革方案》等，部署开展群团改革。

2018 年 3 月，中共中央印发了《深化党和国家机构改革方案》（以下简称《方案》）。其中第七条就是"深化群团组织改革"。规定：群团组织改革要认真落实党中央关于群团改革的决策部署，健全党委统一领导群团工作的制度，紧紧围绕保持和增强政治性、先进性、群众性这条主线，强化问题意识，以更大力度、更实举措推进改革，着力解决"机关化、行政化、贵族化、娱乐化"等问题，把群团组织建设得更加充满活力、更加坚强有力。

同时，《方案》要求：

牢牢把握改革正确方向，始终坚持党对群团组织的领导，坚决贯彻党的意志和主张，自觉服从服务党和国家工作大局，找准工作结合点和着力点，落实以人民为中心的工作导向，增强群团组织的吸引力和影响力。

要聚焦突出问题，改革机关设置、优化管理模式、创新运行机制，坚持眼睛向下、面向基层，将力量配备、服务资源向基层倾斜，更好适应基层和群众需要。

促进党政机构同群团组织功能有机衔接，支持和鼓励群团组织承接适合由群团组织承担的公共服务职能，增强群团组织团结教育、维护权益、服务群众功能，充分发挥党和政府联系人民群众的桥梁纽带作用。

加强组织领导，加强统筹协调，加强分类指导，加强督察问责，认真总结经验，切实把党中央对群团工作和群团改革的各项要求落到实处。

二十二、积极参与全球治理体系改革和建设

2014 年 8 月 10 日，我国派出的赴西非抗击埃博拉疫情专家组启程。埃博拉出血热疫情爆发后，我国开展了新中国成立以来最大规模的卫生援外行动，向疫区三国共派出 1200 多名医护人员和公共卫生专家，并实现援非抗疫"打胜仗、零感染"的目标。

这是中国参加全球治理的典型案例。

十八大以来，党和政府明确提出了参与全球治理体系改革和建设的任务和要求。

在中央全面深化改革领导小组第十六次会议上，习近平总书记指出："要积极参与国际经贸规则制定，推动国际经济秩序朝着更加公正合理的方向发展。"

在 2013 年博鳌亚洲论坛年会上，习近平主席强调："要稳步推进国际经济金融体系改革，完善全球治理机制，为世界经济健康稳定增长提供保障。"

2014 年 11 月，习近平总书记出席中央外事工作会议时强调："要切实推进多边外交，推动国际体系和全球治理改革，增加我国和广大发展中国家的代表性和话语权。"

2015 年 9 月，在接受《华尔街日报》采访时，习近平主席指出："推动全球治理体系朝着更加公正合理有效的方向发展，符合世界各国的普遍需求。中美在全球治理领域有着广泛共同利益，应该共同推动完善全球治理体系。这不仅有利于双方发挥各自优势、加强合作，也有利于双方合作推动解决人

类面临的重大挑战。"

中共中央关于"十三五"规划的建议指出："积极参与全球经济治理。推动国际经济治理体系改革完善，积极引导全球经济议程，促进国际经济秩序朝着平等公正、合作共赢的方向发展。"

为推进全球治理体系的改革和建设，中国提出了许多新的全球治理理念，为世界提供中国方案和中国智慧。

——积极倡导并践行新型全球治理观，提出共同、综合、合作、可持续的新安全观，公平、开放、全面、创新的新发展观，共商共建共享的全球经济治理理念。

——提出引导好经济全球化走向，推动实现经济全球化进程的再平衡，打造世界经济增长、合作、治理、发展新模式。

——提出"正确义利观"。强调要找到利益的共同点和交汇点，坚持有原则、讲情谊、讲道义，多向发展中国家提供力所能及的帮助。

——提出坚持与邻为善、以邻为伴，突出体现亲、诚、惠、容的理念，为中国发展争取良好周边环境。

——提出发展和安全并重、权利和义务并重、自主和协作并重、治标和治本并重的"核安全观"。

——提出中国的"文明观"，提炼概括文明的三个本质特征，说明文明是多彩的、文明是平等的、文明是包容的。三大特征最终落脚点放在包容上，包容是文化多元、利益多样的前提，是人类社会平等共处的保障。

在参加全球治理的过程中，中国政府采取了一系列举措：

推动国际经济治理体系改革完善，积极引导全球经济议程，促进国际经济秩序朝着平等公正、合作共赢的方向发展。加强宏观经济政策国际协调，促进全球经济平衡、金融安全、经济稳定增长。积极参与网络、深海、极地、空天等新领域国际规则制定。

推动多边贸易谈判进程，促进多边贸易体制均衡、共赢、包容发展，形成公正、合理、透明的国际经贸规则体系。支持发展中国家平等参与全球经济治理，促进国际货币体系和国际金融监管改革。

加快实施自由贸易区战略，推进区域全面经济伙伴关系协定谈判，推进亚太自由贸易区建设，推进区域经济一体化，致力于形成面向全球的高标准自由贸易区网络，平等参与、充分协商，最大程度增强自由贸易安排的开放性和包容性，提高亚太开放型经济水平、维护多边贸易体制。致力于合作共赢。

积极承担国际责任和义务。坚持共同但有区别的责任原则、公平原则、各自能力原则，积极参与应对全球气候变化谈判，落实减排承诺。反对保护主义，促进公平竞争。

扩大对外援助规模，完善对外援助方式，为发展中国家提供更多免费的人力资源、发展规划、经济政策等方面咨询培训，扩大科技教育、医疗卫生、防灾减灾、环境治理、野生动植物保护、减贫等领域对外合作和援助，加大人道主义援助力度。主动参与2030年可持续发展议程。

积极维护国际公共安全。反对一切形式的恐怖主义，积极支持并参与联合国维和行动，加强防扩散国际合作，参与管控热点敏感问题，共同维护国际通道安全。加强多边和双边协调，参与维护全球网络安全。推动国际反腐败合作。

推动落实可持续发展议程。要求把落实可持续发展议程纳入各自国家发展战略，确保有效落实。建立全面发展伙伴关系，调动政府、企业、民间等各方面力量，为落实可持续发展议程作出贡献。推动包容和谐发展，尽早实现可持续发展议程设定的各项指标，同时通过落实可持续发展议程，为提升发展质量和效益创造新的空间、实现相互促进。

二十三、推动构建人类命运共同体

改革开放以来，中国在国际上的地位迅速提高，中国同世界的关系发生深刻变化。

在这样一个大发展、大变革、大调整的时代，以习近平同志为核心的党中央深入思考"建设一个什么样的世界、如何建设这个世界"等重大课题，科学把握世界大势，积极推进外交理论和实践创新，提供中国方案，贡献中国力量，成功走出了一条中国特色大国外交之路。

在十八大以来的外交理论和实践中，习近平总书记提出了一个重要的概念和命题——"人类命运共同体"。

2013 年 3 月 23 日，习近平主席在俄罗斯莫斯科国际关系学院发表演讲，提出命运共同体理念，呼吁建立以合作共赢为核心的新型国际关系。

2015 年 9 月 26 日，习近平主席出席联合国发展峰会，倡导公平、开放、全面、创新的发展理念。28 日，出席第七十届联合国大会一般性辩论，强调要继承和弘扬联合国宪章宗旨和原则，构建以合作共赢为核心的新型国际关系，打造人类命运共同体。

2016 年 1 月 16 日，习近平主席出席亚洲基础设施投资银行开业仪式并致辞，强调要打造专业、高效、廉洁的 21 世纪新型多边开发银行，成为构建人类命运共同体的新平台。

2016 年 9 月，习近平主席在 G20 杭州峰会上提出，共同维护和平稳定的国际环境，共同构建合作共赢的全球伙伴关系，共同完善全球经济治理。二十国集团要与时俱进、知行合一、共建共享、同舟共济，推动世界经济强劲、可持续、平衡、包容增长。会议通过《二十国集团领导人杭州峰会公报》。

2017 年 1 月 18 日，习近平主席访问联合国日内瓦总部并出席"共商共筑人类命运共同体"高级别会议，强调要建设一个持久和平、普遍安全、共同繁荣、开放包容、绿色低碳的世界。

在十九大报告中，"人类命运共同体"被摆在非常突出和鲜明的位置。报告第十二部分的标题就是："坚持和平发展道路，推动构建人类命运共同体"，这充分说明了这一命题和主张的重要性。

十九大修改后的党章，在国际部分，增写了 4 句话："坚持正确义利观"；"推动构建人类命运共同体"；"遵循共商共建共享原则"；"推进'一带一路'建设"。

这 4 句话，都是十八大以来中国国际战略的重要思想、重要理念、重要主张。而"推动构建人类命运共同体"则是一个核心的理念。

按照"推动构建人类命运共同体"的战略思想，中国积极构建全方位、多层次和立体化的全球伙伴关系网。十八大以来的五年内，习近平主席 28 次踏出国门，出访足迹遍及五大洲的 50 多个国家；中国同 100 个左右的国家和国际组织建立了不同形式的伙伴关系，实现了对世界各个地区、不同类型国家的全覆盖。

按照"推动构建人类命运共同体"的理念，中国深度参与全球治理，为解决全球课题贡献中国力量。

——发起成立亚洲基础设施投资银行、金砖国家新开发银行，促成国际货币基金组织完成份额改革和治理机制改革。

——设立中国—联合国和平与发展基金和"南南合作援助基金"，推动达成应对气候变化的《巴黎协定》。

——作为联合国安理会常任理事国，积极参与联合国维和行动，成为维和行动主要出兵国和出资国。

——推动朝鲜半岛核问题、伊朗核问题、阿富汗问题、叙利亚问题等地区热点问题的政治解决。

构建人类命运共同体的理念，直面当今世界最重要问题，解决了人们心中最大的困惑，为世界发展和人类未来指明了正确方向。所以，受到国际社会高度评价和热烈响应，产生了广泛而深远的国际影响。

2017年2月10日，联合国社会发展委员会第55届会议协商一致通过"非洲发展新伙伴关系的社会层面"决议。作为联合国决议，首次写入了"构建人类命运共同体"的理念。

2017年11月1日，"构建人类命运共同体"理念再次载入两份联合国决议，也是首次纳入联合国安全决议。联合国副秘书长、裁军事务高级代表说，"构建人类命运共同体"理念与联合国的共同安全的和平理念高度契合，给充满不确定的世界指明了方向，提供了中国方案，符合各国共同利益。